U0603651

让我们甲骨文一起追寻

THE UNTOLD STORY
OF
HENRY VIII'S MOST
FAITHFUL SERVANT

THOMAS CROMWELL

托马斯·克伦威尔

Tracy Borman

〔英〕特雷西·博尔曼 著
郭玉红 译
徐一彤 审校

亨利八世最忠诚的仆人
鲜为人知的故事

本书获誉

“特蕾西·博尔曼用四百多页文字简洁地告诉了我们这个成为国王最高顾问大臣的男人的故事……这是一本非常优秀的著作。”

——《泰晤士报》

“这是一本极具可读性的叙述性著作，将会增加关于这位最难以捉摸的人物的争论。”

——《金融时报》

“她的散文，一如既往地……典雅，优美流畅。”

——《星期日泰晤士报》

“这是一部有见地的、令人感同身受的、调研翔实的传记。”

——《华尔街日报》

“博尔曼巧妙地讲述了克伦威尔崛起的故事……如果你

想对克伦威尔有深入的了解……这本书不容错过。”

——《旗帜周刊》

“特蕾西·博尔曼博士创作了一部与众不同且引人入胜的传记，讲述了都铎时期最复杂、最有争议的一位人物的故事。专业的见解基于丰富的调研，再加上令人着迷的细节，她对克伦威尔的刻画栩栩如生、前所未有，还对他的性格和事业进行了公正合理的评价。最重要的是，她的书读起来饶有趣味——是我们中间最有才华的一位历史学家的非凡杰作。”

——艾莉森·威尔（英国著名历史传记作家，《伊丽莎白女王》的作者）

“太好了……这部经过深入调研之后撰写的扣人心弦的传记将克伦威尔刻画得栩栩如生，探讨了他复杂的性格特点，揭露了亨利宫廷的残酷和光彩夺目。”

——《独立报》（英国）

“特蕾西·博尔曼令人信服且动人地讲述了这位不简单的平民迅速崛起的故事——他在亨利宫廷身兼多个要职且拥有强大的影响力——同时也讲述了他迅速跌落、失宠、被处决的故事。”

——《美国杂志》（*America*）

“钟爱希拉里·曼特尔的畅销作《狼厅》（一本以克伦

威尔为主角的历史小说）的读者一定会喜欢这本书。”

——《今日美国》

“英国历史学家特蕾西·博尔曼发掘了一些尚未公开的证据，让人能够更多地了解英国历史上最冷酷的一位权谋政治家。”

——《卫报》（英国）

“一部引人入胜的传记……一个关于英格兰改革的主要人物之一从白手起家到走向断头台的有趣故事。”

——《柯克斯书评》

“一部关于一位饱受非议的历史人物的颇有见地的传记。”

——《书目杂志》

“博尔曼将对历史细节的把握与快节奏且易理解的风格糅合在一起。她没有忘记自己的笔下是人物，而人物有其不可靠之处，有其微妙的动机……作为心理学的对象，克伦威尔跟他所服侍的那个人一样令人着迷。怪不得我们都想要了解更多。”

——《独立报》（英国）

诚致另一位托马斯（汤姆）

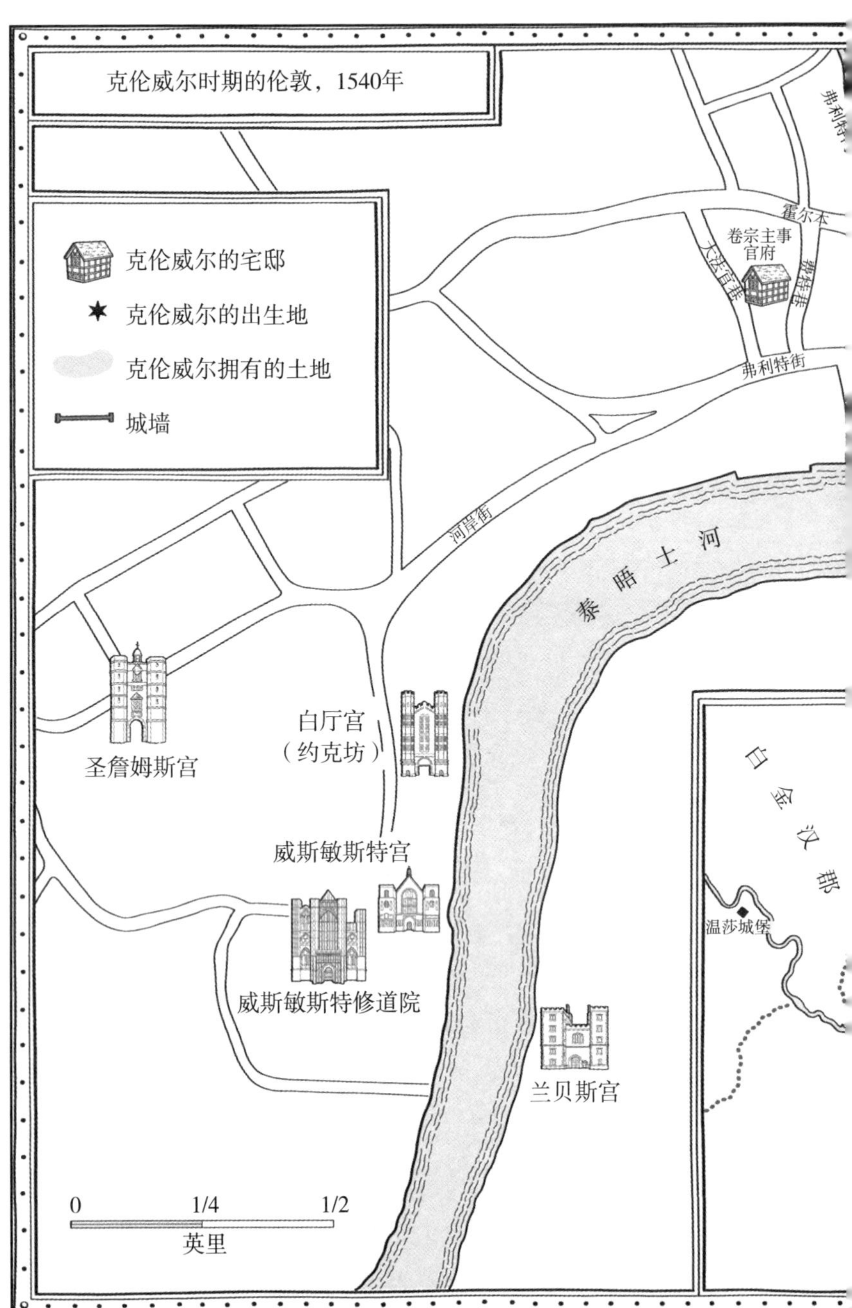
克伦威尔时期的伦敦，1540年
克伦威尔的宅邸
克伦威尔的出生地
克伦威尔拥有的土地
城墙
霍尔本
卷宗主事
官府
大法官巷
弗利特街
河岸街
泰晤士河
白厅宫
（约克坊）
圣詹姆斯宫
威斯敏斯特宫
威斯敏斯特修道院
兰贝斯宫
白金汉郡
温莎城堡
0
1/4
1/2
英里

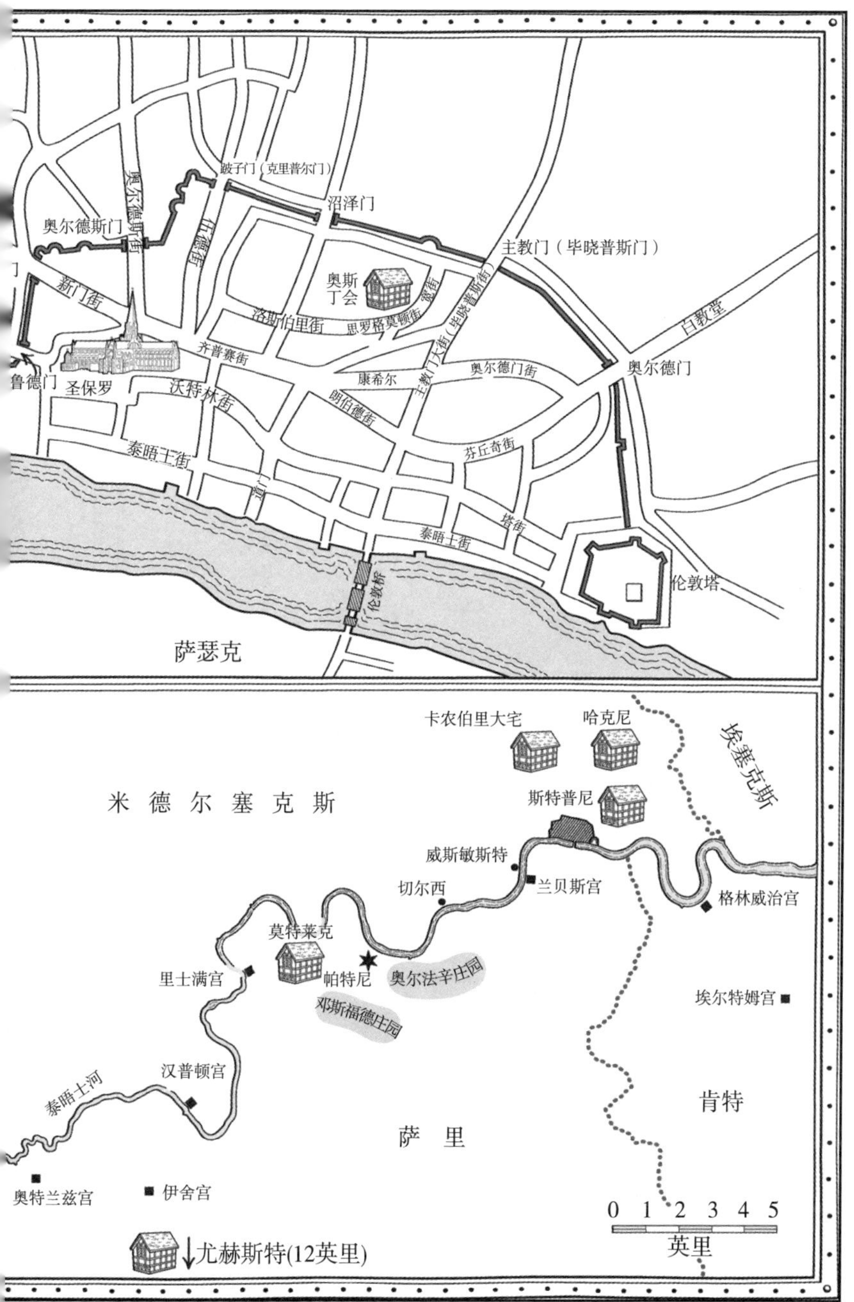

跛子门（克里普尔门）
沼泽门
奥尔德斯门
奥尔德斯门街
伍德街
主教门（毕晓普斯门）
奥斯
丁会
新门街
洛斯伯里街
思罗格莫顿街
主教门大街（毕晓普斯门街）
白教堂
齐普赛街
奥尔德门街
奥尔德门
鲁德门
圣保罗
康希尔
沃特林街
朗伯德街
泰晤士街
芬丘奇街
塔街
泰晤士街
伦敦桥
伦敦塔
萨瑟克
卡农伯里大宅
哈克尼
埃塞克斯
米德尔塞克斯
斯特普尼
威斯敏斯特
兰贝斯宫
切尔西
格林威治宫
莫特莱克
里士满宫
帕特尼
奥尔法辛庄园
邓斯福德庄园
埃尔特姆宫
汉普顿宫
泰晤士河
肯特
萨　里
奥特兰兹宫
伊舍宫
0 1 2 3 4 5
英里
尤赫斯特(12英里)

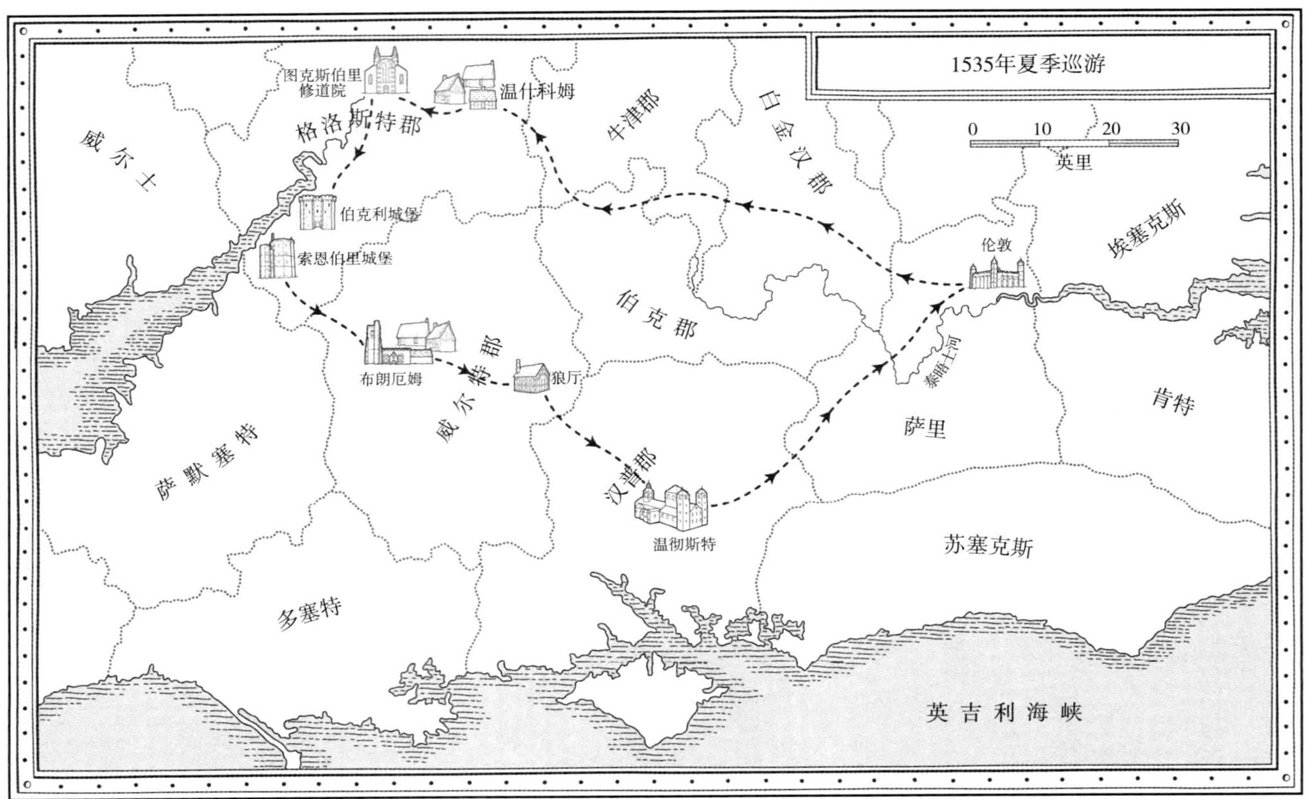

1535年夏季巡游
0
10
20
30
英里
图克斯伯里修道院
温什科姆
格洛斯特郡
牛津郡
白金汉郡
威尔士
伯克利城堡
索恩伯里城堡
伦敦
埃塞克斯
伯克郡
布朗厄姆
威尔特郡
狼厅
泰晤士河
肯特
萨里
萨默塞特
汉普郡
温彻斯特
苏塞克斯
多塞特
英吉利海峡

目　录

前　言

悬挂在纽约弗里克收藏馆的一幅肖像画近年来得到前所 1
未有的关注。这幅画像是都铎王朝时期颇负盛名的画家汉斯·荷尔拜因（Hans Holbein）的作品。无论是后来史学家还是同时代的人都对画中的人物褒贬不一。很多人认为他是一位马基雅维利式的权谋家，指责他毁坏了英格兰很多修道院，协助废黜了一位王后并促使另一位王后被处决，指责他为了权力不择手段。但是近来人们评价的视角有所转变，开始把他看作一个博学、尽责、忠心耿耿的皇室仆人，一个因为聪明、睿智、热情好客而广受朋友喜爱并令对手敬佩的人。他就是托马斯·克伦威尔。

希拉里·曼特尔（Hilary Mantel）于2009年、2012年先后出版的小说《狼厅》（*Wolf Hall*）及其续集《提堂》（*Bring up the Bodies*）风靡全球。这两部小说给皇家莎士比亚剧团带来了火热的档期，为作者先后两次赢得布克奖，并被改编成一部大型电视剧的剧本。曼特尔的成就在于把托马斯·克伦威尔这个历史上看似最不可能被当作英雄的人物塑造成了一个富于同情心且极具感染力的角色。她的两部小说透过克伦威尔臭名昭著的公众形象，为我们揭示了他不为人知的一面。但是关于克伦威尔，还有哪些是我们真正可以了解的呢？很多年来，历史学家们一直认为克伦威尔的众多书信只能用来推断他的公众生活，其中关于他个人生活、性格、信仰和人生观的信息充其量也只能说是零散的。在为写作克伦威尔传记收集资料的过程中，我发现这种观点具有误导性，是不准确的。我翻阅了克伦威尔被捕时被查封的很多书信、单据和账目，将其中的很多细节拼凑起来之后，这位亨利八世首席大臣极为有趣的私密一面才渐渐浮出水面。

荷尔拜因的这幅画作没有捕捉到画中人物的所有上述特
2 征。1532 年为克伦威尔绘制肖像的时候，这位艺术家已经以他既能绘出画中人物的状态又能体现其性格特征的技巧闻名于世。他最有名的作品之一是亨利八世的等身肖像。但是他为克伦威尔绘制的肖像画与众不同。这幅画是都铎王朝时期最具表现力的肖像画之一，不带一丝谄媚、不留任何情面地、真实地再现了画中人。画中的克伦威尔给人的第一印象是一个陷入沉思、性格乖戾的官僚。他身宽体胖，身高看似中等，但是因为坐着所以很难确定。视线稍稍右移就可以看到：他小而呈灰色的眼睛盯着不远的前方，像是在窥探着什么；他的眉毛微微上挑，似在询问，隐约有点愤世嫉俗的姿态；他那稍大的、薄薄的嘴唇抿成一条线；硕大的蒜头鼻和双下巴都在无意中透露了他的年龄和肥胖。

画中克伦威尔的帽子和外衣都是暗黑色的，镶着棕色的毛边，虽然质量上乘，却不像是上层社会廷臣的穿着，这或许是因为克伦威尔不喜张扬，又或许是他的一个务实的选择。亨利八世制定了一系列严格的规定来管理宫廷的着装，使其与每个人的地位紧密相关。只有王室可以穿着紫色；公爵和侯爵可以用金丝线装饰外衣的袖子；伯爵可以穿着黑色貂皮；男爵可以穿着用尼德兰布料制成的、用猩红或者蓝色天鹅绒装饰的衣物；骑士可以穿着锦缎面料的上衣，配以金色薄绢装饰的衣领。尽管这个时候克伦威尔在宫廷位高权重，但是他出身卑微，没有任何头衔，因此没有权利穿戴色彩艳丽的衣饰或者使用相应的面料。在绘制肖像的时候，他其实不用像平时那样穿戴朴素，不过由他严谨务实的性格可以推断他是主动选择如此着装的。

荷尔拜因的肖像画极为逼真地展示了克伦威尔的聪明睿智和杰出的实干能力，就好像是画家偶然走进书房，刚巧撞见正在思考某件严肃的事情、表情坚决的克伦威尔。他坐在
椅背嵌入墙面的长椅上，背后是装饰精致的墙面，身前的书 3
桌上有一本装订精美的书，书的一侧是一些书信和一支羽毛笔。他的左手上戴着硕大的戒指，手里握着一封信，看来这位大臣刚刚收到一个急件，需要仔细思量如何妥善回复书信的内容。他不是一个超凡脱俗的学者，而是一个实干家，一个精明果断的、凡事力求成功的务实主义者。

如果说荷尔拜因刻画的是一个虽然并不宽宏大量但是令人信服的、极为活跃并且颇具野心的廷臣，那么他并没能描绘出克伦威尔那些较为令人喜爱的性格特征。透过他的个人信件以及别人对他的描述，我们可以看到他的机智和善辩，他的不羁和温暖。神圣罗马帝国皇帝查理五世——他的统治疆域包括德国、尼德兰、西班牙以及意大利部分领土——派驻

英格兰的大使尤斯塔斯·夏普伊（Eustace Chapuys）说，一旦克伦威尔参与自己感兴趣的讨论，他那不协调的姿态、沉闷的气场会瞬间改变。他容光焕发，神色不停变换，从睿智、愉悦到狡黠、若有所思。这种情境下的克伦威尔极具魅力，他会用他的机敏、温暖和幽默给在场的每一个人带来快乐。当他口出尖刻、不羁的言语时，他会戏谑地瞥一眼那些跟他交谈的人。他能像变色龙一样适应听众和情境的变化，时而用恰当的言辞恭维同伴，时而又用尖锐的言语奚落他们。16 世纪历史学家约翰·福克斯（John Foxe）称他“有着英格兰人少有的机敏”[1]。甚至克伦威尔的对手们也承认他的社交能力、个人魅力和热情好客无人能及。夏普伊还说，饱经历练的廷臣们面对克伦威尔令人愉悦的举止时会不由得放下戒备，说出令自己后来懊悔的话。

无视克伦威尔的个人特质并不是荷尔拜因的疏忽，克伦威尔想要后代铭记的是他作为一个公众人物的形象而不是他私下的一面，我们可以很容易联想到一定是克伦威尔指示荷尔拜因在肖像画中展示他公众人物的形象。在荷尔拜因开始
4 筹备克伦威尔肖像画绘制的时候，克伦威尔务实、高效的性格特征就已经在多个场合显现。克伦威尔曾不屑地描述 1523 年他第一次参加议会，“熬过”冗长、漫无边际的辩论，结果又“回到了起点”。这是早期能够体现他务实高效的性格特征的一个事例。[2]另一个事例是他跟枢机主教波尔（Cardinal Pole）在沃尔西家中围绕如何最好地服侍君主这一主题进行的谈话，谈话内容被记录了下来。当时，波尔主教正在大谈特谈如何最有效地增加君主的尊荣，突然被克伦

威尔粗鲁地打断了，克伦威尔告诉波尔抛开他一直以来阅读的理论巨著，参考马基雅维利的《君主论》（*The Prince*）这本实用主义的新著作。马基雅维利的《君主论》是历史上关于政治实用主义的最有名的著作，书中“为达目的不择手段”这句话经常被（错误地）引用。克伦威尔解释说，政治家唯一最实用的本领是透过君主制造的假象看清他真实的愿望，在不违背道德和宗教的基础上找到最好的方法以满足君主的愿望。这一点颇具讽刺意味，因为克伦威尔恰恰在追逐权力的过程中“颠覆”了英格兰的道德和宗教生活。

因为务实，克伦威尔在处理政事和生意时能够不带任何情绪，似乎只有在私下交际的时候他才会显露自己的情绪。透过他的举止常常可以看到他的慎重、变通与偶尔的冷酷。出于政治需要，他可以毫不退缩地处死男人（和女人），也可以毫不迟疑地预设审判结果。他曾起草了一份文件，指示下属“审讯、处决雷丁修道院院长”。[3]克伦威尔跟他的对手诺福克公爵（Duke of Norfolk）完全不同，后者曾经大动肝火，威胁要教训国王的长女玛丽公主。克伦威尔从不动怒也不冲动，他总是细细盘算、筹谋、等待最好的时机。19 世纪负责整理克伦威尔书信的编者罗杰·梅里曼（Roger Merriman）说：“他始终定睛在目标上，过程中的顺利与挫折在他眼里无足
轻重。”[4]关于他流露感情的文字记载很少。他在得知亨利八 5
世的首席大臣沃尔西主教失势之后流下了眼泪，这可能既是为了受困的沃尔西也是为了他自己。

私下的克伦威尔完全不同，通过文字记载我们可以看到，他是一个令人敬爱的丈夫，一个慈爱的父亲，一个忠

诚的朋友，一个不知疲倦地帮助穷人、寡妇和其他身处困境请求救助之人。他还是一个极为忠诚的仆人，无论是在意大利服侍他的第一位主人弗朗切斯科·弗雷斯科巴尔迪（Francesco Frescobaldi）的时候，还是在服侍沃尔西——这位开启他政治生涯的主教的时候，又或是——最重要的——在服侍亨利八世的时候。

但是，分别看待克伦威尔的个人交际和公众交际意味着用现代的眼光来观察都铎王朝，既不真实又没有启发性。亨利在枢密院处理的政务跟在寝宫同样多。原本为人所不齿的马桶侍从的职位在宫廷中却是人人渴求的，因为这个职位有接近国王的特权。他对国王的服务是全天候的，这种公私混淆的状况也在克伦威尔的家庭生活中显而易见。在他位于奥斯丁会（Austin Friars）的私宅里，除了家人和用人之外，克伦威尔还有很多秘书、文员、信使。他在私宅定期主持枢密院会议，或是一边看着家养的老鹰在后花园上方盘旋，一边与帝国大使商讨外交事宜。仅存的一封克伦威尔写给妻子的书信里面关于公事跟私事的篇幅可以说是相当的。这位亨利八世首席大臣的个人生活与公众生活相互交错，这是了解他本人性格特征的关键而不是障碍。

第一章
“一位伟大的旅行者”

这位后来成为英格兰最有权势的人的出身是如此卑微， 7
以致没有人能够确定他出生的时间或地点。在对 16 世纪殉道者的记述中，约翰·福克斯把克伦威尔描绘成“一个血统和出身都很卑微的男人”[1]。他的出生年份最有可能是 1485 年，这一点如果属实，倒也恰如其分，因为都铎家族正是在这一年掌权的。亨利·都铎（Henry Tudor）在博斯沃思战场上战胜理查三世（Richard Ⅲ）之日素来被称为英国历史上最重要的日子之一。这场胜利结束了玫瑰战争，即金雀花王朝两个敌对王室分支（兰开斯特家族和约克家族）之间使英格兰分裂超过 30 年之久的战争。不过，在那个时候，没有人会预料到这位名不见经传的威尔士人、这位王位继承权存疑的兰开斯特派会建立一个统治英格兰并影响欧洲政治、宗教和社会超过一个世纪的王朝。

虽然值得注意，但是 1485 年 8 月在遥远的莱斯特郡领地一个新的王朝的开端在生活在帕特尼的人看来一定非常遥远，那里正是托马斯·克伦威尔（Thomas Cromwell）的家人居住、谋生的地方。克伦威尔如果不是在这个位于伦敦以西的小村庄，就是在温布尔顿附近出生的。约翰·福克斯记载克伦威尔出生于“帕特尼或者其周边一个身份低微的、名不见经传的家庭”。[2]传说克伦威尔的出生地位于帕特尼荒野（Putney Heath）边缘的帕特尼山上，那是个臭名昭著的强盗聚集地。[3]

8 克伦威尔家族的祖籍并非位于伦敦西南，而是诺丁汉郡的诺威尔。当时克伦威尔家族既有财富又有地位，约翰·克伦威尔（John Cromwell，克伦威尔的祖父）大名鼎鼎且备受尊重。1461 年，他与族人以及姐夫威廉·史密斯（William Smith）一起迁至温布尔顿，在那里，坎特伯雷大主教租给他一个漂洗作坊和一栋房舍。[4]他的长子约翰搬到兰贝斯成了一个富裕的酿酒商，后来成为大主教的厨师。[5]而他的次子沃尔特留在温布尔顿，或许做了他姑父的学徒，因为他将史密斯的姓放进了自己的名字里。

沃尔特·克伦威尔（Walter Cromwell）和其妻子凯瑟琳·梅弗莱尔（Katherine Meverell）唯一的儿子便是托马斯·克伦威尔，有记载显示他是三个孩子中最为年幼的。托马斯有可能是意料之外的孩子，因为他比姐姐们小了许多。在唯一一份提及他母亲的记载中，托马斯不是很确定地说母亲生下他时是 52 岁。[6]同时代的文字记载中能够找到的关于凯瑟琳的唯一信息是她是来自德比郡威克斯沃斯的尼古拉斯·格洛索普（Nicholas Glossop）的阿姨，她在 1474 年左右出嫁时住在帕特尼一位名叫约翰·韦尔贝克（John Welbeck）的律师家里。尼古拉斯比他的表弟大 30 多岁，这更加证实了托马斯是凯瑟琳所有孩子当中最年幼的。

第一章　“一位伟大的旅行者”

沃尔特·克伦威尔是一个非常有进取心的人，从事多个不同但据推测有互补关系的职业，比如铁匠、酿酒商、漂洗工（布料加工工人）。根据当时的资料，沃尔特曾在博斯沃思战役中作为亨利·都铎军队的一名蹄铁匠参军。以他的出身几乎不可能参与最激烈的战斗，但有意思的是他选择了，或者说被选去为进攻一方的都铎军而不是为占优势的国王理查三世军效力。从沃尔特儿子的职业发展来看，推测克伦威尔家族在踏上英格兰土地之后便开始为都铎家族效力是非常合理的。

克伦威尔家族在帕特尼经营一个漂洗作坊长达 50 年。沃尔特还拥有一间名为“锚”的旅店、一座啤酒厂和两威
尔格（60 英亩）土地。在亨利八世统治时期的密封敕令中， 9
沃尔特被记为一位“啤酒酿造商”。[7]作为一位当地商人，他的成功受到认可，经常被叫去做陪审员，1495 年被任命为帕特尼的治安官。他很快获得了新的土地，截至 1500 年，他拥有八威尔格土地（土地面积大到需要两头公牛耕种）。克伦威尔家族宅邸和酿酒厂位于一条名副其实的酿酒巷（Brewhouse Lane）的两端。这条酿酒巷至今仍然连接着帕特尼桥路和泰晤士河。河边是在泰晤士河作业的渔船的停靠码头，这里也是从伦敦返回西萨里以及其他郡城镇与乡村的行人们的驻足地。如果是在现代的帕特尼，河边的一栋房舍售价不菲，但是这个区域在 16 世纪并没有那么宜居。酿酒巷的另一端紧邻渔场，所以克伦威尔家族的宅邸应该经常受渔场散发出的刺鼻气味困扰。

关于宅邸的样子并无文字记载，但是考虑到沃尔特在当

地社区的地位以及各种商业所得，他的宅邸应该比帕特尼其他大多数居民的更舒适一些。当时大多数房舍是由木料、枝条和粗灰泥而不是砖块建成的。木质框架表层通常会涂有黑色的沥青以防止腐烂，框架之间是刷白的墙壁。因为房屋主要是用木材建造的，所以易燃，假使沃尔特·克伦威尔的铁匠铺紧邻宅邸的话，他们家的宅邸着火的风险会比其他大多数宅邸更高。普通的房舍通常只有一间房屋，作为厨房、盥洗室、卧室和起居室使用。稍微大一点的房舍，比如克伦威尔家族可能拥有的房舍，也许会有一到两处隔墙来隔开这些功能空间，同时像大多数房舍一样，配有一个室外的厕所。在都铎时期，壁炉及烟囱在较为富裕的家庭得到了广泛普及，取代了常见于中世纪和当时较为贫穷的居民房屋中央的开放式火炉。即使如此，这两种房舍一般阴冷、透风，很多
10 居民冬天会把牲畜牵入室内帮助取暖。诸如长椅、木凳、桌子、木箱之类的家具稀少而简陋。人们在用稻草填充的、满是各种寄生虫的床垫上睡觉。地毯是富裕人家才有的奢侈品，普通人家会在屋内地面撒上灯芯草、芦苇和好闻的草药。这些草药用来遮盖各种难闻的气味，其中有用动物肥脂制成的脂蜡或者灯芯草蜡的气味，也有不常盥洗的居民身上的味道。

安德烈亚斯·弗朗西斯库斯（Andreas Franciscius），一位意大利的旅行者，于1497年11月描述了托马斯·克伦威尔青少年时期所熟悉的伦敦。“它的位置如此舒适宜人，很难找到比伦敦更便利、更有魅力的地方，”他写道，“它屹立于英格兰岛最大的河流——泰晤士河的岸边，而泰晤士河将

伦敦一分为二。”弗朗西斯库斯估计当时的伦敦城区方圆不超过3英里，但是他补充道：“伦敦城的郊区是如此广阔，它们极大地增加了伦敦的地域。”他继续描述了伦敦一些较著名的地标：

> 伦敦筑有雄伟的城墙，其中尤以伦敦城北部最近重修的部分最为美观。矗立在其中的是位于泰晤士河岸边防卫森严的城堡——伦敦塔，英格兰国王和王后偶尔会在那里居住。还有其他一些宏伟的建筑，尤其是一座横跨在泰晤士河上的大桥，它外观宏伟、交通便捷，由很多大理石桥拱构成，桥上有很多石砌的商店和住宅，还有一个相当大的教堂。我没有见过比它更好、更壮观的大桥。

因为没有现代防洪屏障的阻碍，所以每天涨潮时场面壮观：“伦敦城离大海60英里，尽管如此，满潮时涌入泰晤士河的海水仍如此汹涌，不仅令河流停滞，还推动河水逆流而上，构成一幅宏伟的图景。”

弗朗西斯库斯继而描述了“很多从事各种机械工艺的 11
工匠作坊”，这些工匠包括像克伦威尔的父亲那样的铁匠。甚至伦敦的食物都得到了这位旅行者的赞许。

> 他们喜爱宴会以及各种各样的肉类和其他食物，他们烹饪的食物极其丰盛，无与伦比。他们经常甚至过度宴饮，尤其钟爱小天鹅、兔子、鹿和海鸟。他们经常食

> 用羊肉和牛肉，据说这里的羊肉和牛肉是世界上最好的。这主要得益于他们优良的牧草。他们拥有各种各样、数量众多的鱼类，还有海上运来的大量牡蛎。虽不能说每个人，但他们中的大多数都喝我之前提到过的“麦芽酒”，并且有各式各样的酿造方式。因为英格兰岛上没有葡萄生长，所以葡萄酒非常昂贵。[8]

然而，并非所有的事物都合弗朗西斯库斯的心意。

> 所有街道铺设得如此简陋，稍有一点儿水就会变得泥泞，因为大量运水的牛群经过，加上英格兰岛本身降雨丰沛，所以街道经常泥泞不堪。大量气味难闻的淤泥随之形成，这些淤泥总要很长时间，实际上需要将近一年才会消失。因此，居民为了清理这些淤泥和靴子上的污垢，常常在各个房屋的地板上放置新鲜的灯芯草，每逢进入房屋的时候都会在灯芯草上清理自己的鞋子。

同样，他为伦敦人“火爆的脾气和刻薄的性情”而震惊，他也很厌恶伦敦人对自己孩子的轻视和疏于照料。

沃尔特·克伦威尔看似属于这一类型，尤其是在他跟儿子托马斯的关系上。不过他至少为女儿们都找到了不错的夫家，虽然他这么做或许是为了巩固自己的社会地位而不是出
12 于对女儿们幸福的考量。长女凯瑟琳嫁给了一位胸怀壮志的威尔士律师摩根·威廉斯（Morgan Williams），他的家族由格拉摩根郡迁至帕特尼。摩根的哥哥是内兰德领主约翰·

斯凯尔斯（John Scales）的管家，是帕特尼一位有名望的人。凯瑟琳的妹妹伊丽莎白嫁给了一位牧羊的农场主威廉·韦利费德（William Wellyfed），后来他跟着岳父一起做生意。

尽管沃尔特其人在当地社区有一定的地位，但是他经常卷入法律纠纷。1475～1501年，他因“违反麦芽酒法定标准”被庄园法庭处罚6便士不下48次，这意味着他一直在用水勾兑自售的麦芽酒。[9] 15世纪以来，诸如此类的违法行为日益常见，促使酿酒者行会颁布了一系列严格的条例，确保所有“从事酿酒工艺者”生产“优质的麦芽酒，使酒的浓度和纯度与麦芽酒的价格相称”。此外，行会还任命了正式的品酒师对该城的酿酒商进行随机抽查。所以沃尔特的这种牟利方式很快被发现了。[10]他的妻子可能协助他经营酿酒生意：酿酒是为数不多的鼓励妇人们参与的行业之一。诗人约翰·斯凯尔顿（John Skelton）创作了一个脾气暴躁的酿酒作坊女主人的讽刺形象，她醉酒的滑稽姿态给这类从事酿酒业的女性带来了（往往不是她们应得的）不好的名声。虽然当时有像沃尔特和他的妻子这样的本地酿酒商，但英格兰真正的优质酿酒中心仍然是修道院。颇具讽刺意味的是，正是出身酿酒作坊的托马斯·克伦威尔一手策划了修道院的衰败，进而给整个国家的酿酒业带来了毁灭性的影响。

沃尔特·克伦威尔的违法活动并不止酿酒一项，他还时常因为放纵牛群在公共土地上任意吃草而被申饬。他最严重的违法行为发生在1477年，他因“抽取”了一名叫作威廉·米歇尔（William Michell）的男子的“血液”而被判犯

有人身侵犯罪，并被处以罚金20便士。沃尔特和他的父亲约翰同样也因为过度放牧给帕特尼的公共土地“增加负
13 担”、过度采割荆豆和荆棘而经常被起诉至当地法院。[11]1514年，因为在当地社区越来越不受欢迎，在“用欺骗手段”修改与租赁期相关的文件之后，沃尔特最终被逐出承租的庄园。[12]他所有的土地都被没收，并且之后的文字记载中再未提及他，这说明在这之后不久他可能就去世了。

很多年后，沃尔特的儿子托马斯在一次耐人寻味的谈话中暗示他继承了父亲身上一些不好的品质。他向大主教托马斯·克兰默（Thomas Cranmer）吐露“他年轻时是多么无法无天”。[13]神圣罗马帝国大使尤斯塔斯·夏普伊也曾说“克伦威尔年轻时行为不端，在一次入狱服刑后被迫离开英格兰”。[14]虽然没有其他证据可以佐证，但在当时一个父亲是可以避开合法程序把自己的儿子送入监狱的。

虽然没有其他关于托马斯童年和教育经历的记载，但是考虑到沃尔特在社区的地位以及他的多项收入来源，可以合理地推断他为儿子的教育做了一些投资。但是根据1715年出版的关于克伦威尔生平的记载，“这位伟大男人的父亲从事的工作如此卑贱，没有能力为儿子的教育投入许多”。伊丽莎白一世在位时期的编年史家拉斐尔·霍林斯赫德①也曾暗示克伦威尔是自学成才，他写到克伦威尔的“满腹学识，是通过勤恳、刻苦的努力积累而得”。当时，孩子们在

① 原文为“Ralph Holinshed”，疑为作者笔误，拉斐尔据传是拉尔夫之子，但其家族谱系并不确定。（本书所有脚注均为译者注、编者注，后文不再另做说明）。

7 岁到 9 岁之间离开家乡去“其他人家辛苦劳作”是常见的现象。这些学徒期通常持续 7 年或者 9 年，“在此期间他们从事最低贱的工作”。虽然并没有关于克伦威尔当学徒工的记载，但是霍林斯赫德写到“很少有人能够幸免”。[15]

有文件记载暗示了克伦威尔家的这两个男人之间关系紧张。如果说托马斯跟他的父亲很像，那么显然这并没有帮助他赢得父亲的喜爱，或许正是他跟父亲之间的一次争吵促使他决定于 1503 年前后离开帕特尼。与克伦威尔同时代的意大利小说家马泰奥·班戴洛（Matteo Bandello）称克伦威尔逃离了父亲。[16]约翰·福克斯则描绘了一个美好得多的图景， 14
称“在其成长时期，随着年龄增长和成熟，他脑海里冒出了要去游历他国、一览外面的世界并增加阅历的想法”。[17]

仅仅逃离家还不够，托马斯干脆离开了英格兰。在那个人们鲜少冒险迈出本乡边界、视那些由别郡来的人为“外地人”的时代，离开家乡是一个极为大胆且冒险的事情，对出身低微的托马斯来说尤为如此。于 1602 年出版的关于托马斯生平的一部剧作中，已经梦想着赚取财富的年轻的克伦威尔这样告诉父亲：“有一天我会视金钱为粪土……为什么要任由我的出身阻挠我向上的心志呢？”[18]年轻人梦想的图景是引人神往的。克伦威尔在离开伦敦之前很有可能已经在国外找到了工作。伦敦到处都是从国外来的商人，正如弗朗西斯库斯所描绘的那样：

> 来自世界各地的，不仅有威尼斯的，还有佛罗伦萨的、卢卡的以及很多来自热那亚、比萨，来自西班牙、

> 德国、莱茵河畔和其他国家的商人，带着极大的热情来这里进行贸易。但是英格兰岛主要的出口商品是被誉为世界上最好的羊毛以及毛织物，还有白铅，因为相比其他国家，英格兰更加盛产这些商品。通过大海和泰晤士河，各种各样的商品可以运到伦敦来，也可以由伦敦运往其他地方。[19]

克伦威尔或许通过他父亲的生意跟这些商人中的一位有了联系。

至于他是如何攒够船费的尚且不清楚：虽然一个身无分文的年轻偷渡者的假想很有吸引力，但是他同样有可能找到了一份船上的工作。一艘大的轮船，比如亨利八世命途多舛的旗舰“玛丽·罗斯”（Mary Rose）号，船上人员最多能有400人，其中包括仆人、厨师、事务长以及医生，还有船员和军官。克伦威尔可能找到了一个稍微低级的工作。正如福克斯后来所说：“没有什么是他靠着智慧和勤勉不能达成的。”[20]

克伦威尔首先去了尼德兰，然后从尼德兰旅至法国。史料鲜少记载他具体是在哪里生活，以及他是如何赚取足够的钱财生存下来的。直到1503年秋末，他作为法国军队的一分子、远征意大利的时候才第一次有了关于他的记载。他的参军时限至今尚未可知，但后来他能够展示出对于法国军事体系超乎寻常的详细了解，说明他在随军远征意大利之前可能就已经有了一些经验。据他后来的对头——枢机主教雷金纳德·波尔（Reginald Pole）所说，克伦威尔当时是一名普通士兵①。虽

① 原文为“gregarium militem”，是拉丁语中“普通士兵”的意思。

然苏格兰士兵经常会为法国征战，但是这一时期这样做的英格兰士兵极为少见。克伦威尔或许是从14世纪在意大利征战获得财富的英格兰雇佣兵那里受到了启发。但如果他以为为法国征战是一条通往财富和荣誉的路，那么他就要失望了。

从15世纪下半叶开始，意大利城邦就成为法国和西班牙激烈的权力之争的焦点。而最近的一轮战事则发端于四年前法国国王路易十二宣称对米兰和那不勒斯公国拥有所有权。在此之前，法国和西班牙军队联手占领了那不勒斯，但是他们在占领区的分割问题上产生了争端，继而引发了战争。1503年4月，西班牙在切里尼奥拉大败法国，然而法国军队并没有灰心丧气，于11月中旬在那不勒斯以北约60千米处的加里利亚诺河口聚集。西班牙数次试图渡河，终于在12月28日至29日的夜晚成功偷袭法军。法国军队驻扎在泥泞而不健康的环境中，因疾病而衰弱，不敌西班牙步兵中的长矛兵、剑士和火绳枪手，尽管大名鼎鼎的法国骑士“好骑士”巴亚尔（Bayard）在加里利亚诺桥上进行了英勇的抵抗，但法国还是被逼退至加埃塔并宣布投降。

这场战败以及战败前法国军队连续数周的糟糕境遇或 16
许让克伦威尔决定尽早放弃军旅生涯。不久之后他便离开了军队，不过他决定留在意大利而不是以战败者的姿态返回英格兰。他生活在意大利历史上文化最兴盛的时期，这对他的性格、信仰和兴趣都产生了深刻的影响。这个时期，拉斐尔（Raphael）、贝利尼（Bellini）、提香（Titian）

正在佛罗伦萨和威尼斯创制杰作，博吉亚家族（Borgias）主宰着教宗国的政治与宗教生活，而尼科洛·马基雅维利（Niccolò Machiavelli）则开始在佛罗伦萨政府施加影响。文艺复兴全盛时期的意大利保留了它的独特气质，相比道德，彼时的意大利社会更注重美学。其夺目的艺术和思想成就与社会环境和民族脾性引发的普遍的暴力与流血事件呈鲜明对比。白天文化和政治精英进出的精美广场，到了夜晚就变成斗殴、持械伤人和凶杀事件的案发地。对年轻的克伦威尔来说，这是一个残暴又具有启蒙性质的训练场。

再次出现关于克伦威尔的书面记载是在佛罗伦萨——文艺复兴的发祥地。文艺复兴是受古典时代影响的一次文化、思想的大爆炸，它变革了整个欧洲的艺术、文学、哲学、政治和宗教。文艺复兴的影响如此之大，人们通常认为它是连接中世纪和近代世界的桥梁。文艺复兴的核心思想之一是在艺术中探寻现实主义与人类情感。有着令人惊异的精密细节的作品取代了中世纪高度程式化的绘画和雕塑，并赋予题材以生命力。

佛罗伦萨之所以能够成为意大利所有文艺复兴城市中最有生机活力的一个，并且拥有乔托（Giotto）、弗拉·安杰利科（Fra Angelico）、波提切利（Botticelli）等诸位大师，在很大程度上得益于共和国的实际统治者、强大的美第奇家族的赞助。有了精美的绘画、壁画、雕塑和建筑的装饰，佛
17 罗伦萨成为无与伦比的美都，闻名全世界。克伦威尔到达佛罗伦萨的具体日期不详，但应该早于1504年6月，因为这

时他已经进入强有势的佛罗伦萨商业银行家弗朗切斯科·弗雷斯科巴尔迪的府邸。弗雷斯科巴尔迪家族自12世纪以来就是有名的金融家，在佛罗伦萨公共事务中声名日盛的同时，他们也在英格兰建立了收益颇丰的商业往来。到了13世纪末，他们成为王室银行家，赞助了英王爱德华一世和二世的战争。弗朗切斯科是“一个非常忠诚、正直的商人”，“非常富裕”并在整个欧洲市场“拥有很大的生意”。他大部分时间生活在伦敦，不过克伦威尔是在他返回佛罗伦萨的一次旅途中与他相遇的。当时的小说家班戴洛描述了这位商人是如何遇见在街上乞求施舍的克伦威尔（“一个可怜的年轻人”）的。当弗朗切斯科停下来跟他说话的时候，克伦威尔乞求他“看在上帝的分上”帮帮他。弗雷斯科巴尔迪见他虽然“衣衫褴褛”但“举止中透露出良好的教养”，就产生了怜悯之情。当他知道这个年轻人来自他熟悉并且热爱的英格兰时，就询问了年轻人的姓氏。“我叫托马斯·克伦威尔，”克伦威尔如是回答，“是一个布料加工工人的儿子。”[21]克伦威尔接着给他讲了自己是如何从加里利亚诺战役中死里逃生的，无需多言，这位富商显然已被说服：他带克伦威尔回到自己的府邸，为他提供衣食和居所。

虽然未经验证，但这种说法是可靠的。班戴洛的小说基于真实事件，克伦威尔后来的生平也证实了他拥有善于赢得精英群体好感的杰出能力。私下里熟识克伦威尔的夏普伊和雷金纳德·波尔的记述也佐证了这一点。唯一不一致的地方是班戴洛笔下的克伦威尔称他的父亲是一个剪切工（一个剪羊毛的人）而不是一个铁匠，也没有提及他父亲的其他职业。这一出入或许是因为克伦威尔的母亲在沃尔特死后改嫁了一个剪羊毛的工人。[22]

克伦威尔显然没有辜负弗雷斯科巴尔迪对他的信任，他
18 忠诚且有力地服侍着他的主人。班戴洛将克伦威尔描绘成“一个斗志非常昂扬、机智、果断的年轻人，他非常清楚如何迎合他人的想法，当他认为适当的时候，他可以比世界上任何人更好地掩饰自己的情感。”[23]这一时期在意大利磨砺而成的这些性格特点在他回到英格兰之后给他带来了极大的好处。在服侍弗雷斯科巴尔迪的过程中，他也获得了宝贵的经验和见识。那个时期佛罗伦萨还是一个共和国，政客、外交家、人文主义学者尼科洛·马基雅维利是共和政府的积极分子。或许可以推测克伦威尔了解，甚至可能欣赏马基雅维利的方法论，但是几乎可以断定的是两人并不相识：克伦威尔当时是共和国极为卑微的一个居民，不可能跟这样一位卓越的领袖有交集。

弗雷斯科巴尔迪以“好客”和“生活奢华”闻名，所以克伦威尔在他的府邸生活得很舒适。或许也正是因此才有了后来因好客而出名的克伦威尔。作为佛罗伦萨名门望族中最富有、最显赫的一员，弗朗切斯科雇用了最好的厨师、乐师和表演者来宴请、招待他的宾客。弗雷斯科巴尔迪家族利润最丰厚的生意之一是酿制托斯卡纳红酒，自 14 世纪早期开始他们便精于酿制此酒，后来还进贡给英格兰宫廷供亨利八世本人享用。弗雷斯科巴尔迪酷爱艺术，他与大名鼎鼎的米开朗琪罗（Michelangelo）有一个互惠的约定，凭此约定拿红酒来换画作。因此克伦威尔曾置身于文艺复兴时期一些

最好的作品之间，难怪在那之后他会如此热爱艺术。

弗雷斯科巴尔迪在意大利各地为生意奔走的时候会带上他的这位英格兰侍从，直到最后把克伦威尔留给了一位威尼斯商人。没有迹象表明克伦威尔对此有异议，因为弗雷斯科巴尔迪给了他丰厚的饯别礼物——16 个金杜卡特和 1 匹壮马。枢机主教波尔证实后来克伦威尔被一位他熟识的威尼斯贸易商雇为会计。[24]

此后克伦威尔的行踪无法确定，他很可能在那之后不久 19
就离开了意大利，在欧洲其他地方游历了一段时间。可以确定的是他作为布料商人在尼德兰（Netherlands）待了一段时间。那个时候威尼斯和安特卫普贸易联系密切，这可能促使他多次游历。对这位未来的英格兰政客来说，世界上最大的商业之都就是最好的训练场。安特卫普是一个生机勃勃的国际化都市，有成千上万来自欧洲所有贸易国家的商人。英格兰的毛织品和布匹有半数经由这座城市出口。克伦威尔亲身经历了商人冒险家公司——一家由英格兰主要海外商人组成的公司——尝试将这些出口原材料制成成品以获得最大利润的经济努力。过了一段时间，克伦威尔开始为安特卫普英国会馆（The English House）的商人效力，随后他自己成为一名独立的贸易商人。

许多年之后，一位名叫乔治·埃利奥特（George Elyot）的商人回忆说，“自 1512 年在米德尔堡的辛松市场我就感受到了克伦威尔的热情和真诚”。[25]米德尔堡是位于尼德兰西南部的一座城市，是中世纪英格兰和佛兰德斯商业往来的一个重要的贸易中心。从英格兰贸易对这座城市的重要性来看，克伦威尔完全有可能在那里找到了工作。他在意大利最有权势的商业家族之一的府邸的工作经历也增加了他的优势。在这一时期，克伦威尔可能也获得了一些法律上的经验。虽然从未受过训练，但是他肯定有从事法律这一行业的天赋，因为不久之后他就因在法律事务方面的知识和本领而出名。

克伦威尔大概在 1512 年夏末或秋初返回了英格兰。两年之间，年近 30 的他就已经在伦敦商界和法律界站稳了脚跟。从亨利八世官方文件的一次偶然提及可以看到，克伦威尔在回到英国之后几乎立即就开始了其律师生涯。克伦威尔
20 的签名出现在一份 1512 年 11 月前后的文件中，文件内容涉及白金汉郡大小金布尔庄园及地产产权。[26]在他整个律师生涯中，克伦威尔专攻产权转让。早年间，他的很多客户都来自其生意上的人脉。

但是克伦威尔四处游历的日子并未结束。1514 年，他再次来到尼德兰，在一些主要的贸易中心（特别是在布鲁日和安特卫普）开始自己做起了生意。在积累生意经验的同时，他也建立了一个将在未来对他大有助益的交际圈。在此处，他也对欧洲经济和政治事务形成了极好的基本认知。他学会了几种语言，可以熟练使用法语和意大利语，通晓西班牙语，可能也会德语。对意大利的钟爱伴随了他一生，他收到的很多国外信件都是用意大利语写就的。吝于夸奖的圣罗马帝国大使尤斯塔斯·夏普伊后来也坦言："克伦威尔英语口才极好，除此之外他的拉丁语、法语和意大利语也说得相当好。"[27]克伦威尔也熟谙古典文学，精通拉丁语和希腊语——后者是非常难得的成就。后来成为克伦威尔死敌的斯

蒂芬·加德纳（Stephen Gardiner）也坦言克伦威尔经常对他“直言不讳，不管跟我讨论什么他都非常自信，无论是希腊语、拉丁语还是其他，他知晓的都跟我一样多。”[28]

虽然关于克伦威尔这一时期的生活，当时的文献能够提供的只有零零散散的细节，但从中可以看出在1514年克伦威尔还返回了意大利。根据位于罗马的英格兰救济院——至圣三一和圣托马斯救济院（the Most Holy Trinity and St Thomas）的记载，克伦威尔1514年6月曾在那里居住。至圣三一和圣托马斯救济院建于1362年，旨在照管“来自英格兰的贫穷的、体弱多病的、需要关爱的不幸旅人”，克伦威尔旅居于此的时候，该救济院已经成为罗马接待英格兰来客的主要中心。它每年接待成千上万的朝圣者，不过克伦威尔旅居于此更有可能是由于生意需要而非精神需求。根据梵蒂冈城档案馆的文件，克伦威尔这时是枢机主教雷金纳德·
班布里奇（Reginald Bainbridge）的代理人，在由教廷建立 21
的最高宗教事务裁判所处理英格兰教会事宜。

1514年夏，克伦威尔回到英格兰。一份日期为8月26日的文件上的签名被认为是他的。文件与约克大主教有关，文卷编辑者描述文件的背书部分写有“一些线条，明显是刻意的字迹练习”。[29]这（虽未经考证）提供了一个青年克伦威尔的迷人形象，他为了让自己的字迹看起来优美、老练而不断练习。如果这真的是他的字迹，那就出现了一个新的谜题。这位刚刚回国的冒险者在本国鲜为人知，他是如何介入英格兰最重要的一位神职人员的事务的呢？这说明克伦威尔的社交网比当时资料所披露的要大。

无疑，在欧洲大陆的几年，克伦威尔由一个未受良好教育、早熟并混迹街头的“小混混”变成了一个有教养的、人脉广且成功的商人。后来克伦威尔称自己是“世间伟大的旅行者”也不无道理。[30]他的天资给他带来了很大的帮助，正如福克斯所说：“他的记忆力超群，无论学什么都可以记住，这也是他最为出众的能力。”[31]同样，霍林斯赫德在描述他时也说“有如此超群的记忆力，有如此胆量和韧性，可以利用手中的笔获得如此大的成就……在人们看来他经验丰富，不会一直默默无闻下去”。[32]他有随军服役并参加作战的经历，又在几个世界最大的贸易中心工作过，在文艺复兴期间亲眼见证了文化和思想的异常繁荣，并且吸收了当时开始在北欧扎根的一些激进的宗教思想。他的人生历练可谓卓越。

克伦威尔在意大利的经历对他的影响最为深刻，这段经历培育了他对艺术、文学、音乐和精美器物的终生热爱。他对这个国家的热爱非常有感染力。很多年后，埃德蒙·邦纳（Edmund Bonner），枢机主教沃尔西的随身教士，曾写信给他：“很久之前你就答应借我彼特拉克的《凯旋》（‘Triumphs of Petrarch’），希望让我成为一个优秀的意大利
22 人，我恳请您让奥古斯丁先生的侍从给我送来，如果您有意大利语的《廷臣论》（*Cortigiano*）就更好了。”[33]意大利作家尼科洛·马基雅维利一直被认为是对克伦威尔有特别影响的人。克伦威尔可能获得了他最有名的著作《君主论》的早期手稿。这本最终于1532年出版的著作使马基雅维利的名字与无情、不择手段的治国之道画上了等号。[34]

作为一个伦敦人，克伦威尔对一切意大利事物的热爱是极为不寻常的。安德烈亚斯·弗朗西斯库斯在游历这个都城时震惊地发现它的居民“不仅看不上意大利人的生活方式，而且会带着难以抑制的憎恶咒骂他们”。[35]这一时期另一位意大利旅行者也证实了这一点：“英格兰人大爱自己以及一切属于自己的东西；他们的眼里只有英格兰和英格兰人；每当看到一个英俊的外国人，他们会说‘他长得像英格兰人’……他们对外国人有很强烈的反感，幻想他们一旦踏足自己的岛屿，就必然是为了将其据为己有、夺取英格兰人的物资。”[36]克伦威尔要心胸宽广得多，游历让他比大多数同胞更加文雅、好奇和开明。他是一个真正文艺复兴式的人物。

克伦威尔在国外的这几年经历与在帕特尼他父亲的啤酒作坊做学徒的时日堪称天壤之别，他拥有只有少数统治者和极少数大臣花费一生才能掌握的关于地理、人文和时政的见识，因此没有常见于其英格兰同胞身上的成见和偏见。他的游历开阔了他的眼界和心胸。他学会了质疑一切、颠覆传统并且行事求新。他的经历教会他不要急于相信（如果还有信任可言的话），但是同时他也真正关心他人，他的平易近人在同侪当中罕有其匹。他从默默无闻到站在辉煌事业的顶点完全归功于他自身的优点。正如伊丽莎白一世时期的编年 23
史家霍林斯赫德后来所评述的：“虽然卑贱的出身和生活的匮乏是他养成能够立身于世的优点的较大障碍……但是凭着异常卓越的才智和勤劳刻苦的心性……他逐渐培养了如此充分、熟练的权衡重要事务的理解能力和本领，以至于旁人认为无论在哪里，无论是任何一个职务，他都能胜任。”霍林斯赫德确信克伦威尔的旅行对他后来的事业十分有益，因为他从中观察到了“本国以及其他各个国家和政府的运作原理”。[37]

1514年回到英格兰后不久，克伦威尔娶了伊丽莎白·威廉斯（Elizabeth Williams），伊丽莎白的旧姓是威基斯（née Wykys）。他能够寻得如此佳偶显示出他所取得的成就。伊丽莎白是王室护卫托马斯·威廉斯（Thomas Williams）的遗孀。她的父亲亨利·威基斯（Henry Wykys）跟克伦威尔的继父从事同一行业，都是帕特尼的羊毛商人，有可能正是这两人安排了这门婚事——或者至少介绍他们相识。亨利·威基斯曾是亨利七世的引见官，这给托马斯提供了一个薄弱但有价值的宫廷关系。他的岳父也帮助他在英格兰的布料生意中立足。有记录显示伊丽莎白是一位坐拥财富与地产的女性，这可能是克伦威尔娶她的主要原因。毫无疑问，在他们刚结婚的那几年，克伦威尔个人的财富快速增长，其速度远比他仅靠自己所能达到的要快得多。

如此博学且也在岳父家里做羊毛和布料生意的克伦威尔同样确立了自己作为一个商业代理人的地位，这是一个没有明确业务范畴界定的角色，明显不需要任何正式的训练，但可能涉及包括借贷在内的多种业务。这个角色同样也让他进入了英格兰的法律界。他充分利用这次转行的机会，努力以律师为自己的主业。鉴于在此之前他的经验都来自跟英格兰有不同法律系统的其他国家，他能如此之快地在法律事业上获得成功是很了不起的。克伦威尔的知识不是在大学里学来

的，而是从伦敦现有的已出版的法律书籍或者同时代文献中 24
没有记载的人那里学得的。加上在欧洲的人脉和训练，他已经完全准备好开始一个辉煌的职业生涯。

托马斯和伊丽莎白生育了至少三个孩子：两个女儿——安妮（Anne）和格雷丝（Grace），还有一个儿子叫格雷戈里（Gregory）。[38]他们的出生日期没有记载，不过正如大多数历史中常见的，跟儿子年龄相关的证据比关于女儿的要多。通常认为格雷戈里大约在1520年出生。[39]同时代文献中最早提到了安妮，这或许说明她是两个女儿当中年长的那个。

他们一家生活在位于伦敦城东部的芬丘奇（Fenchurch），可能租住在圣加百利一个小的教区教堂附近。这一区域经常有许多商人光顾——附近有布料工人、锡匠、五金商——所以克伦威尔很容易接触到很多生意客户。

尽管他很快在英格兰站稳了脚跟，但是克伦威尔很快又踏上了旅程。1517年他收到一位来自林肯郡波士顿的熟人——市政官约翰·罗宾逊（John Robinson）请求帮助的来信。这两个人可能是在生意往来中认识的，当时波士顿是汉萨同盟的一个城市。汉萨同盟是一个主导北欧贸易的强大的商人联合体。罗宾逊的同乡杰弗里·钱伯斯（Geoffrey Chambers）正要代表波士顿圣博托尔夫教堂（今天当地人热切地称之为“波士顿之桩”）圣母公会去一趟罗马，目的是获得教宗的准许以出售赎罪券。这是该镇一个非常赚钱的生意，所以该镇官员迫切需要确保其能够继续。罗宾逊问克伦威尔是否可以陪同钱伯斯前往。虽然克伦威尔“对宗教事务缺乏兴趣与良好的判断力”，因而无法直接出面说服教宗，但他游历甚广，精通意大利语和意大利事务，这一点相比之下更为罗宾逊所看重。[40]克伦威尔或许急于冒险，便欣然同意。他跟钱伯斯在安特卫普见面，一起前往罗马。[41]他们的出行显
25 然很气派，因为整个旅程花费竟高达 1200 英镑——比今天的 45 万英镑还要多。

克伦威尔和他的同伴于 1517 年到访极盛时期的梵蒂冈城。米开朗琪罗已经于 5 年前完成了西斯廷礼拜堂的天顶画——这一杰作对西方艺术的发展有深刻的影响。另一位伟大的文艺复兴大师拉斐尔于 1508 年开始装饰教宗尤利乌斯二世（Julius Ⅱ）的居所。教宗宫殿四个接客室装饰有大量的系列壁画，这些壁画是如此精美，以至于尤利乌斯的继任者利奥十世（Leo Ⅹ）在 1513 年成为教宗之后留用拉斐尔和他的团队继续完成壁画创作。当克伦威尔和罗宾逊抵达罗马的时候，这项工作应该仍在进行中，但是他们在拜访利奥的时候有可能看到了一些已经完成的壁画。

克伦威尔做了一个可以绕开通常漫长乏味的等待、获得教宗接见的计划。当他们到达罗马的时候，他发现教宗即将开始狩猎之旅，所以他暗自等待教宗回来并通过一场英格兰“三人联唱”的表演给教宗以惊喜。克伦威尔知道教宗喜爱“新的、流行的、不常见的小食和精致的菜品”，于是他给教宗准备了一些精选的英式甜点和果酱，并称“在英格兰这些通常是只供国王和王子食用的”。[42]教宗被他打动，立刻批准了公会所有的请求。1518 年 2 月 24 日签署的一份教宗训谕给波士顿公会颁发了许可，允许其继续出售利润颇丰的赎罪券。虽然这一事件的细节是在事情发生大约 50 年后由约

翰·福克斯提供的，但可以确定的是克伦威尔为获得这一许可做了努力并且完全获得了成功。这是他第一次显示出在与社会上最显贵的人交往时的技巧和胆识。他的经历给了他与其卑贱出身不符的自信，但是他一定还有一种天生的傲慢——甚至是狂妄——能够劝服有权力的人听从他的要求。

这一事件或许还有一个更大的影响。在证明教宗是多么容易被人哄骗并因此答应他人诉求之后，克伦威尔可能对教
宗权威和宗教社团产生了一种轻蔑，这在他后来的职业生涯 26
中进一步发展成强烈的敌意。正如编年史家霍尔（Hall）那句有名的评述所说的那样，他后来对“一些高级教职人员的自命不凡”怀有强烈的憎恶。此外，福克斯说克伦威尔曾在漫长的返程途中默记、研读伊拉斯谟（Erasmus）刚出版的拉丁译本的《新约圣经》以排解旅途的乏味。显然，从那时候开始，克伦威尔对《圣经》的理解就出奇地好，这种理解持续了一生。对《新约》教义的深刻认识或许也为克伦威尔后来的福音主义信仰埋下了种子。鉴于这一信念诞生在去罗马天主教中心寻求获批出售赎罪券——一种改革派基督徒尤为反对的活动中，这多少有些讽刺的意味。

但在当时，当克伦威尔和钱伯斯乘胜而归，返回英格兰的时候，这一在罗马诉求获批的事迹极大地增添了他的资历。福克斯将克伦威尔描述为“在向各地发行并推动波士顿赎罪券的事业上……一个伟大的行动者”。[44]他决定宣传自己的成功以让他的声誉达到能够有效影响当时最有权势的人的地步。如果教宗可以任他如此巧妙地摆布，那么英格兰的国王或许也可以。

第二章

枢机主教

27 克伦威尔1517年到访罗马是他最后一次有文字记录的国外旅行。在那之后，他把所有精力都放在了在英格兰的事业上。根据当时的一份资料，他在这一时期对自己家族关系的利用并不亚于对商业人脉的利用。沃尔特·克伦威尔兄弟的儿子，亦即托马斯的堂兄罗伯特当时已经成为巴特西教区牧师，直属于枢机主教托马斯·沃尔西（Thomas Wolsey）。托马斯·沃尔西是约克大主教、英格兰大法官，也是亨利八世最亲近的顾问。

沃尔西是一位旅店老板的儿子，跟克伦威尔出身相仿。他比克伦威尔年长约15岁，大约在1470年或1471年出生于伊普斯威奇。不久之后，他的父亲成了一个屠夫，正是这个屠夫的身份让年轻的沃尔西在随后的几年受尽嘲讽。不管他在宫廷里如何高升，他的贵族对头总会嘲笑他是“屠夫的儿子”。

虽然出身卑微，但沃尔西还是受到了极好的教育，这或许得益于他富有的叔叔的资助。沃尔西是一个天资聪颖的学生，他15岁的时候就从牛津大学毕业，获得了“小学士”

的绰号。他继续自己的学业，在莫德林学院攻读神学，对于一个在政治领域有野心的人来说，这是一个出人意料的选择。不过对沃尔西来说，宗教和政治一直都是相互交错的——无论是在他内心里还是在他的事业中。他的首次重大突破是在 1507 年，当时他被任命为王室御用牧师。他很快利用自己的职位，与宫廷中“他认为是枢密院最得意的和最受国王重用的”[1]人结为同盟。不久，克伦威尔充分利用了这一经验。

沃尔西很快证明了自己是一个真正博学的人。他完全不 28
把自己的活动局限在宗教范围内，听任亨利八世的差遣、从事各种外交活动。后来他对自己的传记作者乔治·卡文迪什（George Cavendish）吹嘘说他仅用三天半就完成了对身在佛兰德斯的马克西米利安皇帝（Emperor Maximilian）的访问，惊艳了国王。威廉·廷代尔（William Tyndale），一位有影响力的学者和改革家，将沃尔西描述为“一个有欲望、有勇气、身强体壮的人”，沃尔西处理繁重工作的能力让人震惊。[2]在亨利八世 1509 年继位之后，沃尔西平步青云。

“未来，整个世界都会讨论他”，亨利 17 岁继位的时候，威尼斯大使曾以其非凡的眼力如此预言。每个人对这位热情洋溢、魅力非凡、睿智英俊的新王——一位真正的文艺复兴式君主赞不绝口。“如果你们见到也会抑制不住流下喜悦的泪水，这里所有人都为能拥有这样一位伟大的王而欣喜，他们满心祈愿他的安好”，廷臣蒙乔伊勋爵（Lord Mountjoy）兴致勃勃地说。“天地为之欢喜……贪婪被驱逐，强夺被制止，慷慨的手大方地施舍财富。吾王渴求的不是黄金、宝石和贵重的金属，而是美德、荣耀和不朽。”[3]

新王的体格也在宫廷里鹤立鸡群。身高6英尺2英寸的亨利仪表堂堂，（直至晚年）身材矫健。他擅长运动，乐于在竞技场上展示他的技能。他继承了外祖父爱德华四世的英俊相貌，被称为“历史上最英俊的君王”“肤色白皙的美男子”。一位威尼斯外交使者1515年到访英格兰宫廷，写了一篇汇报，对新王赞不绝口，称他“是我见过的最英俊的统治者，比常人要高，小腿矫健，肤色白皙透亮，赤褐色的头发梳成法式，又短又直，圆圆的脸如此美好，若生为女子，一定是一位美女”。托马斯·莫尔（Thomas More）也同样赞美“在1000个贵族同僚中，国王是最高大的，他的力量与他高大的体格相称。他的眼神饱含热情，脸庞俊秀，双颊如两朵玫瑰一样红润”。[4]

29 亨利的性情同样具有魅力。他继承了母族——约克家族的魅力和感召力，在几乎各个方面都跟他阴沉、心胸狭窄的父亲截然相反。亨利八世平易近人、聪慧机智、理想主义并且极其慷慨，伊拉斯谟称他是“最有心的男人”。托马斯·莫尔也认同：“国王能够让每一个人都感到自己受到他的特别青睐。”威尼斯的大使认为他“谨慎、明智、没有任何恶习”。[5]这并非完全属实。虽然可以说亨利有着令人无法抗拒的魅力，但是总体上他的性情也有较为黑暗的一面。他容易激动、任性放纵且自负虚荣，那令人恐惧、难以捉摸的脾气会吓得廷臣四下逃散。他同样也很冲动，常常随自己喜好突然提升或者贬黜侍者。虽然尚没有迹象表明此时的亨利已经染上了常见于他晚年的那多疑、无情、残忍的性情，但是他的随从们在侍奉他时仍不得不为他转瞬即逝的青睐提心吊胆。

另一个对亨利的统治有很大影响的缺点是他对运动的过度热爱。他酷爱狩猎，经常整天骑马外出，黎明之前出发，夜深了才返回。这爱好持续了很多年，直到国王青春活力渐失，不得不参加一些略不耗精力的消遣。就在1526年，编年史家爱德华·霍尔（Edward Hall）淡漠地评述道：“因为整个夏天国王闲暇时都在狩猎……所以没有发生什么值得记载的事情。”[6]即使是在亨利无意狩猎或者（这更有可能）天气不好的日子里，他通常也只是在上午听弥撒的时候以及晚上晚宴过后关注一下正事。他对冗长的汇报和陈述没有耐心，自己也曾经承认书写“对我而言有些乏味、痛苦”。[7]要不是有人数可观的书记员、侍从和顾问大臣负责将王室政策、财政、行政的细枝末节付诸实施，政府事务早已停滞。

亨利天生寻欢作乐的性格给老道的廷臣以机会，这一机 30
会很快便被沃尔西迅速抓住。据说在察觉年轻的国王更热衷于悠闲消遣而不是国家事务之后，他向“安逸的国王”保证“只要有他在枢密院，国王无需利用享乐时间来处理枢密院里的事务”。[8]他有策略地发挥国王的作用，在最有利的时候让国王参与进来，正如17世纪教会历史学家约翰·斯特赖普（John Strype）记述的：“沃尔西虽然知道如何让国王纵情享乐，有时也会提示他出面理政。”[9]这位枢机主教证明自己非常擅长应对各项国家事务。有影响力的人文学者波利多尔·弗吉尔（Polydore Vergil）说：“傲慢且有野心的沃尔西……声称自己能够处理几乎所有公务。”结果，他获得了国王越来越多的信任，并且掌握了超乎寻常的自主权。

“事态之严重以至于此，”一位震惊的同时代人评述道，“枢机主教处理所有政事，国王对此毫不过问。”[10]

然而，沃尔西受宠并不只靠他减轻国事重担的能力。极为精明、有识人之能的沃尔西很快感知到亨利需要他身边的人对他绝对忠心和忠诚。他同样也知道他的权力之路取决于如何让自己尽可能对君主有用。据卡文迪什所说，“他所有的努力都是为了满足国王的心意，他知道这是让自己升至高位的一条非常虚荣且正确的道路”。沃尔西因此“得到国王特殊的恩典和宠信，每日在宫廷陪侍在国王左右”。最终，“国王对他心生喜爱，尤其认为他是所有廷臣中最忠诚、最甘心乐意的，且他不论如何只推进国王的意旨和意愿。国王因此把他当作一个合用的工具，用来实现他的筹谋，满足他的娱乐，并且让他更接近自己，给他如此高的尊崇，以至于他受的尊荣和宠信使得其他所有廷臣都失去了原有的宠
31 信。”虽然威廉·廷代尔不是沃尔西的崇拜者，但他也承认沃尔西“顺从且有用，并且在所有消遣和娱乐上都是数一数二的”。[11]

沃尔西在如何赢得国王宠信的这门学问上可谓大师，而克伦威尔也将作为他的门徒从中受益匪浅。一系列关键的教会任命成为沃尔西自身迅速得权的标志，其顶点是他 1514 年 8 月成为约克大主教。一年后，他被封为枢机主教，甚至有流言称他有成为教宗的野心。时人很快就认识到宫廷真正的权力之源在哪里。伊拉斯谟也在亨利的宫廷呆了相当长一段时间，他形容沃尔西“事实上”的统治“更胜于国王本人”。威尼斯大使朱斯蒂尼亚尼（Giustiniani）称沃尔西是

“尊敬的枢机主教，这个国家所有权力的实际拥有者”，并且是一个“就权威而言堪与国王相比”的男人。亨利八世本人的举动也加深了这一印象。1515 年他授意教宗利奥十世“重视沃尔西的话，一如这些话是从国王本人口中说出的”。[12]至此，沃尔西作为亨利宫廷首席大臣的地位完全确立。

沃尔西的晋升如此迅速，以至于有一段时间他的府邸众人没能跟上节奏，因此他必须在短时间内找到新的值得信任的仆人。当时并不缺少有野心且愿意接受聘用的人，所以他很快就有了多达 400 个仆人。同时，他开启了一系列令人震惊的宏大的建筑计划，仅有国王的宫殿可与之匹敌。他最豪华的府邸是汉普顿宫，这座杰出的建筑里置满了珍贵的艺术作品。也难怪嫉妒他的廷臣开始议论说沃尔西的奢华使国王黯然失色。“他几乎在同一时间担任如此多的公职，并变得如此高傲，以至于他开始自视与国王并驾齐驱”，一位怀有敌意的时人如此说。

> 很快他开始使用金色的座椅和金色的软垫，铺金色的桌布，他徒步出行的时候把他的帽子——枢机主教品级的象征——给仆人拿着走在前面，并且像举神像一样高高举起，在举行礼拜的时候，他把帽子放在国王小礼
> 拜堂的祭坛之上。沃尔西因其傲慢和野心招致了来自全 32
> 国的憎恶，因为他对贵族和普通大众的不友善，他们对他的虚荣产生极大的反感。他确实为每个人所憎恶，因为他以为自己一个人可以担任英格兰几乎所有的公职。

伊拉斯谟也认同这一观点，认为“所有人都畏惧但几乎没有人爱戴”他。[13]

截至当时，没有人限制沃尔西的权力，1515 年年末亨利任命这位枢机主教为大法官，证实了他对后者的钟爱。这一任命惹怒了沃尔西的同僚，他们憎恨越来越多的权力集中到这位“屠夫的儿子”手里。1516 年 5 月，托马斯·阿伦（Thomas Alen）向他的侍主什鲁斯伯里伯爵汇报宫廷里产生了“极大的混乱”。[14]这位新任大法官几乎没有做什么去迎合他的同僚。沃尔西不咨询共事的大臣，只征求国王的准许。他的策略是“在他进一步确定或者决定最应该满足谁的意愿或者听从谁的意见之前，先让国王知晓所有（本该由大臣经手的）事情，以最大限度地赢得国王的欢心”。[15]虽然他在短期内取得了惊人的成功，但随着时间流逝，这个策略的危害也将暴露出来。

对克伦威尔开始服侍沃尔西的时间的判定多少都有推测的成分，一些历史学家推断最早是 1514 年，而另一些推断最晚是 1525 年。不过，历史学界一致认为两人是在 1516 年结识的。[16]罗伯特·克伦威尔有可能帮助了他的堂弟成为大主教约克坊——沃尔西在伦敦的宏伟官邸的管家。但直到克伦威尔 1518 年从罗马返回英格兰后，他才作为枢机主教的门徒崭露头角。1519 年他成为沃尔西个人理事会的一员——这极大地提高了他的社会地位。从那时起，他开始穿黑色和褐色的天鹅绒制服，表明他是服侍枢机主教的数百人之一。

33 据尤斯塔斯·夏普伊所言，沃尔西很快就注意到了克伦威尔的潜力。“约克枢机主教看到了克伦威尔的警觉和勤勉，以及他在不论正邪的诸般事务上的能力和机敏，便把他招至麾下，主要派他负责拆除五六座修道院。”[17]这一说法的前一部分可能是准确的，但是在后一部分，夏普伊将不同的事件混在了一起：克伦威尔确实帮沃尔西解散了一些宗教设施，但这是在他已经服侍沃尔西多年以后。夏普伊暗指这是克伦威尔的第一个任务，其实只是一个将注意力吸引到他眼中的克伦威尔最大的罪过上的手段。约翰·福克斯更为积极地描述了克伦威尔早期对沃尔西的服侍：“他第一次被提及是在主教府中，他在那里确实担任过几份职务，并在这些职务上表现出了非凡的智慧和忠诚，很快他看起来比枢机主教更适合服侍国王。”[18]

很容易就能看出为什么克伦威尔和沃尔西如此迅速地结成了亲密的联盟。他们就像一个豆荚里的两颗豆子。二人都出身卑微，都利用他们与生俱来的机智、悟性、精明和勤奋成就了自己，并如风暴一般征服了世界。当然，他们结识的时候，沃尔西已经比克伦威尔高出了好几节。但是后来者看到了他的机会：如果他自己能成为国王首席大臣的左右手，那未来更大的提升也尽在他的掌握之中。

同时，克伦威尔发展迅速的法律事业也让他离宫廷的社交圈更近一步。他开始在几个重要的法律诉讼中代理客户，其中最早的案件之一就是坎特伯雷特权法院 1520 年 10 月向罗马教宗法院提起的诉讼。案件复件送到沃尔西那里，其中附有“其他信息详见托马斯·克伦威尔信件”的字样，在信件中克伦威尔总结了案件的关键点并就如何最好地处理提出了建议。[19]显然克伦威尔表现得很好，第二年他受命为曾在第三代白金汉公爵爱德华·斯塔福德（Edward Stafford）手下任监督员的查尔斯·尼维特（Charles Knyvett）担任代理律师。尼维特在1521年5月17日公爵被处死前不久辞职
34 并对公爵做出了不利指证。他就因辞职而失去的几份职位提出赔偿诉求，同时要求免除价值3100英镑（比现在的110万英镑还多）的债款，这是他被迫代替主人承担的。

为一个已被判刑的叛国者的侍从申诉赔偿是一个冒险的工作，大多数律师都会拒绝。但是克伦威尔知道这个案件能让他接触到宫廷社会的最高层人士，所以他欣然受理了这个案件。他一丝不苟地替他的客户准备并修改了多份诉状，一些送到了国王那里，一些送到了枢机主教沃尔西那里。虽然克伦威尔没能为尼维特打赢官司，但是他实现了为自己在宫廷里立名的目的。

现存文献中没有关于克伦威尔何时获得了国王接见的记载，但是1515年第一次到访宫廷的威尼斯使臣描述了接见的可能场景：

> 有人引我们进入宫殿，各个房间里都挂有极为精美的壁毯，护卫根据等级从上至下依次穿着金、银和丝绸，其中包括300个身着银色胸甲、手持长矛的戟兵；我对上帝发誓，他们每一个都像巨人那么高大，所以排列起来很是壮观。我们终于到了国王那里，他坐在一个金线织成并在佛罗伦萨加工刺绣的华盖下，这个华盖是我见过的最昂贵的东西：他斜靠在镀金的宝座上，宝座

> 上有一个大的金线锦缎制成的软垫，上面放着那把金色的国剑。

亨利衣着白色和深红色的缎子制成的华丽衣衫，脖子上戴一个“金色的项圈，项圈上镶有一枚圆形钻石，跟我见过的最大的胡桃一样大小，还有一颗极为炫目的、特别大的珍珠吊在下面……他的手指上戴满了镶有宝石的戒指”。国王的右边有“8 个贵族，衣着与他相仿”，并且“还有 6 个手持权杖的男人，以及 10 个传令官，他们身着金色织物制成的
短袖制服，衣服上饰有英格兰纹章。此外还有一群贵族，他 35
们都身着金色织物和丝绸”。[20]即使对一名经验丰富的使臣来说，那一定也是令人敬畏的场景。虽然因为经常游历，克伦威尔对宏伟的宫廷并不陌生，但是在第一次被召见的时候，他一定也会对此感到印象深刻——或许，尽管他天生不羁，也会有一点惶恐。据小说家班戴洛说，克伦威尔立刻就给国王留下了好印象：“他（沃尔西）会时常让克伦威尔跟国王汇报极为重要的事情，这位年轻人清楚地知道要讨好国王，国王开始对他面露慈色，认为他是一个适合处理任何极其重要事务的人。”[21]

在尼维特案之后，克伦威尔的律师事业继续发展。毫无疑问这得益于沃尔西的影响，克伦威尔任务使他与宫廷的接触越来越多。1522 年年初，他代理了一位来自布里斯托尔的诉讼当事人，案件由星室法庭的理事会听审。而在该案件之外，其他正式法庭文件中也有多处提到了他的名字，表明他作为一名本领和能力相当大的律师的名气正在迅速扩大。

他的其他委托还包括代理理查德·乔费尔（Richard Chawfer）起诉威廉·布朗特（William Blount）和蒙乔伊勋爵（后者蒙国王喜爱），案件由伦敦主教听审。在 1522 年 8 月 15 日写给克伦威尔的信件中，乔费尔写到主教指示双方指任“一个中立且对这种庭审有了解的人”，还写道：“我选了您，想知道您什么时候会在城里，这样我可以进一步知会您详情。”[22]从他这个时候的通信来看，克伦威尔也没有忽视他的羊毛和布料生意。[23]他的英格兰客户包括金匠、杂货商、裁缝、布商、鱼贩和市议员，还有从巴黎、诺曼底到奥格斯堡和佛罗伦萨的国外人脉。到 1522 年年中，克伦威尔认识沃尔西已有约 6 年了，他不断增长的财富和权势令他有资格在德意志的汉萨同盟授予的委托书中被称为“先生”。

大约这个时候克伦威尔雇了一个学徒，一个精明的、有
36 进取心的年轻人，名叫拉尔夫·萨德勒（Ralph Sadler）。萨德勒在 1521 年就已经服侍克伦威尔了，当时他十三四岁，但有可能自 1514 年开始就被收养在克伦威尔的宅邸。可能是他的父亲——第二代多塞特侯爵托马斯·格雷（Thomas Grey）的管家亨利·萨德勒（Henry Sadler）——把他带到了克伦威尔的面前。克伦威尔曾在 1522 年充任多塞特的律师（这是一个不同寻常的举动，因为格雷家跟国王关系密切），不过显然当时他已经认识亨利·萨德勒了。他很快注意到拉尔夫的潜力，并保证这个男孩受到极好的教育，包括拉丁语、希腊语和法语，以及法律培训。拉尔夫很快证明自己堪当大任，而且克伦威尔开始让他承担前所未有的更大的责任。他大约 19 岁的时候，就开始做主人的秘书，这让他

在法律、管理、财务尤其是政治等各个方面接受了基础训练。克伦威尔给了拉尔夫如此大的信任，后者开始负责撰写克伦威尔的大量信件。他因此直接接触国家事务，并且几乎可以像他的主人一样精准地理解国家事务的细微差别。这是一个信任度极高的职位，萨德勒证明自己完全可以胜任。不久之后，人们都知道他跟克伦威尔关系密切，开始请他帮忙。

萨德勒诚心诚意、忠心辅佐克伦威尔，不仅能够跟得上后者的节奏，甚至有着与克伦威尔相当的源源不绝的活力和干劲。他习惯以小时而不是以天为单位给自己的信件标注时间，由此可以很好地看到他繁重的工作日程，他经常凌晨4点就起床，很少在午夜之前休息。由此可以推断他的主人也是这样。克伦威尔有一次发牢骚说他一直“忙于其他的事务……几乎没有时间进食”。[24]

1523年克伦威尔在上流社会的快速爬升迎来了一个高点，他第一次进入下议院。[25]那时，议会已经由一个国王召集显贵的臣民以传达自己意愿的集会演变成一个可以制定法律、批准征税，甚至偶尔反对王室意志的活跃机构。议会分 37
为上议院和下议院，上议院成员为根据君主敕命出席的本国贵族，而下议院成员则是通过地方选举获得席位的人。

议会总体上是一个临时的机构。虽然会不定期举行集会，但每次集会之间间隔很长，都铎时期它的重要性得到极大提升。在亨利七世24年的统治中，他召集了7次议会，总共只持续了25周。相比之下，他的儿子在位37年间，召集了9次议会，总共持续了183周。自1529年以后，议会大多数都集中在克伦威尔手握大权的时期。议会成为克伦威尔施展他和王权影响力的重要舞台，让他充分发挥了作为一个雄辩家和律师的优势。

1523 年议会——自 1515 年 12 月之后第一次集会——之所以被召集起来，是为了给沃尔西激进的对外政策筹措资金。得益于克伦威尔的一个勤勉的书记员，我们可以看到他当时演讲的文字记录，由此可以难得地一窥亨利统治之下的议会辩论的喧闹实况。显然没有因议会首秀而感到紧张的克伦威尔的表现让人印象深刻。他利用那让他成为一名成功律师的出类拔萃的雄辩能力，冒险质疑国王长期以来意欲宣示自己对法国的古老的所有权。考虑到亨利是如此喜爱扮演伟大的勇士之王这一角色，这是一个异常大胆的举动。这同样也公然违背了他的新侍主的策略。但是，正如克伦威尔辩论的那样，英格兰没有能力负担与法国开战带来的巨额花费。他的长篇演讲巧妙地糅合了恭敬与理性。意识到作为一个出身卑微的新来者，他的意见可能会被有权势的同僚忽视，他表示："我认为我是所有人中最不配在诸位睿智、高贵的大人面前以任何方式发表自己看法的，尤其是在这样一个重大的、每当我思量的时候都会因敬畏而战栗的事情上。"他同样假装顺从这些"远比我有智慧、学识和经验"的人。

38 克伦威尔随后提出的论据源自他自身在法国军队服役的经历，因为他有能力对这个国家的军事力量给出最新的评估。这给那危险的怀旧观点泼了冷水，这个观点经常以伟大的克雷西战役和阿金库尔战役为参考。克伦威尔在结论中建议国王将注意力集中在对英格兰北部边境构成威胁的苏格兰上。总之，在失去理智妄想获得广阔的海外领土之前，国王应该先整顿好家门内的事。结束的时候，跟演讲开始时一样，他本着谦逊的姿态说："因此我表达了我纯粹、单纯的想法。"然而，这个演讲真正的妙处在于克伦威尔自始至终明确地表示了自己对国王坚定又强烈的忠诚。他宣称正是他对国王安危的强烈担忧促使他反对沃尔西的计划。这纯粹是权术，克伦威尔知道他在议会上说的每一句话都会被详尽地记录下来并呈给国王。因此他重视并充分利用了他的第一个真正的机会来奉承他的君主并给他留下印象。[26]

这次出色的演讲是克伦威尔谨慎的外交手段的早期迹象，这种谨慎也是克伦威尔日后对外政策的基础。我们虽然可以轻易将他对与法国开战的厌恶归咎于年轻时在法国的经历，但其实克伦威尔是一个精明、有洞察力且非常务实的人。虽然对自己最亲密的伙伴有着强烈的忠诚，但是他从不允许个人偏见主导他的事务决断。此外，他会适时地、始终如一地支持与神圣罗马帝国皇帝查理五世而不是与法国的联盟。

至于克伦威尔公开表达对与法国开战的异议是否背叛了他的新主人，这一点则颇值得玩味。沃尔西偏向好战的外交政策，因此可能会因为他的门徒如此有说服力地驳斥这一政策而愤愤不平。不过，也有人暗示，克伦威尔如此行事是受向来诡计多端的枢机主教的指示，是为他改变政策奠定基础的方式。但是，不管沃尔西怎样相信克伦威尔的能力，他不
大可能会冒险把这么重要的任务交给一个新人。况且，克伦 39
威尔演讲的语气透露出他是真的试图制止这个他（凭经验）认为十分错误的政策。

虽然克伦威尔的辩论很有说服力，但是议题并没有得到解决，议会拖了整整 17 周，几乎相当于平均周期的两倍。议会结束后不久，克伦威尔对他的朋友约翰·克雷克（John Creke）抱怨：

> 包括我在内的议员们都坚持了长达 17 周之久的议会，在议会上我们谈论了战争、和平、冲突、怨恨、富足、匮乏、贫穷、真实、虚假、正义、平等、欺骗、压迫、慷慨、敏锐度、力量、节制、叛国、谋杀、重罪、调节，有争论，有辩论，也有窃窃私语，我们也讨论了如何在我们的王国建立并维系一个英联邦。然而结果我们做了前辈们惯常做的，我们可能也会习惯这样做，讨论最终又回到了起点。[27]

这是克伦威尔现存最早的信件。克伦威尔不仅没有因与这群威严的男人争吵而害怕，反而已经开始嘲弄议会的不足。这种天生的不羁是他的性格特点之一。他的这一特点帮他结交朋友，但同样也为他树敌。

克伦威尔迅速理解了议会的运作方式，这反映出他头脑敏捷、适于从政。沃尔西曾经告诉他："你有很好的理解力。"[28]帝国大使尤斯塔斯·夏普伊也发表过类似观点："克伦威尔是一个聪慧的男人，非常熟悉政府事务，且足够理智，能对它们做出正确的评判。"[29]

克伦威尔给克雷克的信同样也说明了他出色的交友能力。这不是一个通常会与诡计多端的律师联系在一起的特质，但是这方面的证据令人信服。约翰·克雷克非常忠于自己的朋友克伦威尔，他广泛游历欧洲大陆，并告知克伦威尔发生在大陆上的各种事件。就在前一年的7月，他向克伦威
尔寄了一封真情洋溢的信。“我对你的爱跟我们最后一次见 40
面时一样热烈。我的心，像以前怀念别人一样，怀念你和沃达尔先生的陪伴……我的一生从未在如此短暂的相识中对别人产生如此真诚的情谊，这种情谊如火一样日益炽烈。上帝知道分开的时候我经历了怎样的痛苦，每每记起我们在你的花园里漫步，我就会不顾一切地陷入沉思。我想写更多，但是我的心不允许。”克雷克就此结束了他的信：“但凭尊夫人差遣。”[30]

就克伦威尔自身来说，他是一个秉笔直书的通信者，完全没有一个知晓大量机密信息的人应该有的矜持。他答应克雷克，在后者还居住在毕尔巴鄂的时候，他会告诉后者国内最近发生的所有事情，“因为据说消息可以更新生命的活力”。不过，他的确采取防范措施在一些回件中使用了加密的标记。“据我所知，你所有的朋友都很健康，尤其是你担心的那些人：你知道我什么意思，”他在一封信里这样写道，“我想用寓言来表述最好，因为我有所怀疑。”[31]

克伦威尔和克雷克有一些共同的朋友。“沃达尔先生”应该是约翰·伍德尔［John Woodall，或者是乌维达尔（Uvedale）］，是一名隶属于掌印司（the Signet Office）和国库的办事员。他比克伦威尔年长三岁，也像克伦威尔一样在政府开拓了一份事业，他很快引起了枢机主教沃尔西的注意。这三个人之间有一段融洽的友情，在一封信中克伦威尔

告诉克雷克“伍德尔是一个没有妻子的人，我把他引荐给你”。[32]

克伦威尔和克雷克另一个共同的朋友是斯蒂芬·沃恩（Stephen Vanghan），一位英格兰商人兼御用外交官。他经常造访尼德兰，应该是在尼德兰的时候跟克伦威尔结识的。沃恩出生在商人世家，他自己也延续了这个传统，成为商人冒险家公司活跃的一员。他是一个跟克伦威尔一样勤勉的人，他的生意让他不断地往返于低地国家的各个市场之间。
41 “我从来没有休息，”他曾经对一位通信者抱怨，“我一会儿在贝亨奥普佐姆（Bergen op Zoom），一会在布鲁日，一会儿在根特，一会儿在这儿，一会儿在那儿，这样经历了异常的麻烦我才能满足我服务的所有人……尽可能地取悦他们。”[33]克伦威尔应该是肯定且尊重沃恩对自己事业的投入的。这种投入得到了回报，因为沃恩在商业圈的地位迅速攀升。不管有多少其他的需求，沃恩总是优先处理来自他的英格兰朋友的需要。“我会尽快答复你的指示，”他曾经向克伦威尔保证，“虽然作为一个为多个对象效力的人，这样做是不容易的。”[34]

他们的通信表明沃恩在很小的时候就认识克伦威尔，因为他的大多数书信结尾都是问克伦威尔的母亲安好。[35]克伦威尔毫无保留地信任沃恩，两人很快建立了亲密、长久且互相扶持的友谊。1524 年 3 月克伦威尔指任沃恩为自己在尼德兰的代理人。他是克伦威尔不断扩大的海外交际圈、代理人圈和朋友圈的第一人，这些人为克伦威尔提供宝贵的国内外时事信息。沃恩以及克伦威尔圈子里的其他人在事实上充当了他的个人间谍，让他及时了解关于经济、政治事件的传闻和情报。克伦威尔不得不为这项服务花费大量金钱，一如沃恩在一封信中坦言："要知道这里的隐秘之事，一个人必须知道可以从哪些人那里了解这些事——这代价很高，是我力不能及的。"[36]作为对他的服务的回报，1526 年克伦威尔帮助沃恩在沃尔西那里谋得一个职位，为沃尔西在牛津的学院"记录证据"。[37]

不过，他们的交往延伸到商业事务以外。沃恩受益于他的老主顾的殷勤好客，以及克伦威尔为他介绍的广泛人脉。克伦威尔视他为一个忠实的朋友，还把一名年轻的爱仆托马斯·埃弗里（Thomas Avery）托付给沃恩培养。在 1529 年埃弗里离开克伦威尔家去往尼德兰前不久，克伦威尔为这个年轻人准备了 6 英镑 13 先令 4 便士的慷慨馈赠。他要求沃 42
恩确保埃弗里"得到适合他年龄的知识教育和培养"。他的朋友是一个理想的监护人，并且经常汇报这个男孩的成长状况。[38]

沃恩和克伦威尔一样热爱学习。沃恩可能受教于伦敦有名的圣保罗学院。沃恩知道他朋友的文学兴趣，会竭尽全力帮他找到在英格兰没有的书籍。这些书包括《纽伦堡编年史》（*Nuremberg Chronicle*），这是 1493 年首次出版的图解世界史。沃恩知道他的朋友迫不及待地想要收到这本书的最新版，因为克伦威尔还提出给他寄些钱以加快寄书的速度。伤心的沃恩于 1530 年 6 月写信给克伦威尔说："我打心底跟你说实话，如果你想要我的外衣，你可以连同我的斗篷一起拿走，我不缺为我朋友做事的钱，所有朋友中我最尊崇的是你，我更不缺少为你做事的钱。”[39]沃恩还给克伦威尔寄了一个地球仪并向他保证这是“一个独一无二的好物件”。[40]

这位商人乐此不疲地关心他朋友的安危。1528 年 3 月，在回伦敦的一次旅程中，他有些惊恐地写信给克伦威尔，告知在他家附近发生的一起暴力抢劫事件：

> 上周四，下午 6 点到 7 点之间，五个窃贼敲响了罗德雷戈（Roderego）的门。他是住在紧靠着你门口的金匠旁边的西班牙人。他问门外是谁，窃贼回答说：“宫廷派来的，要找罗德雷戈问话。”门打开之后，三个男人冲进来，看到上面提到的罗德雷戈坐在火炉旁，与他为伴的是一位在温莎女士隔壁居住的可怜妇人。另外两个人等着，看着门，掐住妇人的脖子不让她大叫。然后他们拿走了罗德雷戈的钱包，并刺中他的腹部，将他杀害。

虽然窃贼很快被逮捕，但沃恩还是未雨绸缪，为克伦威尔的大门了订了一条结实的门链，这样“陌生人就没有办法进入了”。[41]克伦威尔对沃恩也同样关切，后者曾经感谢他“亲切而慈爱的言语”。[42]

43 克伦威尔的其他朋友来自各个地方。一些来自他或他妻子伊丽莎白的家庭，还有一些是来自他不断加入的更有文化的圈子。他在意大利期间培养的对艺术和人文的热爱让他结识了亨利时代一些最重要的艺术家、作家和知识分子。他们包括诗人托马斯·怀亚特爵士（Thomas Wyatt），他后来因与安妮·博林的交往而臭名昭著。据说他是“忠于”克伦威尔的。[43]当时一流的历史学家和律师爱德华·霍尔也成为克伦威尔的好友。虽然他们可能在法律圈结识，但是克伦威尔也热爱历史，并收集了大量历史著作，其中包括古代编年史和宪章的抄本。伦敦主教爱德蒙·邦纳（Edmund Bonner）——被福克斯称为“罗马（即教宗）教令最忠实的拥护者和保护者”——也会放下他对克伦威尔改革主义信念的不齿，一有机会就突然到访翻阅他家中卷帙浩繁的藏书。[44]著名的宫廷画家汉斯·荷尔拜因也成为克伦威尔的熟识。一定程度上也是因为后者的赞助，这位艺术家才能得到如此好的名声。

克伦威尔到访意大利的时候正值人文主义盛行之际，人文主义运动是一场旨在恢复古典知识的思想文化运动。人文主义学说的一个关键前提是学习和翻译原著——这一原则在克伦威尔稍后生涯中的重要性日益显现。这场运动的首要推动者是德西德里乌斯·伊拉斯谟（Desiderius Erasmus），他的作品得益于1517年印刷机的出现而得到广泛传播。结果，这些作品迅速传到英格兰，被亨利八世宫廷的一些主要成员所接受。一个尤为活跃的支持者是托马斯·埃利奥特（Thomas Elyot），他跟克伦威尔的友谊开始于1519年前后。埃利奥特曾在巡回法庭在西部巡回的时候作为书记员为他的父亲服务，所以他跟克伦威尔有相同的法律和知识兴趣。这两人可能是在沃尔西注意到埃利奥特并任命他为枢密院书记员的时候结识的。虽然他和克伦威尔的宗教信仰不同，在未来几年会有数次冲突，但是他们的友谊一直延续到克伦威尔去世。

44 克伦威尔最亲密的朋友之一是安东尼奥·邦维西（Antonio Bonvisi），一位生活在伦敦的成功的热那亚商人。他是为政府服务的银行业者，为在欧洲的外交使节们递送钱和信件。得益于他的人脉，他消息极为灵通，往往在国外事件的消息还没到达宫廷的时候就已经知情。因此，他对克伦威尔十分有用，但他们的友谊远不止是商业联系。邦维西亲近有学识的人，特别是那些——像克伦威尔一样——到过他的祖国意大利的人。克伦威尔能说意大利语这一点肯定也促进了他们的友谊。两人住得非常近，都在今天伦敦金融城的中心地带。

有趣的是，邦维西与那位后来会成为克伦威尔死敌之一的托马斯·莫尔也过从甚密。传奇的圣人莫尔给欧洲杰出的学者和知识分子带来了创作颂词和赞美诗的灵感。他是一个“有着非凡美德和纯净无瑕的良心的人，正如伊拉斯谟所说，比最白的白雪还纯净、洁白；作为一个英格兰人，他有天使般的智慧。伊拉斯谟说，从前及今后再无人能像他一样”。[45]莫尔比克伦威尔年长7岁，他接受法学训练，年仅18岁的时候就被林肯律师学院录取。跟克伦威尔一样，他也因机智、令人愉悦的谈吐和出色的学识而出名。他也是人文主义的一个主要支持者。因此，他与当时欧洲一些主要的知识分子都有密切的联系，包括德西德里乌斯·伊拉斯谟，约翰·科利特（John Colet）、托马斯·利纳克尔（Thomas Linacre）以及威廉·格罗辛（William Grocyn）。1516年莫尔出版的《乌托邦》（*Utopia*）——一本有影响力的人文主义小册子——轰动一时，并多次再版。这部作品讽刺欧洲社会目光短浅地追求物质，缺乏真正的基督教的虔诚和博爱。这样做表现了莫尔本人强烈的虔诚之心，这让他远离财富的诱惑。虽然他是一个相当富有的人，但是他不在乎美食，喜欢水胜过酒，也不关心衣着。这让他与宫廷的大多数人不同，不过，他跟克伦威尔一样精通法律事务，加上他的魅力人格，确保了他会快速成名。

莫尔约于1515年开始为王室服务，他大概是沃尔西的 45
一个门徒，并在三年后成为枢密院的一员。但他一直对廷臣生涯缺乏兴致。他的女婿，也是他最早的传记作者威廉·罗珀（William Roper）说他“有令人愉快的性情”，并且说“国王和王后对他很满意，在枢密院晚餐结束、他们用餐的时候，为了开心，经常找他来一起娱乐”。亨利非常喜欢莫尔的陪伴，以至于“他整月不能离开宫廷回家一次去陪伴妻子和孩子们（而他渴望与家人在一起），也不能连续两天不出现在宫廷里”。罗珀称他的岳父憎恨这种“对他自由的禁锢”，在国王身边也日益忧郁，结果——这无疑也是他的初衷——他不再那么频繁地被国王召见。[46]

克伦威尔服侍沃尔西，这意味着他跟莫尔几乎肯定有过交集。考虑到他们在个人兴趣和职业生涯上都有如此多的共同点，他们彼此间有可能十分熟悉。但是他们之间有着明显且危险的不同：莫尔极度自律、虔诚；克伦威尔则是一个务实主义者。莫尔不太在意个人财富和权力；而克伦威尔渴望获得尽可能多的财富和权力。难怪人们习惯上会视他们为对立面：圣人莫尔和恶人克伦威尔。

约翰·福克斯对他俩以及斯蒂芬·加德纳进行了有趣的比较，说他们三个“从年少时就在一起成长（在沃尔西的府邸）”，年龄也大致相当：

> 他们的命运也没有很大差别，虽然他们的性情和学业大不相同。尽管这三个男人有相似的学识和悟性，在本国的名望地位也大体相当，并且莫尔和温彻斯特①可能更加博学，但这个人（克伦威尔）的天资更为聪慧、判断更敏捷，其口才也与前两者相当。而据推测，这个
> 46 人也更能机警应变，还有一种英雄式的抑或王公式的气度，仿佛专为伟大且重要的事业而生。[47]

撇开福克斯对克伦威尔惯常的奉承不说，他指出莫尔和加德纳的“学识”得益于全面的教育，而克伦威尔则靠自学并且在天资上可能更胜他日后的这两位对手一筹，这一点还是合乎情理的。

邦维西不是莫尔和克伦威尔之间唯一的共同朋友。克伦威尔也和莫尔的连襟约翰·拉斯泰尔（John Rastell）成了亲密的伙伴，后者是一位出庭律师、议会议员、印刷商以及作者。他们有很多共同爱好，偶尔会在一起打保龄球并相谈甚欢。拉斯泰尔是一个虔诚的罗马天主教徒，这一事实后来预示着麻烦，但克伦威尔能够和一些在教义和政治问题上与他立场相反的人成为最亲密的朋友，这一点也是他思想开放的一个证明。

---

① 指加德纳，他曾任温彻斯特主教。

克伦威尔社会地位的急速攀升促使他寻找新的居所。1522 年 9 月之后不久，他和家人就从紧挨着伦敦塔的芬丘奇街搬到了宽街（Broad Street）上的奥斯丁会。虽然他们的新房子离曾经居住的地方只有几步之遥，却显示了他们地位的显著提升。奥斯丁会是一片隶属于奥古斯丁修道会（Augustinian Friary）的大型宗教设施，可追溯到 13 世纪 60 年代，坐落在伦敦城内，占地约 5.5 英亩，离现在的英格兰银行不远。建立这一设施的奥古斯丁修道会隐士在英格兰以奥古斯丁托钵修会之名为人所知，后者通常被略称为奥斯丁会。在 1598 年出版的对伦敦的调查中，古文物研究者约翰·斯托（John Stow）描绘了这座宏伟的教堂："紧接着是奥古斯丁修道会教堂和教堂墓地：经由南门走进西门厅，可以看到一座很大的教堂，教堂顶上有一个最精致的塔状尖顶，纤细、高耸而笔直，我从没有见过类似的建筑。"[48]他继续列举了几个葬在教堂墓地的名人，包括理查二世的兄长，还有几个在伦敦塔和塔山被斩首的叛国者，其中包括在 47
1521 年被斩首的白金汉公爵。

伦敦的修道院经常把辖区内的土地租给世俗租户并由此大赚一笔，奥斯丁会也不例外。奥斯丁会在辖区的西侧建了一些公寓，同时也在辖区外紧挨思罗格莫顿街（Throgmorton Street）的地方有一些房产。克伦威尔家位于宽街上的新居所就靠近这里，与奥斯丁会教堂墓地的西侧相接。他们的邻里都很好，因为修会其他房产的租户都是一些杰出的人，其中还有著名的人文主义学者德西德里乌斯·伊拉斯谟，他未付租金就离开了。他们北面隔壁的邻居是约翰·卡瓦尔坎蒂

(John Cavalcanti),一个富有的意大利商人。虽然这充分反映了克伦威尔的新地位,但是考虑到他后来成了修会最大的敌人,他选择在奥斯丁会的地界上居住是非常有讽刺意味的。

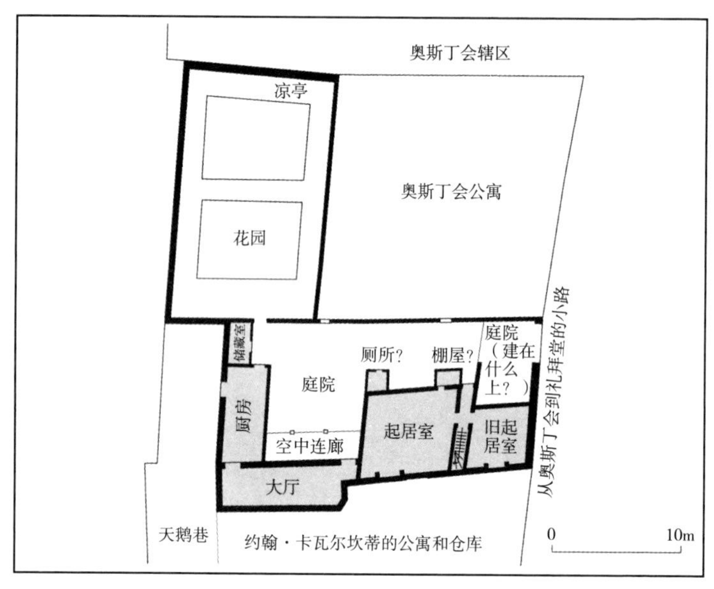

托马斯·克伦威尔在奥斯丁会的第一座房子(比例尺1:400)

48 根据当时的记载,克伦威尔的房子实际上是一座三层的房舍,有三面、至少14个房间,还有一座花园。不过尚不清楚他和家人是什么时候搬到那里的,但这一时间最早可追溯至1522年。那年12月,克伦威尔参加了一场宽街选区的会议,此时他显然已是该区的一个住户。[49]1523年年底,他当选宽街选区法庭的某一高级职位,有可能是负责为市议员编写本选区年度报告的书记员,那时他肯定就已经住在那里了。这是克伦威尔地位迅速攀升的另一个体现,因为在晋升到高级职位之前，他必须在选区几个级别略低的位置上任职。

有资料提供了其他几个关于克伦威尔这一时期家庭生活的线索。他的妻子伊丽莎白 1525 年肯定生活在奥斯丁会。她的母亲默西·普赖尔（Mercy Pryor）及其第二任丈夫不久之后也过来跟他们生活在一起。他们的生活都十分优渥，每个人都分到了一个舒服的、布置精美的房间，有资料显示默西生活在这里直至去世。1532 年当克伦威尔的一个熟人汇报说她身体康健的时候，她肯定还住在那里。[50]克伦威尔后来给他的岳母留下慷慨的遗赠，说明他相当尊重她。

依靠仅有的关于伊丽莎白在奥斯丁会生活的零碎证据，可以知道她既承担了家庭事务又支持了丈夫的事业。1525 年 11 月 29 日克伦威尔从肯特寄信给她，他在那里处理解散贝汉姆修道院（Bayham Monastery）一事。他给她送了一头在附近打猎时猎杀的母鹿。他的附信非常简短潦草。“伊丽莎白，愿你一切安好。我让这个信使给你送了一头肥美的母鹿，请你把其中一半送给我的老师史密斯，剩下的你留着享用。”信的其余部分包括其他数件需要他的妻子处理的差事：“还有，如果理查德·斯威夫特（Richard Swift）正在家中拜访，或者碰巧不久后即将到访，我希望他迅速来贝汉姆或者汤布里奇找我。请你把在那些聚会中得到的信息都通过这个信使发给我。”然后，他又想起来什么，写道：“还 49
有，请在信里写下自从我离开你之后有哪些来找我商谈的人拜访了你。”他落款：“你的丈夫托马斯·克伦威尔。”即便这封信缺少情感，但至少证明克伦威尔信任伊丽莎白，让她在他不在的时候代表他，并向他汇报家里的人员往来。与信件内容相比，克伦威尔对妻子的称呼流露出更多的爱意。他在信封上题写道："致我挚爱的妻子伊丽莎白·克伦威尔，请送至伦敦奥斯丁会。"[51]

伊丽莎白显然从她丈夫不断上升的地位中受益，因为她从迫切想讨他欢心的人那里收到了很多礼物。其中一位是威廉·巴雷斯（William Bareth），1525 年 11 月，他"为了讨一夸脱酒喝"给克伦威尔夫人送了六只鸽。[52]不过几乎没有关于她和她的三个孩子在奥斯丁会的日常生活的其他记载。安妮、格雷丝、格雷戈里幼年时期大概生活在家里，当时通常由妻子负责这一阶段孩子们的教育。在很多富裕的家庭里，男孩子 7 岁的时候会被指派一个家庭教师。格雷戈里是克伦威尔唯一的儿子和继承人，所以他的父亲很可能非常热衷于为他的教育投入资源。除了学习拉丁语、希腊语、算术、古典文学和宗教典籍之外，他可能在很小的时候就接受培训以为未来的事业做准备。有史料证据显示他的父亲希望他能同样从事法律和贸易行业，接管自己一手创立的盈利颇丰的生意。

格雷戈里有一段时间可能受教于约翰·帕尔格雷夫（John Palgrave，或称帕尔斯格雷夫），后者曾为国王的女儿玛丽担任家庭教师。1525 年帕尔格雷夫被指派在布赖德韦尔宫辅导国王的私生子亨利·菲茨罗伊（Henry Fitzroy），布赖德韦尔宫离克伦威尔在城里的家很近，所以格雷戈里可能在那里跟菲茨罗伊一起学习。帕尔格雷夫制订的学习计划颇具野心。受当时一些最伟大的学者的影响，包括托马斯·

莫尔、托马斯·埃利奥特、斯蒂芬·加德纳，他的学习计划包括语言、古典文学、法律和音乐。但是他跟沃尔西交恶，次年被辞任。

相比之下，女儿们幼儿时期的教育是母亲们的责任，只 50
有最有权或者开明的家庭才会为她们花钱请一个家庭教师。女孩们常常生活在家里直到成人，她们的学习通常仅限于缝纫、刺绣、跳舞、音乐和骑马。培养的主要目标是把她们变成敬虔的、有道德的年轻女性，擅长家庭管理和社交。鉴于她们的追求被限制在婚姻上，一个女孩在这些“身为人妻的”技艺上受到的教育越好，她的父亲为她找到一个好丈夫的可能性越大。16 世纪后期，加尔文教牧师约翰·诺克斯（John Knox）说：“女人最完美的品德就是服侍、顺从男人。”他声称女性“软弱、不堪一击、焦躁、不可信且愚蠢……经验证明她们善变无常且残酷，缺乏协商态度和组织精神”。[53]为了增长学识而学习是不被鼓励的：一个女人能从智力激发中得到什么乐趣呢？亨廷顿伯爵夫人凯瑟琳·波尔（Katherine Pole）认为她的四个女儿离开她的照料时“尽管没有过多的学识，但是识字”。在男人看来，这是一个自然且令人满意的状态。一个受到良好教育的女人被比作一个拿着剑的疯子：她会将自己和他人置于危险中。

这个一般惯例也有例外。托马斯·莫尔爵士让她的所有女儿接受了跟男人同等的教育。他在音乐和文学上指导妻子，使她在原来接受的家庭教育上有所提升。亨利八世的小女儿伊丽莎白后来成为一个天资聪慧且早熟的学者，她在 8 岁时就已经在学习几种语言，包括拉丁语和希腊语。与之相反的则是亨利的两任妻子简·西摩尔和凯瑟琳·霍华德，她们几乎不识字。

作为一个有野心的生意人，克伦威尔肯定计划给女儿们安排好的婚姻，因此会确保她们掌握当时社会通行的为妻之道。但是很难想象他没有让她们分享他那普世开明且富有修养的背景所带来的好处。克伦威尔后来的生涯显示他热衷于
51 男孩们和女孩们的宗教教育。此外，克伦威尔在 1529 年起草的遗嘱中特意提到了安妮和格雷丝的教育，留下了 11 英镑的遗赠用于两个女儿直到长大成人之前的“道德教育和培养”，[54]这表明他重视女儿们的教育超过当时常见的程度。克伦威尔成长在一个由女性主导的家庭，跟父亲相处得并不好。有证据显示他在后来的生涯中对女性抱有积极的看法。一些他最常往来的通信对象都是女性。他坚持不懈地努力为那些向他寻求帮助的妻子、寡妇和女儿们在诉讼中取得进展。[55]

我们可以看一下克伦威尔是如何利用他服侍沃尔西之余为数不多的闲暇时间的。他在家用餐的时候通常是跟妻子和孩子们一起：家人总是在一起用餐。一天只有两顿主餐：午餐通常是 11 点进行，而晚餐通常是在晚上 5 点到 6 点之间。宴会通常在特殊情况下举行，用餐时间（和菜单）也会大大增加。克伦威尔家有能力提供以都铎时期的标准来看可谓丰盛的饮食，有分量可观的烤肉、炖肉、家禽、鱼、面包、麦芽酒和葡萄酒。他们在水果和蔬菜的食用方面较为克制，1500 年的一本居家手册告诫读者“要注意绿色植物和生的水果，因为它们会让你的身体不舒服”。人们认为水果会加

重瘟疫，所以在异常致命的瘟疫爆发时会禁止售卖水果。[56]

在大多数普通家庭，食物是用木质餐具盛放的。最大的“盘子”是一个薄的正方形木板，中间有一个大的凹陷用来盛肉和肉汁。克伦威尔家的一份清单表明他的餐具在16世纪20年代后期随着财富的增长换成了锡铅合金制的，可能他是想仿效他的侍主所举办的盛大晚宴。乔治·卡文迪什描述了沃尔西家庭及其宴客用餐时盛食物的精致餐具：在一个大的碗橱里摆放着“6层架子高的、满满的金制餐具，非常 52
奢华，都是最新的样式，在最下面一层架子上的餐具全部由黄金装饰、加工尤为精巧细致”。[57]

克伦威尔在欣赏艺术、文学和音乐之余也热衷园艺，或许还在他新近加入的宫廷社交圈的影响下培养了对驯鹰捕猎的热爱。他是一个好客、慷慨的主人。1529年夏普伊大使在英格兰任职之后在克伦威尔的住宅附近租了一栋房子，他描述克伦威尔“好客，在财产上慷慨大方，言谈彬彬有礼，家庭出色、房舍华丽”。有一次，他回忆克伦威尔对他的接待“跟往常一样，极为和善”，还有一次他说克伦威尔“按照他一如既往值得称道的习惯，热情友好地接待了我们”。[58]尽管是对手，但夏普伊也承认克伦威尔是“一个非常令人愉快的、言谈彬彬有礼的、举止慷慨大方的人”。沃尔西的一个仆人托马斯·阿尔瓦尔德（Thomas Alvard）也认同夏普伊的体会。他对克伦威尔极尽赞美之词：“您的持家待客之道让我看到，除了国王以外，没有一个英格兰人能像您一样接纳并款待国内外的来宾。”[59]

一份1527年6月奥斯丁会的清单提供了一条关于克伦

威尔及其家庭生活方式的引人遐想的线索。[60]这份极为详细全面的“克伦威尔大人家中物品”清单包括从家具、室内陈设、衣物和珠宝到碗橱中木板和桌上锡铅合金制的盘子数量。清单上甚至描述了摆放在其中一个卧室里的“老旧安乐椅”。整个清单就是对克伦威尔良好品味的证明。

显然在那个时候克伦威尔家的生活相当舒适。奥斯丁会的房子有三翼，主要的房间在前翼，俯瞰教堂墓地，大厅和走廊与位于后面的勤务侧翼连接，显然这个住宅不仅可供居住，还可以用来宴请宾客。勤务侧翼有厨房、酒储藏室、食物储藏室和柴棚。个人起居室在第一层，卧室（总共有 8 个）在第二层，仆人的房间在顶层。另外还有一处配备齐全的地下室。

克化威尔家的每个房间都按照最新流行品味和风格进行
53 装修。位于一层的起居室尤其宏伟，铺有地毯并且配有长桌和屏风，也是克伦威尔的客人到访时要展示的地方。大厅经由“大门”亦即气派的门廊进入，是克伦威尔招待密友或者重要来宾的地方。就是在这里，奢华的陈设才显出最炫目的效果。即使最显贵的大使都会对房屋主人坐的那把“镀金的大椅子”——他个人宅邸的宝座印象深刻。这里还有三把稍小一些的“女人专用”的镀金椅子、十二个镀金凳子和脚蹬、一张镀金桌子、一个橱柜和一面镜子。地板上铺着精美的地毯，房间各处放有绣着兰开斯特红玫瑰的软垫。克伦威尔对他的另一位侍主的忠诚可以从“画布中镀金的枢机主教大人的纹章”中看出来。他同样还展示了他的第一个贵族客户多塞特侯爵的纹章。此外，皇帝查理五世的一幅画像则是一个更令人惊讶的大胆收藏，毕竟英格兰国王的外交政策经常在支持神圣罗马帝国和支持法国的立场之间变幻不定。但是克伦威尔显然觉得可以在自己家中表达自己的个人偏好——虽然它算不上一个私密的宅邸。有记录表明他在事业达到顶峰的时候曾多次在这里主持枢密院会议。

大厅和起居室都装饰有一系列宗教图画，包括罗马的卢克雷蒂娅（Lucretia Romana）的画像。根据传说，贞洁的卢克雷蒂娅是贪恋性爱的塔尔奎尼王子（Prince Tarquin）追求的目标，后者的暴行导致了罗马君主制的终结。尽管这个故事在这份清单被列出时众所周知，也可能成了其他显赫家族中收藏的艺术作品的灵感源泉，但我们也不禁猜测克伦威尔在 16 世纪 30 年代作为亨利八世的臣仆时是否将画作拿掉了，毕竟那个时候现实（以安妮·博林这一形式）已经与艺术过于相像。[61]

奥斯丁会宅邸最大的卧室是供克伦威尔和妻子就寝用的
新房间。卧室中间放着一张有羽毛床垫的华丽大床，左右两 54
侧是红色和绿色的床帘和镀金的铃铛，床下铺有精美的羊毛地毯。清单描述了这对夫妇拥有的多件长袍，这些长袍都由绸缎、天鹅绒和其他珍贵的布料制成，镶有很多不同的毛边。克伦威尔自己有至少 16 件紧身上衣，其中两件是深红色绸缎的，一件是黄褐色塔夫绸的，还有一件是黑色天鹅绒的。他还有很多紧身裤、手套、帽子和其他配饰，都是由最好的材料制成。他的日常穿戴也是一样，他有一件“蓝褐色”骑射外衣和一件镶有狐狸毛边的睡衣。他的妻子也有不少盛装，包括红褐色、黄褐色、黑色绸缎和天鹅绒的裙子，还配有项链、手包和帽子，其中有“一顶威尼斯金的贴头帽”——这是克伦威尔的众多珍品之一，显示出他对意大利事物的无比钟爱。

他们的衣服上还点缀有珍贵的珠宝。克伦威尔尤其喜爱金戒指，清单中列出了20枚不同的金戒指。其中有“一枚镶有平面钻石的金戒指”和“一枚镶有心形绿松石的金戒指”，两枚戒指在清单列出时仍戴在“我主人的手指上”。还有一个“大的平面红宝石”、一枚带着别针的珍珠和“一块镶在金子上的三角形钻石”。他的其他贵重物品包括令人印象深刻的大量金银餐具，其中有银制高脚杯、勺子和盐碟，一个镀金杯子和麦芽酒罐，还有一个用银装饰的精致玻璃杯。

较为私人的房间里放置的物品可能更能体现克伦威尔的个人品味。其中，起居室的一块“桌布上印染有一对男女情侣的图案”。还有一张桌子的左右两边是沃尔西的纹章，克伦威尔在家里的公共和私人房间里都对此有所表现，表明了他对侍主的忠诚。克伦威尔家中还有两幅世界地图——一幅在起居室，一幅在用人住处——有这样一个四处游历的主人，这并不意外。他为其中一个挂毯选择了一个适合的主题：“一个镶边的阿拉斯挂毯，上面是消遣放松的图景。”

用人房间出人意料地舒适，墙上挂有壁毯和图画，有雕
55 刻着花纹的镶金的床和羽毛床垫，还有一个新的壁板橱柜。
紧挨卧室的一个房间里有一个大的船用箱子，用佛兰德斯铸造厂生产的扁铁条绑着，上面覆盖着黄色的羽毛。房子里还有几只这样的箱子，这表明很多——或者说大多——克伦威

尔的贵重物品可能都被收藏起来了，不为人所见。

厨房的物件暗示了克伦威尔家庭及其宾客丰盛、多样的饮食。一个“大且圆的烤肉叉”立在火炉前，还有很多圆锅、平底锅、大浅盘、刀、壶、麦芽酒壶和红酒壶。从“铜质的阉鸡容器”、“挂肉的钩子”和“蒜臼”的记载中可以看出克伦威尔家厨房日常烹饪所用的一些食材。克伦威尔因大方好客而闻名显然是理所应当的。

房子的北面有一处小花园（约 1/20 英亩，220 平方米）。清单没有提供关于这个花园的详细信息，不过如果在 17 世纪的房产调查时花园仍没有变化的话，这处小花园应该包括两座都铎时期盛行的方形结纹园，周围环绕有砾石铺就的小道。花园的东北角还有一座拱形的凉亭。[62]

克伦威尔家中齐全的配置足以供他招待重要的客人，而他因大方好客闻名也证明他愿意投入相当数量的钱用于宴请和款待宾客。他雇有一支由约 12 名音乐家组成的小型管弦乐队，他的账本上记为“布赖恩先生的音乐家们”。[63]他还赞助了一个剧团。“克伦威尔大人的表演者们”不仅在他的府邸表演，也到英格兰各地巡演，巡演最远到过德文郡的巴恩斯特普尔和诺福克郡的塞特福德修道院。[64]

克伦威尔和家人生活的舒适度毋庸置疑，但在他们的生活中仍存有一种节制近乎节俭的意识。克伦威尔早年在佛罗伦萨街头乞求施舍的经历让他没有完全丢掉节约的习惯。在贵族宫廷同僚浪费大量钱财互相攀比炫耀的时候，他有计划地把钱花到最有用的地方。他这样做很有效果，以至于他的 56
熟人都误以为他生活得跟那些公爵一样奢华。“他生活奢侈，”夏普伊说，“并且异常讲排场，热爱炫耀他的家庭和府邸。”[65]事实上，克伦威尔的账本表明当他没有宴请重要宾客的时候，他甘于过简单的生活。这也体现了他的务实主义和他的自制力。绝大多数时间他都在宫廷里或者在生意场上，所以为什么要浪费钱财修建一栋用于不间断宴饮娱乐的宅邸呢？他不是沃尔西，沃尔西的住宅和府邸几乎可以和宫廷相媲美，而克伦威尔权力的中心就在宫廷里。

数个世纪以来，克伦威尔背负着一名贪婪官僚的恶名，但他慷慨接济伦敦穷人的史料证据令这一形象缺乏说服力。一个生意上的联系人劳伦斯·贾尔斯（Lawrence Giles）曾向克伦威尔和他的妻子致信问好并感谢他的善意，向他保证上帝会眷顾那些帮助穷人的人。“在我来看……大人已受到上帝眷顾了。”[66]《西班牙编年史》（*Spanish Chronicle*）佐证了这一点。一位居住在伦敦的西班牙商人［可能是安东尼奥·德·瓜拉斯（Antonio de Guaras），1529年随尤斯塔斯·夏普伊来到英格兰］于1552年之前编写的《西班牙编年史》漏洞百出，带有来自神圣罗马帝国视角的强烈偏见。尽管如此，几乎可以确定作者亲眼看到了他所描述的其中一些事件，所以它仍有一些可取之处。他后来回忆克伦威尔深受都城人们的爱戴，这说明他的慷慨是持续且为人熟知的。伦敦人同样也对他通过辛勤努力致富，而不像富裕阶层的大多数人那样靠继承财产发家的人生历程怀有肯定和敬佩的态度。

第三章

“并非没有懊悔”

大约与克伦威尔家搬到奥斯丁会同时，宫廷里出现了一 57
张新面孔。1522 年，野心勃勃的政客兼外交官托马斯·博林（Thomas Boleyn）在阿拉贡的凯瑟琳府中为当时 21 岁的小女儿安妮寻了一个职位。上任之后，安妮迅速成为宫廷的主要侍女之一。她的风范和教养令她与众不同，而这两样都是在世界上最奢华的宫廷之一里得到打磨以至完美的。从一开始，她和她的姐姐玛丽就接受训练，以通过联姻提升家族的贵族资历，帮助她们的父亲托马斯在政治阶梯上更上一层楼。在这之前，他曾利用自己的政治人脉帮两个女儿在亨利八世的妹妹，即于 1514 年 10 月嫁给年老的法国国王路易十二的玛丽·都铎府上谋得了职位。

博林家的女孩以不同的方式给法国宫廷留下了印象。不管是否属实，玛丽风流放纵的名声很快传了开来。与此同时，安妮在活泼且充满智识刺激的法国宫廷茁壮成长，并培养了对学习的终生热爱。她最亲密的伙伴包括弗朗索瓦一世（Francis Ⅰ）的妹妹纳瓦拉的玛格丽特（Margaret of Navarre），她激发了安妮对文学和诗歌的喜爱。安妮也是在法国养成了对活跃交谈的热爱，这个本领让她在进入英格兰宫廷之后从那些安静、温和的淑女中脱颖而出。

安妮完全接受了法国的礼仪、语言和风俗，以至于宫廷
58 诗人朗瑟洛·德·卡莱斯（Lancelot de Carles）说：“她变得如此优雅，你会认为她生来就是法国女人而不是英格兰女人。”[1]安妮高雅的品味和讲究的衣着广受赞美，也得到了一位名为皮埃尔·德·布朗托姆（Pierre de Brantôme）的资深廷臣的称赞，他说宫廷里所有时尚的女性都尝试模仿她的风格。他说她拥有“可与维纳斯相媲美的优雅”，是“法国宫廷所有美丽的女人中最美丽、最迷人的”。[2]

路易国王婚后仅三个月就去世了（有人说他因竭力满足年轻的新娘而逝世），他的遗孀急速返回英格兰。两个博林家的女儿继续在法国待了几年。玛丽成为新国王弗朗索瓦一世的情妇。据说他称她为自己的“英格兰母马”或“乘用马”并曾有幸多次骑在其上，不过这当中可能存在不正当的诋毁。1519 年年末，玛丽被召回英格兰，与父亲一同在宫廷侍奉。之后不久，她嫁给了威廉·凯里（William Carey），但这并没有阻止英格兰国王把她变为自己的情妇。

不过，她的妹妹安妮已经喜欢上了在法国的生活，所以在玛丽离开之后继续在那里待了两年。她的父亲托马斯·博林于 1522 年召她回来，计划把她嫁给她的表兄詹姆斯·巴特勒（James Butler），但他怎么也想不到安妮后来择偶的目光能有多高。回国之后不久，安妮参加了 1522 年忏悔节主教沃尔西为国王筹办的宫廷盛大表演，在其中扮演“毅力”

(Perseverance) 的角色——联系到后来事情的发展，这一角色尤其适合于她。

安妮·博林进入宫闱一事对克伦威尔没有明显的影响，后者越来越忙于他蒸蒸日上的事业。1524 年他被委任为米德尔塞克斯郡的补助金专员，一个地位高但不受人欢迎的角色，职责包括计算人们土地和私人财产的价值以便征税。同时，他也因在普通法业务上的成功表现被选为格雷律师学院的会员。随着声名渐盛，他收到了越来越多来自知名客户的请求， 59
其中有托马斯·赖奥思利 (Thomas Wriothesley)。他来自一个野心勃勃的家庭，曾受白金汉公爵和第五任南安普顿伯爵的资助。他受教于剑桥，得到了受人尊敬的学者斯蒂芬·加德纳的庇护，后者在日后成为廷臣。赖奥思利以他的睿智、正直和不凡仪表而出名。后来有人赞扬“他是一个认真的属下，不管接手什么，都很少犯错，能利用智慧或勤奋达成他的目标”。[3]此外，《西班牙编年史》把他描述为“英格兰王国最睿智的人之一”。[4]赖奥思利放弃了学位，选择在宫廷发展。在 1524 年，只有 19 岁的他向克伦威尔寻求法律帮助，但客户-服务者的关系很快被逆转过来，他开始帮克伦威尔处理一系列宫廷行政事务，并称克伦威尔为“主人”。他还被任命为国王的信使，并把熟悉宫廷的所有事务视为己任。简言之，他是一个可以结识但不能完全信任的有用之人。尽管如此，克伦威尔还是赏识他的聪慧和勤奋，并在后来的几年将一些涉及英国内外的任务交给他，且这些任务的重要性与日俱增。

克伦威尔的另一个客户对他的未来发展更加重要。1524

年2月，一个来自约克郡、名叫罗伯特·乌特雷德爵士（Robert Ughtred）的骑士把约克城附近的凯克斯比庄园卖给了约翰·阿林（John Aleyn），后者是一位伦敦市参议员，也是绸缎商人行会的资深成员。在得到这处地产之后，阿林马上雇用克伦威尔负责把它卖给了沃尔西主教。沃尔西在这场买卖中的一名代理人托马斯·赫尼奇（Thomas Heneage）对克伦威尔处理产权转让的本领印象深刻，并请求他代自己处理一些个人交易。两个人很快建立了亲密的友谊。

1525年1月，沃尔西交给克伦威尔的一个任务给他带来了深远的影响。沃尔西让他帮助调查6座可以用来改造以供牛津的主教学院使用的修道院，克伦威尔随后负责解散了
60 另外30处小的宗教场所，以为美化主教学院和筹建沃尔西在伊普斯威奇的文法学校提供资金。[5]两个建筑项目都很铺张，导致成本过于高昂。将宗教场所的收入转到类似的建筑工程上来是有先例的，但是之前从未有如此规模的尝试。这是一项极为复杂的任务，其负责人需要精通法律知识。除了调查、估计修道院资产的价值外，在剥夺他们的家具和财富并将他们的土地出售或出租之前，克伦威尔还要列制详细的清单。他已经证明了自己擅长产权转让，这一事实让他成为最适合这项任务的人。

接下来的两年，他和一群助手一起致力于出售这30座修道院的土地和动产。一贯关注细节、不心存侥幸的克伦威尔亲自监督了这些资产的让渡和解散。这是一项繁重的任务，也是一段在后来对他极有价值的经历。截至1526年8月，被迫用于资助牛津主教学院的房产的相关文件装满了

34 只袋子。在评论他在这项任务中的细致时，一个匿名的同时代编年史家说：“这位克伦威尔是如此勤奋，他面面俱到，那些可怜的男修道院院长们则只求讨好主教，通过克伦威尔给他送了很多钱，却不明白主教的目标到底是什么。”[6]

两年后克伦威尔汇报说：“我听从您的命令，又去了一趟沃灵福德的最后一个修道院的旧址，在那里我发现所有教会的装饰和其他日用器具都被运走了，一无所剩。只剩下一些证据，我已经整理好寄给了您在牛津的学院。”[7]1529 年 1 月克伦威尔在写给斯蒂芬·加德纳的一封信中详述了这项任务的规模和加诸自己身上的重担。他请加德纳向沃尔西解释他的缺席，恳请道：“我有一些关于他在伊普斯威奇的学院
的账簿需要整理、完成。”这些“账簿”包括一大批令人眼 61
花缭乱的许可证、契约，还有一些与修道院土地转让相关的地契。克伦威尔意识到没有比这更好的机会了，这是证明自己价值的不二良机，所以他没有把这项任务的任何一部分委托给别人。他承认，虽然并非所有的文件都“已经准备好或者在他看来已尽善尽美”，但他仍希望在“明天晚上或者周三中午”完成并在完成的时候直接拿给“我的大人”。[8]

克伦威尔参与的这份解散 30 座修道院的工作发生在英格兰宗教活动的一个重要节点上。1525 年 9 月，威廉·廷代尔翻译出版了英文版的《圣经》。在那之前，大多数人无法接触上帝的话语，因为大多数可用的《圣经》都是拉丁文的。尽管有更早的译本，但是廷代尔的版本史无前例地利用了印刷机这一新技术，得以供空前广泛的受众群体阅读。它还吸收了马丁·路德的教义，后者的激进神学在欧洲部分

地区已经得到了普及。

认为此时的克伦威尔在为沃尔西执行任务时受到激进改革主义信仰驱动的观点是可疑的。他的勤勉更像是为了证明自身价值，并为他的侍主和自己谋利，而不是为了任何宗教信念。不过，自从 1517～1518 年在意大利游历期间阅读了伊拉斯谟的译本之后，他就对《圣经》产生了浓厚的兴趣。这次游历的时间与以马丁·路德为首的新教神学在德国兴起的时间重合，马丁·路德的《九十五条论纲》（*Ninety-Five Theses*）正是于 1517 问世。在质疑教宗权力的同时，路德谴责罗马天主教会的腐败，尤其是对圣徒和圣物的崇拜，以及出售号称可用于“收买”上帝饶恕的赎罪券的行为。与之相反，路德主张救赎只能凭信仰心获得。这就是新教运动的中心教义，后来被称为新教主义（Protestantism）。

这些观念在诸如威廉·廷代尔、迈尔斯·科弗代尔（Miles Coverdale）、托马斯·比尔尼（Thomas Bilney）和罗伯特·巴恩斯（Robert Barnes）等“激进”传道士的帮助下
62 逐渐渗透英格兰。当罗伯特·巴恩斯于 1525 年平安夜在剑桥讲道的时候，这座城市迅速成为改革主义信仰的温床，并跟伦敦一起成为新教书籍传播的中心。改革主义者谴责罗马天主教滥用信仰的种种劣迹，常见于修道院内的腐败行为也位列其中。他们鼓励信徒个人直接学习经文并建立一个总体上跟上帝更亲密的关系，远离罗马天主教会——尤其是教宗本人的束缚。克伦威尔没有立即拥护这种信仰，尽管他对此至少是持开放心态的。但是随着事业的发展，他对改革主义信仰越来越感兴趣——因为这不仅符合他的私人利益，也符

合他的政治利益。

沃尔西手下的另一个人在后来成为克伦威尔最致命的敌人之一，他就是剑桥学者和神学家斯蒂芬·加德纳。时年约30岁的加德纳从1524年前后开始服侍沃尔西，很快就在其任职的一系列教会圣职上给人留下深刻印象。作为教会法的专家，他对沃尔西和亨利八世而言都是不可或缺的。他还是一个老练的外交家，曾在1527年陪同沃尔西出使法国。尽管主教对加德纳十分满意，以至于拒绝把他转让给国王，但加德纳还是越来越多地参与到国王的事务中去。加德纳以为人圆滑和两面三刀而著称。对他缺乏好感的福克斯说他“无比残酷，也无比敏锐、狡猾，睁大眼睛时刻准备着抓住机会妨碍福音的传播”。福克斯说加德纳“看起来是一个不为其他、专为破坏良善而生的人”。[9]加德纳在1531年被派到温彻斯特教区任主教之后，曾称自己是“狡猾的温彻斯特人”。[10]据一个立场与他对立的资料来源显示，加德纳的长相显示出他邪恶的本性：“这位博士肤色黝黑，一副无精打采的样子，眉毛紧皱，两眼之间宽有1英寸，钩状的鼻子如秃鹫一般，粗大的鼻孔总是像马一样吸气，他的嘴很小，脚掌像魔鬼一样大，脚趾像葡萄一样，比普通人的脚趾大2英寸。”[11]虽然加德纳自己坚持说：“我从未想过恶意对待任何人。”但是他跟克伦威尔的关系证明这个说法是不真实的。[12] 63

这期间，克伦威尔也在留心他的侍主在牛津和伊普斯威奇的学院建设工作。他起草所有必要的契约，在审查工人们的账目时锱铢必较。此外，他亲自监督工人们，并定期去两所学院检查施工状况。伊普斯威奇学院的院长向沃尔西汇报说克伦威尔“煞费苦心地”确保所有来自被迫解散的修道院的珍品和家具陈设都被极为小心地搬进了侍主的新建筑中。到1528年4月他才向他的侍主汇报：“您（在牛津）的学院建筑极为豪华、宏伟，排列得当，每一个人都说其规模、华美、精巧前所未有，它是同类建筑中最牢固的。”他补充说，小礼拜堂每日的礼拜是“如此虔诚、庄严、充满和谐，在我看来鲜有可与之媲美者”。[13]

后一个评论暗示了克伦威尔的虔诚，虽然这并没有阻止他和他的同僚们在工作中展现令时人震惊的严酷无情。约翰·福克斯后来记录到，克伦威尔的所作所为“招致若干迷信之人的怨恨，有一些贵族将之禀告了国王”。[14]不久，亨利本人听闻了这件事，并要求沃尔西更加严格地监督他手下侍从的工作。“我听到了国王和贵族们关于阿伦先生（约翰·阿伦，后来的都柏林大主教）和克伦威尔的令人难以置信的评论”，国王的大臣威廉·奈特博士（William Knight）在一封给枢机主教的信中如是说。

据其批评者所言，克伦威尔不仅无情，而且腐败。沃尔西的政敌在一次破坏解散修道院行动的尝试中，指控克伦威尔将所得的一些钱财转到了自己的口袋里。虽然他可能期望收到一些礼物作为对其辛劳的补偿，这一点情有可原，但是看起来他确实越界了。如果一个修道院足够富有可以给他贿赂，那么它就可以逃过镇压。相比之下，从那些不那么富裕的修道院里收缴的财产通常进了克伦威尔的口袋，而不是被用来资助新学院。因为这次解散而丧失土地的农民和其他世
64 俗民众可以向克伦威尔提出收回土地的请求，但只有他们给

予的贿赂足够多的时候才能得到批准。难怪到 1527 年 8 月他已经激起如此深的敌意，以至于有传言称一个名叫佩恩（Pen）的“教会人士”“正伺机刺杀克伦威尔”。[15]

与此同时，枢机主教波尔也记录了一则流言，说沃尔西的这位被人藐视的代理人被送进了监狱，并将很快因他的罪行而受罚。[16]在作者不详的《西班牙编年史》中也提到了这则流言。它说愤怒的亨利召见克伦威尔问罪：

> 国王一听说克伦威尔自己从修道院敛获了如此多的钱财，就召见了他并问他：“进前来，你在修道院的这些抢掠是怎么回事？”克伦威尔大胆地回复他：“国王陛下，我没有抢掠，我只是照着我的侍主枢机主教的吩咐行事，再无其他。我拿来的钱财是修道院院长自愿给的，是给枢机主教的礼物。陛下您知道枢机主教照自己的意愿行事，而我则照他的指示行事，因此我给枢机主教带回了 30000 镑。”国王随即对这位克伦威尔产生了极大的好感，这样跟他说：“去吧，克伦威尔，你比别人以为的要聪明很多。”国王没有像别人想的那样绞死克伦威尔，反而拍拍他的肩膀跟他说：“以后你应该做我的秘书。”这是这位克伦威尔晋升的开始，后来他比枢机主教更有权势。[17]

这种叙述虽然有趣并且有一些事实基础，但是它合并了令克
伦威尔得势的几个不同的事件，据传发生在他和国王之间的 65
这场对话在其他同时代文献中也没有记载。

事实上，知道克伦威尔不正当交易的更有可能是沃尔西而不是国王，但是他非常乐意对这种事情睁一只眼闭一只眼。毕竟，他的新助手比他更擅长这项极为宏大而复杂的任务。卡文迪什说："克伦威尔先生在处理这些学院用地时公正而缜密，尽职尽责、恰到好处，他睿智的处事和对我的大人、他的侍主真诚、忠实、勤勉的服侍为他赢得了极大的尊重。"[18]虽然克伦威尔在沃尔西府邸从未有过较高的正式职位并且很少（至少没有正式地）参与国家大事，但他仍通过越来越多地主管枢机主教的法律事务以及广泛的宗教布施与庇护获得了很大的权力。很快，他就被很多请求得到枢机主教帮助的人所包围。请求者们意识到要获得沃尔西的眷顾，他们得先赢得克伦威尔的好感，他们不只把他作为渠道，而是极为恭敬地尊称他为"正直而尊贵的克伦威尔先生""教宗使臣大人的顾问"。[19]虽然很多有求于克伦威尔的人是即将因修道院解散而失去房舍和生计的贫民，但是也有越来越多有权势和影响力的人，比如约克修道院院长、第二代伯纳斯男爵约翰·鲍彻（John Bourchier）。

在被提升为枢机主教首席顾问的同时，克伦威尔的个人法律事业也得到发展，他成为伦敦城最有名望的律师之一。事实上，这两个职业是互补的：沃尔西的名字如此有分量，以至于客户竞相与他的首席代理人建立联系。

因为宫廷的形势发生了意外且令人不安的转折，沃尔西很快就将急需他这位新门徒的帮助。1526 年，安妮·博林服侍王后已有四年。她依然未婚，跟詹姆斯·巴特勒的婚约也不了了之。但是她还有其他追求者。正值 25 岁的安妮愈发有魅力。[20]她身材纤细、娇小，楚楚动人，蓄长的深褐色秀发性感迷人。然而最吸引人的是她的眼睛，尤为乌黑、魅惑，“诱人搭讪”。“她的眼睛乌黑、美丽，”威尼斯大使说，“深深吸引着她的追求者们。”尽管如此，安妮并不是一个传统的美人。“安妮小姐不是世界上最漂亮的女人，”威尼斯大使讥讽道，“她身材中等、皮肤黝黑、脖子纤长、嘴巴宽大、胸也不够丰满。”[21]她的皮肤呈橄榄色、有一些小的黑痣，而当时人们欣赏白皙无瑕的皮肤。她胸小、有“像男人一样的”喉结，且一只手上有六根手指，这也是她最著名的特征。[22]

毫无疑问，是安妮的个人魅力和优雅而非她的长相给了她令人琢磨不透、难以抵挡的吸引力。乔治·怀亚特（George Wyatt）在伊丽莎白一世时期如此描述她的长相：“因她非常甜美、愉悦的表情而显得更加出众；并且……高贵的姿态和衣着也增加了她的魅力，突出了她无可比拟的典雅和高贵。”宫廷的女人都尝试模仿她的风格，而男人们都为她挑逗的风姿和无所顾忌的自信所吸引。怀亚特说她“在行为、举止、衣着和口才上超越众人”。[23]不过，与她的姐姐不同，安妮严格地控制了自己的欲望。她尽可能地调情又不破坏自己的声誉，并且保持高傲，这只会增加她的吸引力。

不过安妮并不是不让所有追求者靠近。亨利·珀西（Henry Percy）是诺森伯兰伯爵的儿子和继承者，英格兰最有权势的贵族之一。他在很小的时候被送至枢机主教沃尔西的府邸做仆人，也因此跟克伦威尔结识。枢机主教看不起这位年轻的贵族，还嘲笑他没有理财意识，丝毫不尊重他的贵族出身。珀西眼里的沃尔西可谓一个仗势欺人、控制欲强的侍主。

67 因为服侍沃尔西，珀西得以如其父之愿进入宫廷圈，在那里他很快对博林小姐产生了深深的迷恋。虽然她很喜欢扮演无情美人的形象，但安妮并非没有感情，她深深地爱上了珀西。然而，他们的恋爱是不被允许的，因为诺森伯兰伯爵很早就计划让他的儿子迎娶什鲁斯伯里伯爵的女儿玛丽·塔尔博特（Mary Talbot）小姐。尽管安妮在宫廷里很受欢迎，但她只是一个骑士的女儿，不能与诺森佰兰佰爵的儿子门当户对。但是珀西和安妮决意要在一起，因此私下订婚了。

在都铎宫廷，任何事情都无法隐瞒长久，当婚约的消息曝出的时候，沃尔西被置于极尴尬的境地。诺森伯兰伯爵十分愤怒，因为枢机主教没能看紧珀西、阻止这场背叛，连国王也反对这个婚约。亨利完全有生气的理由：考虑到诺森伯兰伯国的重要性，伯爵在继承人婚配一事上必须征求他的允许。沃尔西在府邸众人面前责备了这位年轻贵族，并要他的父亲从宫廷把他接走，以免他惹出更大的乱子。不久珀西就与玛丽·塔尔博特成婚。

沃尔西的传记作者乔治·卡文迪什说，枢机主教在国王的命令下终止了珀西大人和安妮的恋情，是因为国王自己当时已经深深爱上了安妮。然而，从时间上来看这是不可能的。他们的婚约 1523 年终止，直到三年后安妮才作为国王的新情妇被提及。

亨利八世和安妮·博林早期的感情没有强烈到会有后续发展的迹象。安妮在宫廷待了四年左右两人还没有爱慕的迹象，说明这并不是一见钟情。况且，在这期间亨利至少有一段时间忙于跟安妮的姐姐玛丽交往。但是安妮跟她的姐姐以及还有在她之前的其他众多情妇都不同。她没有受成为英格 68
兰国王情妇之后那令人兴奋的前景的诱惑，而是在国王开始注意她的时候就立下更大的目标。她不愿只做一个情妇：她想成为王后。尽管她来自一个野心勃勃的家庭，但这仍然是一个非常大胆的计划。安妮还未充分享受到诺森伯兰伯爵儿媳的身份，就开始把嫁给国王作为自己的目标。此外还有一个小细节，那就是亨利已经有了一位王后——还是一位非常受欢迎的王后。但是安妮准确地判断出亨利厌倦了一个年逾40、比他自己年长5岁多并且不太可能为他生下男丁（这正是他急需的）的妻子。相比之下，她自己还年轻，生育前景大好。

与国王保持一定的距离是一个妙举。跟打猎一样，亨利在私生活中也喜爱追逐的快感。如果安妮立即与他共枕，那她很快就会被抛弃并遗忘。她的欲拒还迎让她的吸引力增加了10倍，并让国王因欲求受挫和“强烈的感情”而疯狂。[24]很快，这位大权独揽的君主就变成了一个害相思病的青年。在一封写于1527年的信里，亨利抱怨自己“一年多来被爱之箭刺伤，还不知道是该放弃还是该赢得你的爱慕”，请求安妮“把你自己、你的身和心交给我”。[25]他甚至还承诺让她成为自己“唯一的情人”，一个他从来没有给过其他任何女人的特权。这并不足以让安妮动摇，她反驳道：“我宁愿丢掉性命也不愿说谎话……我不愿做你的情人。”她如同操纵木偶一般玩弄着国王，只给他足够保持兴趣的激励，但在他试图逾矩的时候断然拒绝。因此，上一分钟亨利还在愉快地憧憬可以亲吻安妮的“漂亮乳房”，下一分钟他就会悲叹自己离“太阳”还如此之远，并戏谑地补充到“然而这热情更炽烈了”。[26]

不久之后，安妮的这位至尊追求者就产生了结束他跟凯瑟琳婚姻的念头。1527 年年底，他承诺娶安妮为妻，并已
69 对该派谁来实现这一承诺了然于心。沃尔西被召到国王的寝殿听命。据说当他的君主指示他提出与王后离婚的诉讼时，这位枢机主教跪倒在地、乞求亨利三思，并维持这一姿势一个多小时，以竭力劝服国王。[27]但这并没有奏效：国王不为所动。枢机主教清楚地知道他的君主对博林小姐的迷恋，但他显然不知道安妮本人是国王这一决定的关键，因为在同意奉行国王的命令时，沃尔西说希望能够找到一个合适的公主取代凯瑟琳。

亨利希望尽快宣告婚姻无效，但很快就被证实是一场无稽之谈。因沃尔西无力解决问题而受挫的亨利开始怀疑他的首席大臣是在故意使用拖延手段。这或许有一点真实性。枢机主教比任何人都了解他的君主，他或许判断亨利对安妮的感情就像对宫廷中其他小姐的感情一样，很快就会消逝。但沃尔西也知道违抗国王的命令有多么危险，因此他恳请亨利不管收到何种关于他处理此事的不利汇报，都要“要相信在这件事情和所有其他关系到您荣誉和保证的事情上，我跟所有人一样忠诚”。[28]

目前还不清楚克伦威尔在何种程度上协助了他的主人促成这场离婚的尝试，甚至连他是否参与了这一任务也未可

知。但既然他已经显示了在法律事务上的杰出才干，枢机主教很有可能安排他做一些基础的准备工作。宣告婚姻无效的关键前提在于坐实亨利与凯瑟琳婚姻的有效性存疑，这是因为凯瑟琳是亨利的哥哥亚瑟的遗孀。根据《圣经》的说法：“人若娶弟兄之妻，这本是污秽的事……二人必无子女。”[29]亨利和凯瑟琳只有一个健在的女儿玛丽，这一点是无关紧要的：只有儿子才算数。凯瑟琳始终坚称自己嫁给亚瑟但从未同房，所以可以嫁给他的兄弟。1527 年 5 月 17 日沃尔西秘密召集了一次特别法庭，亨利出席，接受关于与哥哥的妻子 70
不合法同居之指控的质询。这次特别法庭没有达成任何结果，听证会在月底被解散。

亨利知道沃尔西在回避这个问题。只有教宗克雷芒七世（Pope Clement Ⅶ）批准，离婚才会得到承认，所以他的努力应该集中在那个方向。但是教宗是神圣罗马帝国皇帝查理五世的阶下囚，就在沃尔西召集特别法庭的当月，皇帝的军队暴发哗变，洗劫了罗马。这限制了教宗的行动能力，而由于俘虏他的皇帝查理是阿拉贡的凯瑟琳的外甥，教宗也不可能做出任何违背皇帝意愿的举动。亨利如期在 1528 年年初对查理宣战，但是没有产生影响。

5 月末，更多灾祸降临，伦敦爆发了汗热病。这种极为致命的疾病自 1485 年第一次有记录的爆发以来已经夺取了成千上万人的生命，汗热病很快大规模蔓延，在数周之内横扫全国。当时的一名医生凯厄斯博士（Dr Caius）描述了它那标志性的快速蔓延的过程：“公元 1485 年，8 月 7 日之后不久……人们中间偶然出现了一种疾病，一直持续到 9 月末，它突如其来的急剧性和不寻常的残酷性超过了鼠疫。”

> （虽然一些受害者坚持到了第14天，但是这场疾病）迅速夺去了那些正在开窗的人、那些在临街大门前玩耍的孩子们的性命；它杀死一个人有时只需一个或两个小时。那些开心用餐的人最长也只挨到晚餐。它一逮住患者就夺去他们的生命；他们有的还睡着、有的醒着，有的还在欢笑着，有的被照料着，有的在禁食，有的已经吃饱了，有的在忙着，还有的在闲着；一屋之中可能死了三个人或五个人，有的死了更多，还有的全死了；被感染的城镇如果有半数的人死里逃生就是极大的恩惠了。这一疾病的患者从始至终都在出汗，所以被叫作“汗热病”；因为第一次爆发是在英格兰，所以别的国家叫它“英格兰汗热病”。[30]

71 这一疾病的发病原因尚不清楚，但是社会上较富裕的人比贫穷人受到的影响大。伊拉斯谟把它归因于通风不足、黏土地面和房间内常撒满的那些因没有更换而早已腐烂的灯芯草。他还说用餐时过度摄入食物和使用太多盐也是促因。

这个病的特征是发病时会有恐惧感，然后是强烈的冷战、晕眩，同时伴随头部和颈部的剧痛。因为无法保温，所以发病的人会经历热汗、心悸、干渴和精神错乱。在最后阶段，他们会精疲力竭、感到嗜睡。“这种病……是世界上最易致死的疾病”，法国大使贝莱主教（Cardinal du Bellay）在1528年7月总结道。[31]

在这场流行病中，伦敦城的死亡人数注定非常高，四处人心惶惶。“仅在伦敦就有2000人发病”，贝莱说，不过他还补充道，那些尚未染病的人“可以说跟从街道上和商店里匆忙飞进人家里的苍蝇一样多，一旦他们感染了这个病，就会开始出汗……可以肯定的是彼时的伦敦更需要牧师而非医生，只不过他们没有足够的人手来埋葬死者……12年前同样的事情发生时，在10~12天的时间里有10万人死亡，据说当时还没有这次刚开始的时候猛烈……每个人都极为惊恐。”[32]

一直害怕感染的亨利八世命令将宫廷疏散。他匆忙离开伦敦，在英格兰多个府邸轮流避祸。让他惊恐的是，他听说亲爱的安妮也感染了这个病，她很快就被送到她父亲在肯特郡希佛堡的宅邸，在那里她连续几天命悬一线。尽管他多次送去宣示自己爱意不泯的宣言，但亨利本人始终离得远远的，只满足于写信给她。他被迫过着近乎独居的生活，因为他的很多近身侍从也生病了，其中包括亨利·诺里斯（Henry Norris）、威廉·菲茨威廉（William Fitzwilliam）和威廉·佩吉特（William Paget）。

与此同时，沃尔西勇敢地决定留在英格兰，最远也只是 72
搬到了汉普顿宫，在那里他继续为国王的“大事”周旋。他府邸的几个人都染病了，枢机主教这时写给他的君主的信表明他可能也发病了。他向亨利保证：“如果我的命运也是一样，如果这是我最后一次跟陛下您通话或写信，我斗胆进言，向陛下保证我一直是一个最忠诚、真诚、可靠的仆人。”[33]

尽管克伦威尔本人免于染病，他的妻子却没有那么幸运。伊丽莎白在那个夏天去世，几乎可以确定死于同样让伦敦城的人大批丧生的疾病。她在文献中最后一次被提及是在与克伦威尔往来密切的理查德·凯夫（Richard Cave）1528年6月18日的来信中。他向托马斯及其妻子问好，并且感谢克伦威尔上次相见时的“款待”。这封信写于“斯坦福”，应该是林肯郡的斯坦福镇，所以可能在他写信的时候伊丽莎白已经去世，只是消息还没有传到他那里。[34]

因为克伦威尔对最亲近的人有强烈的忠诚和感情，所以失去妻子的他一定非常悲恸——这一突如其来的变故无疑也令他震惊。虽然现有的记载仅能提供少量的关于克伦威尔婚姻的引人好奇的细节——这或许是无法避免的，毕竟伊丽莎白在丈夫在宫廷真正得势以前就去世了——但他们的婚姻看起来很和谐。克伦威尔在提到他“挚爱的妻子”时所说的远非只是普通的礼节性称呼。她为克伦威尔生了三个孩子，在奥斯丁会有一个操持得很好的家，还在他出差离家时代他处理生意。他同意接她母亲来跟他们生活在一起，这一事实进一步印证了他们的感情。克伦威尔一年后立下的遗嘱表明他仍然珍爱着他“逝去的妻子”。他最慷慨的遗赠是给她的母亲默西·普赖尔、她的妹妹琼、她的孩子们，还有伊丽莎白家族的其他成员。[35]

73 不过也有证据——虽然模糊——表明克伦威尔或许有一个私生女。切斯特郡的档案中记载了一个名为简·克伦威尔（Jane Cromwell）的人。关于她的信息不多，只知道她在1535~1540年的某一时间嫁给了柴郡威勒尔市雷顿的威廉·霍夫（William Hough）。那时的女孩经常在12岁就出嫁，如果简是在1540年结婚的话，那么克伦威尔的妻子还在世的时候她就已经在母腹中了。简的丈夫是理查德·霍夫（Richard Hough）的儿子，一个坚定的天主教徒。理查德·霍夫于1534年至1540年在柴郡做克伦威尔的代理人。因此有可能是克伦威尔安排了他们的婚姻，这对出身不明的简来说是一条好出路。不过，他不一定会给任何忠诚的侍从这样的恩惠，况且除了这个女孩的姓氏之外，几乎没有其他信息可以证实她可能是他的女儿。她同样可能是克伦威尔姐妹们的女儿，然后像他的外甥理查德一样随了他的姓以促进其前途发展。

除此之外，史料当中再未提供任何关于克伦威尔可能不忠的暗示，也没有材料表明克伦威尔在伊丽莎白去世后有任何情人。1537年他应邀在约克的诺福克公爵家里做客的时候，前途大好的主人逗弄他说：“如果你不想跟我的妻子调情”，他愿意“提供一个丰腴的年轻女人”满足他。[36]这更多 74
地透露了诺福克公爵而非克伦威尔在性爱上的放荡不羁。这位公爵的妻子有理由指责贝丝·霍兰（Bess Holland）为“娼妇”，但他显然还在府邸养了多位心甘情愿的情妇。相比之下，克伦威尔遵循了严格的道德标准。在他的遗嘱里，他要求要由一位“自制而良善的”牧师为他的灵魂祈祷，他后来也讨厌听到居住在宗教场所的人有奸淫行恶的行为。约翰·福克斯认同他“虽有不幸，但还是有着现在大多数贵族家族里都没有的美德”。[37]

克伦威尔的儿子格雷戈里似乎在伊丽莎白死后不久就离开了家，表面上是去接受教育，但可能也是为了不受传染。

没有记载表明他的姐妹们离开了家：她们的外祖母可能在母亲死后负责她们在家的教育。格雷戈里被安置在白金汉郡本笃会修女们的一栋简朴的房子里，由小马尔洛的女修道院院长玛格丽特·弗农（Margaret Vernon）照看。把幼子寄养在修女处，这对于当时有地位的人来说实不常见。克伦威尔这样选择可能更多的是考虑到修道院院长其人而不是修道院。玛格丽特·弗农是他的一位好友。他们可能是通过沃尔西认识的，玛格丽特跟沃尔西也是熟识，他们亲密、家常的书信说明了他们对彼此的尊重甚至喜爱。这位女修道院院长显然在过去受到了克伦威尔的庇护，因为在她写给他的众多书信的其中一封中她回忆说："大人您清楚地知道我的敌人们散布的很多极端的、诽谤性的言语，您给了我如此多及时的帮助。"[38]

虽然有人认为9～10岁以上的男孩子待在修道院是不合适的，但玛格丽特后来称克伦威尔许诺她可以监护格雷戈里直到他12岁。[39]虽然修女可以教育女孩，但是她们只能监护男孩，通常还会给男孩配一名男性家庭教师。格雷戈里就是这样，他的父亲为他安排了多位有名的家教来教导他。

第一个在小马尔洛指导格雷戈里学习的学者是剑桥彭布罗克学院的约翰·切金（John Chekyng），他定期向克伦威尔汇报他儿子的进展。虽然克伦威尔对这个孩子寄予厚望，但格雷戈里令人失望——至少在学术上。在1528年7月27日的第一次汇报中，切金说他的被托管人"时而用功时而玩耍，迟钝但勤奋"。或许是出于一种职业上的嫉恨，切金说他惊讶于格雷戈里一直以来接受的教导是如此之差，以至于在刚开始对他进行教导时，格雷戈里只能勉强列举三个动词的词形变化，“尽管他靠死记硬背可以记住规则”。他补充说不认为帕尔格雷夫式教学可以让格雷戈里成为一名学者，所以他不得不“让他忘掉现在所掌握的几乎所有内容”。但是他向克伦威尔保证他的儿子“现在在学习最有助于他阅读的一些东西，其余时间学习写信”。[40]

格雷戈里自己写了一封信附在老师的信后面，信中相当 75
不规则的拼写和语法说明切金的评价是准确的，但是这封深情的简短书信同样表明了这对父子之间的亲密关系。“至爱的父亲，”格雷戈里在开头写道，“向您问安，衷心祈求您得蒙恩惠、每日安好，因为您给我的祝福和其他很多的益处。我是您每天的挂念，心里盼望这一点一直不改变，请相信我在求知的路上会遵守您的教导、达成您的要求，这样我亲爱的父亲能够心满意足，靠着上帝的帮助，愿他施恩于我们，阿门。”他在信末写道：“您时刻警醒的儿子，格雷戈里·克伦威尔。”[41]

在切金的密切关注下，格雷戈里快速进步。在写于1528年11月的第二封信中，那位老师写到“小格雷戈里在写作上有很大提高”。这时有一个名叫克里斯托弗的男孩跟格雷戈里一起学习，可能是他的表兄克里斯托弗·威利菲德(Christopher Wellyfed)。这个男孩显然是受克伦威尔资助的，因为在众多同时代资料中有克里斯托弗1530年6月15日给克伦威尔的账本，详述了他从“天使报喜节到施洗者圣约翰节”期间的花销。[42]格雷戈里受到这个男孩的影响，而切金提到他“不需要太多煽动（就能生事）”。克里斯托弗是一个活泼、看起来易惹事的孩子，在到那儿之后不久就引起了一场火灾。他在烛光下阅读的时候睡着了，蜡烛掉到了下面的草垫上，由此引起的火烧掉了一个新羽毛褥垫、长枕、床单，还有克里斯托弗和尼古拉斯·萨德勒（Nicholas Sadler）——可能是克伦威尔的秘书兼好友拉尔夫·萨德勒的弟弟或者其他亲戚——的几件衣服（有两件紧身上衣和长筒袜）。要不是他们房间的墙上涂上了灰泥，切金向克伦威尔坦言，“我们会遭受更大损失”。1530 年 11 月，切金懊恼地坦言，克里斯托弗在花光了“很大一笔”钱后离开了小马尔洛。[43]

76 克伦威尔在他的外甥完成学习之后继续资助他。1533 年 6 月，克伦威尔的表兄尼古拉斯·格洛索普写给他的一封信中有一小段暗示克伦威尔安排克里斯托弗在康布雷待了一段时间，不过信中没有明说克里斯托弗这次旅行的目的。[44]虽然他的外甥明显不是一个好的学者，但是克伦威尔随后帮助他在教会谋了一个职位——相当出人意料的是，克里斯托弗表现出了想从事这个职业的愿望。克伦威尔还为他的外甥女爱丽丝·威利菲德安排了一桩有利的婚事。他们的父母——克伦威尔的姐姐伊丽莎白和她的丈夫威廉都在 1533 年去世了，所以克伦威尔可能觉得他有更大的责任确保他们未来的幸福。他将家庭关系看得最为重要，在他日益辉煌的事业中一直如此。

在这期间，切金向克伦威尔保证格雷戈里在不断进步，下次见到他的时候会“掌握很多拉丁语”。[45]克伦威尔在对儿子的照料上显然一丝不苟，他担心儿子会否感到不舒服或者生病。偶尔不必在宫廷值勤（这非常罕见）的时候，他会去小马尔洛看望格雷戈里，其他时候他会定期收到关于格雷戈里健康状况的报告。在一封信中，切金跟他确认了在入冬的时候格雷戈里有厚外衣和柴火保暖。他还感谢克伦威尔提前送来了一捆布匹，这无疑是他想用来给儿子做冬衣的。这位教师还说剑桥有很多关于克伦威尔的流言，他很高兴这些流言“被证实是假的”。[46]虽不清楚这里的具体所指，但是可以说明克伦威尔名声见涨，伦敦以外都在讨论他的事情。

切金的忠诚没有得到丰厚的回报。虽然克伦威尔对儿子的照顾很是尽心，但是有时会拖欠应给老师的伙食费、住宿费和学费。1528 年 6 月 28 日，切金恭敬而坚决地写了一封信，问克伦威尔是否收到了他的账单，因为他负债了，其他地方也在问他要账。没有记录表明克伦威尔是否在这个时候结账了，但是两人之间的关系在来年夏天急剧恶化。据说克 77
伦威尔对切金的教学水平很不满意，说他的“孩子们”没有从他的照料中“受益”。这位教师愤愤不平地回复克伦威尔，提醒克伦威尔有很多学生从他的教导中受益，并向他保证他愿意放开克伦威尔的被监护人，“假若跟任何学者相比我没有优势，我一定会过着贫穷的生活”。他说每隔 6 个星期就要为孩子们垫付 40 先令，而克伦威尔不经常予以偿还，这意味着他不得不经常负债。[47]

克伦威尔对待切金的方式暗示了他吝啬的一面。他迫切地增加他的财富，一旦获得财富就谨慎地保存好，这一点被他大量的商业信件所证实。从财务上说越晚结账越好，但他把这个规则用到格雷戈里的教育上，这与他在其他方面对儿子的关心不符。他想要这个孩子接受最好的教育，但是他明显不愿意付钱——或者至少没有及时付钱。

不过，克伦威尔也有可能是将儿子进步之缓慢归罪于切金，才暂不付钱给他，直到看到更好的结果。或者被宫廷事务缠身，有时自己忽略了。不过他忽略的欠账不止来自切金一人。有一份账单表明克伦威尔欠一位年迈妇人的钱有很长一段时间了。当她提醒克伦威尔的时候，他立即全额偿付了欠款并且给了她 4 英镑的年金和一套衣服作为补偿。此外，还有很多他慷慨救济穷人和其他慈善事业的记录。因此他不大可能是因为天生吝啬而延迟支付格雷戈里的学费。

克伦威尔的政治和法律事业占用了他很多时间和精力，因此他极少有时间为妻子的逝世和儿子的远离而感伤。当然，他的公务有一个短得不能再短的间歇期。一旦汗热病过去，国王可以安全返回伦敦，他离婚的计划就重新正式开始
78 了。10 月，枢机主教坎佩齐奥（Campeggio）从罗马出发并抵达伦敦。教宗任命他为使节并委托他代教宗裁决离婚一案。在听取了亨利和沃尔西冗长的辩论之后，他也拜见了王后。凯瑟琳给他看了前任教宗颁发的教宗特许，准许她在嫁给了亨利的哥哥之后与亨利再婚。坎佩齐奥利用这一点作为理由，证明他的使命是不存在的，这转而导致了进一步的拖延。

此时，沃尔西离失势已经不远了。因对他没能迅速完成诉讼程序并带来有利结果感到恼怒，安妮·博林转而反对这位枢机主教，指责他故意拖延、制造障碍。“我不能理解，国王更不能理解，尊敬的大人您在用如此多美好的离婚的承诺诱惑我们之后，怎么能改变初衷”，她如此责备沃尔西。

亨利也逐渐失去耐心，下令暗中调查他这位顾问的活动。沃尔西对他的君主诉苦，说他被“身处其中的所有人深深猜疑”。[48]但是他坚持跟教宗使节进行着越来越折磨人的谈判，并1529年6月在布莱克弗莱尔召集了一次听审试图证明亨利的婚姻不合法。但为了让凯瑟琳王后的诉状能送到罗马教宗手中，坎佩齐奥在7月30日中止了这场听审。

克伦威尔在听审期间立了遗嘱，这或许表明了他的不安。[49]他委任拉尔夫·萨德勒作为执行人——这表明他此时极其信任这位秘书。遗嘱立于1529年7月12日，主要受益人是他的孩子们：安妮、格雷丝和格雷戈里。后者出现在最显著的位置，可能是因为他被看作克伦威尔唯一的儿子和继承人。克伦威尔给这个男孩留下了一大笔钱，足有666英镑（约等于现在的20多万英镑），他规定这笔钱应用于购买土地。他判断购买土地后的收入应该足够支付“我的儿子格雷戈里的教育，切实地资助他培养好的品格和礼仪，直到他满22岁”。他补充到，他的执行人要“善待我的儿子格雷戈里，确保他不浪费时间，确保他被养育、管束得品格正 79
直，不辜负我的信任”。克伦威尔指示在格雷戈里24岁的时候再给他200英镑，还留了一些他最有价值的家用物品作为对这笔慷慨遗赠的补充。

克伦威尔也为他的女儿们提供了遗产。他本可以只关注男继承人，但他还是在遗赠中提到了安妮和格雷丝，这说明他跟她们很亲近。克伦威尔饱含深情地写到他“年幼的女儿安妮和格雷丝”，这暗示了在立这份遗嘱的时候她们还非常小。克伦威尔给两个女儿各遗赠了100马克（相当于现在的 2 万英镑），待她们成年或结婚后使用。

这份文件是现存唯一一份与克伦威尔两个女儿存在有关的记录，也是与她们的逝世有关的唯一记录。她们的父亲在遗嘱中留给她们的遗赠在稍后被划去了，目前还不确定是多久以后。没有关于她们逝世原因和日期的记载，但她们的死期似乎相隔不久。她们可能和母亲一样，身受汗热病之害，这种疾病自 1528 年起在都城周期性爆发。她们也有可能死于其他致命疾病。克伦威尔为女儿们在如此年轻的时候（较为年长的也不过 14 岁）一个接一个地被夺去生命而深感悲伤，非常思念她们。可能是为了缓解丧女之痛，他邀请姐姐和姐夫伊丽莎白和威廉·威利菲德来奥斯丁会同住。威廉成为这个家庭非常有用的帮手，在克伦威尔经常离开处理宫廷事务的时候照管仆人们。[50]

克伦威尔在遗嘱中提到了所有亲密的朋友和家人。他遗赠给拉尔夫·萨德勒 200 马克（约合现在的 4 万英镑），还有“我的里层长袍外衣、紧身上衣和我所有的藏书”。他给老朋友斯蒂芬·沃恩留了一笔差不多一样的遗赠。他给伊丽莎白和威廉·威利菲德的遗赠是每年 20 英镑（约合现在的
80 6000 多英镑）的生活费。除这些对个人的遗赠之外，遗嘱上还提到了一些日常的慈善捐赠，克伦威尔在这方面也没有吝啬。

差不多在他起草遗嘱的同时，克伦威尔也为他外甥女的监护问题——据推测应是他姐姐凯瑟琳·威廉斯的一个女儿——做了安排。此时凯瑟琳已经去世，因为遗嘱称伊丽莎白为他“唯一的姐姐”。[51]之后不久他写了一封收信人不详的

信，不过从信中近乎威逼的语气来看，收信人显然是一个代理人或者仆人。克伦威尔开头就严厉地责备说自己“非常吃惊，因为你还未能更好地满足你的牧师的心意，得蒙他的眷顾我已经给温彻斯特的钱塞勒先生写了信”。接下来他话锋一转，继续道：“请您帮我个忙，让我把姐姐的女儿送到您那有教养的妻子那里，并代我请你的妻子接纳她、养育她，如果善良的她甘心乐意这么做，我会非常感激你们并补偿她的操劳，还会满足您妻子的要求，我相信她会满意的。”[52]他对家人的慷慨透露出他始终不变的忠诚和深情。尽管有很多其他更加要紧的事情占据了他的时间，但是他从没有忘记年轻时候的情谊，在有能力之后他从未错过帮助家人的机会。

布莱克弗莱尔听审的失败极大地削弱了沃尔西的权势。这是他促成离婚的最后一次机会，除此之外再无他法。虽然沃尔西尽了最大的努力，也取得了很多其他人无法取得的进展，但他渐渐被当作国王“大事”无法解决的替罪羊。一位刻薄的评论者说“他承诺了很多，履行了太少”。与此同时，幸灾乐祸的夏普伊向他的主人汇报说：“枢机主教的形势日益恶化，已成定局，这一点几乎人尽皆知。”[53]

根据霍尔的编年史记载，在一本载有至少 34 条针对沃
尔西的指控的小册子被呈予亨利之后不久，“深以枢机主教 81
为傲、以礼相待的国王清楚地看到了他是用怎样的掩饰和障眼法处理他的大事的：他是如何用美好的谎言遮人耳目、欺瞒诈骗的”。[54]或许是顾念自 20 年前继位以来沃尔西对他忠诚的服侍，国王起初拒绝对他的这位重臣动手。但在安妮的

持续施压之下，1529 年 10 月 9 日，沃尔西在王座法庭的一场审讯中被指控蔑视王权——依据一项禁止维护教宗管辖权而侵害君主至高无上权威的法案，9 天后他辞去了掌玺大臣的职位。

10 月 22 日，沃尔西上交了他所有的财产。他以令人钦佩的平静语气宣告：“我想让世人知道，按照法律我没有一件东西不是他的，因为正是靠着他我才获得了现有的一切，因此我甘心乐意同样回报我的陛下，这是合情合理的。”即便在那种情况下，亨利还是保护了他，令他不至于完全毁灭。沃尔西可以选择接受国王或者议会的问询。可能是感知到君王对他尚存的情分，他选择了前者。但是亨利的情绪是出了名地变幻无常，其他廷臣很快推断沃尔西的前景并不乐观。沃尔西上交所有财产的当天，法国大使让·迪·贝莱（Jean du Bellay）汇报说：“沃尔西被驱离府邸，他所有的东西都被收缴给了国王。除了指控他抢劫和在信奉基督教的王室之间引起纷争之外，他们还以很多莫须有的罪名指控他。”[55]

当枢机主教离开在约克的住所、踏上驳船的时候，他沮丧地看到民众聚集在岸边，期待看他被带去伦敦塔。他们失望了，因为他被命令前往在伊舍的住所。不管怎样，对曾经蒙国王盛宠许久的他来说，这都是一个令人难堪的时刻，他和残留的侍从（包括克伦威尔）怀着沉重的心情沿着泰晤士河西行。但是卡文迪什称他们在帕特尼附近某个离克伦威
82 尔早年旧居不远的地方被国王的马桶侍从亨利·诺里斯赶上，他给沃尔西带来了国王的戒指和口信，告诉他“要满

心欢喜，因为他一如既往得蒙圣宠”。[56]沃尔西倍感释怀与感激，在烂泥里跪下感谢诺里斯带来这样的好消息。他把自己的十字架给了诺里斯，把他的弄臣塞克斯顿（Sexton，又名帕奇）作为礼物送给国王。

10 月底，迪·贝莱已经开始自信满满地预言“他（沃尔西）不大可能重新得势”。[57]而沃尔西和他府中的侍从们在伊舍痛苦地度过了几周，没有任何家居用品供应，对未来的去向无比担忧。克伦威尔始终陪在他的主人左右，拼命想帮他重新赢得国王的宠爱。尽管国王姿态友好，但沃尔西知道连他也无法阻止这股试图扳倒自己的潮流。他迟早都要拼尽全力保护自己的名誉，甚至是生命。

第四章
“孤注一掷”

83 1529年诸圣节这天早上，沃尔西的招待官兼传记作者乔治·卡文迪什在沃尔西伊舍住所大房间的带炮眼的窗户那里碰到了心烦意乱的克伦威尔。他的眼泪流过脸颊，握紧火帽、默念“圣母玛利亚”。这是他情绪波动与虔诚一面的罕见流露——“他面前是一副陌生的图景”，卡文迪什坦言——透露出克伦威尔对他的主人枢机主教的强烈情感和忠诚。这幅图景后来被莎士比亚在历史剧《亨利八世》中再现（但略有修饰），克伦威尔在剧中含泪告别他的主人：

> 那么，我必须离开你么？我必须舍弃您这样善良、这样高贵、这样真诚的一位主人么？心肠不似铁石的人们全来给我做证吧，克伦威尔离开他的主人的时候是如何的悲伤。我要去投效国王；但是我的祈祷将永远永远为您而发。[1]

不过克伦威尔的眼泪也是为自己而流。当卡文迪什问他是不是因为沃尔西而心烦意乱的时候，他回答说：“不，这是为我不幸的遭遇。因为我有可能会失去我努力获得的一切，我生命的所有时光都在真诚、勤恳地服侍我的主人……我清楚地知道，因为主人的缘故，我也声名狼藉……这种不好的名声一旦形成就很难抹去。”[2]在沃尔西倒台的时候，克伦威尔已经是枢机主教身边地位最高且最受信任的顾问之一。不过，因为他在沃尔西的府邸没有正式的职位和工作收入，克伦威尔的影响力完全取决于他主人的存亡。过去10年他为 84
枢机主教的利益付出的所有努力显然都付诸东流。他的命运——以及他的名声——与他主人的紧密相连，他在宫廷中飞黄腾达的希望也因此破灭了。简而言之，他押错了宝。更糟糕的是，没有枢机主教的庇护，他现在必须独自承受因为解散修道院而结怨的所有敌人的怒火。已经有流言称他被关进了伦敦塔。这些流言离变成现实还有多久呢？

不过，克伦威尔不是轻易自艾自怜的人，他很快冷静下来，对卡文迪什（或许也是对自己）说：“我打算（如果情况允许的话）在今天下午替我的大人去伦敦的宫廷，在那里我会孤注一掷，等待最终结果，看有哪个人能控告我不忠诚或品行不端。”[3]他言出必行。在建议沃尔西清退府中冗员之后，他在忠诚的侍从拉尔夫·萨德勒的陪同下出发去了伦敦。之后不久，在11月1~2日的夜里，备受亨利信任的大臣——第一代贝德福德伯爵约翰·罗素（John Russell）到达伊舍，浑身湿透的他和亨利·诺里斯一样以国王的戒指为信物暗中造访。没多久之后，沃尔西欢喜地收到“很多家居用品、器皿、盘碟和所有必需品”,[4]这是君主垂怜他的又一证明。

克伦威尔不大可能这么快就为主人争取到这些慰问品。不过，他确实不遗余力地为沃尔西求情。在到达伦敦几天后，克伦威尔作为市镇议员（即一个自治市镇在英格兰议会的代表）重返于11月4日召开的新议会。具有讽刺意味的是，他做到这一点主要依靠的是第三代诺福克公爵托马斯·霍华德的影响力，后者是一位重要的顾问大臣，也是沃尔西的死敌。

时年56岁的诺福克公爵是亨利宫廷最显贵、辅佐时间
85 最长的大臣之一。他的第一任妻子安妮是爱德华四世第四个长大成人的女儿、亨利八世的姨母，这为他赢得了进入最显贵的王室阶层的机会。亨利七世在位统治期间他忠心服侍，是一名得力的战士和领袖，在新君继位后继续得宠。亨利八世在即位一年后封他为嘉德骑士，这是英格兰级别最高的骑士封号。1513年他在击败英格兰军队的弗洛登（Flodden）之战中扮演了重要角色，证明了这一封号是他理所应得的。接下来的一年他被封为萨里伯爵，1524年其父逝世后，他承袭了诺福克公爵之位。当他的外甥女安妮·博林捕获了国王的爱慕时，诺福克在宫廷的地位进一步提高。

当时的人评论诺福克公爵“是一个认真、果敢、在各种事务上都很‘诙谐’（Witty）的人”。[5]在这里，“诙谐”是指尖刻而不是幽默：与克伦威尔不同，诺福克并没有因才智和谈吐而出名。他骄傲、自大、脾气暴躁，会痛斥每一个冒犯他的人。他小心地守护着国王对他的宠爱，对任何一个跟他影响力相匹敌的人都抱有强烈的敌意。1539年，荷尔拜因在诺福克公爵66岁的时候为他绘制了一幅肖像画，画

中的他表情严厉、令人生畏，瞪着冷酷、乌黑的眼睛。他的体格也跟克伦威尔截然相反。威尼斯大使在描述他的时候说他“身材瘦小、一头黑发”。[6]在外交领域，他一直是强硬尚武政策最直言不讳的提倡者，这让他跟立场更趋谨慎的沃尔西意见相左。诺福克对这位出身低微的暴发户颇为不齿，认为他既不应该出现在枢密院也不应出现在宫廷里。他对沃尔西的门徒自然也有类似的看法。但克伦威尔还是来寻求诺福克的帮助，这体现了他的胆识。

克伦威尔准确地判断，在沃尔西失势后诺福克就将时来运转，但他在向主人的政敌请愿求情时并无内心挣扎。的确，以诺福克的权势，能够讨取他的欢心是克伦威尔确保在宫廷的利益的必要前提。如果说务实主义再一次战胜了原则，那这一举动并不意味着克伦威尔抛弃了旧主：跟敌人结 86
交只是实现目标的一种手段。

诺福克让国王同意克伦威尔进入议会，但条件是克伦威尔必须通过选举获得一个地方席位，这也是成为下议院议员的条件，此外他还必须遵照王室的指示。由于他背后无人庇护，在议会行将开幕之前满足前一个条件颇具挑战性。但是克伦威尔充分利用了他手上已有的为数不多的宫廷人脉。他的第一个方法是指示萨德勒去说服沃尔西的一位朋友（据卡文迪什所言也是克伦威尔的朋友）托马斯·拉什（Thomas Rush），他跟威洛比家族有联系，能帮助克伦威尔获得萨福克郡境内奥尔福德（Orford）的议席。这个方法失败后，克伦威尔拜访了沃尔西在温彻斯特主教辖区的管事威廉·波利特爵士（William Paulet）他有权力在自己的辖区提名人员列席。不久，他作为汤顿的新议员返回议员行列。

克伦威尔从 11 月 4 日开始参与议会的事务，直到 12 月 17 日第一次会议结束。在这期间，他在一个为调查商人滥用国王庇护而成立的委员会列席。更重要的是，他可能还在下议院抵制神职人员腐败的活动中扮演了主要角色。这场为应对沃尔西政策失败而组织的议会反而成了他的门徒仕途的开端，这颇具讽刺意味。这同样也是极具革新意义的：克伦威尔也因此成了英格兰历史上第一位以下议院议员身份起家，最终崛起得势的政客。他精明地判断这样可以让自己免遭恶意的攻击，同样也可以此作为开展政治活动的绝佳基础。但克伦威尔也知道，议会议员的身份是不够的：要得到实权，他需要得到国王的垂爱，并取得一个服侍国王的正式职位。

虽然急于开拓自己的政治事业，但克伦威尔并没有忘记自己的前侍主。卡文迪什宣称，正是在 1529 年的这届议会上，克伦威尔成功地保护了沃尔西不被一份剥夺私权法案制
87 裁（根据这一法案，冒犯国王之人要被剥夺土地乃至生命），尽管针对枢机主教的诉讼是 10 月在王座法庭听审的。鉴于那次法庭没有对沃尔西采取剥夺财产和公民权的手段，他可能转而向议会递交了一份供状。接任沃尔西职位的新任大法官托马斯·莫尔爵士显然采取了强硬的姿态。他公然抨击沃尔西为“那头刚刚失势的大公羊”。[7]沃尔西的敌人进而列举了他的 44 条罪状，这些罪状在 12 月 1 日被呈于国王，其中罗列的罪名有侵犯教会自由、破坏法律“程序和秩序”，还有最严重的一条——自恃与国王并驾齐驱。枢机主

教无疑是在巨大的压力之下被迫签署了这份文件，由此承认自己有罪，并且断绝了恢复头衔和职位的可能性。或许正是在这个时候，克伦威尔开口为他辩解。他甚至有可能是在国王的指示下这么做的，后者对沃尔西还有一定的感情，不忍看他被剥夺财产和一切民事权利。这与沃尔西的屈服一道，已足以让他免于被剥夺私权了。在议会于 12 月 17 日休会时，沃尔西的地位暂得保全。虽然他放弃了其他职位，但仍是约克大主教兼教宗特使。后一职位在一定程度上可以保护他免于遭到叛国的指控，但这远不是绝对有效的。他愉快地写信给克伦威尔，争辩说国王从他的屈服中得到了以其他方式无法得到的东西，并希望现在他的麻烦可以告一段落。

克伦威尔对沃尔西的忠诚值得称赞。尽管亨利本就不愿给没能促成离婚的枢机主教施以极刑，但支持一名失宠的大臣还是一件非常冒险的事。沃尔西其他的侍从则纷纷跟他撇清关系，急于保住自己的地位。首先脱逃的是枢机主教的秘书斯蒂芬·加德纳（Stephen Gardiner），他合乎时宜地选择忘记在服侍沃尔西期间获得的许多职位和晋升，在 1529 年 7 月成为国王的大臣。当年 9 月，他写信告诉自己的前侍主 88
说国王不愿意召见他——显然他自己也没有怎么劝服国王。刚清除沃尔西这个障碍，加德纳就开始耍手段争取温彻斯特主教这一空缺，那是英格兰最富裕的一个教区。克伦威尔的秘书拉尔夫·萨德勒不久之后向他坦言自己去拜访了加德纳，请他帮助枢机主教，但是他“说关于大人的事，自己知之甚少”。萨德勒精明地推测：“我想，只要自己不至于蒙羞，他几乎不会为我的大人（沃尔西）或者他的其他朋友们做什么好事。我对他没什么信赖可言。”[8]

托马斯·赫尼奇爵士（Thomas Heneage）也同样变幻无常。作为沃尔西门下一个前途大好的年轻门徒，枢机主教给他在国王寝宫安排了一个职位，以制衡博林派在宫中的崛起。他曾是沃尔西和安妮的中间人，但他的主人渐渐对他失了信任——这自然有其原因。沃尔西失宠后，赫尼奇很快跟他断了联系。在枢机主教请他帮忙的时候，他冷酷无情地回应“您要满足于现状”，外加一句虚伪的保证“国王会眷顾并善待大人您的”。[9]

相反，克伦威尔拒绝抛弃旧主，即使这样做会威胁到他在议会刚得到的职位。他怀着不变的忠诚，继续在枢机主教和国王之间充当媒介，往返于沃尔西住处和宫廷之间，传递消息和请愿书。诚然，他成功的希望渺茫。他的盟友少之又少，而就连这些人也缺乏真正的影响力。他们当中有理查德·佩奇爵士（Richard Page），他在沃尔西门下开始了自己的事业并在1516年被任命为国王寝宫的侍从。不过在那之后，他继续为沃尔西服务，也因此与克伦威尔熟识，并用他的忠诚让克伦威尔完全信服，令两人间的联系得以延续。受沃尔西重用已有一段时间的约翰·罗素也愿意向克伦威尔伸出援手。

不管怎样，沃尔西的敌人因他的失势而得意扬扬，现在
89 在宫廷中占据支配地位。他们当中最突出的是诺福克公爵。鉴于他跟安妮·博林之间的亲属关系，国王的“大事”与他的既得利益密切相关。作为本国地位最高的贵族，他还对他视为出身卑微的暴发户有天然的蔑视。他与外甥乔治·博

林（George Boleyn）、罗奇福德子爵（Viscount Rochford）和萨福克公爵（Duke of Suffolk）合谋，决心彻底搞垮沃尔西。“他们每天都会给他送一些令他不快的东西或者做一些诋毁他的事情，”卡文迪什说，“他们以为这样可以让他沉湎于悲伤之中。”[10]

只有克伦威尔为沃尔西辩护。而在为这个整日被传将正式受到叛国罪指控的人说情的同时，他也因此受到牵连。1529年10月底，斯蒂芬·沃恩非常焦虑地写信给他：“向你问安。我非常疑虑在你的主人（沃尔西）被突然推翻的时候你受到了怎样的待遇。我从未像现在这样希望收到你的来信……我想你遭记恨更多是因为你的主人，而不是因为你自己做了什么得罪别人的事情。”沃恩显然预料到了会发生在沃尔西身上的灾祸，因为他补充说自己“非常希望”在克伦威尔离开伦敦之前告诉他“自己多么担心会发生的事情，但是不敢写出来”。不过沃恩不是不可共患难的朋友，他向克伦威尔保证：“就像一颗真诚的心不会被任何暴风雨击垮，虽然我不能身处其境，但是我现在更加渴望知道你的境况……如果这世上有任何我能为你做的，请让我知道，像相信你自己一样相信我。”在信的结尾，他更加乐观地安慰说：“虽然我听到的很多关于你的消息令我难安，但是我相信你的真诚和智慧会让你化险为夷。”[11]四面楚歌、自感脆弱的克伦威尔一定感激他这位朋友表达出来的忠贞。但事实是，不管沃恩如何心怀好意，远在尼德兰的他能带来的保护和影响十分有限。因此，克伦威尔不得不在宫闱之中敌众友寡的惨淡前景面前独自思考解围的方法。

克伦威尔的名字与失势的枢机主教依旧密不可分地绑在
90 一起，这一点从沃尔西老主顾们留下的大量请求他的这位门徒接管他们事务的书信中也可见一斑。沃尔西背负的蔑视王权罪指控影响了那些从他那里得到土地授权的人，因为这不只令他本人的土地所有权失效，也让受益于他的人们的所有权失去了法律效力。此时，他们当中很多人惊慌失措地写信给克伦威尔，迫切想要保护自己的财产。其中包括肯特郡霍斯门登的威廉·佩奇（William Page），沃尔西授予他一些旧修道院土地的所有权，但是现在这些土地的原所有人对此提出了质疑。佩奇在一位杰出的律师和受信任的王室顾问托马斯·内维尔爵士（Thomas Neville）的建议下，寻求克伦威尔的帮助。[12]克伦威尔并没有避开与旧主的关系，恰恰相反，他似乎在积极宣传他们的关系。他甚至把沃尔西盾徽上的一些纹样纳入自己的纹章，以作为他不朽忠诚的大胆宣言。

12 月 17 日议会休会后不久，沃尔西就写信给克伦威尔请他来伊舍："因你爱戴我，请在今天议会解散后到我这里。我需要跟你交谈以得安慰，有一些急需代理的事情需要征求你的意见。"克伦威尔显然拒绝了，因为不久之后沃尔西再次写信敦促他："我有一些跟你相关的事情需要跟你沟通，你听了也会开心的。"惊慌失措的他称克伦威尔的一封信被拦截并因此送至伊舍，但这可能只是他劝这位门徒造访的一个计谋。他跟克伦威尔说"在这难耐的焦虑和忧伤中你是我唯一的救兵"，说他不信任别人代理他的案子，要把它们全部交到克伦威尔手中。[13]

情势的压力很快给沃尔西的身体带来了损害。几天后，他生病了。年近60岁的沃尔西健康状况不佳已有一段时日，他接受了很多疾病的治疗，其中包括结石（可能是胆结石）、发热、黄疸、咽喉感染、腹绞痛和水肿。他的失势让他的健康状况急速恶化，也影响了他的胃口和睡眠。因他拒绝规律用餐，尚在早期的疑似糖尿病（病症是腹泻和呕吐） 91
病情恶化了。枢机主教把自己的身体状况归咎于克伦威尔没能来访，告诉他：“你迟迟不来这里，让我更加忧伤，我的心是如此焦虑，这天晚上我哀叹时的气息是如此短促，像离死只有3小时之隔的人一样。”他悲痛地继续道：“如果我不能搬到空气更干燥的地方，那我很快就没什么希望了。”尽管确实备受折磨，沃尔西还是最大限度地利用他的病痛说服克伦威尔来看他。“如果你顾念我的生命，今晚抽身来我这里，好让我对你诉说那些无法给你写在信中的指示。”信末他悲伤地恳请他“现在为我吃些苦，不要在我最需要的时候丢弃我……现在正是考验你对我是否真心的时候”。[14]

沃尔西的病似乎影响了他的精神状态，在恳请克伦威尔乞求国王垂怜的同时，他还敦促其请安妮·博林从中调解。“如果小姐的怒火有所平息，正如我向上帝祈求的那样，你可以想一些合适的办法请她帮忙，因为这是唯一的补救方法。要采取一切可能的办法得到她的帮助。”[15]这个女人协助推倒了他，宫廷中几乎没有人比她更不愿意为身陷重围的枢机主教求情的了。克伦威尔充分利用沃尔西糟糕的身体状况以争取她以及她的王室追求者对身陷重围的枢机主教施以同情。亨利立即派他的医师威廉·巴茨（William Butts）去照看沃尔西，并送去另一枚戒指以示爱怜。安妮感到有必要使用交际手段，也给沃尔西送了一个象征自己的物件。受这些垂怜象征的鼓励，沃尔西的身体有了明显的、奇迹般的恢复。[16]他一度试图修复与安妮的关系，或许是误以为安妮对他的关切是真心的。他为此从温彻斯特教区的地产中支出 200 英镑的年金给安妮亲爱的弟弟乔治，并从圣奥尔本斯
92 （St Albans）给他支出了同样的金额。这几乎肯定是克伦威尔的主意。他明白——而他的主人不明白——即使是宫廷中最有影响力的贵族在经济上也得依靠国王、几乎没什么属于自己的可支配收入。他们的地位要求他们在亨利八世耀眼夺目宫廷中衣着光鲜，而这是大多数贵族都负担不起的。除了给乔治·博林拨款之外，克伦威尔还安排将亨利·诺里斯的薪资从 100 英镑涨到 200 英镑，并将约翰·罗素爵士的年金提高了一倍多。[17]

虽然这些馈赠是以沃尔西的名义做出的，但克伦威尔自己也从中获得了好处。由于枢机主教本人被困在远离宫廷的伊舍，他的代理人收获了所有的谢意以及由此产生的很多好处。大多数馈赠是给博林家族的，他们对沃尔西的憎恶十分强烈，绝非零零散散的几百英镑可以驱散，这暗示了此举可能是克伦威尔有意而为，而博林家的人也很可能对这位实际馈赠者高看一眼。不出所料，沃尔西在给乔治·博林拨款之后不久就给安妮·博林写了一封信，但无人答复。克伦威尔感伤地坦言：“她说了几句客气话，但不愿答应替你向国王求情。”他不可能再到安妮那儿碰运气了。克伦威尔告诫沃尔西：“没有人愿意替您向国王求情，因为他们都担心安妮小姐生气。”他是对的。1529 年 9 月来到英国宫廷的帝国大

使尤斯塔斯·夏普伊向他的君主查理五世汇报说，安妮对约翰·罗素在国王面前为沃尔西美言的行为感到气愤：“安妮小姐非常生气，拒绝跟他说话。诺福克告诉他安妮在生气，因他没有尽可能地对付沃尔西而恼火。”[18]

查理五世任命夏普伊为自己的大使，为姨母阿拉贡的凯瑟琳充当顾问。虔诚而坚守原则的夏普伊不仅完成了皇帝的指示，还迅速跟深陷囹圄的王后建立了密切联系，他的拜访
给她带来了极大的安慰。凯瑟琳委托夏普伊给外甥带信，她 93
和女儿玛丽渐渐把夏普伊当作钟爱的朋友而不是官方的顾问。夏普伊也越来越喜爱这两位女士，把自己当作她们唯一的捍卫者，完全投身于支持她们的事业，也在此期间对“情妇”安妮·博林以及所有帮助她夺取王后宝座的人——包括克伦威尔——产生了无法平息的深切憎恶。

尽管在公务上是不共戴天的死敌，但夏普伊和克伦威尔之间有很多相似之处。他们都是训练有素的律师，才思敏锐、热爱学习。他们也都异常精明，能够在任何形势下找出关键所在。在彼此之间变得熟络之后，克伦威尔和夏普伊仍旧互为对手而非朋友，但从两人的通信中确实可以看出，随着时间推移，他们对彼此都怀有一定敬意。大使在一封写给皇帝的信中提到了自己“对他（克伦威尔）的喜爱”。[19]克伦威尔还是一个好邻居，1533 年 10 月帝国大使馆发生火灾，烧毁了夏普伊的衣服、家具和贵重物品。这位大使立即写信给他的君主，哀叹道：“这对我是一次糟糕的、难以弥补的打击，我损失惨重！”但他又补充说，自己的邻居克伦威尔“派人来为我个人提供了一些帮助”。夏普伊虽然表达

了“婉拒”之意，但似乎为此感动。[20]

随着克伦威尔在宫廷站稳脚跟，为自己开拓事业和替饱受憎恶的沃尔西辩护这两个明显矛盾的目标渐渐变得一致。卡文迪什回忆道：“克伦威尔大人判断自己独立行事并使夙愿达成的时机已到，意图在这些事务的处理上满足宫廷中人的要求，进而更快实现自己的事业目标……所以这两人利用聪明的头脑共同努力，并用他们的方法让克伦威尔先生有了既可以为他自己效力也可以给我的大人带来益处的职位和身份。”[21]克伦威尔定期入宫，即便从事如此棘手的差事，他也
94 得以在宫廷积累人脉。此外，接管处理沃尔西地产的事务也让他能够展现自己在法律事务上的能力。不过最重要的是，作为沃尔西的首要辩护者，克伦威尔跟国王本人的接触更加频繁。起初，因为没有头衔和背景，他不得不跟已经可以接近亨利的人建立联系。他的选择在预料之中：国王的律师们。克伦威尔跟亨利的司法大臣克里斯托弗·黑尔斯（Christopher Hales）建立了尤为亲密的关系，可能是后者把他引荐给了国王。

具有讽刺意味的是，亨利或许是宫廷上唯一对失宠的枢机主教还有感情的人。1529 年 12 月底，拉尔夫·萨德勒向他的主人汇报“大人（沃尔西）的阻挠者和敌人先他的朋友一步面见了国王”，但又说他“相信他们的目标不会达成”。[22]萨德勒的信心是合理的。亨利愿意听克伦威尔代他的主人请愿。这些早期的交流让克伦威尔有机会利用他的不俗魅力来争取国王青睐，同时也证明他在商业事务上的能力。他的举动产生了很大的反响。沃尔西失势后不到一个月，克

伦威尔的一个朋友就告诉他，说自己听到“令人欣慰的消息，国王、上议院、宗教和世俗群体都很喜欢你”。[23]

虽然沃尔西的敌人在他离开后迅速掌握了宫廷和枢密院的主动权，但是还有亨利本人也很想填补的一处非正式的空缺无人接替。自1509年亨利即位以来，枢机主教就是他的主要依靠。他将国王从烦琐的政务中解放出来，证明自己在从外交活动、对外政策到司法、税收和教会的各项事务上都责无旁贷。他是亨利政府中第一个真正的全才，现在国王需要另一个。而克伦威尔——或许在他旧主的指点之下——也需要尽快证明自己有能力接替这一职缺。他跟沃尔西有很多相似之处，这是一个重要的优势。国王不可能没注意到克伦威尔同样也出身卑微，也是靠着自己的极佳本领和刻苦努力 95
为人所知，并证明了自己擅长各种事务。用现在的话说，他是一个面面俱到的经理人：他的确不喜欢把工作委予旁人。这或许是出于高傲的自信，认为自己一个人就能有效地处理各项事务，也可能是他本性如此，对他人的动机持有怀疑（这经常是合理的）。

国王也注意到他们两人性格相似。克伦威尔同样异常精明、有敏锐的观察力——或许更甚于他的师父——此外，他们都集令人难以抵挡的魅力、幽默和不恭于一身，这让亨利受制于枢机主教多年。他或许没有享受正规教育所带来的益处，但是他学会了和出身高贵的同僚们一样用清晰、有说服力的方式写信、交谈——以至于后来他作为伟大的雄辩家闻名于整个宫廷。虽然他曾宣称“无论如何他都不会说谎或者假装”，但他已经是交际和欺骗的行家，擅长两面三刀。[24]

简单来说，克伦威尔是一个理想的廷臣。让他更有资格的是，他很快跟上了宫廷狩猎和驯鹰的风尚，他知道想要定期接近国王，这两项技能是必需的。他还可以用长弓射箭。这类消遣的一个附带好处是能让他跟宫廷的其他成员一起处理非正式的事务。夏普伊在信中多次提到克伦威尔邀请他去狩猎，并且要为此给他一匹好马——大使一贯对这种馈赠表示拒绝。他还报告说，克伦威尔在家里饲养鹰，并且喜欢在用过晚餐后看他们在暮色中飞翔。

不过克伦威尔知道，即使他希望如此，但通过扮演延臣的角色无法抹掉他卑微的出身。相反，他将卑微的出身转化为又一优势。尽管他可以像圆滑的廷臣一样不留痕迹地阿谀奉承，但他还是选择坦白直率、不加修饰地讲话。“我知道你是如此希望人们能对你开诚布公、直白地讲话。”帝国大
96 使告诉他。[25]并且，克伦威尔让人留意他的背景是为了让亨利相信，他自认为自己不配面见这样一位伟大的君王。一如既往对奉承没有抵抗力的亨利很快对这一套路产生了好感。“极为谦卑地俯伏在您威严的脚前，乞求陛下您原谅我这样大胆地写信给您，”克伦威尔在一封信中这样结尾，“是为了表达我真正的职责和忠心，以及我对陛下您和您的王国的热爱，上帝知道，我时常向他祈求您高高在上的、至尊的、威严的国度繁荣昌盛、直到永远。”[26]但是国王并不希望身边的人只会溜须拍马：他需要一个敢于挑战他、跟他说实话，但又听从他命令的顾问。托马斯·克伦威尔正是填补沃尔西留下的空缺的完美人选。

两个人都有如此卑微的出身并非偶然。沃尔西的崛起是

前所未有的，要不是他的仕途一结束国王就找了另一个出身卑微的人取代他，他的崛起仍是一件反常的事。这就引出了一个问题：亨利选择他们是否恰恰看中了他们的背景呢？是不是他们的出身给了他们其他贵族同僚没有的重要本领？当然，他们都是本领高超、自学成才的人，有着各种在服侍国王的时候极其有用的实践经历。他们还都非常勤奋，有承担繁重差事的强大能力——这是大多数贵族廷臣都没有的，他们的地位与生俱来，而非从艰苦奋斗中获得。立志以服侍国王为业需要相当大的远见和野心：这是大多数普通民众看似完全触不可及的梦想。在宫廷有了立足之地后，两个人都被同样的野心激励着；这让他们有力量和动力继续争取更大的发展，也让他们有了洋洋自得的对手所没有的优势。

但是克伦威尔必须让人看到，他并不只是枢机主教的复 97
制品：毕竟无论后者如何得蒙亨利宠爱，他最后没能完成很多重要的任务，没能促成国王和凯瑟琳的离婚只是其中一项。如果克伦威尔要在他主人失败的地方获得成功，帮助亨利实现这个目标就是关键。克伦威尔在法律事务上取得累累硕果的能力已经在宫廷中得到认可，亨利也很快意识到这种能力可以有效地运用到自己的“大事”上。据说在两人早期的一次会面中，克伦威尔悄悄对君主讲述了一个将在16世纪30年代引发一系列教会和政府机构变革的计划，于是亨利立刻命令他将其付诸实施。不过，现实可能并非如此。虽然国王无疑看到了克伦威尔的潜力，但是自沃尔西当初掌权以来，他选择首席顾问的条件改变了很多。当年的亨利是一个寻欢作乐的年轻人，乐于将政府事务交给沃尔西，这样他就可以专注于更有趣的消遣活动。这样的安排在近 20 年的时间里是有效的，但是沃尔西在促成离婚一事上的挫折迫使这位君主更加积极地执政——他过去并不介意放手。他现在需要的是能够执行自己命令的人，而不是让他们自行决断。

当时的人可能不可避免地会对克伦威尔和沃尔西进行比较，并猜测前者是不是会在旧主失败的地方成功。当不少（贵族出身的）廷臣轻蔑地议论着又一位出身卑微的侍从的崛起时，夏普伊大使则利用比较来抬高克伦威尔。他告诉查理五世："在跟他几句随意的交谈之后，我认为最好让他站在我们这边，用感叹他没能在枢机主教得宠时得到君主赏识和厚爱的说辞奉承他，因为他比枢机主教更有能力和天赋，
98 现在有这么多机会可供人成名得势，他一定可以成为一个比枢机主教更伟大的人，同时国王的事务也会得到更好的处理。"夏普伊总结道："我认为英格兰国王、他的君主在眼下的多事之秋能拥有像他这样的人，可谓十分幸运。"[27]克伦威尔自己也迫切希望能从他的前任身上吸取经验教训，并将其超越，因为他也想摆脱人们对这两个服侍国王的平民喋喋不休的比较。

虽然克伦威尔作为律师的名声已令人印象深刻，但亨利还是不大可能把离婚这样重大的任务交给一个至少在他看来未经考验的人。因此他让克伦威尔处理一桩非常复杂的法律案件，以检验他被大肆夸赞的能力。虽然沃尔西在退任时将他所有的资产和财物都上缴给了国王，但是他筹建的学院的法定地位还很复杂。尽管因为收入和财产被没收，这些学院在经济上越来越拮据，但在枢机主教失势后，它们仍然继续

运转了将近一年。不过，尽管国王可以轻易没收他们的贵重物品，但是地产就另说了，因为学院的建筑是由克伦威尔协助监管解散的约 30 座修道院赞助修建的。相应地，这次解散行动之所以有可能实现，是因为得到了教宗的批准，并规定收入必须用于资助教育设施。亨利本人认可这一点，并承诺保护这些学院的合法性不受质疑。因此他不愿公开食言，把这些土地用于世俗目的。但是他的律师们找到一个漏洞让他可以这么做，他最终也同意付诸行动。约从 1530 年 6 月开始，他委任专员开展调查，并监督修将道院地产移交给王室的过程。因为克伦威尔负责最初的财产转让，所以选他监督此事顺理成章。

克伦威尔正式开始为国王效力的日期尚不确定。此事首见于沃尔西 1530 年 8 月写给他的一封信，信中他提到克伦 99
威尔有“接近国王本人的机会”。[28]但是其他通信表明，即便没有正式服侍，他至少也在几个月前就得蒙国王喜爱。1530 年 2 月 3 日，他的旧友、一直担心沃尔西失势之后克伦威尔的名声会受影响的斯蒂芬·沃恩写信恭喜他赢得了亨利的青睐，对他说：“你现在是在一个安全的港湾里航行。”不过，他也忍不住提醒他：“天气平静的表象会让人放心驶入危险海域，不再担心突然被暴风雨压制，但他们不经意间就会遭遇险阻、身处极大的危险之中。”[29]

沃恩还让我们罕见地瞥见了他这位朋友的私人生活，因为他让克伦威尔代问后者的母亲安好。如果他指的是凯瑟琳·克伦威尔，那么这是自托马斯童年以来她唯一一次在当时文献中被提及，常见的假设是青年克伦威尔在离开帕特尼去欧洲大陆的时候跟父母断了联系。他的父亲沃尔特大概在克伦威尔还在游历的时候就去世了，虽然他的母亲比父亲活得久且再嫁过，但此时按照当时的标准，她应该也是一位非常年老的妇人了。事实上，凯瑟琳有可能在1530年就已经去世了，沃恩指的是克伦威尔的岳母默西·普赖尔。沃恩非常喜欢她，称呼她是“除了你之外我最好的朋友”。[30]

沃恩不是当时唯一一个记录克伦威尔快速得宠的人。早在1530年5月，玛丽公主请他调节她跟父王的关系时对他说：“我听别人说所有人都会先找你打探我父王的心情。”[31]接下来一个月，约翰·罗素爵士告诉克伦威尔，在他帮助宫务大臣桑迪斯男爵威廉（William Lord Sandys）成为法纳姆城堡——枢机主教上缴的房产之一——的主人之后，亨利很喜爱他。“在你退下之后，国王给了你很高的评价，”他写道，“下次见面时我会告诉你。”[32]

100 在极短的时间内，克伦威尔显然已经获得了三样在宫廷发展的必需品：国王的钟爱、宫廷重臣的支持，以及证明自己拥有服侍王室的能力。

第五章
“人事的弱点”

这一时期克伦威尔所在的宫廷是世界上最耀眼的宫廷之 101
一。据一位心怀艳羡的外国访问者所说，亨利的宫廷是英格兰历史上最“宏伟、非凡、华丽的”。它的主要功能是供君王居住，但到16世纪早期它已成为国家的政治和文化中心，政府机构所在地，以及学者、艺术家和该时代一些最伟大思想家的聚集地。作为时尚和优雅的典范，它决定了整个国家服饰、艺术和建筑的潮流。

亨利八世拥有的宫殿数量冠绝历代英格兰君王。其中最主要的是坐落在泰晤士河岸边的奢华宫邸群：从庞大的怀特霍尔宫到宏伟的伦敦塔，再到辉煌的汉普顿宫，他的宫邸令举世羡慕。这些宫殿以最精致的挂毯、色彩艳丽的丝绸和天鹅绒装饰，有金银图版、精美的雕塑和绘画点缀，即便在阅历丰富的廷臣看来也是令人惊叹不已的。家具上镀有大量金属，挂毯都穿织着大量的金丝线，所有的东西都涂着明亮的色彩，以现在的品味来看可谓艳俗。就连地板都涂上了鲜艳的色彩，或是铺上了色彩艳丽的地毯。尽管大多数室内装饰如今都已不存，但假如站在汉普顿宫巨大的大厅里，抬头凝视那些留存至今的悬臂梁屋顶上令人惊叹的工艺，以及为提醒众人宫廷内隔墙有耳而设的、俯瞰着廷臣们的小型人头像“窃听者”（eavesdroppers）的时候，还是可以感受到一些敬畏和惊奇。

102 亨利一年中的大多数时间都在伦敦度过，在他伦敦的宫殿里住的人是最多的。每天挤在议事厅里的廷臣没有数千也有数百，为他们提供食宿等必要服务的工作如军事行动般忙碌。在夏季或伦敦城受时疫威胁的时候，国王和少数受宠的廷臣会去伦敦以外的宫殿或者显赫的贵族和枢密大臣的府邸“巡游”。他们会在一地待到正好耗尽主人所拥有的物资为止，然后带着庞大而冗杂的车马与侍从队伍搬到下一个住处。这支队伍就是一个流动的宫廷，国王和随从平均一年要搬迁 30 次——不过随着国王的身体不再矫健，搬迁的次数也少了一些。

皇家宫殿是按照大致固定的规划建设的，这反映了都铎王朝的王室成员比生活极其公开的中世纪君王更渴望隐私。因此，诸如大厅之类的公共空间抑或“公务”空间和私人起居套房之间的划分越来越明确。亨利和妻子的住处彼此分开，沿着一条正式的、列队仪式时用的路线分布，越往里走就越隐蔽、越私密。外围的房间有守卫室和接见厅。接着是寝宫——国王的内室，他在这里用餐、跟客人交谈、处理公务，或者休息。再往里是一个人的或者说“私密”的住处，其中有国王的主卧室和小卧室，还有一间密室（可以是个人祈祷室也可以是书房）和马桶。

因为只有最受宠的廷臣才可以进入寝宫，所以它具有相当大的政治重要性，只有枢密院可与之相比。后者通常由19名左右的成员组成，几乎每天都要聚集讨论并决定所有政务。亨利在位的时候寝宫的内侍人数有所增加，他们不可避免地要持续工作。随着亨利的统治延续，这些寝宫内侍的 103
个人权力抑或非正式权力——他们可以在国王的“休息”时间向他请愿、影响他的决策——跟枢密院大臣掌握的正式权力抑或“官方权力”之间的矛盾越来越明显。聪明的廷臣会确保自己在两处都有涉足。

不过，宫邸仆人和枢密院大臣之间激烈的权力斗争只是故事的一部分。随着亨利在位时间的增长，宫廷因派别斗争日益分裂。这些派系在不同的时期，由有影响力的廷臣和枢密院大臣根据不同的问题结成，其成因涵盖了对外政策乃至国王的婚姻问题。他们的权力之争主导着亨利宫廷正式和非正式的生活。弗朗西斯·布赖恩爵士（Francis Bryan）说那里有着“过剩”的“恶意和不快”是有充分理由的。政治联盟的聚散之快令人不知所措，如果某个派别看上去要失去国王的青睐了，它的成员就会叛离，没有什么忠诚或原则可言。诺言不能当真，没有人值得完全信任——不管他们看起来多么真诚。很多人批评这种生活方式。莱尔夫人（Lady Lisle）的代理人约翰·休斯（John Husee）也认同布赖恩的观点，他提醒道：“每个人都应该当心宫廷里的阿谀奉承。”同时，亨利后来的王后简·西摩尔把宫廷描述为一个“充满骄傲、嫉妒、愤慨、嘲弄、轻蔑和讥笑”的地方。[1]

亨利八世喜欢被跟他志趣相投的廷臣所簇拥。诸如萨福克公爵查尔斯·布兰登（Charles Brandon）、安东尼·布朗爵士

（Anthony Browne）和威廉·康普顿（William Compton）都经常陪伴在他身边。他们不仅与他兴趣相投，体格也跟他相仿：高大、仪表堂堂。据说国王有意挑选跟自己相似的人。从荷尔拜因的肖像画来看，克伦威尔——至少在体格上——跟他的君主并非毫无相似之处。克伦威尔开始辅佐他的时候，亨利已经没有了青年时对运动的热情，腰围也长了不少。克伦威尔的体格也可以称得上肥胖。跟他的君主不同，
104 没有证据表明克伦威尔有很好的运动技能，虽然在青年时期他的身体足够强健可以从军。不论怎样，两人现在都安于中年的舒适，有着与年龄相称的腰身。

要不是在宫廷服侍的回报至少与风险大抵相当——甚至比风险大的话，有这么多人热衷于在这种诡谲多变的地方度过一生就令人费解了。虽然亨利对宫廷和政府的掌控绝没有他的父亲那么紧，但他依然是权力和晋升的主要来源。因此对任何一个有野心的廷臣来说，能够近距离、经常接近国王是一个关键的前提——克伦威尔非常清楚这一点。他曾向夏普伊坦言："直到现在他才知道人事的弱点，特别是宫廷的人事，他亲眼见证了几个可以称得上是身边的例子，他总说如果命运像待他的前辈一样待他，他会以耐心为装备，把剩下的交给上帝——这是非常正确的，正如我之前说过，他要依靠上帝的帮助才不致遭逢厄运。"[2]奉行这种哲学是明智的，但是后来克伦威尔的乐观遭受了最大限度的考验。

到1530年年初，克伦威尔显然已经成为宫廷中的后起之秀。他不仅用最初几个月来稳固自己的位置，还坚持不懈地修复沃尔西与国王的关系以避免前者被控告叛国。失宠的

枢机主教的感激之情横溢，用各种方式称呼他的前门徒是“我唯一的安慰”“我唯一的救兵”“我忠诚的托马斯”“我唯一的避难所和帮手”。[3]不过，尽管充满感激，但枢机主教对他这位门徒的期待有些不切实际。他拒绝承认自己辉煌的日子已经结束，一直试图再得国王宠爱，称克伦威尔是他达成这个目标的唯一途径。“敬畏上帝的你不要现在离弃我，因为如果你离弃我，我将无法继续生活在这令人痛苦的世界上，”他在一封信中这样呼求，“你不会相信这让我改变了多少，因为我没有从你那里收到关于我的事情的进展和行动。”[4]

尽管说了这些好话，但沃尔西是所有乞求克伦威尔帮助 105
的人当中要求最高的。虽然他声称不在意“这个世界的好与坏”，只想“有适当的收入可以供养自己的家，恩待自己可怜的用人和亲戚”，但他显然不能适应经济窘迫的境遇，坚持说他生活一年最少需要 4000 英镑——这是一个令人吃惊的数目，相当于今天的 130 万英镑。他甚至要克伦威尔给他送来一些鹌鹑做晚餐。以没有人愿意给枢机主教送鹌鹑为借口，克伦威尔相当恼火地拒绝了他。一份约在这个时期制作的沃尔西物品的存目揭示了他过去 10 年异常奢靡的生活。存目收录了很多挂毯和天鹅绒幔帐、27 个羽毛铺盖、157 床羊毛床垫、88 个羽绒枕头、绣花丝绸床单、“金线绸”垫套、威尼斯地毯、水晶杯和金杯、镀金杯盘，还有很多其他财宝和装饰品。

克伦威尔在看到前侍主这些越来越坚决、不切实际的来信时的愤怒可想而知。沃尔西把他置于一个在任何能力或说服力略差的人看来都难以忍受的境地。但是克伦威尔在欧洲大陆游历多年和辅佐沃尔西期间学会了交际的艺术，他已经能够很好地判断国王的性格和情绪。这一点在1530年2月12日他求得亨利对沃尔西的赦免时得到证明。[5]之后不久，他的前侍主恢复约克大主教的职位，重获除了约克坊以外的其他资产。这是一个非常了不起的成就。在略长于四个月的时间里，克伦威尔将沃尔西由一位行将面临叛国指控的失宠大臣再一次转变成英格兰最重要的高级神职人员之一。他是在没有职权、缺乏人脉的基础上，在为枢机主教的政敌所充斥的宫廷中取得了这样的成就。现在，沃尔西和克伦威尔本人都得到了国王青睐。

但沃尔西仍不满足。一个稍微不那么有野心的人可能会
106 满足于仅得赦免，这样即使不能飞黄腾达，也可以安稳度过余生。但是枢机主教太习惯于富足和奢靡，他给克伦威尔寄送了多封语带恼意的信件，督促其保护自己的财产。他特别想保留温彻斯特教区和圣奥尔本斯修道院——或者，如果国王想从他这里收走这两处圣职名下的财产，他希望克伦威尔能够为他谋得一笔抚恤金。“上帝做证，在我上交的时候，我没有想过并且也得到保证不会失去我的任何一个职位；尽管法律严苛，但我被指控任一罪行都不应受如此惩罚；因而，抱着对国王之仁慈的信赖，我提出了这个请求。我希望国王陛下也能给予相应的考量。我听到很多好听的话，但很少看到令人欣慰的行为。”[6]尽管他口头忏悔，但枢机主教满是自以为是的愤慨，他督促克伦威尔对国王晓之以理。“至于加诸我身上的罪状，一大部分是不真实的，其中真实的那

些也不足以用来控告我曾对国王本人或王国怀有恶意，或蓄意蒙骗。”从沃尔西建议克伦威尔用在国王身上的策略可以一窥他本人跟亨利的关系，因为他力劝克伦威尔把对国王的顺从放一边，“要大胆行事”。[7]

这种策略在沃尔西权力位于巅峰的时候或许有效，但是克伦威尔与国王还不够亲近，因此他选择了一个更加圆滑得体的方式。他对沃尔西说：“我已就财政部门（Exchequer）对您的控诉和其他针对您的控告为您请求了赦免，这已在国王的各法院得到批准；针对您行为的控诉也因此取消了。”但沃尔西仍旧不满意。虽然他被赦免了，但约克的地产并没有被立即还给他，他敦促克伦威尔查一下发生了什么。他的这位前门徒请他耐心等待，因为结案要走必要的法律程序， 107
而这要花一定时间。“这会让您非常不快，但是最好忍受。这是因为，倘若您不能收回这些资产，那么即便在得到赦免之后，您也无法安坐主教之位，而由于国王在法庭备案之前为您提供了赦免。所以这一赦免目前仍未生效。只有等到您的职务正式恢复之后，赦免令才会名副其实地完全生效”[8]

诺福克公爵因枢机主教逃脱了更多报复而被激怒。当约翰·罗素爵士以为沃尔西现在有望返回宫廷的时候，这位公爵“开始大声宣告自己宁可生吞了他也不愿就此罢休”。在这件事上，他要把枢机主教赶得远离宫廷才罢休。3 月初，他通过克伦威尔命令枢机主教出发去约克。因不愿离宫廷那么远，沃尔西延迟启程。但到 1530 年 4 月，他再无借口拖延，不得不开始向北的漫长旅途。他缓慢而（根据某些说法）庄严地向北进发，途中几次在各个居所停留。虽然以贫穷为借口，但是他以“奢华得让一些人以为他像过去一样大胆的方式”出行。在到达约克的时候，他告诉亨利“让我极为忧伤的是，没有任何可以供我和我可怜的手下们使用的家具用品……我既没有谷物也没有家畜，或者其他用于维持主教府运转的必需品，也不知道该向哪里借得这些物资”。因此，他总结到，自己正“陷于困苦之中，各方面都缺乏；除了最仁慈、慷慨的国王陛下以外，不知道还可以从哪里得到援助和解救”。[9]

克伦威尔耐心渐失。沃尔西此前一直抱怨他不来伊舍拜访自己，现在又扮成了一个完全被忽视的人。尽管枢机主教的反应趋于夸张，但他对克伦威尔不再关心他的指控并非全然无稽。毫无疑问，克伦威尔仍在为沃尔西的利益而努力，但他慢慢开始建议枢机主教向枢密院的其他成员请求援助。[10]他还开始仅传达国王和其他人的话，而不是用未来情况会好转的保证让信件更乐观轻松。在一封信中，他甚至传
108 达了诺福克公爵的口信：“你要满足于现状，不要经常打扰国王……因为他认为这不合时宜。”克伦威尔也提醒枢机主教，亨利已经“告诉我他注意到自您与诺福克大人结怨以来，您在他和其他贵族面前对诺福克大人素有微词，这些言语听起来像是在挑拨他和诺福克大人”。他继续说道，尽管沃尔西仍在一些领域受到尊重，但他的敌人“要把他彻底搞垮”，并提醒道：“大人，有一些人提出大人您的房子太大、家仆太多，而且您一直都在建造。因此，看在上帝的分上，请克制一下以示尊重。”[11]这足够让大多数人胆战、保持低调了，但是沃尔西仍固执地企图重获他认为当属他的资产

和财富。

虽然克伦威尔继续为枢机主教效劳，但是他们的关系逐渐紧张起来。克伦威尔对他前侍主的忠诚让他无论在名誉还是钱财上都受损很多，而他不是一个会轻易放过他人借债的人。1530 年 7 月，他告诉枢机主教继续为其辩护“花费太多”，自己已无力再承担。他说：“我的财富比您刚陷入困境时减少了 1000 英镑。”这促使沃尔西给他的这位前门徒一些补偿，但这是由克伦威尔的秘书拉尔夫·萨德勒而非克伦威尔本人出面接受的。这很难说是一种有礼貌的回应。萨德勒告诉沃尔西，他的主人“已经接受了他的好意，但是这跟他期望的补偿有差距”。[12]

9 月 29 日迷迦勒节当天，沃尔西搬到了约克以南几英里外的卡伍德城堡（Cawood Castle）居住。之后不久，他获悉国王开始占有他的学院以及圣奥尔本斯和温彻斯特的地产。因为这时枢机主教以蔑视王权罪被指控，只要沃尔西还活着，亨利对这些学院收入的转让都是合理的。这时克伦威尔看到了他的优势——或者像卡文迪什所说的那样，“察觉到一个碰巧可以为己谋利的机遇”。只有一位具备他那样出色本领的律师能够在冗长复杂的程序中找到出路，其中一道程序是确保这些转让可以长期有效。这些转让的获得者们因 109
此不得不寻求克伦威尔的帮助——并给予丰厚的报酬。“他们都是来获得我家大人对土地转让的确认的，”卡文迪什说，“继而在温彻斯特和圣奥尔本斯获得土地转让的每个人，无论是贵族还是富绅，都开始请克伦威尔代理他们的案子，从我家大人那里得到他的确认，他们为他在其中的付出给予丰厚的回报，并且每个人都向他保证始终乐意用他们不大的权势为他效劳。”

克伦威尔充分利用了这次机遇，在经济和政治上都有收获。“现在凡事都开始以与他的职位晋升相对应的方式增加克伦威尔大人的名望”，卡文迪什说。以前请求沃尔西介入的所有人“现在为各种各样的目的诚心诚意地拜访克伦威尔大人，他从不拒绝，承诺会在相应的案子上竭尽全力，他有很好的接近国王的机会，可以处理各种各样他负责和管理的事务；通过这种途径、靠着机智的言行，他越来越得国王宠爱”。据卡文迪什所言，克伦威尔充分利用了这次机遇：通过解决棘手的法律难题使每个人获益（可能除了他的前侍主以外），他让自己一跃成为宫廷中极受尊崇、极有影响力的人。“因此他的名气和友好态度在众人中传响。他诚实而贤明的名声传到国王耳中……以至于国王也认为，他拥有与名声相符的智慧……他在这个过程中跟国王的对话使国王越发相信他是一个非常有智慧的人、一个适合辅佐他的人，正如后来的实际情况一样。”[13]

沃尔西听闻他挚爱的地产被夺取后非常悲痛。克伦威尔本人记录道：“枢机主教因他的学院被解散并拆除一事而深受打击。”起初，沃尔西的悲伤还较轻，将他的“可怜的房
110 产和学院”托付给“你和其他好朋友，帮助、救济他们”。但当看到自己毕生的心血被拆除时，枢机主教在悲痛面前丧失了平常的冷静，他“谦恭地跪着流泪”恳请国王至少放过牛津学院。他也给克伦威尔送了相似的信息，哀痛地说他“因悲伤流泪以致下不了笔”。他继续感谢他的这位门徒付

出的“所有努力”，承诺在他有能力的时候“报答他”。[14]然而，由于回信迟迟不到，沃尔西的悲痛变成了怨恨——大多是针对克伦威尔的。显然沃尔西听闻传言说他的前门徒背叛了他，从他地产的四散中获利。枢机主教跟别人抱怨，惹得克伦威尔愤怒地写了一封信，质问枢机主教是否还信任他。

> 有人告诉我大人您对我有些怀疑，就像我真的对您有所隐瞒，或者做了任何有悖于您利益和名誉的事一样。考虑到我的所有付出，我很惊讶您会这么想，或者私下这么控诉……我真的恳请您，如果您有这样的想法，请让我有机会为自己正名。我认为大人您应该写信直白地告诉我而不是暗中诬告我……不过我对大人你的善意不减……上帝在我们中间做证。大人您确实在一些事情上做过了头，您应该在考虑可以跟哪些人说哪些事情时三思而后行。[15]

克伦威尔精明地判定进攻才是最好的防守。在朋友告知沃尔西克伦威尔在代理他所有案件时的忠诚之后，情绪缓和的沃尔西温顺地向他保证，他已经意识到这些传闻是站不住脚的。“枢机主教努力向克伦威尔表白自己，”有记载显示，“明言没有怀疑他，这点可从他的行动中看出来，因为除克伦威尔以外他没有寻求其他人的帮助或建议……他向他们共同的朋友询问克伦威尔对他如何，令他欣慰的是，他发现克伦威尔很忠诚。”沃尔西信末是饱含热情的请求，他“悲痛 111
流泪”恳请克伦威尔“保持坚定，不要相信任何不真实的使我们之间产生分歧、让我丧失所有援兵的暗示”。沃尔西后来还寄去了更多都是以卑微的语气写的信函。“我最亲爱的克伦威尔”，他在1530年8月一封称赞这位门徒“仁慈心肠”的信函开头如是写道。[16]

克伦威尔给沃尔西回信一封以示安慰，但他在信中虚与委蛇，态度近乎无礼。克伦威尔肯定知道自己给出的保证是完全没有依据的，但他显然急于掩饰自己从这整件让人抱歉的事件中得到的好处。“请大人保持安静，沉着对待关于这些职位的决议，在归还您的资产一事上，会有法院裁决，这不会影响您得到收入，也不会让您另外受任何新的庄园诉讼案的干扰。”他在另一封信的结尾说道：“我恳请大人您知足，好遂陛下之心意。”[17]通过暗示这一切是国王而不是他的所作所为，克伦威尔精明地转移了沃尔西对他仍存的怨恨。

这个插曲不仅显示了沃尔西和克伦威尔关系的裂痕，还表明了二人是何等易受宫廷阴谋的影响。虽然沃尔西远离宫廷并且显然不可能重新获得影响力，但是他跟克伦威尔的联盟在意图完全摧毁他们的对手眼里仍是一个威胁。即使在远离宫廷的伊普斯威奇（Ipswich），一名与克伦威尔通信的联络者也汇报称：“在这些地方关于您跟我的谣言会让您震惊。”[18]在卡伍德显然也是如此，那里也不乏诋毁克伦威尔和他的前侍主的告密者。

沃尔西跟克伦威尔的关系从未完全修复。后来的通信透露了克伦威尔对枢机主教不能接受事实而感到越来越失望，但对个人和政治利益的追求并没有完全冲刷掉他的忠诚。虽然他不能阻止国王占有学院，但他知道这在沃尔西心中有多

重要，所以他尽自己所能帮助那里的居住者。牛津主教学院 112
一位心怀感激的教士约翰·克雷克（John Clerke）在12月21日给克伦威尔送了一副手套，以感谢他善待自己和兄弟。克伦威尔10月21日很有礼貌地向沃尔西建议他雇用他的亲属，一个名为卡伯特（Dr Karbott）的学士，“虽然他外表有些朴素，但如果加以重用会很得力”。他接着为沃尔西的一位年轻侍从尼古拉斯·克福德（Nicholas Gifford）做出了推荐并给这个人的性格以敏锐的评价：“虽然年轻、有些轻率，但他诚实、正直、坚韧，会全心全意爱戴大人您。”[19]

忙于枢机主教府中杂务让克伦威尔误以为枢机主教的个人兴趣仅限于那个范围。但除了处理主教教区的事务以外，有传言称沃尔西又开始干预政事了。据他的对手宣称，沃尔西正在跟罗马皇帝和法国国王协商，意图获得教宗禁令让亨利放弃安妮·博林。至于枢机主教是否真的如此鲁莽行事尚有争议。考虑到他是如此迫切地想重得国王的宠爱，这看起来不大可能。更何况，在一份7月向教宗请愿要求批准国王离婚的教会和世俗要人名单上，沃尔西也名列其中。但是，10月23日，当亨利收到一份禁止他再婚并命令其将安妮·博林从宫廷中驱离的教宗手谕时，嫌疑直指沃尔西。

国王很快采取了行动。11月1日他派国王寝宫的侍从威廉·沃尔什（William Walsh）以叛国罪逮捕枢机主教，并快速将他带到伦敦塔。法国使臣暗示流言起于沃尔西府邸的一员：“国王说他密谋在王国内外反抗他们，并且告诉了我地点和计划，此外他的一个也可能是多个侍从已经发现了他的阴谋并指控了他。”沃尔西遵命出发去伦敦，但他的行

113 程因病受阻，这场病让他差点倒下。勉强坐在骡子上的他在11月26日晚上到达莱斯特修道院，在那里他对修道院院长说的第一句话是："神父，我来这里是要埋葬在你们中间。"第二天早晨，他做了最后的告解，说出了那段有名的忏悔："我看到于我不利的事是如何成形的，但是如果我像侍奉国王一样殷勤侍奉上帝，他不会在我头发花白时放弃我。"[20]不久之后他就死了。

沃尔西的敌人急于确保枢机主教的名誉在死后得不到恢复，于是迅速开始谴责他。除了将国王离婚陷入僵局归咎于他之外，他们还宣称不能指望这样一个出身卑微的人能有什么好下场。法国使臣轻蔑地说道："他一直认为一个出身如此卑微而十分自负又有野心的人总有一天会显出他粗鄙的本性，而大多数把他从低位推至高处的人一般会反对他。"简单地说，一切取决于血统之高贵抑或卑贱。夏普伊在这期间也向他的皇帝汇报："约克枢机主教于圣安德鲁日在离此地约40英里，最后一位理查国王①战败而亡的地方去世。两人被葬在同一所教堂，人们已经开始称那个地方为"篡权者的坟墓"。[21]

克伦威尔在接到他旧主的死讯后一定五味杂陈。沃尔西是他曾经服侍多年的侍主，也是他在宫廷得以崛起的途径，但克伦威尔在为这个男人的逝世感到悲伤的同时，可能也感到了一些宽慰，因为自沃尔西失势以来他的处境一直颇为不利，现在这一切终于结束了。然而，他在国王那里的声望还

① 即理查三世。

有被枢机主教最终无可挽回的失宠所破坏的风险。不过，在1530年最后几周克伦威尔被任命为枢密院一员的时候，这样的担忧很快消除了。

对于克伦威尔被选入枢密院的原因，当时的评论者做出了种种猜测。福克斯称克伦威尔的突然晋升得益于他的一些时机得宜的评论被隶属于亨利国库的一些有影响力的人听到：“正巧克伦威尔所在的地方，有人讨论起国王的资产和财富。当时克伦威尔说，如果国王听我的忠告，我会让他很 114
快成为所有基督教国王中最富裕的。越是听起来合国王利益的话，越早传到国王耳朵里。从那个时候开始，国王就更加了解并看重克伦威尔了。”[22]

帝国大使尤斯塔斯·夏普伊则讲述了一个不同的故事。他说一位名叫约翰·沃洛普爵士（John Wallop）的外交官兼政客，就沃尔西之死对克伦威尔又是侮辱又是威胁。克伦威尔深受其扰，去寻求国王的庇护。在接下来单独面见的时候，他承诺要让亨利成为英格兰历史上最富有的国王。国王对他的这一提议印象深刻，立刻任命克伦威尔为枢密院成员，但在接下来的四个月里国王没有对任何人提及此事。《西班牙编年史》也认为“克伦威尔总是在找可以让国王富裕并强化王权的方法”。[23]

虽然在细节上有所不同，但福克斯和夏普伊一致认为克伦威尔得宠是通过说服君主他可以让后者成为一个富裕的人。这一策略与克伦威尔在掌权者身边天生的近似于鲁莽的自信相称。他在1517年精心安排跟教宗的会面时就展示了这一点。1530年年末，他已经在亨利身边待得足够久、可以判断出亨利对相似的策略会有很好的反应。从此，他所享有的接近亨利的特权不断增长，时常近乎垄断。约翰·福克斯描述他是“国王最私密、最亲近的枢密大臣”。[24]

加入枢密院对克伦威尔在宫廷的生涯来说是重要的一步，这让他得以进入受国王信任的顾问圈。虽然他是那个团体中次要的一员，主要负责法律事务，但他在表达对各种事务的看法时毫不犹豫。《西班牙编年史》记载，在枢密院会议上“他（克伦威尔）……总是第一个发言”。这完全符合
115 克伦威尔的个人风格。夏普伊曾经记录了一个不同寻常的场景，当时克伦威尔“一反常态地保持沉默，沉思了一会儿”。另一次，他打断了一群显贵人士的交谈，说：“够了，我们开始工作吧。”[25]这样一个固执己见、直言不讳并且——最糟糕的是——出身低下、自命不凡的人突然出现，无疑令一些更高贵、地位稳固的人，比如沃勒姆大主教（Archbishop Warham）和沃尔西的旧敌诺福克公爵和萨福克公爵厌烦。尖刻的乔治·卡文迪什用下面的诗来描述克伦威尔在枢密院的突然出现：

> 有高贵的鹰在，一个骑士也无法动弹；
> 虽然一只鸟可以在金笼子里叽叽喳喳，
> 但是鹰依然会鄙视他的出身。[26]

相反，霍林斯赫德称，克伦威尔卑微的出身使得他迅速崛起得势更令人印象深刻：“他很好地显示了英勇美德的好处，让人向着名望和荣誉前行，不单靠着出身和血统这些仅适用

于贵族并被贵族占有的优势，而是靠着所有天赋的赏赐者和给予者——伟大上帝的安排，他无数次抬高最低下的贫穷人使他们与君王共处。”[27]

诺福克在沃尔西失势之后迅速夺权。1530 年 11 月，威尼斯大使就汇报说，国王“在所有谈判中重用他超过任何一个人……各项职责都被移交给他”。[28]虽然一年前他帮助克伦威尔在议会谋得一个议席，但他不是克伦威尔的盟友：事实上，他迅速将对沃尔西的敌意转移到克伦威尔身上。同时，枢机主教的另一个前门徒斯蒂芬·加德纳（Stephen Gardiner）也在大约同一时期成为克伦威尔的死敌。他深以为国王会将对已故枢机主教的宠爱转移到他自己身上，没想到这种宠爱却给了克伦威尔，因而他对这位新任枢密大臣产生了难以平息的、经久不衰的憎恨。虽然他们的通信不失礼数，正如宫廷礼仪规定的那样优美，但是敌意偶尔会暴露出来。在一封信中，克伦威尔责备加德纳：“你的这些信言辞 116
表达不甚友好，我认为与我对你的好意并不相称。”在另一封信中，克伦威尔指责对方“易怒”并且对自己持有“恶意”。[29]

不过——至少此时——这段危险而牢固的对立关系没有阻挡克伦威尔继续得宠。亨利很快发现了克伦威尔的潜力，并且在让其进入枢密院的任命之后很快进一步提拔了他。翌年年初，克伦威尔开始担任从已故枢机主教那里获得的学院地产的接管总负责人和管理者。一年后的 1532 年 1 月 9 日，他的这一职位正式确立。

克伦威尔学习沃尔西的经验，决意要让自己成为国王不可缺少的人。他负责王室地产的出售和接收，监督在伦敦塔和威斯敏斯特的建筑工程，听取诉讼并且决定带到他面前的囚犯和重罪犯的命运，并参与其他各种执法事务。他很快被令人眼花缭乱的求助缠扰，表明时人普遍认可他对国王的影响力。一些在宫廷里颇有地位的人现在收回了他们的傲慢，转而寻求这位铁匠之子的帮助。其中有亨利最亲密的朋友和妹夫萨福克公爵，还有第二代埃塞克斯伯爵亨利·鲍彻（Henry Bourchier）。

尽管在宫廷的职责越来越多，但是克伦威尔在这期间一直维持着自己的私人法律业务——或许是考虑到如果自己的政治生涯化为乌有的话，还有这份生意可以养活他。但是在当时看来，克伦威尔的仕途几乎没有所有都化为乌有的迹象。他的私人事业与政治事业都进展顺利。对他法律援助的请求从四面八方涌来：商业机构、宗教场所和个人都花费相当大的金额购买他的服务。1526 年 8 月一位名叫乔治·莫诺克斯（George Monoux）的市议员向克伦威尔保证，如果他的“大事”能够成功结案，他会支付后者 20 马克（约等于现在的 4500 英镑）。[30]

克伦威尔也继续他的个人借贷业务，这令他获益颇丰。
117 他的一个债务人名叫托马斯·艾伦（Thomas Allen），借了一笔 100 英镑的巨款。当他无力偿还的时候，克伦威尔写信告知他：“因为拖欠债款，你已经欠了国王 1000 马克，我认为你应该充分重视此事，因为国王既不是你可以欺哄也不是你可以嘲弄的人。”[31]这封信证明，不论当时在政府的新职位如何占用了克伦威尔的时间，他依然紧盯着自己的个人生意。他显然还使这两个事业相互配合：如果有一个债务人没能偿还，他就会用国王的怒火威胁他。

1531 年 1 月议会再次召开。[32]虽然议会自克伦威尔 1523 年第一次进入下议院以来只召开了寥寥几次，但他现在的影响力已举足轻重。1531 年 3 月该次议会结束，他带回家不少于 29 项已被录入法案汇编的法案——其中大多数似乎都是由他发起的。到了夏天，远至德比郡也有传闻称“克伦威尔一人确定了议会的某些事务，没有人反对”。[33]国王本人现在也充分意识到克伦威尔的能力，可能也正是在这个时候，他开始就当时最要紧的事积极地寻求克伦威尔的帮助。

克伦威尔参与国王“大事”的第一个迹象是他起草了一些关于此事的法律法规。不过，至少在一段时间之内，没有任何迹象表明他在任何程度上影响了诉讼：他看起来只是作为亨利的代理人和起草者，沉默而勤勉地执行一项既定政策。这所有一切都将改变。

枢机主教波尔提供了一份亨利和克伦威尔之间第一次讨论这件“大事”的谈话记录。在请求国王原谅自己大胆在这样一件他所知甚少的大事上发表观点之后，他说自己对国王的忠诚不允许他在有机会——不管多小——为国王提供帮 118
助的时候保持沉默。克伦威尔继而把未能促成离婚的责任完全推到亨利的顾问身上。他们太看重“平民大众”，而不是“睿智博学”但支持离婚之人的建议。鉴于唯一的阻碍是教宗，那这个难题的答案就简单了：与罗马当局断绝关系，像德意志的路德宗教徒那样。

长达几个世纪以来，教宗和他的宗教会议把持着对教义的决定权和对教会司法事务的最后裁决权，征收教会税并对主教的任命有最终决定权。此前英格兰在天主教会辖下的地位很大程度上是为人所接受的——尽管那些支持国王婚姻无效的人对此日益不满。但现在，波尔声称，克伦威尔让国王明白跟罗马决裂不仅合他心意，而且颇为可行。英格兰就像是一个两头怪兽，他说。如果国王让自己成为教会的首脑，那么教宗这个头颅就必须被砍掉，且他的追随者（包括神职人员）只能听命于亨利。波尔说国王对克伦威尔的计划大感喜悦，命他立即实施。[34]

尽管波尔的记述令人信服，但是没有其他资料可以佐证他的这一记载。宫廷里大多数主要的同时代评述者——尤其是帝国大使夏普伊——把 1530 年到 1533 年之间发生的所有事件看作国王一人所为。不过也许——甚至很可能——克伦威尔在这整个期间都在幕后默默地工作。亨利本人几乎不会承认自己是在一个政坛新人，并且是一个出身卑微的政坛新
119 人的建议下采取这样激烈的举措的，这会严重影响自己的可信度，相比之下让世人以为这些举措源于自己则要好得多。这个时期人们对他权威的尊崇是如此之高，一个政策以他的名义推行要比以一个枢密院新成员的名义推行更能成功得多。克伦威尔的权柄来得如此突然并且又如此稳健，他一定做了一段时间的准备工作，这事实也暗示了在辅佐亨利的前三年克伦威尔的影响力被隐藏了起来。夏普伊不是宫廷中唯一了解这一事实的大使。[35]

仅通过跟国王的一次简短会面，克伦威尔就把抵制教宗权威的想法植入了亨利的脑海，进而使国王开启了一系列剧

烈并会永远改变英格兰政治、宗教图景的事件——虽然这一观点很吸引人，但亨利的这个想法可能是渐渐形成的，并且还要得益于除克伦威尔之外的其他影响。因教宗拒绝批准他的离婚而沮丧的亨利开始更加愿意倾听法律界和学术界很多不同专家的意见，来力证他对英格兰教会的绝对管辖权。不过，克伦威尔的论证更令人信服，并且拿出了一个更加清晰的策略来实现这一目标，这是前所未有的。他为一个即将被无止境辩论和谈判所充斥的困境提供了新的动力。

从 1530 年开始，一群由爱德华·福克斯（Edward Fox）博士引领的学者辛勤工作，在一堆包含《圣经》原文在内的旧文献中寻找可以支撑国王对教会的管辖权这一新观点的正当理由。他们收集的文献，又称《丰文汇编》（*Collectanea satis copiosa*）[①]，被用作论证自盎格鲁－撒克逊时期以来英格兰国王一直享有绝对宗教和世俗主权的依据。他们对文献的解读经不起推敲，但足以助长国王的改革热情。他开始了一场针对教宗权力的改革运动，不惜一切代价直到实现他的终极目的：跟凯瑟琳离婚，与安妮结婚。

意识到英格兰神职人员对离婚计划表现出的不满，亨利决定威胁他们屈服。1531 年 1 月末，亨利签发了针对英格兰全体神职人员的王权侵害罪令状，要求坎特伯雷教士会议以 10 万英镑（约合今天的 320 多万英镑）的津贴换取大赦。当时一些高级神职人员强烈反抗，但是他们不敌国王。亨利增加了五个新的条款，包括要求他们承认他是英格兰教

① 拉丁文原名本意为“充分丰富之文献集”。

120 会至高无上的领袖。随着教会和国王之间的争论愈演愈烈，主要人物很快浮出水面。教会反抗的带领人是最高级别的神职人员：坎特伯雷大主教威廉·沃勒姆（William Warham），连同坚定的保守派约翰·费舍（John Fisher）主教。国王的诉讼则由两人领衔：下议院发言人托马斯·奥德利（Thomas Audley）和托马斯·克伦威尔。

克伦威尔对国王诉讼的主导体现了他高升的程度和速度。在一年多的时间里，他从一个行政职责较次要的议会新成员转变成当时最重要、最有争议、最紧要事件的主要参与者之一：这一事件既具有国内意义又具有国际意义。意识到亨利的威逼策略除了制造僵局之外很难达成更理想的结果，克伦威尔对沃勒姆和他的支持者开始了魅力攻势，向他们保证国王没有为自己增加新的权力。有理由保持怀疑的他们不为所动。克伦威尔继而改变策略，说服教士会议——神职人员的一个代表集会——接受给国王授予一个打折扣的头衔，只在基督律法准许的程度上承认国王的最高领袖地位。他们最终依克伦威尔之言同意了亨利的条款，并在 1531 年 3 月 8 日缴纳了津贴。这只是法律行文上的一个细枝末节，却有着巨大的意义。王权至尊在法律上得到了认可，即使国王对教会的权力依然有些不明确，但也意味着这一权力仍有进一步扩张的空间。克伦威尔一下子促成了推进离婚所需要的短期协议，并且为真正具有革命性的宗教和政治变革打下了基础。时人没有忘记将英格兰历史上这样一个重要的时刻归因于他。一个世纪后，斯特莱普说：“克伦威尔大臣在这一事业留下了浓重的一笔。所有这些提议和方法都出自他的头脑。为此，在他被咒骂、引来很多人憎恨的同时，还有更多从对教会迷信的改革中受益的人高度赞颂他。”[36]

虽然克伦威尔越来越多地忙于蒸蒸日上的宫廷事业，但 121
他仍然密切参与儿子格雷戈里的教育，并且定期与儿子的监护人玛格丽特·弗农通信。切金被一个名叫科普兰（Copland）的人代替，在他的指导下格雷戈里有了长足的进步。在个人教育上曾受克伦威尔资助的尼古拉斯·萨德勒，同样也对格雷戈里的学业带来有益的影响。玛格丽特·弗农在 1531 年向克伦威尔汇报：“您的儿子和老师都身体安好，格雷戈里的学习进展顺利，一日顶之前一周，这都是因为有尼古拉斯·萨德勒，他的资质非常好。科普兰先生每天早上给他们每人上一堂拉丁语课，尼古拉斯能够牢记格雷戈里和他自己的课业内容，并且在给定的时间里帮助格雷戈里温习。老师非常欣慰，每天教他们三次。”在另一封信中，她向克伦威尔保证：“您的儿子安好，他是一个非常好的学生，并且能够理解祈祷文和教义。等您下次来我这里的时候，我相信您会非常喜欢他的。”[37]

玛格丽特对格雷戈里的信仰教育尤其关心。克伦威尔显然曾答应为这一目的派去一位神父，但是当这位神父还没到达的时候，玛格丽特找了一个她认为更能胜任此事的人。她力劝克伦威尔：“请让我尽快知道您的心意，因为我希望您的孩子不至于浪费更多时间。您答应会派来的先生可能主要听从您的命令行事，对孩子不会有很大的好处……您答应让我负责照管这个孩子直到他 12 岁。届时如果他受到不公正的对待，他可以为自己辩解，但现在他还不能，除非有我干预；

如果他有一个轻视我的干预的老师，这会让我非常不安。”[38]玛格丽特于1531年写这封信的时候，当时11岁的格雷戈里似乎已经在剑桥开始大多数科目的学习了。除科普兰先生以外，他的家庭教师还有基督学院的老师亨利·洛克伍德（Henry Lockwood），以及约翰·亨特（John Hunt），他是一位律师，毕业于沃尔西在牛津的学院。后者的专业知识无非是要帮助格雷戈里走他的法律道路。

1531年9月29日圣米迦勒节之前不久，国王发布指
122 令：“在国王即位以来的第23年，由他忠实可靠的顾问大臣托马斯·克伦威尔代他向枢密院宣布命令并且毫不迟延地在圣米迦勒节执行。”[39]这是克伦威尔一举得势的证明：他进入了枢密院的核心集团。仅两个月之后，威尼斯大使就把克伦威尔列入主要枢密大臣名单并位列第七。位置在他之上的是诺福克、萨福克和其他血统最高贵的人士。克伦威尔是唯一的平民，不过他被授予了比很多同僚大得多的职权。这些职权包括监管刑事诉讼、关税和应缴纳的款项，以及就从叛国到下水道等各项事务起草议会立法。同时，因与奥德利密切协作，他接管了国王的法律和议会事务。第二年春天，他已经开始影响下议院的选举了。

克伦威尔此时将他所有注意力转向回报更大也是国王最关心的事务上。如果他能够促成亨利与阿拉贡的凯瑟琳离婚，那么他在宫廷的地位就会无人能及，并且一定不可撼动。

第六章

国王的“大事”

在克伦威尔被选入国王枢密院核心的同一年，阿拉贡的 123
凯瑟琳被赶出宫廷。她处于不堪忍受的地位已经很久了，但是她决不会自愿离开。她坚决相信她的婚姻是不可废除的，并用毫不动摇的忠心和忠诚回应她丈夫的冷淡，以令人恼火的坚定抵挡企图废除这段婚姻的越来越大的压力。在逐渐看清她不会满足自己的要求之后，亨利对她的冷淡变成了残酷，他开始试图威逼她屈服。

他的情妇也同样折磨人。安妮·博林跟国王的感情持续得越久，她在宫廷的影响力就越大。一个外国来的宫廷访客记下了一些令人惊讶的事情：“现在与他（国王）同住的是一个出身高贵的年轻女人，虽然很多人说她性格不好，但是她的意志对他来说就是法律。”[1]安妮总是在国王身边：她与他一同吃饭、一同祈祷、一同打猎、一起跳舞。她唯一拒绝的就是跟他同睡。她的骄傲和不驯随着地位的上升而增加。她甚至开始侮辱王后，尽管她依然在后者的宫内服侍。有人听到安妮曾说她希望所有西班牙人沉入海底。在另一个场合，她告诉与她一起服侍王后的侍女“她才不管王后会怎样，宁愿看王后被绞死甚于将其视为情妇”。[2]

安妮如此嫉妒国王和王后之间任何感情的迹象，以至于别人会以为她才是被冷落的妻子，而凯瑟琳是被珍爱的情
124 妇。随着恼人的离婚问题谈判越拖越久，她的行为变得越来越古怪，稍被激怒就会发火。当她发现凯瑟琳还在修补丈夫的衬衫时，她立马嫉妒得发狂。亨利的求爱受挫加上安妮越来越多的发作，往往会有爆炸性的效果。意识到时不我待，自己早就应与国王成婚圆房的安妮一度威胁与国王一刀两断。仍然鬼迷心窍的亨利保证他会迅速安排以便他们可以结婚，这才消除了她的威胁。但是他的情妇在宫廷中与一些非常危险的人为敌。她还疏远了大批民众，他们非常同情凯瑟琳，嘲笑安妮是“大淫妇”。

凯瑟琳的女儿玛丽在母亲被赶出宫廷的时候已经15岁了，她也是被同情的对象。据威尼斯大使说，在亨利被安妮·博林迷住之前，她是他挚爱的独女，“被她的父王宠爱着”。[3]亨利骄傲地向外国大使炫耀自己的女儿，他们都称赞她美丽又有智慧。她的红色长发是“所有人中最漂亮的”，另一个人称赞她纤弱而“匀称”的身材，还有“漂亮的脸蛋……美好的肤色”。一位威尼斯权贵加斯帕罗·史宾尼利（Gasparo Spinelli）讲述了年轻的公主是怎样与法国大使共舞的：“他觉得她很漂亮，她不同寻常的极好的天资禀赋令人称赞。”[4]

当玛丽第一次知道自己的父亲对安妮·博林的迷恋时，她并没有立即产生忧虑；之前他也有情妇，毫无疑问以后也会有更多。但她的盟友夏普伊警告她，安妮“掌控一切，

是一个国王无法把控的女人”。[5]尽管如此，玛丽仍固执地相信她母亲的地位是不可撼动的，因此后来发生的事件对她造成了极大的打击。

当 1531 年凯瑟琳被迫离开宫廷时，她曾用的寝宫被赐给了那个替代她的女人，这是对这位身陷绝境的王后有预谋的侮辱。安妮现在就是实质上的王后，只差一个头衔。玛丽 125
对母亲的忠心不变，希望能跟她同处，但是国王残忍地将她们分开了。虽然她小心地公开表示对父王不变的爱，但她毫不掩饰自己对这位“情妇”的恨意。不过安妮决心要抹杀国王对玛丽的感情，正如她驱逐了凯瑟琳那样。她试图影响国王对玛丽的看法，并且几乎不遮掩对后者的轻视。“有传闻说安妮大放厥词要让公主做她侍女的女仆……或者把她嫁给某个男侍，”夏普伊报告说，“但这只是为了让她忍辱含垢。”[6]

看着父母的婚姻被废除，同时母亲遭受无比残酷的侮辱，被迫在遥远且不舒适的多个居所之间辗转生活，这样的精神代价给这个年轻女孩的健康带来了毁灭性的影响。玛丽频繁犯恶心，一度连续三周不能咽下饭，这让她的侍从非常惊慌。1531 年春天，在又一次从肠胃不适中恢复时，她写信给父亲，说没什么比去格林尼治拜见父王更能加速自己身体恢复的了。她的请求被断然拒绝了，夏普伊认为这是“为了满足那位女士（安妮），她恨玛丽就像恨她母亲一样，乃至更甚，这主要是因为她看到国王对玛丽还有一些感情”。[7]

在试图去除凯瑟琳和安妮在宫廷的影响力的同时，安妮还支持王权的至尊性，她意识到这是离婚的关键所在。直到此时，除了在推进沃尔西的案子时跟她有来往之外，克伦威尔一直跟安妮保持了一定距离，可能是等着看形势会转向哪边。安妮·博林对枢机主教的憎恨，以及她在其失势上扮演的重要角色让她成为克伦威尔的天敌。不过，安妮是一个可与克伦威尔比肩的实用主义者，不会为了原则牺牲个人利益。此外，他们对国王“大事”解决方案的看法高度一致。认识到克伦威尔在法律事务上的强大才能以及他在宫廷中作
126 为“问题解决者”的本领，她开始寻求他的帮助。1533 年，她开始称克伦威尔是“她的人”。

克伦威尔在宗教改革上看起来与安妮利益一致，这对他来说是一个（如果不是刻意而为的话）机缘巧合带来的好处。另外，安妮是克伦威尔主要对手的外甥女这一事实并没有阻止他们继续靠近。事实上，据夏普伊说，这反而在他们的利害关系之间成了一个积极因素。“我从一个可靠的线人那里听说，安妮小姐正昼夜致力于让诺福克公爵在国王那里失宠，”他报告说，“至于是因为他关于她的言辞太过随意，还是因为克伦威尔希望从他着手打倒英格兰的贵族，我说不准。”[8]认为克伦威尔谋求摧毁英格兰的贵族更多是大使对这个出身低微的冒险者的偏见，而不是事实。克伦威尔顶多可能认识到诺福克和他的外甥女之间没有感情，因此他可以通过跟后者结盟获利。但对克伦威尔来说，跟安妮结盟从来都只是一个达到目标的手段。这个时候他几乎肯定已决心解决国王“大事”这个难题，而这只是偶然跟安妮的心愿一致：克伦威尔的动机首先是辅佐他的君王，其次是他自己。

当时的文献没有揭露二人这个时候联合的程度。可能安妮认可克伦威尔的潜力，他们一起制订了实现他们共同目标的计划。但是克伦威尔继续替国王办事，也只听国王的指示。

1532 年 1 月 15 日，第三届所谓的“改革议会”(Reformation Parliament) 开始了。这次议会最初被定在前一年 10 月，但因为亨利的大臣们对如何推动改革犹豫不决而被推迟。同样的犹豫体现在这届议会的立法上。克伦威尔和
他的团队起草了一份法案，提议赋予教士会议裁决王室婚姻 127
无效的权力，而另一法案谋求取消它的独立司法权。与此同时，安妮的舅舅诺福克公爵试图给有影响力的贵族施压，让他们支持婚姻无效应由议会裁决而不需要教宗批准这一提议。两方的努力都失败了。最终达成的只有一份起间接作用的《限制首岁教捐法案》，这一法案旨在通过终止高级神职人员将圣俸第一年的收入交给罗马（首年收入奉献）来对教宗施压。克伦威尔可能起草了这个法案，但是他怀疑该法案成功的可能性，向加德纳坦言“我确实不知道它能达成怎样的目的或功效”。[9]但他的悲观预期并未落实。事实证明这个法案连同他推行的旨在让神职人员受国王直接控制的其他措施，是与罗马决裂的决定性的一步。

这个法案同样也充盈了王室的金库——这是自克伦威尔开始辅佐国王以来有意完成的目标。拜其对局势的精妙操纵所赐，克伦威尔确保了为与罗马决裂而采取的大部分措施都有一般看来意想不到的好处，即增加国王的财富。在克伦威尔的大量备忘录中，有一份记录了控制首年收入奉献得来的

资金可以重新归入王室金库，并且相当含糊地解释了一下这些收入会如何支出："这个王国的居民和臣民要每年向国王交一次贡，而不是交给罗马主教①，以替代烟囱税，每人或每户缴纳的这一小笔钱将用于保卫王国，这些钱可以用来在王国各处建设堡垒。"[10]

夏普伊在 1534 年 12 月向查理五世所做的汇报揭示了这个法案和克伦威尔的其他措施让他的君主变得多么富裕："除了刚从神职人员那里获得的 3 万英镑之外，国王还以 1/15的税率向平信徒课税，这是去年授权征收的一笔赋税，数额高达 2.8 万英镑，国王借议会授权强制对臣民的所有财物征收 1/20 的税，外国人的税率则在此之上翻倍，这加起
128 来也是一大笔。"大使十分确定谁是罪魁祸首："这是克伦威尔的诡计，他吹嘘要让他的君主成为所有基督教国王中最富裕的。"威尼斯大使卡洛·卡佩罗（Carlo Capello）也认同克伦威尔让国王成了一个富裕的人，并且对后者的收入做了一个更高的估算。"国王的父辈年收入约 40 万杜卡特，我在英格兰的时候，现在国王……的年收入涨到了 70 万杜卡特，克伦威尔大臣曾是并且现在在很大程度上还是这一增长的缔造者；近来靠着这些首年收入奉献以及他收取的教会圣俸，这笔钱将会翻番；所以现在国王的年收入合计超过 150 万杜卡特。"[11]

表明国王财路大开的另一个迹象是，在克伦威尔得势的整个时期，英格兰的货币从未贬值。第一个用操纵铸币的方

① 即宗教改革时期拒绝服从教宗权力者对教宗的蔑称。

法补充王室金库的是克伦威尔的前侍主沃尔西，他还降低硬币中金或银的含量，以制造数量更多但实际总价值更少的货币。值得称赞的是，克伦威尔决定杜绝这一方式并恢复货币的真正价值。他这么做的主要动机是保护英格兰的贸易利益，因为他知道如果英格兰货币的价值受到质疑，英格兰的贸易利益就会受损。因此他安排发布了一则公告：“针对流入这个国度的假币和不足额的硬币，每个被发现持有任何假币或仿币的人都会被严惩。”[12]

然而，克伦威尔就造币所付出的努力并没有为他赢得英格兰的民心。他们越来越确信克伦威尔的所作所为并不是为了他们的利益，而是为了自己的好处。在评论克伦威尔的财政政策时，夏普伊说：“他没有考虑这么做疏远了既恼怒又绝望的民心，他们受到如此的压迫、感到如此沮丧，但倘若没有外来的帮助他们的抱怨也毫无用处，而如果他们没被更深地压迫，那也不是克伦威尔的原因。”根据夏普伊的描述，克伦威尔的激进政策不但给自己树立了一些危险的敌
人，他鼓励国王像专制君主一样行事的做法也让大批臣民疏 129
远并反对他们的国王。[13]

不屈不挠的克伦威尔接下来发起一场旨在系统性地削弱英格兰教会权力的运动，并把这看作确立王权至尊的唯一途径。1529 年议会上已经有人提出了对神职人员滥用职权的控诉，这些控诉在“针对教区长的祈愿书”中再次被克伦威尔提及。针对教区长（或神职人员）的控诉包括教会法庭过度收费、对轻罪者判处绝罚及没有虔诚遵守众多圣日等。不过，最重要的意义在于，这一文件把亨利说成是

“唯一的领袖、最高统治者、君王、保护者和捍卫者”，并且迫使教士会议重新定义“基督教法律允许的领袖地位”这个一年前让他们接受侵害王权法案的空口承诺。[14]

这份祈愿书在1532年3月18日被呈予国王。教会在这之后没有采取进一步行动，但是当坎特伯雷教士会议于4月12日再开的时候，议程的第一项就是如何回应这份祈愿书。此前忠于国王的加德纳主教现在显然变节了，他代表教士会议起草了一份强硬的回复，宣告：“我们，您最谦卑的仆人，不会放弃履行我们确实由上帝赋予的责任和职务而将其移交给您。”[15]在对克伦威尔几乎不加掩饰的攻击中，他们继续谴责“心怀恶念之人佯装为渴求正义与改革之狂热信念所推动的姿态，孜孜不倦地致力于以邪恶的讯息与言语诱骗正直坚贞之人将这些并不属实的文字认作事实”。[16]加德纳和他的同僚正中克伦威尔下怀。国王因他们的反抗震怒，继续逼迫他们屈服。5月11日国王在议会演讲控告他们简直是在叛国：“朕以为在朕之王国的神职人员完全是朕的臣民。现在我们清楚地看到他们只算朕的
130 半个臣民，甚至算不上臣民。因为所有的高级神职人员在他们的任职仪式上向教宗宣誓，与他们对朕的誓言明显相反，所以他们是他的臣民而不是我们的。朕把两份誓言拿给你们，要求你们起草法案，让朕不再受这些宗教臣民的欺哄。”[17]

四天后，面临又一次王权侵害罪指控的教士会议停止反抗，勉强签署了后来所谓的“教士的屈服”（Submission of the Clergy）。这么做意味着在未来神职人员将承认，基督教

法律取决于国王首肯，就像世俗的法律需要议会的首肯一样。这是克伦威尔改革的一大胜利——这为与罗马的决裂铺平了道路。

作为一个虔诚、正统的天主教徒，托马斯·莫尔爵士逐渐跟神职人员一道反对国王的宗教改革。他也极其反对亨利的离婚，为王后的利益坚持不懈地抗争。虽然国王对他的好感维持了一段时间，但是莫尔表明他会继续为他所认定的正确信仰和英格兰的教会而抗争，因而成为国王危险的对手。过去 7 年间莫尔对异端发起了激烈的斗争，声讨路德教义和他的教团，出版言辞激烈的小册子维护正统天主教信仰，对已知异端信徒的住所进行突击搜查。1532 年 5 月，莫尔卸任大法官。因为他不再是政府的一员，所以他以更加旺盛的精力加紧这项活动。在接下来一年半的时间里，莫尔出版了五部重磅作品反对新教教义和对教会权力的侵蚀。除了引起国王的反感之外，这也让莫尔跟克伦威尔之间产生了对立。

莫尔的女婿威廉·罗珀（William Roper）叙述了克伦威尔到前大法官在切尔西的家中拜访的经过。他带来了国王的口信，内容无疑是敦促莫尔顺从，不过后者利用克伦威尔到访的机会劝告他如何最好地跟亨利打交道。“在给陛下的建议时，你应时刻告诉他应该做什么，决不告诉他他能够做什么……因为如果这头狮子知道他自己的力量，任何人都很难左右他。”[18]这为我们了解莫尔及其同僚大臣们如何尝试支配 131
亨利提供了一个精彩的视角。这意味着实际主持决策的是廷臣们而非亨利本人，他们试图影响亨利，使他认同他们的意志。从莫尔的说法中可以看出，这是一种控制损害的方式：

如果国王一个人决定事务，会造成混乱、无序，甚至暴政。

克伦威尔给莫尔的回应没有被记载下来。此时的克伦威尔已有办法应对亨利和宫廷，他可能不愿意接受这位旧秩序捍卫者的建议，后者固执的理想主义已经让自己失去了官位。不过，在随后几年里，克伦威尔对待国王的方式跟莫尔所用的方法其实并非完全不同。有一次他苦笑着跟夏普伊说："国王，我的君主，是一个伟大的王，但是非常喜欢按自己的方式做事。"[19]克伦威尔的诀窍或许正是在于让亨利相信他是按自己的方式去做的。

虽然克伦威尔毫无疑问是出于政治需要而策划与罗马的决裂，但是有证据表明新宗教信仰逐渐影响了他针对正统天主教会的行动方向。这构成了他信仰的一个显著转变。他在 1529 年的遗嘱说明，至少在那之前，任何他个人的虔诚行为都是沿袭传统的做法。他请求圣徒代祷，并为伦敦城内的五个修会捐献金钱，以支付为他的灵魂做弥撒的费用。[20]在沃尔西失势那年稍晚的时候，克伦威尔罕见地公开展示了他的信仰，卡文迪什说自己曾听见他念"我们的圣母玛利亚"，这也是遵循了正统的信仰。在 1530 年 5 月写给沃尔西的一封信中，他公然批评新生的改革主义信仰："有传闻说路德已经去世了。我宁愿他从未出生。"[21]奥斯丁会 1527 年的存目里有线索指向克伦威尔保守的宗教偏向。其中一个房间里有"一个封闭在水晶里的圣物，用银和镀金装饰，像一条鱼"，克伦威尔自己的房间里有"一张带雕刻的镀金祭坛桌，上面供奉的是耶稣基督降生的场景"。房屋各处都有童贞玛利亚的图像。[22]

但是改革主义信仰的种子或许早已种在了克伦威尔脑子里。根据卡文迪什记载，在他于伊舍突然落泪的同一天晚上，克伦威尔也大发议论，抒发他对教会干预政治的怨恨情 132
绪。同样，当失宠的枢机主教坦言自己没钱给他的世俗仆人时，克伦威尔要求他的教士奉献。他愤恨地抱怨教士们享受的“利益与好处”，声称沃尔西的世俗仆人“一天内为您所做的比所有无所事事的教士一年所做的还要多”。[23]这些情绪可能是被他亲密的朋友、有影响力的改革主义者斯蒂芬·沃恩和迈尔斯·科弗代尔激起的。后者是克伦威尔在奥斯丁会的邻居，师从剑桥学者罗伯特·巴恩斯，他宣扬只有通过研习《圣经》才会产生真正的宗教信仰，由此产生了“福音派”的说法，这一派别的教义建立在福音或《圣经》中福音书的基础上。因此“福音派”被用于称呼这一时期英格兰最虔诚的改革主义者，“新教”这个说法直到玛丽一世在位时期才被广泛采用，“路德宗”则更准确地特指马丁·路德较激进的教义。

科弗代尔约在 1527 年或更早以前曾写信给克伦威尔向他要书以帮助自己研习，他称赞克伦威尔“对美德和敬虔的研习有强烈的热情”。[24]克伦威尔的另一个朋友约翰·奥利弗（John Oliver）怀揣同样的心情写信感谢他在 1531 年或 1532 年的某天晚上让他留宿。“在您那里我确实听到了促使我改变信仰的信息”。这两人显然花了数个小时熟读福音章节和《新约》的译本，奥弗尔承认他发现“您得出的结论总是跟上帝神圣的话语近乎一致”。[25]福克斯也认同克伦威尔“自己是最用功的，他以自己极端的热情提出福音书的真理，寻找各种方法和途径打倒伪信、传播正确的信仰”。[26]

16 世纪 30 年代，随着克伦威尔对国王的影响力增加，他开始鼓励亨利考虑福音派改革。这是一个大胆的举动：他
133 非常清楚亨利憎恶路德，曾反对更改教义。因此他采取了谨慎的措施——至少最初是这样。1531 年年初，他说服君主允许威廉·廷代尔安全返回英格兰。这证明了克伦威尔的说服力，以及他在国王那里的分量，因为亨利仅在几个月前刚刚公然谴责廷代尔是个异端。克伦威尔的朋友斯蒂芬·沃恩被派到安特卫普寻找廷代尔，并开始就他回国进行协商。廷代尔最初并不情愿，说他听闻有关英格兰发生的事情后不敢回去，甚至连亲切的沃恩都没能劝动他。所以沃恩跟克伦威尔坦言：“他不听我劝，因为他非常怀疑我。”[27]

最终，沃恩的魅力开始奏效，那位宗教改革家逐渐接受了这个提议。凡事进展顺利，直到沃恩在他写给国王的一封信中附了一本廷代尔写给托马斯·莫尔的《答托马斯·莫尔爵士》。廷代尔一直公开批评大法官的活动，并且他自己也准确预测到这会激怒国王。亨利大为震怒，并要求克伦威尔命沃恩不要再跟廷代尔有任何瓜葛。克伦威尔于是写信给他的朋友。他一边平息国王的怒火，一边向沃恩保证国王“十分喜悦并且十分合意，考虑到你的付出以及你在写信、寄书上所费的精力”，但是承认：“陛下不喜欢这本书，里面充满了煽动性的、诽谤性的谎言和荒谬的观点。”他说，国王担心“如此堕落、不怀好意的人的邪恶教义”会“误导并使王国的民众烦忧”。克伦威尔以一个更加迫切的请求结尾：“我衷心请求你看在上帝的分上……劝告你彻底放

弃、离开，收回你对廷代尔和他所有教友的感情。”[28]不过，沃恩的回复暗示了克伦威尔可能加寄了一封隐秘的附信，敦促他保持沟通渠道畅通。在克伦威尔还没放弃圆满解决此事之前，沃恩在那年 5 月和 6 月跟廷代尔又见了两次。实际上，他默许了国王要求派托马斯·埃利奥特爵士逮捕这位改革者并把他带回英格兰的要求。

这场争论——可能无法挽回地——破坏了沃恩在国王面 134
前据称始终受“他人的恶意”攻击的信誉。[29]相比之下，因为克伦威尔谨慎的处理，他本人在亨利那里的信誉未有损伤。当然，这个插曲没有阻止克伦威尔在宫廷继续攀升。

第七章

“某些人的突然崛起”

135 “您是我所有的希望，”沃尔西的私生子托马斯·温特（Thomas Winter）在1532年10月致克伦威尔的信中写道，“您现在身居高位，这是我和所有您的朋友很久以来所盼望的，您已经获得了可以随心为他们服务的职权。”[1]1532年对克伦威尔来说是辉煌的一年。在这年年底，克伦威尔自国王处获得的任用与优待已令他成为英格兰内政事务的实际负责人。托马斯·莫尔爵士卸任后，国王向他的主要对手展示了荣宠，他赐予克伦威尔及其儿子格雷戈里威尔士南部纽波特的罗姆尼（Romney in Newport）的领主身份。克伦威尔的财富跟他对国王的影响力呈正比增长。他一丝不苟地记账，收录那些渴望晋升的人留在他住处不可计数的礼物，包括装得满满的钱包、手套、奶酪等。[2]

克伦威尔不断增加的财富的一个体现是在1532年，他和家人接手了奥斯丁会辖区内位于思罗格莫顿街的两处大型房产，那离他们当时住的地方不远。[3]他于6月获得了当时住的房子和花园、毗邻的房子以及仓库长达99年的租约。他还在更南一个叫斯旺尼的地方租了一处房产，正对着思罗格莫顿街，这处房产归修道院所有，但在它的辖区之外。两年后他从修道院买下

了这栋房产还有毗邻的沿街土地，这意味着此时他已在当时所住房子的周围拥有一大片土地和建筑。除此之外，克伦威尔买 136
下了他房子后面的土地和房产，这样他就能建一座巨大的花园。[4]

克伦威尔没有暂停施工以等待批准，而是马不停蹄地将他邻居花园的篱笆往后推了 22 英尺，同时没有给对方任何提醒或补偿。“（克伦威尔的）这栋房子建成了，留有一块大小适中的土地做花园，他突如其来地拆除了北面与他毗邻的几座花园的栅栏，向北往每家的地界里量了 22 英尺，设了一条边界，筑了沟、打了地基、建了高耸的砖墙。”更大胆的是，他把托马斯·斯托（Thomas Stow，古文物收藏者约翰的父亲）的房子放在滚轴上搬走了，然后在这片腾出来的土地上开始盖一座属于自己的新房子。愤怒的约翰·斯托记载称，所有这一切是如何发生在“我的父亲还没听说的时候：他没有得到任何提醒，在他问起监工的人时，除了得知是他们的主人托马斯命他们这么做的之外，没有得到其他答案”。这体现了克伦威尔在宫廷的影响力广为人知，没有人敢发出反对的声音。“没多少人敢上前就此事争辩，”斯托说，“但是每个人都丢了土地，我的父亲为仅剩一半的房子……交了全额的租金。”他忍不住加了一句：“某些人的突然崛起让他们忘乎所以。”[5]

1535 年 9 月，房子的建筑工程还在继续，这时克伦威尔的代理人托马斯·撒克（Thomas Thacker）报告说：“朝向街道的厨房墙面、砂岩砌成的窗户、碗碟洗涤存放室和其他家务用房间都已经成形。木匠正在盖屋顶，除了大厅朝向庭院一侧的窗户之外别的都已建成。您自己的住房包括楼上的卧室和个人收藏室已建成并涂好泥灰，只差抛光了。”[6]

137

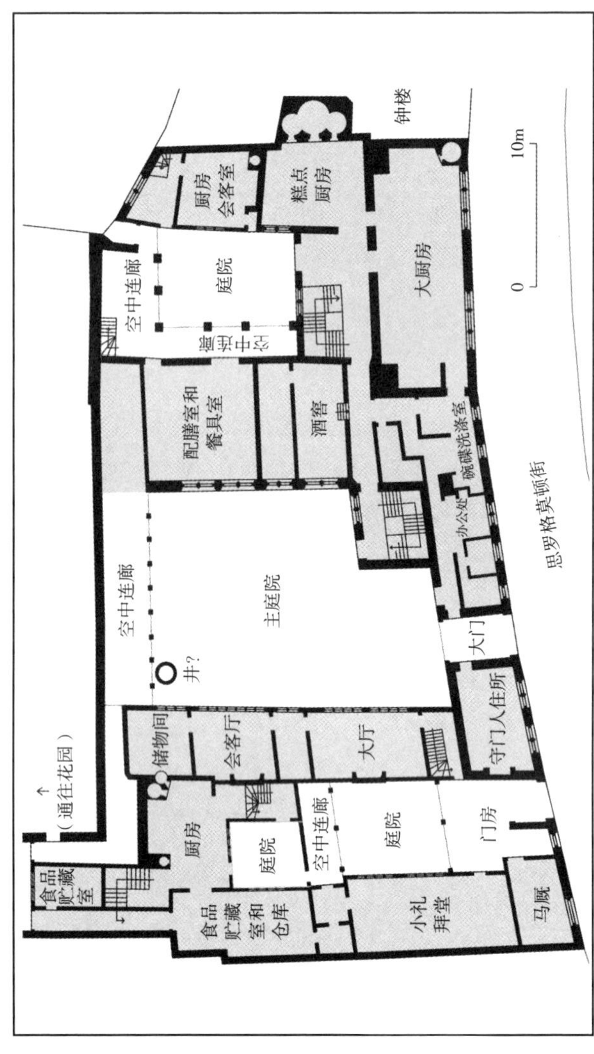

克伦威尔奥斯丁会府邸细节平面图（比例尺：1：500）

138

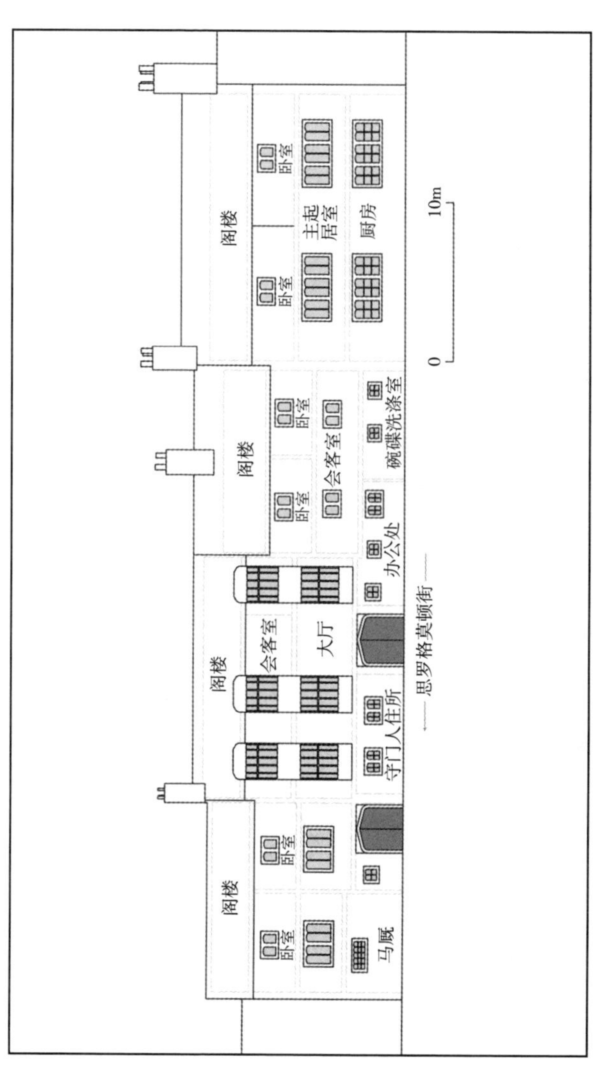

克伦威尔奥斯丁会府邸正面复原图（比例尺 1：350）

139 克伦威尔的新居非常宏伟，耗费数年才完工，修建时最多的时候有98名工人在场。[7]1536年2月夏普伊告诉皇帝自己打算在结束奥斯丁会晨祷返回时“经由他（克伦威尔）在建的房舍，因为这是距离最近的回家路线”。[8]1539年7月最终建成的时候，这栋房子花费了至少1000英镑（约合今天的30万英镑），它是整个都城最大的私人住宅之一。斯托承认克伦威尔的成果令人印象深刻：“在教堂南面和西端，建了很多上好的房舍；也就是说，在思罗格莫顿街一些小房屋的旧址上，托马斯·克伦威尔盖了一座宏伟宽敞的房子。”[9]

这座宅邸有三层楼高，用砖垒成，部分墙壁厚达2英尺。它是木构架建筑、屋顶用瓦片铺成，有三座横跨第一层和第二层楼的窗台凸出外壁。沿着三座庭院排列着50个房间——是他奥斯丁会旧房子的三倍还多。这座新居有一座小礼拜堂、多个厨房、私人用房和卧室。中央是几座彼此相连的宏伟大厅，贵客可以通过宽大的楼梯来到这里。俯瞰街道的大厅有四个凸窗，窗上悬挂着佛兰德斯织工制作的精美挂毯。公用房间几乎没有其他的装饰细节，不过卧室都装潢得很奢华，配有四柱大床，用金色的布、锦缎或天鹅绒做床幔。巨大的花园里有正规的方形花坛或苗圃，中间穿插着小道和连廊，17世纪测绘图里展示的迷宫可能就是克伦威尔新花园的一部分。他对休闲娱乐的追求也在这里得到自由的发挥，因为这里不仅有一个“赌博用的”房间、一条保龄球道，还有几处凉亭。

克伦威尔宽敞的新居并不只是地位的需要：旧居内的住宿与工作空间正因府邸成员的不断增加而变得捉襟见肘。他的家人们也需要住的地方。他唯一幸存的孩子格雷戈里在此前四年间一直在剑桥学习，时光飞逝，他于1533年在差不多13岁的时候回到了家。他得到了非常好的教育，并且跟 140
他的父亲有共同的爱好和信仰，这至少一部分归功于他的家庭教师们以及同窗的尼古拉斯·萨德勒的影响，后者是改革主义信仰有名的追随者。

毫无疑问，格雷戈里会留在剑桥继续学习以拿到学位：这样的课程通常是预留给那些打算进教会服侍的人的。除此之外，克伦威尔还热衷于让格雷戈里像他自己年轻的时候那样，从实践中获益。因此克伦威尔安排各种有影响力的、可以提高格雷戈里的精神、智力以及——最重要的——实践能力的朋友们照管他。这些朋友包括考文垂和利奇菲尔德的主教罗兰·李（Rowland Lee），他是克伦威尔的一个近交。虽然他因奉行严苛的司法而得到了可怕的名声，但据说李对这个男孩“视若己出”。[10]格雷戈里随后与枢密院大臣理查德·索斯韦尔爵士（Richard Southwell）在他位于诺福克郡伍德赖辛庄园的宅邸同住。

格雷戈里每到一个新的住处都由他的家庭教师亨利·道威斯（Henry Dowes）陪伴，后者是一个智力相当高的人。道威斯跟克伦威尔合作，给这个孩子制订了一个全面的学习课程，其中包括法语、拉丁语、英语、会计、音乐以及罗马和希腊历史。鉴于他父亲对人文主义学说的偏爱，这可能并不出人意料，伊拉斯谟的著作在他的学习中占据了显要位置。但是格雷戈里也遵守传统信仰的教规：道威斯曾提到他的学生做弥撒。[11]格雷戈里还练习长弓、弹鲁特琴和维金纳琴，后来像他的父亲一样热衷打猎、驯鹰和骑马。格雷戈里跟表兄克里斯托弗·威利菲德显然又重聚了一段时间，他俩一起在学习的空档或者有其他机会的时候溜去打猎。在给克伦威尔的一封信中，道威斯赞赏地写道："作为消遣，他经常放鹰、打猎，并用长弓射杀猎物，这把长弓非常适合他，他也用得顺手，仿佛天生就擅长此道。"[12]

比起文化学习，格雷戈里显然更倾心于户外运动。1534年9月，亨利·道威斯沮丧地向克伦威尔坦言，自己用了各
141 种方法让格雷戈里专心学习，"但因为他夏天都不务正业，所以要特别留意以怎样的方式来培养这个年轻人"。[13]虽然道威斯向他的主人保证格雷戈里每天花几个小时在阅读和写作上，并会在他们出去骑马的时候在路上给他们讲一个希腊或罗马的故事，但是克伦威尔仍不满意。他敦促道威斯对这个孩子要更严格，不要让他享受追捕的乐趣，这样他才可以专心提升自己的才智。第二年4月，道威斯报告说："格雷戈里和他的伙伴身体健康、忙于学习。他的进步比之前任何时候都大，一部分是因为他现在有了一些敬畏和害怕，在被要求的时候能迅速投身学习；另一部分是因为那些之前让他心思不在学习上的事物被拿走了。"虽然他承认"他的理智不是匆忙间可以培养成的那种，而是逐渐产生效果，逐渐更加温顺，"但他向克伦威尔保证，"他学习法语、写作、练习兵器、计算账目、弹奏乐器消遣的时间都是由索斯韦尔先生规划的，后者不遗余力，每日听他阅读英语，告诉他正确的发音，解释那些不常见于日常会话中的法语或拉丁语借词的词源……如果他继续这样一直专注于把整个夏天奉献给阿波

罗和缪斯等神，最后才会轮到戴安娜女神。[①]”[14]

格雷戈里跟他的表兄理查德·威廉斯（即克伦威尔姐姐凯瑟琳和她丈夫摩根的儿子）变得很亲近，他在理查德来奥斯丁会拜访的时候见到了他。理查德 1502 年（或更早）出生在威尔士，至少比他的表弟大 18 岁，格雷戈里对他似乎也有英雄崇拜的成分。理查德确实有很多值得仰慕的地方：他是一个令人印象深刻的年轻人。作为一名军人，他擅长马上长枪和其他宫廷盛行的竞技运动。他具备舅舅的聪明机智和老练，两人天生相像。克伦威尔似乎在姐姐凯瑟琳死后不久收养了这位外甥，所以理查德使用了他的姓克伦威尔。

克伦威尔很快看到了外甥的潜力。几乎可以肯定，正是 142
在他的影响下，理查德才被指派到多塞特侯爵托马斯·格雷（Thomas Grey）的门下，后者也曾是克伦威尔本人早年的服侍对象。显然克伦威尔于自己扬名宫廷之后不久就引荐了他的外甥。可能是因为在竞技场上的勇猛，理查德很快赢得了国王的喜爱，1531 年他被选入枢密院。他似乎还为舅舅做了信使，克伦威尔 1532 年 1 月写给加德纳的一封信里所指的“送信的男性亲属”可能就是他。克伦威尔对外甥非常满意，他不仅提拔他，还提拔理查德的朋友们。在收养理查德几年后，他写信给自己的盟友、考文垂和利奇菲尔德主教

---

① 古希腊神话中阿波罗是主司光明、预言、音乐和医药之神，缪斯是主司艺术与科学的九位古老文艺女神之一，而戴安娜女神主司狩猎，所以文中想表达的意思应该是格雷戈里在这个夏天都专注于文化艺术的学习，文化艺术学习之后才会进行户外活动。

罗兰·李，请他在利奇菲尔德教会里给理查德安排一个职位，这样后者可以转而让给“自己的一个亲近的朋友”。[15]

克伦威尔、儿子和外甥组成了一个小而亲密的家庭。格雷戈里和理查德在写给年长的克伦威尔的信中流露出真挚的感情。理查德后来写信给舅舅哀叹他们的分离：“自您离开后，我最想的就是见到您，不想与离开您的时间再多一分。”格雷戈里在一封给父亲问安的信中也同样感情满溢，他称父亲的安好“比世间所有物质的丰富都珍贵”。认为这两个年轻人竞相争取克伦威尔的感情是说不通的。理查德在遗嘱中给表弟遗赠了“一匹壮马”。[16]

克伦威尔在奥斯丁会日益增加的仆人数量远超过了他家人的数量。虽然从克伦威尔府邸发出的大多数信件都跟他们参与的生意往来有关，但其中也有关于他们私人生活的证据。1530 年一个新来的仆人引起了素性勤勉的拉尔夫·萨德勒的注意。艾伦（或海伦）·巴尔［Ellen（or Helen）Barre］跟马修的婚姻痛苦不堪，后者是一个伦敦商人，挥霍钱财喝酒、抛弃了妻子和两个孩子。在试着找了他一段时间之后，艾伦
143 推测他已经死了，于是在克伦威尔的府邸做了洗衣女工。她和萨德勒之间很快产生了强烈的爱慕之情，见面几个月后他们就结婚了。但到了 1545 年，在结婚 15 年之后，为萨德勒生育了 7 个孩子（3 个儿子和 4 个女儿，为纪念他的主人，萨德勒给长子起名为托马斯）的艾伦惊恐地发现：分居的前夫还活着。她因此犯了重婚罪。托马斯·赖奥斯利（Thomas Wriothesley）的仆人一次偶然听见醉酒的巴尔说他是萨德勒夫人的丈夫。巴尔立即被抓起来审问。在确认他所说的是真相后，萨德勒唯一的

选择是向议会请愿。得益于作为枢密院顾问大臣的经历和影响力，他几乎没费什么劲就让议会 12 月 24 日通过了一个私法法案，使他的孩子们合法化。但是萨德勒夫人仍是巴尔的合法妻子，这个问题直到多年后才得到解决。萨德勒非常爱恋他的妻子并且“因这件事非常悲伤”。[17]

克伦威尔另一个亲近的仆人和门徒——托马斯·埃弗里（Thomas Avery）在 1532 年返回奥斯丁会。埃弗里受教于斯蒂芬·沃恩，沃恩 2 月写信给克伦威尔通知他这个男孩在回去的路上，已经到了泽兰。他叮嘱他的朋友：“把他作为我粗浅教育的初步成果看待。如果他得不到重视，树液将会溢出，今后可能会长出的花朵也会消失。”[18]埃弗里回来之后没有在克伦威尔的府邸待多久，从 1533 年 11 月他自埃克塞特侯爵夫人格特鲁德的府邸写信的记录来看，克伦威尔让他去服侍了这位侯爵夫人。不过这些安排本就是为了让这位年轻人得到历练，他的潜力——像理查德的一样——很快被克伦威尔注意到了。因此他打算把他留在自己府邸。

善于识人的克伦威尔必然有发掘家人和仆人潜力的天赋。16 世纪 30 年代初，当他在宫廷的事业开始发达时，克伦威尔可以依赖一群不断增加的有才能的、忠诚的、值得信任的年轻人，他们都迫切并很快掌握了克伦威尔的生意诀窍。正如 17 世纪历史学家约翰·斯特赖普所说：“他留用了很多非常机敏、有能力的人并向国王引荐他们，国王经常派他们到其
他王国传递消息与信件。”同样，精明识人的能力让克伦威尔 144
能够在熟人当中找出值得提拔的人才。斯特赖普说“比起宫廷中其他身居高位、得宠的人，他（指克伦威尔）在得势的时候

引荐的有才能、正直的教俗人士要更多”。在定期给查理五世的冗长信件中，大使夏普伊多次提到克伦威尔的各个仆人和信使。“他让自己信任的朋友给我传口信，从未停止，”他在一封信中汇报说，“他的朋友在过去两星期里多次拜访我。”[19]

做克伦威尔的门徒是在宫廷获得有益仕途的最稳妥的途径之一。他的府邸跟宫廷其他重要成员的府邸一样，成了一个半正式的政府部门，充斥着秘书、文员、会计和其他行政人员，他们的工作是管理大批信件、法案，起草法案和其他跟克伦威尔宫廷事务以及法律案子有关的文件，以及处理他个人的生意事务和财务往来。这座府邸最多曾容纳了 400 名仆人，其中很多人以前是服侍沃尔西的。克伦威尔无疑选出了那些在服侍枢机主教的时候证实了自己价值的人。[20]所有仆人都穿着克伦威尔家的制服，一般是低调的灰色，贴身男仆穿天鹅绒，仆人穿长款束身外衣，“他们的下摆大到足够朋友坐在上面”。在特殊场合，主人会给他们穿上更引人注目的服装，比如在 1540 年的伦敦游行期间，他的仆人们从麦尔安德（Mile End）行进的时候身着“白色的外套，其胸前和背后都缀有这座城市的纹章，即一个红色的十字架和一把剑”。[21]

服侍克伦威尔的衣着象征的不仅仅是地位。与都铎时代那些让上流人士精进礼仪修养的大宅邸不同，克伦威尔府上的工作并不清闲。任何想要被亨利政府的这位后起之秀聘用
145 的人都必须证明自己有很高的能力，能够承担大量工作。他还必须愿意跟他的主人工作同样长的时间。不过，克伦威尔对他的家仆都很好，保证他们所有人的生活起居条件适宜，并得到良好的管理。他后来回想说留用这些人“花了我好

大一笔”，说明他们都有丰厚的报酬。[22]约翰·斯托说：“如果能称自己是克伦威尔的仆人，这个人会深以为幸。”约翰·福克斯同意他的看法，钦佩克伦威尔是如此“一位对仆人仁慈周到的主人”。一个来自坎伯兰郡的大胆男孩的故事佐证了这一点。他迫切想要成为克伦威尔府邸的一员，因此给自己买了一件跟克伦威尔家一样颜色的制服外套，1535年的一天，在托马斯·雷（Thomas Legh）巡视修道院的时候，他出现并请求这位代理人让他跟着。[23]

除了在奥斯丁会最亲近的交际圈外，克伦威尔还跟关系稍远的家人和朋友保持联系。其中包括他的表兄尼古拉斯·格洛索普（他母亲的外甥），后者在1533年6月写信请求克伦威尔的帮助。他是泰勒斯行会的一员，在他的侍主逝世后，行会要取消他每年26先令8便士的年金，这令格洛索普面临破产。他恳求道：“我已经80岁了，没什么能力，痛风和痛性痉挛导致瘸腿，一只眼睛也瞎了。”他给表弟送了“12块班伯里奶酪，一半是硬质的，一半是软质的，希望它们值2万镑”。他还跟克伦威尔提起他们的家族联系，说“您的母亲是我的姨母”，并提到了克伦威尔的外甥克里斯托弗·威力菲德，说曾经为他提供了“带长枕的羽毛铺盖”。克伦威尔很快根据他的信采取行动，立即给商人泰勒斯就表兄的年金问题写信：“请你看在我的分上继续支付年金，并且每年增加13先令4便士。”他的举动是出于真正的关心而非敷衍，这一点从他传达的急迫感中可以看出来，他告诉这个行会：“我希望在下一个开庭日早上收到你的回复。”[24]

虽然腾出时间处理私事和家事，但克伦威尔从未耽误他
146 对国王的职责——也因此得到丰厚的回报。1532 年 4 月 14 日他成为珠宝库主管（Master of the Jewels），这虽是他的第一份正式官职，但这看起来很小的任命让他能够接近王室金库并且管理那些由他负责的资金。约翰·斯特赖普说这个任命标志着他“深得国王的宠爱”。[25]

大约在这一时期，汉斯·荷尔拜因给克伦威尔画了肖像。克伦威尔能够委托当时最有名的宫廷画家为他画像说明了他的得势程度。出身卑微的帕特尼铁匠之子作为荷尔拜因的肖像画主顾获得了不朽的声名，现在他与王族、公爵和伯爵同处。这幅画像或许是为了庆祝克伦威尔的新任命而画的，因为最上面题写着：“致克伦威尔，珠宝库备受信任、深受爱戴的大人。”

紧接着，在 7 月 16 日，克伦威尔又有一个有利可图的职位，即属于大法官法庭（the department of the chancery）的归档文员（clerk of the hanaper），这允许他通过给特许状、土地转让证书、令状之类的文件加盖封印获得报酬和其他收入。在接下来受宠于宫廷的岁月里，克伦威尔得到了至少 17 个职位的任命，虽然其中大多数职位相对不高，但是他从中获得的收入并不少。随着时间的推移，10 年间克伦威尔积累了大量财富，成为英格兰最富有的人之一。据估计，1537 年他的年收入约为 1200 英镑——约合今天的 350 万英镑以上。

克伦威尔迅速以他的新身份为工具，既广开财路，也为自己博得更多经常面见君主的机会。1532 年 9 月，他写信向亨利告知了由国王本人设计的镶有珠宝的新项圈的制造进展。他向君主保证：“我已经命令工匠在进一步得知您雅致

的喜好之前不要继续完成制造，为此他和我将在周六晚上或者周日早上拜见您。”[26]克伦威尔虽然迫切地想要确保君主收到最奢华的珠宝饰品，但他自己避免过度暴露权力。他的头 147
衔和职位与他所得到的权势和财富相当，但是——与同时代的大多数人不同——他没有追求浮华的服饰和排场。他没有试图用这种方式抹去他低微的出身，这透露出他天生朴素的本性和安全感，他相信自己的权势源于内在的能力而不是外在的炫耀。克伦威尔还从他的前侍主沃尔西身上吸取教训，知道太多的浮华和排场会招致麻烦。

不过，克伦威尔的头衔确实让他在与较高贵的同僚们相处时有了新的自信。这在他写信给萨福克公爵——亨利身边最高贵、服侍时间最长的人之一——要求他上交已经授予诺福克公爵的典礼大臣的特权时可见一斑。虽然萨福克得到了特伦托河附近御林法官的职位作为补偿，但他显然对这个安排感到愤愤不平。克伦威尔谦逊地向他保证：“国王陛下料想并且准确地看到大人您非常看重并潜心与诺福克培养善意和友爱……陛下无疑非常乐于看到在众臣民中，两位重要而尊贵的大臣如此友善，彼此喜爱。”克伦威尔无疑暗自欣喜，他知道此举会在二人之间引发对立，而他——亨利枢密院中出身卑微的一员——则会扮演调停者的角色。信末他请萨福克“尽快给予宫廷答复”，并为他的“大胆、鲁莽的信”致以言不由衷的歉意。[27]

克伦威尔新得的权力对血统高贵的对手来说是诅咒。17世纪教会历史学家托马斯·富勒（Thomas Fuller）敏锐地说道：“这就是他被贵族嫉妒的原因，他出身比他们低很多，但是职权又比大多数人高很多。不仅如此，他的很多晋升不被看作荣耀，而被看作对他人的伤害。他接受这些晋升被认为要么是在实用层面不当，要么是在分配上不公，要么是在道义上不义，要么是在良心上不善。”[28]克伦威尔会怡然自得
148 地任他们把事情往坏处想。虽然他私下里可能会享受对手的暴怒，但他看重的总是实务而不是压倒对手的嚣张气焰。

到 1532 年夏天，克伦威尔明显已经被国内外的事务缠身。5 月和 6 月他各送了两封信给国王，转告自己设法从国外的联系人那里收集到的某些信息。其中包括英格兰大使跟帝国大使的一次会面，还有他从罗马和威尼斯收到的关于土耳其可能进攻意大利的报告。克伦威尔前些年细心建立的线人和代理人网络让他占据极大的优势。亨利意识到比起大多数人，这个人能让他更好地了解大陆的事情。

1532 年 8 月，大主教沃勒姆的去世让克伦威尔在宫廷的保守派对手又少了一个，这为下一个后来证实对克伦威尔改革极为有利的任命铺平了道路。比克伦威尔差不多小 4 岁的托马斯·克兰默出身略高于他，是诺丁汉郡一个落魄绅士的儿子。克兰默在剑桥接受教育，他正是沃尔西要为牛津的新学院搜罗的杰出年轻学者之一。克兰默拒绝了这一邀请，但他后来接受了枢机主教的邀请加入了赴西班牙访问查理五世的英格兰外交使团。克兰默在这项任务中表现出色，因此在回国后被给予了面见国王的荣誉，国王赐给他很多礼物，包括金银戒指。从那时开始，克兰默坚定地支持亨利与阿拉贡的凯瑟琳离婚。然而，在回到剑桥后，他好像被沃尔西招募、处理各种生意上的事务。比如，1528 年 10 月，他带着克伦威尔写给沃尔西在伊普斯威奇新学院的院长威廉·卡彭

(William Capon) 的信从伦敦赶往伊普斯威奇。几乎可以确定那时这两个人已经认识了，但是直到沃尔西失势后他们才开始真正的合作。

克兰默受人欣赏的是他冷静和乐观的本性——这是亨利 149
宫廷里不多见的品质。“他的性情平实，或者说非常克己，不为任何形式的成功或不幸所动……尽管他私下同私密的朋友在一起时会痛苦地流泪，感伤世界的不幸和灾害。”[29]克伦威尔很快成为这个评论者所提到的“私密的朋友”之一。

1529 年夏，坎佩吉枢机主教的庭审失败后，克兰默建议将重心由罗马的法律案件转到对全欧洲大学神学家的广泛拉拢上。除了将教宗排除在计划之外，这个策略还有一个好处，那就是比沃尔西主导的拖延而徒劳的谈判更加划算。在得到国王默许后，克兰默甘心乐意地接受了这项任务。在看到他的潜力后，博林家族很快把他招到自己阵营里，让他住在托马斯·博林新得到的杜伦坊（Durham Place）——一座位于泰晤士河畔河岸街（the Strand）上的奢华宅邸，这样他可以安静地将“他的头脑用于思考国王的难题”。[30]亨利对克兰默如此信任，以至于 1530 年后者被派为去罗马的使团的一员，任务是收集大学的意见。他们的任务无果而终，但是克兰默并没有受到牵连，在回到英格兰后他受命编写《丰文汇编》(*Collectanea*)① 以及其他学术著作，为离婚提供理论支持。

---

① 即前文提到的 *Collectanea Satis Copiosa*，该书收录了基于《圣经》或历史的有关早期基督教的文章，编撰该书的目的是为亨利八世和英国脱离罗马教廷一事正名。

虽然克兰默以保守派的立场开始了他的神学生涯，但是他为国王的利益所做的努力让他开始质疑教宗的权威。1532 年一次出使德意志的经历点燃了他心中尚在萌芽的福音派信仰之火。在那里，他见了几位主要的路德宗改革家，包括安德烈亚斯·奥西安德（Andreas Osiander）。这次会面从各方面看都很重要。在一次对奥西安德的拜访中，克兰默见到了牧师妻子的侄女，一个名叫玛格丽特的年轻女人。他显然立刻就被迷住了，在第一次见面不久后就娶了她。这不仅表明了他对玛格丽特的爱，还表明了他对新信仰的热忱，因为福音派拒斥神职人员禁欲的
150 旧传统。不过，在于当年秋天离开身在纽伦堡的妻子、跟随查理五世的宫廷去意大利之后，他有点惊慌地发现自己已经被选为下一任坎特伯雷大主教。他决意对自己的婚姻保密并接受了这个任命，于第二年 1 月返回英格兰。

彼时，宫廷中的形势迅速变化，国王的“大事”已经不能再拖了。对冗长而无果的谈判感到恼火的安妮·博林孤注一掷：她准备放弃之前的策略，甘愿成为国王名义和事实上的情妇。或许是在 1532 年 11 月去加来的时候，安妮开始跟亨利同床共枕。她这么做是在毫无把握地打赌，如果她怀孕了，亨利会克服所有看似不能克服的障碍娶她。此外，虽然亨利追求了她很多年，但令他求而不得这一点是她诱惑力的一大来源。如果她放弃了这一点，就有可能会永远失去亨利的兴趣。

不过这回她似乎赌赢了。夏普伊略带嫌恶地记载“国王一点都不能离开她左右”。到当年 12 月，安妮怀孕了。如果要让这个孩子合法地出生，她的王室情人及其大臣们就必须迅速行动。克伦威尔陪伴皇室一行去了加来，无疑迅速

得知了这一情况。亨利与安妮有可能在还在加来的时候就举行了一个非正式的结婚仪式。更有据可考的是，亨利于1533年1月25日在威斯敏斯特的私人礼拜堂正式迎娶了安妮。虽然有神父主持，但这场婚礼还是秘密进行的，这意味着这场婚姻的合法性会遭到质疑。更重要的是，跟凯瑟琳的离婚还没有达成。亨利可以说服自己之前的那段婚姻从来不是合法的，所以他可以随意娶他选的人，但是在大多数臣民（和世界各国）眼里，他是重婚者。

国王确信安妮怀的是儿子，立马命克伦威尔将他们的婚姻合法化。克伦威尔迅速执行了他的命令。婚礼后的第二
天，议会便被召集起来以通过必要的立法。从克伦威尔行动 151
之迅速可以看出他过去三年细心打下的基础有多么坚实，他因此得以确保新一届议会里都是确定会支持离婚的人。他还让盟友托马斯·奥德利爵士担任大法官，这意味着现在他可以主持上议院了。

议会于2月4日开始，克伦威尔没有浪费时间，他提出了一个新的法案禁止向罗马上诉的权利。这实际上意味着国王和坎特伯雷大主教的决定将是最终的、不容置疑的。克伦威尔强烈意识到他的仕途——甚至他的生命——都取决于这个方案的成功，他无视所有的反对，甚至连国王在法案草案上的批注都被忽视了。克伦威尔还列出了所有胆敢出声的人的名单。他始终记得那些反对者，一如他始终记得他的朋友们，那些试图阻碍他成功的人终将为此悔恨。其中有乔治·思罗克莫顿（George Throckmorton），他声称自己担忧如果跟安妮的婚礼继续进行（他不知道已经进行了）会让亨利良心

不安，因为与他第一任妻子的形势大不相同，国王已经跟安妮·博林“的母亲和姐姐都有了瓜葛”，这令他成为国王的敌人。国王大叫“跟她的母亲没有过”，克伦威尔赶紧补充道：“跟她的姐姐也没有——因此不要再考虑这个了。”在克伦威尔的煽动下，这场短暂的交锋令思罗克莫顿在不久后离开了宫廷。思罗克莫顿那年 10 月 29 日写给克伦威尔的一封信表明他被勒令“待在家里，服侍上帝，少管闲事”。[31]

在克伦威尔影响议会审议的时候，3 月 30 日克兰默被封为坎特伯雷大主教。在这之后，教士会议立刻宣布国王跟凯瑟琳的婚姻不合法，另一个离婚的重大阻碍被清除。然后，在 4 月第一周，克伦威尔成功地让《禁止向罗马教廷
152 上诉法案》（the Act in Restraint of Appeals）得到通过。这个法案被称为“克伦威尔立法的杰作”，其著名的序言宣称英格兰是一个帝国，国王是最高领袖，对他臣民的身体和灵魂有绝对的统治权。[32]留存至今的法案草案揭示了克伦威尔和他的君主在后者权威性质上存在一些分歧，亨利坚持他对教会的管辖权源于“至高无上的”王权。克伦威尔将这些内容删除可能并不是因为在看法存在分歧，更多的是将其作为减少神职人员反对的典型的务实手段。他意识到只有通过强调向罗马申诉对亨利世俗地位的威胁，法案才会更有可能被神职人员接受。从此以后，国王的任何一个臣民——包括阿拉贡的凯瑟琳——都不能把罗马作为更高的权威向其申诉。

拼图的最后一块现在迅速到位。4 月 11 日，克兰默出于程序上的要求向国王提出了针对其与凯瑟琳婚事有效性的质

疑。第二天，克伦威尔被任命为财政大臣——这是他深受亨利宠爱且在财政事务上颇有才干的证明。5 月 10 日，裁定国王第一次婚姻合法性的庭审正式开始。两周内，庭审判决凯瑟琳和亚瑟之间是事实婚姻，因此她在之后跟亚瑟之弟的结合是非法的。5 月 28 日克兰默宣告亨利与安妮的婚姻合法，四天后，在一场旨在平息一切针对其合法性之质疑的隆重典礼上，安妮加冕成后。但是臣民对她的敌意十分强烈，单靠一场令人印象深刻的壮观典礼无法改变他们的看法。夏普伊形容这场加冕礼是一场“冷漠、浅陋、令人不舒服的仪式，不仅让民众极其不满，其他的人也很不满”。[33]不满很快演变成公开的嘲讽。亨利和安妮的姓名首字母（HA）在游行的沿路上相互交织着。但是安妮的游行车队经过的时候，交织的字母很快变成了嘲弄鄙视的群众大喊的“哈哈（HA HA）”。

作为一场公关活动，这场加冕礼以惨败收场。但是克伦 153
威尔决意禁止愤恨的英格兰民众破坏他竭力促成的立法，因此他试图威逼他们接受新的王后。他对反对者的态度有了明显的转变，这与他在国王面前空前受宠的事实有着几乎不容质疑的关系。1533 年 5 月夏普伊告诉他的主人，克伦威尔现在“管理他（亨利的）所有事务”，而在当月的另一封信中，他形容克伦威尔是“所有顾问大臣中最年长的，现在最得国王信任”。[34]苏格兰神学家亚历山大·阿莱斯（Alexander Ales）在提及他时说道：“克伦威尔大人是国王的耳朵和头脑，国王把整个王国的管理事务都交给他。”[35]夏普伊在当年稍晚一些时候提到，就连颇有权势的诺福克现在都不得不屈从于他对手的主张，这证实了克伦威尔的显达。

这位公爵曾经是“旧信仰”在宫廷中最直言不讳的拥护者，因此他的同僚大臣们在听到他对教宗大加谴责，“用1000句不敬的言语称他是一个不祥的私生子、一个骗子和邪恶的人，说他必须为此失去自己的妻子、孩子和所拥有的一切，不然自己就会亲自去报复他”的时候是有一些吃惊的。夏普伊挖苦道：“他的态度完全反转，因为从前正是他在宫廷中将自己表现为最虔诚的天主教徒、教宗权威最大的拥护者；但是他这么做一定是为了不失去现有的权势，尽管他现在的权势之有限正合克伦威尔心意。因此，我认为他非常厌恶宫廷。”[36]

第八章

“严词和骇人的威胁”

通过推动立法将英格兰从教宗权威中解放出来并促成国 154
王离婚，克伦威尔已经履行了他的那部分约定。然而，安妮王后没有履行她的。1533 年 8 月末她在格林尼治宫进入产期，遵循所有的礼制以确保小王子顺利诞生。她的房间都挂上了厚厚的挂毯，每一丝自然光都被遮挡在外面（甚至连锁眼都被堵上了），服侍她的只有侍女。这些传统是亨利的祖母玛格丽特·博福特（Lady Margaret Beaufort）在 15 世纪定下的，一直以来都得到严格遵守。安妮深信只要诞下一个儿子就能让她的敌人永远沉默，她下令写信感谢上帝给她“顺利生产、诞下一位王子的”恩赐。[1]

9 月 7 日凌晨，这个孩子降生了，但不是备受期待的儿子和继承人，而是一个女孩，亨利备受打击。他为迎娶安妮而颠覆了英格兰的宗教和政治生活，因为安妮承诺会为他生下王子，这关乎整个王国的稳定。但与此相反，她产下的不过是一个没什么用的女儿。上帝无疑表明了自己的心意：他的新婚姻是被诅咒的。所有纪念都铎新王子降生的庆祝计划都被取消了。夏普伊几乎不加掩饰地幸灾乐祸道：“国王的

情妇生了一个女儿，这让他和那个情妇都很失望，也让确认新生儿会是一个男孩的医生、占星家、巫师和女术士受到很
155 多责备。但人们因为是女儿而不是儿子加倍欢喜，高兴地嘲弄那些相信这类预测的人，看他们备受耻辱。”他后来继续说新王后对女儿的降生显得“很是失望、生气”。亨利控制住自己的暴怒和失望，在第一次见刚出生的女儿的时候告诉安妮：“你跟我都很年轻，靠着上帝的恩惠，后面会有儿子的。”[2]安妮清楚，这与其说是安慰不如说是威胁。

小公主根据所有以往的惯例受洗并被命名为伊丽莎白，但据夏普伊说这场洗礼“冷淡而令人不快”。跟她的母亲一样，这个孩子很快成为被憎恶的对象。两个修道士因为说公主在热水中受洗“但水不够热”而被捕。同时西班牙人称“情妇的女儿”是“小贱人”“小杂种”，并幸灾乐祸地认为她代表了上帝对英格兰国王驱逐教宗权威的惩罚。[3]国王不得不承认这个孩子是他的继承人，克伦威尔在第二年初迫使议会通过的《继承法案》中正式承认了这一点。这样一来，伊丽莎白取代了国王的长女（现在仅以玛丽小姐称呼），后者因为生母的婚姻被废除而变成了私生女，这也让玛丽跟克伦威尔处于可能发生冲突的状态。

玛丽·都铎和托马斯·克伦威尔在每一个重要的方面都完全对立。她是一个坚定的罗马天主教徒，而他是一个主导英格兰脱离罗马的改革者；她是亨利八世第一任王后的女儿，而他策划了国王跟第二任王后的婚姻。因为克伦威尔，玛丽承受了从继承人降为被放逐的私生女的痛苦和羞辱。不过，至少在表面上，两人的关系是友好的。他们的信件充满

尊重甚至深切的感情。克伦威尔时刻准备着奉承并保证帮助玛丽，比如他公然承认“国王不仅非常珍爱公主，他的女儿，他对她的爱是新生儿（伊丽莎白）的100倍”。[4]

然而，他们的通信不能仅从字面上理解。即使是最讨厌 156
的敌人之间也会用都铎时期巧妙、彬彬有礼的语言掩盖他们的厌恶。克伦威尔的朋友和门徒托马斯·怀亚特写了一首关于这种“虚伪的言语”的诗，挖苦道：

> 如果要寻遍全世界，
> 一个人会找到足够美妙的文字；
> 它们非常廉价，它们不费一毫，
> 它们的实质是空辞；
> 但是因为说得如此巧妙又如此恰当，
> 所以才得见少有的温柔和谐。[5]

作为一名老练的外交家和廷臣，夏普伊非常清楚地知道这个事实。“虽然克伦威尔总是让我感到他对公主有很深的感情，”他告诉查理五世，“但他还没有能够证实他言辞和声明的行为。”[6]在国王正式离婚后，克伦威尔跟玛丽表面的彬彬有礼之下隐藏着玛丽固执地拒绝承认父母婚姻无效、拒绝接受他父亲作为教会最高领袖的新地位这一强烈矛盾。自1533年议会以来，克伦威尔为了制服所有对他改革的反抗而施行了强硬的举措，国王长女表面上的屈服至关重要。作为反对派名义上的领袖——无论是在英格兰还是在国外——她对克伦威尔的权力构成了严重的威胁，因此他竭尽全力说服她让步。

玛丽的特权逐渐被取消，她不仅失去了母亲的陪伴，还失去了朋友和盟友的陪伴，这至少部分是因为克伦威尔的煽动。夏普伊多次要求拜访玛丽，但常常被克伦威尔这位擅长拖延和推辞的大人回绝。受挫的大使于1533年11月写信抱怨克伦威尔在这件事上难以捉摸、态度不明："我让克伦威尔的一个仆人转告，但是因各种原因没能当面跟他谈话，我能怎么抗议呢？他回复说，无论是他还是别人都没办法详细
157 告诉我他从枢密院了解到的国王的意图，但他笼统地向我保证国王是一个值得尊敬的、有道德的君王，并希望保持跟皇帝的友谊，善待王后和公主。他说在跟国王交谈后，他或许能得到更具体的答复。"[7]

另一次，克伦威尔以宫廷有事为由，临时取消了大使到奥斯丁会的拜访。但是夏普伊确切地知道他后来出发去了另外一个宅邸。其他时候，克伦威尔用"美妙的言辞"和亲切的保证迷惑大使，但他总是小心地避免给出书面承诺。这是夏普伊后来应对国王时用的一个策略："我同样使用了克伦威尔自己的方式，像他对我那样决不出具任何书面的东西。"[8]不过，玛丽继承了她母亲的坚韧，抵挡了克伦威尔所有削弱她地位的尝试。她和她的支持者在接下来的三年里依旧是克伦威尔的肉中刺。

然而，在亨利复杂的政治外交世界里，人跟人之间的对立和睦并不固定。虽然克伦威尔是亨利和凯瑟琳婚姻无效的主要促成者，但是他对被废的王后和她的女儿存有一丝同情，他的信件证明他有时候会给她们提供一些安慰。凯瑟琳跟他同岁，两人都对国王怀有强烈的忠诚心。克伦威尔一定给了

夏普伊足够真切的希望，促使这位外交官相信他的意图是好的，并尝试赢得这位大臣对凯瑟琳的支持。1533 年 7 月，他向皇帝坦言：“如果我看到他（克伦威尔）有选择正确道路的微小迹象，我一定会……让他知道他的人身安全会得到怎样的保证，并增加他的权势和声誉，如果他帮助凯瑟琳复位的话。”[9]这既是承诺又是威胁，但是没有证据表明克伦威尔打算听从——至少彼时还没有。在夏普伊写这些的时候，国王对克伦威尔的宠爱达到最高峰，他帮助取得后位的女人已经怀孕， 158
据说怀的是一个男性继承人，新时代的来临似已万事俱备。

但克伦威尔从来都是一个规避风险、尽可能多地保持潜在盟友的人。因此在接下来数月的时间里，他表现出愿意听从大使尝试对他的劝说的样子。“他可以相信，一旦王后复位，他将发现她是仁慈且知恩图报的，她会比我说的更加乐意倚重他”，夏普伊在 1533 年 8 月跟他的主人如是说。

> 克伦威尔接受了我谈话中相当多的部分。他非常感谢我给出的好建议以及我对国王和对他的友爱……他一遍又一遍地承诺我，就他自己而言，他会竭尽全力，并希望所有的事情最后都有好的结果。那次他没有像通常那样说起您和王后，也没有像其他时候那样劝您应该让步并同意国王的婚姻。当然，如果要相信克伦威尔的话，考虑国王的身边现在没有那位情妇，或许可以说他在那方面有一些后悔的表现。[10]

尽管克伦威尔的态度让人充满希望，但夏普伊知道自己在这场协商中处于劣势地位。是克伦威尔而不是他握有左右亨利宫廷的权力，并可以见风使舵地采用最有利于自己的立场。很快，大使的幻想就破灭了。“克伦威尔所说的确实非常好，”他告诉皇帝，“但是他的行为不好，他的意志和意图无比恶劣。”[11]

公主的降生并没有阻止克伦威尔推行由她父母的婚姻引发的改革。他利用自己庞大的线人网络收集对那些反对新法律、同情前王后的人不利的证据。1533 年 7 月他得知两个
159 意图激起民愤、反对国王新婚姻的修道士来到英格兰。他的线人们告知他，这些修道士还给那些他们认为同情旧统治以及凯瑟琳本人的人带了信。他当即向他的君主汇报了所有信息。他没有立刻逮捕这些修道士，而是建议“要让这些修道士跟她（凯瑟琳）和她的支持者说上话并探听他们传达的内容，由此或许可以察觉他们的进一步行动，辨识他们不好的意图”。他的建议显然被采用，因为在接下来的一封信中他汇报说：“至于与王子遗孀接触的那些修道士，我特意安插在韦尔（ware）的线人们在那里首次发现他们在暗中接受传召。线人们等了他们很长时间并尾随他们从那里到伦敦，然后在伦敦（尽管他们很谨慎、多次用计试图逃脱）逮捕、拘留他们直到我回来。”他继续描述了自己是如何亲自审讯这些修道士的，虽然他“没有获得重要、有意义的信息”，但他相信这些人将在严刑之下坦白。[12]

尽管克伦威尔成功地镇压了这次反抗，但仍有很多本土人士抵制他的改革。最直言不讳的反对者之一是一个叫伊丽莎白·巴顿（Elizabeth Barton）的修女，她宣称自己预见了国王迎娶安妮之后将发生的灾难。她受年长的大主教沃勒姆庇

护，但是1532年后者的逝世让她失去护身符，并因此成为克伦威尔唾手可得的猎物。他和克兰默一道用高强度的审问向她施压。由于伊丽莎白拒绝屈服，克伦威尔于1533年下令将她和她的支持者集体逮捕并投入伦敦塔。通过这么做，他向所有想要反对新政权的人发出了一个清晰的信号。

与伊丽莎白·巴顿有勾结的人当中有约翰·费舍主教。他与这位修女见过几次面，但没有向国王汇报她的任何不忠的预言，现在这被看作忽视对君王的职责的表现。在对他用 160
了“严词和骇人的威胁”之后，1534年2月克伦威尔本人又写信斥责这位主教。[13]在一封冗长且措辞强烈的信里，他指控费舍“高看了这个女人的神圣性”并且只问她“没什么意义的问题”，没有把她当作一个潜在的叛国者严加审问。克伦威尔说，这种行径轻则为“玩忽职守”，重则可能暗示主教与她共谋。“你听到、相信并隐藏这意图毁灭陛下的事情，是严重的失职”，他警告道。这表明克伦威尔对国王的宠爱是如此自信，他大胆预测了如果费舍在关于修女煽动性预言上坦白，国王会如何反应：“我认为我足够了解国王陛下的仁慈和温和的天性，只要您给他一些不同于您信中所写的其他理由，他不会像您刻意所写的那样不近人情地处理你。”[14]

克伦威尔并没有就此停手。他决定利用伊丽莎白·巴顿被捕的机会诱捕其他备受瞩目的反对者。为了确保国王至高无上的王权，他表现出清晰的战略思考能力，这让他在周遭的政治和宗教理想主义者中脱颖而出。没有记录表明亨利在根除改革反对者一事上给克伦威尔施加了多少压力，即便他施压了，克伦威尔本人也会毫不犹豫地给反对者以致命一击。克伦威尔的魄力第一次受到真正的考验，而他没有让君王失望。

克伦威尔关注的首要反对者就是托马斯·莫尔爵士，这位前大法官被指控与伊丽莎白·莫顿勾结。虽然莫尔跟她的接触没有费舍那么明显，但是克伦威尔擅长用最纤细的线织就错综复杂的法网。因此，在莫尔承认自己曾跟这位修女见过面并通过书信之后，接下来的调查对此大做文章。克伦威尔亲自审讯了莫尔，但即使凭他的才能也没有找到足够立案的情节，就像夏普伊汇报的那样："由于国王似乎没有找到他想要的借口以对莫尔施加更大的伤害，他停发了后者的俸
161 禄。"大使敏锐地补充道："这些人（莫尔和费舍）遭迫害仅仅是因为他们站在了王后（凯瑟琳）这边。"[15]

虽然克伦威尔的威逼策略暂时成功镇压了英格兰本土的反对者，但是这些策略促使了英格兰与罗马的完全决裂。当听说这场争议时，克雷芒七世拒绝再签署任何任命英格兰主教的文书。这并没有说服克伦威尔采取一个更加缓和的态度，反而促使他动用一切可用的资源贬抑教宗权威。在亨利的许可下，克伦威尔开始了英格兰历史上最猛烈、最肮脏的诽谤运动，动用布道坛和印刷出版物攻击教宗。一幅四位福音传道者向教宗扔石头的图像可能就是在他的推动下制作的。与此同时，他起草了必要的法律法规以打破英格兰跟罗马之间的既有联系。1534 年年初议会再次被召集，在克伦威尔的严密监视下，这届议会通过了《继承法案》，宣布玛丽为私生女，并承认伊丽莎白（以及安妮·博林未来诞下的其他

孩子）为王位继承人。这届议会还通过了《豁免法案》，取消了拥有一定规模地产的家庭向罗马缴纳金钱的传统义务。这与第二部《限制首岁教捐法案》互为补充，它将教会先前向教宗缴纳的款项转入王室金库。教士会议两年前通过的神职人员服从状也以法令形式得到确认。3 月 30 日该届议会结束的时候，英格兰实现了跟罗马彻底且无可争议的决裂。

作为奖励，次月亨利任命克伦威尔为他的首席秘书兼首席大臣。他在实质上负责这两个职位的工作已有一段时间了，但是这丝毫没有削弱任命的意义。

克伦威尔因这一宠任而振奋，坚持不懈地继续他镇压反对者的努力。虽然议会两院的成员在该届议会结束前都不得不宣誓接受《继承法案》，但克伦威尔明智地判断这还不 162
够。要想让这个法案充分生效，亨利的所有臣民就必须正式承认国王跟安妮·博林婚姻的合法性。这是一个史无前例的举动：整个国家从未像这样被迫执行国王的命令。克伦威尔意图借此剔除所有尚未受到报复的反对者。通过迫使他们宣誓承认这场婚姻，而不只是用其他方式委婉表达他们的看法，他迫使危险的暗中活动变成公开的抵抗，以便他和他的执法者们加以处理。

克伦威尔首先从都城着手。4 月 13 日，伦敦的神职人员对《继承法案》宣誓。但不久之后，多位高层人士站出来反对。他们当中首要的是托马斯·莫尔爵士和约翰·费舍，两人都拒绝宣誓。莫尔立刻被逮捕，并在 4 月 17 日被扔到伦敦塔。四天后费舍也受到同样的对待。这位前大法官给他的女儿写了一封很长的书信，在信中解释了拒绝屈从的原因，并且描述了他的拒绝在枢密院产生的强烈反应。似乎没有人比克伦威尔更愤怒了。“秘书大人起誓说他宁愿自己的儿子丢掉脑袋也不希望莫尔拒绝宣誓，因为国王会对他产生很大的怀疑，以为坎特伯雷修女事件是因他的放任自流才得以密谋的。”[16]

尽管在表面上危言耸听，但克伦威尔私下里一定为自己用计使对手沦落到如此凄惨的境地而窃喜不已。莫尔和费舍被逮捕之后不久，克伦威尔写信给克兰默，后者曾建议让这两人只需对誓言宣誓、无须对序文宣誓，以求和平化解这一局面。克伦威尔指出：“如果他们如此宣誓，那么一定会成为所有人拒绝宣誓或至少像他们这样宣誓的借口。因为如果他们对继承权而不对序文宣誓，那么这不仅会被看作对罗马
163 主教职权的认可，而且是对国王第二段婚姻的谴责。”克伦威尔敦促道：“不能让民众注意到上述罗彻斯特主教和莫尔先生的例子。”克伦威尔在此以“莫尔先生”称呼托马斯·莫尔，表明了他对这位前大法官的蔑视。不过他的信同样在某种程度上流露出对克兰默的恼火，因为后者对回避冲突的渴望有时令他不再像以往那样可靠。他提醒这位大主教：“国王尤其相信你无论如何都不会试图站在他的对立面。”[17]

与此同时，一条命令在4月18日下达给全体伦敦市民，要求他们宣誓，他们遵命照做了。但是克伦威尔决意要根除任何进一步抵抗的可能，因此他决定以一种非常公开且残忍的方式展示力量。伊丽莎白·巴顿及其支持者们从上一年被捕之后就一直被关在伦敦塔。夏普伊沾沾自喜地汇报说，法官极不乐意宣告她有罪——这是他们忠于旧宗教的铁证。他们因此成为抵抗改革的有力象征，使克伦威尔决意严惩他们以儆效尤。

克伦威尔绕过法官的进一步抵抗，借助他所偏爱的议会决议路线，通过《剥夺私权法案》坐实了叛国罪的裁决。他继而下令将伊丽莎白·巴顿和她的五位支持者（都是神职人员）从伦敦塔拖到泰伯恩（Tyburn）示众，并且在那里作为叛国者被处死。伊丽莎白在都城颇有恶名，因此那些目击这一可怕场面的民众一眼就能认出她来。一位女叛国者应当被处以火刑，但是克伦威尔特许对她施以绞刑然后砍头。她的支持者们就更不幸了：他们作为叛国者被处以恐怖的死刑，不过他们的尸体是被斩首而不是被分尸。

这场处决不仅是克伦威尔改革进程的一个转折点，也是司法制度的一个转折点。它们体现了克伦威尔权力之大及手段之残酷。他预备好打垮任何一个反对他的人，就连在不经意 164
间被卷入这些事件中的人也不能幸免。甚至那些克伦威尔最亲近的人也为这种陌生的残忍所震惊。当克伦威尔命令逮捕四个被怀疑与伊丽莎白·巴顿有勾结的人时，司法大臣克里斯托弗·黑尔斯爵士就被卷入了纷争。他向他的朋友恳求道：“如果没有相反的理由，我请求您尽快把这些虔诚的人放回家。”克伦威尔没有理会他的请求，于是他在处决前三天再次请求，试图说服克伦威尔：“赦免他们所有人是上帝的意旨也是国王的用意。”[18]但是处置巴顿和她的支持者只是开始。很快，对新政反对者的草率逮捕乃至处决变得更加司空见惯。

克伦威尔突然转向这种残酷策略的原因仍有争议。反对克伦威尔的人迅速将此归咎于他一直小心遮掩直到此时的残忍天性。但有证据表明他这么做是出于惯用的实用主义，而不是暴虐的冲动。在莫尔和费舍这类人那里遭到的阻力坚定了克伦威尔推动改革的决心，也让他强烈地认识到自己的对手是多么危险与普遍。同时，对手显然不可能妥协：双方极度对立。如此野蛮地维护改革是一种自我保护，也是一种权术。虽然他现在深得国王重用，但是他清楚地知道亨利的态度有可能很快转变。因此他比自己的头衔和权势所暗示的要脆弱得多。在这种情势下，进攻是最好的——事实上也是唯一的——防守。

在伦敦试验过的模式被推广到英格兰其他地区。克伦威尔组织委员会到每个郡确保当地人宣誓。他不再满足于人们
165 对《继承法案》的接受：意识到最大的反抗来自神职人员，他要求所有新任主教也要正式承认王权至尊。含大学在内，教会的机构和学院也被迫进行集体宣誓，每个神职人员都要签署“在本国，上帝赋予罗马主教的权力跟其他外国主教一样”[19]的声明。同时，大多数普通的世俗人也不情愿地接受了委员会呈给他们的文书，即便他们之后继续提出异议。认识到这一点，克伦威尔在 1534 年 11 月议会召集的时候提出了一项严苛得令人震惊的新叛国法案。现在，谈论反对王室、否认他们的头衔，或者称国王为异端、暴君、异教徒或者篡位者都将被视为叛国。

在同一届议会上，克伦威尔强行通过了《至尊法案》，阐明并确立国王作为“英格兰教会最高领袖”的地位，并规定他和他的继承人“拥有绝对的权力和权威，定期巡视、约束、矫正、改革、整顿、告诫、制止并且改进所有错误、异端邪说、滥用、违法、蔑视和暴行，无论上述罪行源自……任何惯例、风俗、外国法律、外国权威、指示或者与此相悖的其

他事宜”。[20]同时，《首年金与十分之一税法案》给神职人员增加了一个新的纳税重担。克伦威尔估算这项法案会产生年均 4 万英镑的收入——约等于今天的 1250 万英镑。

克伦威尔的新法案得到了迅速且残忍的执行。那些胆敢在布道坛上出言反对国王的神职人员被投入伦敦塔或流放国外。社会上的普通民众也没能逃离责罚。即便是针对最卑微臣民的指控，克伦威尔也亲自参与调查，没有任何一个批评国王或者赞颂教宗的打杂女佣或铁匠能够逃离惩罚。但是克伦威尔知道草根阶层的反对是公众对新统治态度的可靠的晴雨表，这也是为什么他会如此审慎、细致地关注每一个指控乃至传闻。1534 年 10 月，他写信给枢密院，事关一个被捕的“居心非常险恶的人”。他力劝枢密院在其被“审查”之前不要将此人处死，这样“我们就知道他掩藏在深处的全部心
思”。[21]除了对他宗教改革的普遍反对之外，克伦威尔发现社 166
会上还存有对新王后根深蒂固的憎恶。即使是在亨利娶了安妮·博林两年后，一个名叫玛格丽特·钱瑟勒（Margaret Chanseler）的萨福克女人公开反对离婚并骂王后是一个“下流胚子”“大眼睛的贱人”，并诅咒她再也生不出孩子。[22]玛格丽特逃脱了惩罚，但是在这之前，目击者们经受了来自超过 10 个治安法官的彻底质询，其中包括圣埃德蒙兹伯里的修道院院长。

英格兰北部一直是王室权威最顽固的抵抗者。离宫廷的距离越远，臣民对国王的忠心似乎越少。这个地区还是罗马天主教的大本营，比英格兰其他地区更谨遵旧宗教的礼仪。约克郡的一些大修道院，比如方廷斯修道院和格雷斯山修道

院，是北方传统与反抗的代表。克伦威尔知道，改革要想成功，就必须把北方各郡更直接地置于王室掌管之下。他的策略是削弱当地有权势的贵族，从最弱的开始逐个清除。第六代诺森伯兰郡伯爵、安妮王后的前情人亨利·珀西身居北方代理官员的关键职位，但他债务缠身、难当大任，其管辖权仅限于中部和东部边界地区，且仍在不断衰弱。因此克伦威尔以他管辖下的地区为重点，然后向西北推进。在这里，他利用了这一地区软弱、分裂的形势，戴克斯（Dacres）和克利福德（Cliffords）两大世家之间的世仇让他们的支配力大不如前。克伦威尔故意在他们之间挑起事端。他以跨过边界跟苏格兰领主发展亲密关系这个模棱两可的理由指控第三代戴克斯男爵威廉叛国，即便这在后来被证实是为了英格兰而不是他自己的利益。戴克斯于 1534 年 7 月被主持庭审的贵
167 族们释放，但此时克伦威尔已经成功打破了他对西部边界地区的控制，继而在两个月后任命第一代坎伯兰郡伯爵亨利·克利福德（Henry Clifford）为当地的监管者。

在降服北方的同时，克伦威尔没有忽略王国的其他边远地区。虽然亨利是爱尔兰名义上的统治者，但他的前辈们对当地的控制力向来有限。和英格兰北部一样，有权势的地方领主在当地占支配地位。因此克伦威尔故技重施，把受信任的王权拥护者安置在关键职位。其中最重要的是代理人（deputy）一职，自 1532 年以来就被与诺福克公爵颇有联系的第九代基尔代尔伯爵（Earl of Kildare）占据。但伯爵在当年晚些时候因枪伤丧失行为能力，克伦威尔抓住了这个机会。他开始培养基尔代尔的对手巴特勒家族（Butlers）和都

柏林阿伦大主教（Archbishop Alen of Dublin），并在1533年9月把伯爵召回英格兰。克伦威尔很快用拥护自己管理方式的人取代了伯爵，并在都柏林议会安插自己的支持者。他还任命威廉·斯凯芬顿爵士（William Skeffington）为代理人。终于，在1534年5月底，爱尔兰普遍接受了王权至尊原则。

但这绝不意味着事件的结束。6月11日，基尔代尔的儿子托马斯·奥法利勋爵（Thomas Offaly，又称“温和的托马斯”）公然在议会抨击国王的政策，发动叛乱。克伦威尔再次采取了果断的行动。6月29日，他将基尔代尔投入伦敦塔，两个月后基尔代尔逝世。这刺激奥法利发动了全面叛乱。他和他的支持者们杀害了阿伦大主教以及他的所有教士和侍从，因为他们试图于7月27日逃回英格兰。随后，叛乱者袭击了都柏林城堡。奥法利和他的同伙掌权长达一年，直至1535年8月24日投降。他被押送到伦敦并被直接投入伦敦塔。

有说法认为，从这时开始直到他被杀为止，克伦威尔都是爱尔兰的“实际统治者”。[23]当然，国王看起来也同意委托他管理爱尔兰的事务。官员的任命、经济及其他与爱尔兰相关事务 168
现在统归克伦威尔支配。他像在英格兰一样在爱尔兰运用王室权威，一丝不苟地留意细节，与在那里的委员们多次通信。[24]

随权力而至的是腐败。克伦威尔似乎在爱尔兰收受了比在其他地方更多的贿赂。一位廷臣说他是国内“最大的受贿者”。[25]据说，诺福克公爵的亲戚、富有且有影响力的巴特勒家族给了克伦威尔一大笔钱，希望能避免王室代理人搜查他们的城堡。这样的贪婪引发了爱尔兰境内对国王首席大臣的普遍不满。甚至有谣言称他将被暗杀。“掌玺大人一手造成了混乱和死亡，稍后他也差点丧命，最终只能勉强逃生。”乔治·波利特（George Paulet）如是说。“因为他的手段和教唆，所有国王的收入和收益都被他用邪恶的手段夺走了。”他估计亨利的收入至少是他前辈们的6倍，但是“都因掌玺大人的手段而被消耗、化为乌有了”。[26]不过，国王显然乐见他的大臣从对爱尔兰事务的管理中获利，只要他能让爱尔兰听从王室支配，那么他可以用这样的方式为自己的付出寻求回报。

克伦威尔在威尔士面临相似的对王室权威的挑战，不过由于威尔士跟英格兰距离较近，事情多少更容易处理。尽管如此，那些紧守传统和特权的人仍强烈反对克伦威尔的新政。1534年他任命考文垂和利奇菲尔德的新任主教罗兰·李（Rowland Lee）为威尔士边境议会议长。李在进入教会前在剑桥学过法律，曾积极服侍枢机主教沃尔西。沃尔西失势后，他转到克伦威尔麾下，两人迅速成为朋友。作为国王的教士之一，李积极参与王室事务，是克伦威尔推进亨利跟凯瑟琳离婚重要的教会盟友。有传闻称他秘密主持了亨利跟
169 安妮·博林的婚礼，不过没有记录佐证这一点。1533年他被派到北方各郡说服那里的教士会议支持国王离婚，并且协助审讯了伊丽莎白·巴顿和她的支持者们。

因此李不只证明了他对克伦威尔的忠诚，也证明了没有人比他更适合监督威尔士改革的执行。作为议长，他接任了埃克塞特天主教主教约翰·维齐（John Veysey），后者失去了他的主教辖区。克伦威尔进一步增加了李的权限，让他逮捕那些利用边境领主独立司法权逃脱法律制裁的罪犯。李毫不迟疑地开始运用他的权力，很快因执法果断残酷而出名。

人们称他为绞刑法官，威尔士编年史家伊利斯·格鲁福德（Elis Gruffudd）说他在6年间处决了5000名罪犯。虽然这无疑是一个夸张的说法，但是李的确受到相当强烈的敬畏，很快降服了桀骜的威尔士。

在1534年12月写给查理五世的一封信里，夏普伊因威尔士对阿拉贡的凯瑟琳和她女儿的忠诚而对其怀有同情，他在信中描述了李的管治在威尔士引起的普遍憎恨：“人们身受的痛苦令人难以置信，他们因不得不宣誓而焦虑，尤其是威尔士人，他们刚被国王通过议会废除本地法律、习俗和特权，这是他们最难以忍受的。我在想国王怎么敢在爱尔兰麻烦频发的情况下如此行事，除非上帝要他这样被蒙蔽。”[27]

虽然克伦威尔任命像李这样可靠的仆人担任重要的战略职位，但是他在执行新法时几乎不会放弃个人把控。其结果就是他一力承担了大量行政、文书和调查工作。克伦威尔的朋友斯蒂芬·沃恩在1534年年末写信给他，请他改革现有司法体系，这样他就不用“因接连不断的民事案件难题”[28]而劳心费力。而他能够在推进政府层面的改革之余腾出时间监督
执法也体现了他的勤勉、完美主义乃至偏执。虽然身边都是 170
有能力的仆从和顾问，但克伦威尔从未完全信任任何人。他已经见过太多人（包括他的前侍主）成为亨利宫廷危险、处处可见的阴谋的牺牲品，他必须谨小慎微。

在沃恩去信之后仅几个月就发生了这样的例证。虽然沃恩与克伦威尔之间关系密切，但这一关系仍然易受宫廷里迫切想让克伦威尔失去盟友的政敌的密谋攻击。他们激起二人之间的矛盾，让沃恩相信他的老朋友在玩弄他。当克伦威尔

发觉之后，他立刻写信给沃恩，指责他对自己的忠诚如此缺乏信心。“从你的信里可以看出，你对我的友谊和我从前对你的友好存有如此大的疑心（对此我不禁感到惊异），我必须直白地告诉你，你在那个方面担心过了头……我一直都是你的好朋友，从未有任何表现或给你任何理由让你怀疑。”他坚持说：“你会确实地发现，我现在跟从前一样时刻准备为你服务，因此建议你除非真的有理由，不然不要对你的朋友有类似的猜疑，但我向你保证你在我这里找不到也不会找到这样的理由。”克伦威尔还告诫沃恩以后要留意信中所写的内容，因为“远离宫廷，你给我写的信有可能会经由他人传到国王手中，我不在的时候他会拆阅”。[29]

经过这次沟通，克伦威尔与沃恩的关系似乎恢复了，但他们后来的通信都是在更加审慎的基础上进行的。克伦威尔无视朋友请他把重担移交给他人的请求，继续开展针对改革反对者的运动。据统计 1532 年到 1540 年间有 883 人被指控叛国，其中 308 人被处决。这些判决很大程度上拜克伦威尔对反对者孜孜不倦的处置所赐。亨利的长女玛丽在位 5 年便烧死 283 位新教徒，因此获得“血腥玛丽”的称号。克伦
171 威尔的记录要更高，但是这会让人误解他统治的残暴程度。被处死的绝大多数人都参与公开反对国王的活动，或者像白金汉公爵一样受王室或者说宫廷政治的牵连。事实上，像玛格丽特·钱塞勒（Margaret Chanseler）那样在公开反对国王跟安妮·博林婚姻后仍被开释的案例也绝非罕见。在数以百计的因公开反对王权至尊被调查的人当中，只有 63 人被处罚。这是一个动荡的年代，但还不算是个暴政的年代。

第九章
“良善的秘书大人”

1534年克伦威尔在宫廷势不可挡的攀升持续了一整年。 172
“国王现在给他的荣誉和权力真的令人难以置信，”夏普伊在当年向查理五世汇报说，“跟枢机主教的荣誉和权势一样大，此外每天他都会从国王那里得到赏赐。”[1]克伦威尔已经证明了他作为首席秘书的能力，鉴于他对细节的关注和对繁重工作的巨大承受力，这个职位非常适合他。不论国王给他多少职务，他不把任何一个当作挂名差事。如果某个职位的工作太繁重，他会把职位连同薪水一起让给其他人。

这种勤勉让克伦威尔与亨利宫廷里的大多数人不同，他们为新头衔彼此竞争却没那么急于承担相应的职责。相比之下，克伦威尔府邸不断增加的文员、秘书和传信者确保每一份职务的工作都能以最高效率开展。大量的文档和书信透露出他对细节出了名的高度关注。克伦威尔认真对待每份职务（不论大小），这跟被大肆吹嘘的腐败、贪婪、只为个人利益驱动的官员形象形成有趣对比。连他的老对手夏普伊都不得不赞叹这位始终都在忙碌的官员的尽职尽责，他在给主人的一封信中提及克伦威尔“事务纷繁复杂”。在另一场合，

173 这位大臣向他抱怨“给再多酬劳他也不会甘心乐意地承担自我们上次见面以来他接手的繁重工作”。[2]

克伦威尔利用他首席秘书的身份对王室财政进行了根本性的改革。1534 年他起草了《补贴法案》，第一次以和平而不是战争的名义提高征税。他花费了大量时间和精力策划改革，以改善“公共福祉”。与克伦威尔其他的很多变革不同，这些社会改革是出于福音主义和人文主义理想，而不是为了国王的经济利益。古文物学者约翰·斯托（他并不喜欢克伦威尔）描述说“在慈善日益衰落的时代”，他经常看见克伦威尔在家门外每日两次为 200 个穷人提供“足量的面包、肉和饮料”。尤斯塔斯·夏普伊也说克伦威尔在自己的钱财使用上“非常慷慨”，一个名叫乔安娜·克雷克（Joanna Creke）的寡妇也因他“丰富的施舍”而称赞他。[3]

克伦威尔在一系列回忆录（或备忘录）中煞费苦心地写下了所有他希望与国王讨论的想法。那些依然留存的回忆录可以让我们一睹这位真正的全才引人注目的卓越、机敏的思想。他呈予（或者打算呈予）君主的很多计划是关于教育、贫穷救济、贸易、工业、农工业和民法的改革提议。并非所有的提议都得到了成功实施，但是那些成功实施的政策确保了克伦威尔作为英格兰历史上一位最伟大的经济和社会改革家的地位。

克伦威尔惊人生产力的一个表现是他上位期间通过的法规的绝对数量。他的文件里充斥着计划向议会引介的法案草案，他的备忘录里还有更多。在 1509 年到 1531 年间召开的 9 届议会通过了 203 项法案。相比之下，在 1532 年到 1540

年间，亦即克伦威尔权力的鼎盛时期召开的 8 届议会通过了 333 项法案。立法的篇幅同样值得注意。克伦威尔未上位以前，亨利在位 22 年间共起草了 416 页法规——克伦威尔几乎在仅 8 年内就几乎达到了这个数字（409 页）。[4]所有克伦威尔起草的法规在细节上非同寻常，有数百页之多，这揭示 174
了他在法律事务上的严谨，以及每条法规内容的立法意义。

1534 年 9 月，一位十分出人意料的访客到达英格兰宫廷，这暂时分散了克伦威尔在多件国事上的注意力。她就是玛丽·博林，王后的姐姐。玛丽已经有一段时间没有出现了；确实，自她 1532 年年末陪安妮到法国之后，几乎就没有她的消息了。她的到来引起了极大的轰动，因为她离开宫廷的时候还是一个孀妇，回来时显然已经怀孕。不过，她所怀的不是私生子，因为玛丽承认她已经秘密地嫁给了地位低贱的威廉·斯塔福德（William Stafford）。安妮震怒，立刻把她赶出了宫廷。此时的她没有心思被姐姐羞辱，因为那年夏天她已经遭受了一场流产（也可能是怀上了死胎），同时还因她的丈夫新找了一个被称为“帝国夫人”的情妇而受到嘲讽，这位“帝国夫人”公开支持阿拉贡的凯瑟琳及其女儿玛丽。

安妮斩钉截铁地做出反应。她拒绝见姐姐或者跟她说话，并且说服国王不要取消放逐的命令。陷入绝望的玛丽写信给克伦威尔，请他向妹妹和国王求情，说自己是一个“被放逐的可怜人”，她哀叹：“我相信您并非不知道我和他惹得国王陛下和王后非常不快，因为我们在他们不知情的情况下成婚。”她继续哀求说，他们这么做是出于爱而不是恶意。“良善的秘书大人，试想一下，他年轻，爱战胜了理智；至于我，我在他身上看到如此的忠诚，我爱他如他爱我一般……尽管我完全可以找到一个出身更好、身份更高的人，但是我向您保证我找不到一个比他更爱我、比他更忠诚的人。”让克伦威尔知道她丈夫的个人品格弥补了他出身卑微这一事实，或许是她赢得克伦威尔同情的一个尝试：暗含的对他本人的恭维显而易见。

玛丽的信足以表明克伦威尔在宫廷的影响力已大到何种
175 程度。由于国王和王后不听她的请求，克伦威尔成了她重返宫廷的最可靠途径。她提到了克伦威尔帮助过的其他很多人，恳请他“施恩于我们，像您施恩于我们之外的所有世人一样”。玛丽继续说：

> 良善的秘书大人，这是我对您的恳请，看在我清楚地明白您对我家族的敬爱的份上……代我们向国王求情，恳请一直不愿怜悯的陛下，怜悯我们；并且，如果仁慈的陛下愿意，请他在王后那儿为我们说话；因为，在我看来，王后对我们极其不满，如果国王不施恩于我们，收回他的严苛并为我们说情，我们不可能重得王后的偏爱：这太过沉重，我们难以承受。因为已经没有其他的解决方法了，请看在上帝的分上帮帮我们吧。

尽管她为安妮的不依不饶深感痛苦，两姐妹之间显然存有敌意，因为玛丽忍不住又加了一句：“我宁愿跟他（斯塔福德）一起乞讨也不愿做基督教王国最伟大的王后。”

虽然玛丽准确判断出如果有人能够帮她摆脱困境，那个人一定是克伦威尔，但她显然已不再熟悉宫廷政治，因为她还请他说服诺福克公爵和自己的弟弟罗什弗德侯爵（Lord Rochford）恩待她，因为“他们对我们如此冷酷”。[5]在这个时候，克伦威尔是最不愿意说服诺福克做任何事的那个人，也没有证据表明他曾经得到罗什弗德的友谊或者信任。确实，玛丽误判了克伦威尔愿意为她的利益而努力的程度。他跟王后的联盟是脆弱的，参与一件已经让她极其恼火、难堪的事情会让他成为后者永远的敌人。国王也不想让他的旧情妇返回宫廷——新情妇和一份给他带来的痛苦多过欢愉的婚姻占据了他非常多的精力。在这种情势下，如果不是为了朋 176
友的利益，克伦威尔是不会接下这样一个既不讨好又有潜在风险的任务的。玛丽离开宫廷前可能已与他结识，但她算不上是克伦威尔的密友之一。即使克伦威尔回复了她，他的回信也没有留存下来。当然，没有证据表明他因被感动而采取了任何行动，玛丽不得不远离宫廷。[6]

大约在玛丽·博林事件发生的同一时期，克伦威尔有机会遇到了另一个旧识，这个人整体上更受欢迎。根据当时意大利的小说家马泰奥·班戴洛所言，佛罗伦萨商人弗朗切斯科·费雷斯科巴尔迪在 1533 年到 1535 年之间的某个时间点来到英国，收取别人欠他的一些债款。这表明他也已陷入窘境，不得不走这一程。据说克伦威尔骑马进宫的时候在街上认出了他的旧主，“他突然下马（令所有侍从不解），上前极为热情地拥抱了他；并勉强忍住眼泪，问那人是不是佛罗伦萨人弗朗切斯科·费雷斯科巴尔迪；是的，先生（他说），我是您卑微的仆人，‘我的仆人（指克伦威尔），不，您从未做过我的仆人，我只把你看作我特别的朋友’”。[7]克伦威尔急忙把他带到奥斯丁会，请他吃晚餐，并毫不迟疑地下令追查费雷斯科巴尔迪的债务人。克伦威尔召来一名仆人，告诉他：“看这份账单记录的是哪些人，找到他们所有人，不管他们是不是在英格兰，让他们知道，除非在 15 天内偿还全部债务，否则我会着手此事，让他们受到伤害和不快，所以让他们把我当作债主。”[8]几天内所有的债款就被偿还，克伦威尔的权势也可见一斑。弗朗切斯科得以带着一大笔钱返回意大利，其中有从他债务人那儿收来的，也有从他的前门徒那儿得来的，克伦威尔坚持要给他 1600 杜卡特，外加 36 杜卡特以作为对费雷斯科巴尔迪多年前在佛罗伦萨给他的那些钱财、衣物和马匹的回报。这是一个感人的故
177 事，虽然未经证实，但说明了克伦威尔对前侍主们强烈的忠诚。他从不忘记老朋友或者那些善待过他的人，无论他们如何卑微或者没落。

克伦威尔对费雷斯科巴尔迪的善待可能也出于他对意大利经久不衰的感情。一些年以后，当威尼斯人寻求更新他们从英格兰进口羊毛的许可时，威尼斯的总督和参议员叮嘱他们的大使要接近“高贵的克伦威尔”，因为他们“相信这位秘书会轻易获得他们想要的”。[9]班戴洛后来若有所思地说：“如果他爱英格兰贵族像爱外国人一样，或许他也不至于死于非命。”[10]

不过克伦威尔的忠诚并不只留给意大利的旧交。1529 年，他的老朋友斯蒂芬·沃恩因为宗教争端与商人冒险家公司发生了冲突。公司的管理者把他拖到伦敦主教面前指控他为异端。当时，克伦威尔没办法帮助他的朋友，因为随着沃尔西

的失势他一直在挣扎求生，但是他刚在宫廷得势，就确保这些指控被撤销、沃恩能够重建他的事业。克伦威尔随后为沃恩和他的新婚妻子购置了伦敦肖迪奇（Shoreditch）圣玛丽医院的小修道院，并给后者在安妮·博林宫中谋得了一个丝织女工的职位。他持续关注沃恩的福祉，在得知国王欠他一年的俸禄后，他写信给奥德利措辞强烈地要求支付其酬劳。[11]

1534 年 10 月，克伦威尔被任命为卷宗主事官（Master of the Rous），这是英格兰级别最高的司法职位之一。这一职位还为克伦威尔带来了一栋宏伟的古老府邸，即位于大法官巷（Chancery Lane）的卷宗主事官府。1233 年，亨利三世在那里为改变信仰的犹太人修建了一座加尔都西会修道院。爱德华三世在 1377 年将这座修道院作为新设的卷宗主事官（Custos Rotulorum）的附属建筑。主事官负责存放大法官法庭的记录（又称为“案卷”），大法官法庭对所有衡平法事务都有司法权，比民事法庭的管辖范围要大得多。自 178
14 世纪末受理个人案件之后，在接下来一个世纪里大法官法庭的庭审次数翻了两番。卷宗主事官通常由神父（往往是国王的御用牧师）担任。克伦威尔是首批任该职的世俗人士之一。

克伦威尔的通信记录显示他经常在卷宗主事官府。很快，一大批访客聚集在外，令府邸水泄不通。1536 年 7 月，他的老朋友玛格丽特·弗农——曾任小马洛女修道院院长、克伦威尔的儿子格雷戈里的监护人——写信抱怨道：“我经常到您的卷宗主事官府想要跟您谈话，但是因为有大批求见的人而我在府邸又没有门路，所以不能进前来与您见面。”[12]

克伦威尔实质上为自己设立了一个专属的议事厅，里面满是请他帮忙的人、政治要人、大使和使臣。集中在他府邸的权力与恩惠几乎跟在亨利的宫廷一样大。乔治·卡文迪什在一首关于克伦威尔的诗中，以后者的口吻抱怨道，自从晋升之后“随之而来的求助者像密密麻麻的蜜蜂一样”。[13]

获得卷宗主事官府缓解了克伦威尔的庞大家庭日益严峻的住宿问题，他立即将一些仆人调到这里。[14]但他还需要更大的空间。他已经买下了一座名叫大宅的新宅邸，紧邻坐落在伦敦东边斯特普尼格林（Stepney Green）的圣邓斯坦教堂。1535 年之前的某段时间，克伦威尔可能将大宅租给了他的外甥理查德·克伦威尔，也可能在附近给他买了栋新房子。他此时又在哈克尼（Hackney）买了一栋房子并开始了一系列装修。“我看了您在哈克尼的房子，”1535 年他的代理人托马斯· 克罗克（Thomas Croke）写信说，“厨房都完成了，只差铺地，干、湿储藏室以及花园水池的加注进展顺利。”之后不久，那年 9 月，他的另一个代理人约翰·威廉姆森（John Williamson）汇报说：“您在哈克尼的房子已经竣工，只差还在动工的花园。”从托马斯· 撒克同一天呈上的一份报告可以一窥克伦威尔房产开发的规模，以及每栋房子委托修缮的情况。

179 > 您的卷宗主事官府和在奥斯丁会、哈克尼、斯特普尼的房子状况良好。（最后一处房子）从房间到门廊的楼梯已经修好，加了一扇窗户，房子的厕所也建得非常好。您在哈克尼的房屋修建工程还在进展中，带烟囱的

> 厨房砖已经砌到房顶，房顶盖好并铺上了瓦；扩大的食品储藏室和碗碟洗涤室也已经拔地而起。它们的屋顶正在快速成型；你的房间修有窗户、配有玻璃和挂饰——在我看来是一个漂亮的地方。[15]

除了在伦敦的宅邸之外，克伦威尔在乡村也修了房子——虽然坐落在萨里郡的犹赫斯特（Ewhurst），但离都城也不太远。一向警觉的撒克在近期察看克伦威尔房子的时候也没有忘掉这里：“上周日我去了犹赫斯特，在那里看到了相当好的框架。两层的大厅和厅顶已经盖好，有些东西必须要从泰晤士河岸边运到犹赫斯特。因为正是运干草和收获的时节，所以马车稀少。但是犹赫斯特的教区神父说下周就有手推车供我们使用。”[16]克伦威尔又对这栋房子进行了大修缮，因为他往那里运了不少于 600 推车的砖。他在温布尔顿庄园也有地产，那里离他的出生地很近。1534 年起，他从国王手里租下了旺兹沃思（Wandsworth）的奥尔法辛庄园，5 年后他从萨福克公爵手里买下了附近的邓斯福德庄园。除了这些之外，克伦威尔在莫特莱克（Mortlake）也有一座宅邸。他的姻亲和家佣都住在这里和奥斯丁会。其他房产里住满了文员、秘书和其他仆人。

除了房产之外，克伦威尔还持有相当多的地产。他在 16 世纪 30 年代逐步积累了很多修道院地产和王室赠地。大多数土地都集中在埃塞克斯、肯特和苏塞克斯，30 年代末克伦威尔已成为这些郡最大的地主。同时，他的地产遍布西至康沃尔北到林肯郡的广大地区。1535 年他的账目显示所有地产的年总收入共计 417 英镑（约合现在的 13 万英镑），180

不过现代土地和房子价格的快速上涨意味着按实值计算，这些土地如今要值钱得多。此外，克伦威尔的土地购入在30年代后半期急剧增长，那时他似乎已不只把土地兼并当作对其他生意收入的一个有价值的补充。他的相关收入因此有了相应的增加。[17]

得益于他不断扩大的房产组合（遑论他在宫殿中分得的住处），克伦威尔过着流动的生活。从写信的地点来看，他没有在犹赫斯特或哈克尼呆太多时间，因为大多数信件都落款是奥斯丁会、卷宗主事官府和斯特普尼。因此，16世纪30年代中期，克伦威尔持有的房产数量非常可观，跟一个有如此地位和影响力的廷臣相衬。他的代理人们紧盯着每座宅邸的花销，这说明它们远非奢华招摇的宅邸，不像他的旧主沃尔西的宅邸那样，里面填满了克伦威尔几乎不会享用——并且有被偷风险的无价珠宝。这些房产都经过精挑细选，实用且建筑精良，它们无疑是为了供克伦威尔最后从宫廷卸任后使用——尽管这并不是说他有任何从宫廷卸任的迹象。这些房产也是为了安置他日益增加的仆人，不过克伦威尔十分节俭，他区分了哪些仆人是需要一直跟着他的，哪些是可以住在自己家里的。虽然他的秘书拉尔夫·萨德勒大部分时间住在克伦威尔的宅邸，但是他自己也在哈克尼修建了一座漂亮的房子——萨顿大宅——以安顿他庞大的家族。这座宅邸存留至今。

与此同时，克伦威尔的另一位年轻门徒也回到他的门下并在那里找到了位置。托马斯·艾弗里完成了他在埃克塞特女侯爵宅邸的进修。1535年9月，他被雇佣为克伦威尔的私人金库管理者，或者说私财主管（purse-keeper），其职责包括管理克伦威尔府邸开销以及给仆人发钱。虽然这个职位 181
的政治重要性不如萨德勒的职位，但因为定期会有大量钱财经手，依旧责任重大。[18]

除了家仆之外，克伦威尔也希望自己在各处住所都能为最好的知识分子和宗教改革派人士所环绕。威廉·马歇尔（William Marshall）、理查德·莫里森（Richard Morison）、托马斯·斯塔基（Thomas Starkey）等人的在场让他的宅邸成了一座策动革新与进步的熔炉。“他总是把那些能够推动、帮助同一（信仰）的人留在身边，”福克斯说，“这拨人各具独特而新颖的才智，他们附属于他的家庭，正是凭借他们的勤勉和创造性的努力，各种各样的抵制教宗和天主教崇拜的杰出的叙事诗歌和书籍才被创作出来并传到国外。”[19]在这一期间，斯塔基回忆了他与其他门客在克伦威尔的晚宴上进行的“关于上帝、自然和其他政治和世俗事务”的讨论。律师约翰·奥利弗（John Oliver）认同“我确实在宴会和晚餐上听过这种讨论，正是这些讨论让我开始转信福音派”。[20]

那些有幸受邀在奥斯丁会、斯特普尼或者克伦威尔在伦敦的其他宅邸赴宴的人肯定会享用一场丰盛的宴席。除了都铎宫廷偏爱的令人眼花缭乱的各种各样的肉类和鱼类，比如鹿肉、野鸡肉、阉鸡肉、天鹅肉、兔肉、牛肉、鳕鱼、牡蛎和乌蛤之外，克伦威尔的厨师还会利用异国的美味，比如姜、肉豆蔻、无花果、橙子和杏仁膏。由汉普顿宫的王室菜园供给的洋蓟显然尤受喜爱，同样由王室菜园供给的还有豆类、樱桃、柑橘、醋栗和苹果。好甜口的门客会享用到王室厨房的甜馅饼或者“比格斯夫人”的布丁。与上述食物搭配的是来自王室酒窖的大量葡萄酒。1537 年 6 月，克伦威尔向为他供货的国王酒窖“看管者”希尔先生支付了 400 英镑（相当于现代的 12 万英镑以上）。[21]

克伦威尔的社交往往具有严肃的目的，这一事实说明即
182 使在所谓的休闲时间他的注意力也集中在正事上。不过他依旧喜欢在晚上放鹰捕猎，并经常邀请夏普伊到这种场合，这样他们可以边看鹰追捕他们的猎物边讨论国事。他的马厩养了约 100 匹马，尽管他选择骑驴到宫廷——像他的旧主沃尔西一样。他显然喜欢鸟，因为后来他在宅邸里养了“一笼金丝雀”。他还养了多条灵缇。另外，更加不同寻常的是，他的账单上也列有动物。他曾收到一头来自吕贝克的麋鹿，以及四只来自但泽的活海狸。1539 年 7 月，他花了 19 先令给他的一个不知为何物的“奇异野兽”买了个天鹅绒项圈，这个“奇异野兽”被作为礼物送给了国王。[22]

克伦威尔的账单同样也揭示了他喜欢赌博，尤其是用骰子赌博，并且经常会输掉一大笔钱。比如，从 1537 年到 1539 年，他输钱的总额几乎达到了现在的 5 万英镑。他也在玩牌时赌博，他的牌友包括威廉·波利特爵士，理查德·里奇（Richard Rich）爵士和伦敦市长。此外，克伦威尔还会定期跟沉迷于这类消遣的国王打牌，并且输了很多次，也输了好多钱（或许是有意为之）。[23]

热衷于提供一个廷臣兼东道主所能提供的所有消遣以满足旁人期待的克伦威尔还在府上雇了一个小丑。他可能是在

一次对受雇于国王并深受喜爱的弄臣威尔·萨默斯（Will Somers）的拜访中得到了启发。克伦威尔费了很大周折去寻找跟萨默斯有同样才艺的小丑。1538 年 11 月，他派了一个仆人去加来迎接“小丑安东尼”。接下来的一个月里，他在“安东尼外套的铃铛”上花了 34 先令 6 便士，这之后又过了几个月，他委托一个制袜者做一些袜子，想必是与小丑形象相配的鲜艳颜色。[24]

克伦威尔显然有招待的天分，因为他有时会奉命安排君主非常喜爱的奢华的宫廷假面剧，虽然通常由他自掏腰包，但他从不在任何一个细节上节省。在一次尤其豪华的表演中，意大利工匠乔瓦尼·波尔蒂纳里（Giovanni Portinari）受命布景，花费超过 25 英镑（约合现在的 8000 英镑），他又付给一位女帽制造商近 11 英镑（相当于现在的 3600 英 183
镑）的佣金以“制造《亚瑟王的骑士们》这部假面剧所需的道具”，克伦威尔的朋友斯蒂芬·沃恩的妻子用最好的丝绸制作了一些戏服。克伦威尔自己至少参与了其中一部假面剧：1537 年 1 月一位裁缝收到约合 4000 英镑的酬劳，为“假面剧中大人的角色”[25]制作戏服。遗憾的是，账单没有提供更多关于戏服或者克伦威尔所扮演角色的细节。但是他带着显而易见的热情参与这类琐事，这一事实与看似一本正经的官僚形象相矛盾。

1534 年年末，克伦威尔的权势之盛人尽皆知。他不仅掌管内政和宗教事务，也影响国王对外政策的决定。在这一点上，他像在所有其他事务上一样务实，不过他的总体思路是不让国王陷入花费巨大的海外军事行动。虽然他谨慎地与所有外来势力周旋，不跟他们中的任何一个结盟或者对抗，但他策划了国王跟阿拉贡的凯瑟琳的离婚以及与罗马的决裂，这一事实让他与凯瑟琳的外甥查理五世的对立成为定局，这进而引起了他会跟查理皇帝的死对头法国结盟的猜测。1534 年 12 月夏普伊汇报说："有人告知我，克伦威尔自海军大臣（诺福克）离开后，跟亲近的人吹嘘说他已开始编织一张陛下您一整年之内都无法从中脱身的包围网。我听说法国大使近来也更加公开地提及此事，并且以典型的法国佬嘴脸说，陛下在为法王造成诸多损失之后，终于要通过促使英法联姻来为之前的那些过错补偿了，之前法王曾被豪夺的一切都将被讨回。"[26]

与此同时，亨利跟罗马教宗的关系看似有所改善，这主要得益于 1534 年 10 月克雷芒七世的逝世以及其继任者保禄三世更加圆润的立场，克伦威尔迅速利用了这个喜闻乐见的进展。1535 年 4 月他写信给一个在罗马的使臣，重申亨利
184 与阿拉贡的凯瑟琳离婚的公正。他说，这是建立"在事实和真理基础上的"。国王因此"放下了他由此而来的（像一个善良的、有美德的天主教君主一样）对上帝和世人所负之良心上的重担"。克伦威尔跟他的君主一样，乐见"上述罗马主教现在开始在某种程度上体会到上述案件的公正和公平性，并且在一定程度上支持国王"。但是私下表达对亨利困境的同情是不够的：克伦威尔敦促教宗"通过公开的证言向世界展示他对这件最公正、最正义的事件的感受"。[27]虽然他的书信强硬而自信，但是克伦威尔意识到，实现这一目标要比写一封书信难得多。

第十章
解散

克伦威尔可谓大器晚成。1535 年他已经接近 50 岁 185
了——在那个平均寿命只有 35 岁的时代，大多数人在这个年纪都过着久坐不动的生活，或者已经逝世。[1]因此，克伦威尔比宫廷和枢密院的同僚都年长。但等待是值得的，经过前些年的苦心经营，并在同时始终留意维持他的私人生意盈利以作为保障，克伦威尔显然为取得更大的成就奠定了坚实的基础。

尽管从克伦威尔早年参军的经历和经常出现的出行狩猎记录中可以看出他身体健壮，但是自 16 世纪 30 年代中期以后，他的健康开始衰退。根据班戴洛所言，克伦威尔一直“坚持忍受着身体的所有疲惫”，但是他再也不能像从前那样迅速恢复了。[2]克伦威尔的年龄与长时间面对法律卷宗的伏案工作无疑导致了视力的下降。克伦威尔的账单证实，刚满 50 岁的时候他就已经开始戴眼镜。更加严重的不适接踵而至。1535 年 3 月，夏普伊记录说他原本应拜访这位秘书，但“听说他比头一天状况要差，因此不能见任何人”。克伦威尔得了“感冒，脸颊和眼睛也跟着肿了起来”。向来多疑的夏普伊认为这种“轻微的不适”是“某种花招”，但是一个月后克伦威尔的病情加重以至于无法入宫，国王亲自来家里探望他。虽然他声称这“能够驱散他尚存的病痛”，但直
186 到4月底他的身体才恢复到可以工作的程度。5月5日，夏普伊汇报说，这是克伦威尔自生病以来唯一一次入宫。[3]

这期间，克伦威尔在公务上毫不松懈。1535年1月21日，亨利任命他为教会事务代理人（Viceregent in Spirituals），又称作代理总教监（Vicar General），这赋予他在教会事务上相当大的新权力。国王认识到他的首席秘书是怎样成功地监控并在必要时清除公众对他至尊王权的反对，迫切地想把这种强制扩展到神职人员身上。即便如此，这位大臣推行的改革规模也超出了他的预想。这项任命开启了一场触动英格兰核心的革命。

克伦威尔展开了全面攻势，在所有交往中，包括跟英格兰最高级的神职人员打交道时都自负得令人不快。正如夏普伊在1535年年初汇报的那样：“克伦威尔一直在骚扰主教们，甚至包括温彻斯特主教以及其他忠心的主教，他最近把他们召至枢密院，问他们国王能否任意任命或撤销主教，他们不得不说‘是’，否则会失去他们的礼遇。”大使又说克伦威尔向他的一位线人吹嘘“召集枢密院就是为了让主教们上钩”。[4]

16世纪30年代初期，随着克伦威尔事业的发展，他对出身高贵的对手的态度发生了逐步但明显的转变。其中首当其冲的就是诺福克和加德纳。克伦威尔刚开始得到亨利重用的时候，对对手态度谨慎克制，甚至有些冷淡，这在不谙内

情的人看来未尝不是一种对社会地位更高的人不情不愿的尊重。但随着他越来越得国王的倚重，克伦威尔对自己权力的信心也增长到了前所未有的程度，他的态度转变成公开的敌意甚至轻蔑。克伦威尔的社会地位或许不能与他们相提并论，但他的政治地位高于他们，且他决心让这些对手们认清这一点。

克伦威尔在1535年里化解其主要对手制造的威胁的手
法，既证明了他的自信，又证明了他能熟练地通过谈判处理 187
宫廷中错综复杂的派系政治。他智胜对手的其中一个主要途径就是屡次用各种内政和外交差遣把他们从宫廷里支走。接近国王是权力和影响力至关重要的前提。一旦不能接近国王，一个有再多头衔、享有再多特权的人也必然更容易陷入敌人的阴谋，他们只要伺机向国王进献谗言就能让其所受的宠信遭到削弱。这也是为什么克伦威尔要保证自己几乎总是在君主身边。他甚至设法在宫廷得到了一套房间，这样一来“亨利在有需要的时候可以通过一些室内通道来找他，不被人看见”。[5]此外，克伦威尔在国内外建立了一张强大的线人与间谍网络，他可以充当自己的代理人并持续获得消息。这张非常有价值的代理网络让他能够维持在宫廷的地位。如果有生意上的事务要求他暂时离开，克伦威尔必须保证自己可以在几天之内回到国王身边。

同时，克伦威尔成功地将他的主要敌人赶出了宫廷，其中一个人遭到了永久的驱逐。他首先拿诺福克开刀。夏普伊两年前就已经看到，克伦威尔巨大的影响力激怒了诺福克，令他宁愿称病也不去宫廷。1535年春天，诺福克终于退出政坛并在肯宁霍尔①的庄园待了相当长的一段时间。他显然不打算屈居于一个出身卑微的暴发户之下，可能也需要时间筹谋反击。

诺福克的缺席严重削弱了他的主要盟友的地位，在1534年4月当斯蒂芬·加德纳被命令卸任秘书一职，并被克伦威尔接替的时候，他对克伦威尔的反感加深了。这是一个令人难以忍受的屈辱，从那天起这位高级教士就决心报复。不过，他跟克伦威尔的通信不露一丝痕迹：嫉妒和憎恶被顺从和赞赏的表现遮盖。1534年7月他写信给新的“秘
188 书大人……我特别的朋友”，用“最真心的称赞”让他确信：“经您妥善的处理，我遗留下来的冗务与难题已经得到很好的解决，在我看来如此成功、令人欣喜，而您的友善又一向如此坚定、可靠，以至于在这些让我心生疑虑和困惑的事上，我总认为您是最适合的，也非常相信您已经完全准备好，像对待其他类似的事务一样，为我找到解决的方法。”[6]

两个人很快抛开了这种殷勤的伪装。此时他们之间的敌意在宫廷已是人尽皆知。“两人之间一直都有竞争以及难以调和的分歧，就像……狼和羊一样，”约翰·福克斯说，“因为两人都极受国王倚重，一个更多的是敬重（加德纳），而另一个更多的是垂爱（克伦威尔）。二人都非常机敏、睿智，不过，其中一个在美德上要远胜于另一个。”[7]

克伦威尔看似非常喜欢当着其他廷臣的面嘲弄乃至欺侮加德纳。这位高级教士后来回忆起自己曾被召至汉普顿宫参

① 位于英格兰东南部的诺福克郡，为诺福克公爵的住所。

与一场争辩，讨论是不是应该把国王的“意志和偏好”当作法律对待，克伦威尔坚持认为是。“‘来吧，我的温彻斯特大人’，（克伦威尔）说，……‘回答国王……坦白直接地说，不要畏缩，伙计！’”因被如此羞辱而暴怒，加德纳没有回答克伦威尔而是直接回禀国王本人，给出一个他典型的模棱两可的回答。“国王转过身去对此事置之不理，直到克伦威尔大人突然当众变卦，又对我大为光火，仿佛之前种种（克伦威尔令国王感到厌倦的言行）出自我手一般。”[8]又一次，在加德纳指控他侵害了自己的利益时，克伦威尔佯作失望状，并如此斥责道：“你提到的那封信件没有得到善意的解读，我认为我对你的善举不应该被这么对待。”克伦威尔还对加德纳声称：“认为我宁愿亲自处理此事是你的幻想。”[9]

虽然克伦威尔看似处于上风，但他知道加德纳是一个危险的对手，尤其是在他跟诺福克这样的人联手的时候。因此他策划让主教离开宫廷，作为大使派驻法国。1535 年 10 189
月，加德纳接受了这个任命并在那里待了三年，这使克伦威尔能够在牺牲对手利益的情况下进一步提高自己的地位，对此福克斯欣喜地评述道：“虽然他（克伦威尔）只是国王的首席顾问，但随后他给……温切斯特主教本人下达了一道命令，通过令人惊异的深谋远虑挫败并阻止了后者的所有阴谋和谗言，尤其是那些意图陷害、毁灭良善之人与支持福音之人的计划，克伦威尔总是保护他们不受温彻斯特的阴谋所害。”[10]后来诺福克和加德纳都没有完全销声匿迹，但在这一阶段，他们的对手克伦威尔正稳居上风。

作为代理总教监，克伦威尔受命组织了两次彻底的巡查：一次是巡查王国所有的教会、修道院和神职人员，另一次只巡查修道院。他细心遴选出一些值得信赖的人，委派他们去王国各个宗教场所，指示他们评估那里的宗教生活质量。克伦威尔特别鼓励他们上报自己看到的任何滥用权力、腐败、不道德或“迷信的”行为。他们发现了很多需要上报的问题。

英格兰 600 多所修道院社区中的大部分始建于 11 ~ 12 世纪，当时修道院热潮席卷整个西欧。到克伦威尔将注意力集中在其上的时候，它们已经在整个王国的乡村和城镇社区生活中起重要作用长达 500 年之久。修道院的作用已经大为扩展，远不止满足人们的精神需求。它们是著名的学术和文化中心，为生病的人提供医疗帮助，接济穷困者，为成百上千的平信徒提供工作岗位。最重要的是，它们是王国最大的土地拥有者，其持有的房产和地产规模远超国王本人。也正是这一事实吸引了克伦威尔的注意。

190 除某些显著的个例之外，大多数修道院在这一时期可能已堕落多年了。它们“充斥着世俗欲望且因循守旧”，几乎已经不再发挥原有的宗教、社会和经济功能。[11]它们旧有的知识活力已经下降，慈善作用微不足道，现在鲜少有人依照宗教教导将遗产指赠给需要的人。相当一批修道士并没有严格遵守他们的誓言，恶习和贪腐在很多场所都司空见惯。福克斯斥责他们为“懒惰、闲散的酒神狄俄尼索斯的追随者”[12]是有一些道理的。虽然仍有不少真心虔信、克己敬神的案例（尤其在修会会士当中）可与修道院总体上的堕落互为对照，但是确实存在的滥用权力的证据已足以刺激克伦威尔推行改革。

1535 年 4 月，克伦威尔以一种谨慎的姿态开始了改革，这掩饰了他的攻势即将快速上升的强度。鉴于大主教克兰默也在进行一次巡查，克伦威尔转而以国王的名义写信给每个郡的主教、贵族和治安官，指示他们将任何“用污秽、堕落的恶习诱惑罗马主教或者他的门徒或追随者”的神职人员逮捕收监。他还附上了自己的一封信，称自己是“国王的眼睛”，任务就是“预见并及时纠正这种逾矩行为……如若不然，只要稍加纵容他的王国里就会滋生更多的恶行，若彼时再来费心整顿也为时已晚”。[13]

这些加盖了国王御玺和克伦威尔印章的信件体现了他的影响力之大，以及他的权力有多么被人所畏惧。卡文迪什把他描绘成一位“滥用职权和拥有特长”的人。6 月 3 日驻英格兰的威尼斯大使不以为然地说，虽然“这个克伦威尔是一个出身卑微、身份低下的人；但他现在是国务大臣，国王最重要的大臣，有至高的权威”。[14]同日，克伦威尔给王国的每一位主教发了一封通知信，命令他们布道拥护至高王权并确保他们辖区的神职人员也如此行事。

但是克伦威尔知道，即便其执行得到了严密监督，这样
的信也缺少足以慑服神职人员的影响力。他必须更鲜明—— 191
因而也是更具威慑性地展示亨利政权的力量。信件发出仅几周后，他就组织了一系列处决，惩罚那些仍然忠于教宗的神

职人员以示警诫。1535 年 5 月 4 日三位天主教加尔都西会传道士、一位博学的修道士和艾尔沃思教区的代牧在泰伯恩刑场被处决。之后不久，另外三位修道会成员——霍顿（Houghton）、黑尔（Hale）和雷诺兹（Reynolds）——被拖上了法庭。法官已经准备要无罪释放他们，但是或许在克伦威尔的压力下，他们被判有罪。这些人在反抗时直言不讳。黑尔骂国王是一个“暴君”，并且告诉他的指控者：“如果你们仔细察看他的生活，你们会发现他比一头在肮脏的地里打滚、弄得满身污秽的母猪更加不堪、令人作呕。”雷诺兹也在同时大胆地告诉克伦威尔，王国中所有像他们一样“虔诚的人”都相信，国王没有权力称自己是英格兰教会的领袖。克伦威尔决心惩罚这种公开的反抗，力求将这三个人处以最令人丧胆的死刑。他们身穿修士服被带到泰伯伦并被“用粗绳”绞死，然后在意识尚存的时候被取出内脏，最终被砍头、分尸。在这种折磨之上变本加厉的是，克伦威尔命令“一个人在死前要看到另一个人遭受全部的刑罚”。不过，一位目击人说：“他们的脸色或者语气没有变化，行刑过程中他们坚持讲道并大胆劝告旁观者要多行善举，并且在不辱于上帝和教会荣誉的一切事务上服从国王。”[15]

他们的坚定不移表明针对克伦威尔改革的反感情绪十分强烈，这对克伦威尔是一个警告。但是首席大臣选择忽略这一警告。相反，他进一步加强了对所有胆敢出言反对新政之人的迫害。他的密探无孔不入。1535 年的宫廷记录收录了很多普通人因对君主出言不逊而被曲解成叛国的案例。曾有人举报伍斯特郡一位 80 岁的农夫因一连串的坏天气怪罪国

王，说这都是因他的“事儿”而起——不过报告中没有写
明“事儿”的具体所指。这些轻微过失招来的惩罚之重令 192
人发指。如果当局认为这些话是煽动性的，犯罪者会被处死。因为害怕遭到严惩，亨利的臣民不再能自由表达他们的想法——即便他们没有打算付诸实践。

克伦威尔承认，对包括社会最低层在内的个人生活的密切关注，以及对任何有叛逆倾向之私语的惩罚，都是“让国王的臣民和其他人处于更大的恐慌与畏惧之中”的一种手段。他这时的政策就是通过威逼而非劝说令人屈从。福克斯讲述了克伦威尔某次遇见一位修道士的情景，尽管修道士所在的修道院已经被取缔，他仍身穿蒙头斗篷。“你的蒙头斗篷不应该脱掉吗?”克伦威尔要求说：“如果我听说，到 1 点的时候你的衣服还没有换，我会马上对你施以绞刑。”惊慌失措的修道士立刻默然顺从。这个故事或许有夸张或捏造的成分，但是它反映出克伦威尔已经拥有了令人恐惧的名声，且这一名声所及的范围不只局限在宗教事务。据说一群恶棍听说他和他的随从正在接近，便惊慌失措地四散开来。[16]

尽管他的威逼（不论是真的还是虚构的）和小的惩戒在震慑民众时颇具成效，但是克伦威尔还需要一个地位更为崇高的案例以儆效尤。约翰·费舍已经在伦敦塔受折磨一年有余，这期间他被施加了巨大压力，要他承认或否认国王作为英格兰教会最高领袖的地位。他最终表示否认，而根据克伦威尔的新法案，这构成了最严重的叛国罪。费舍依程序被审判、定罪、判处死刑。这位亨利时代的忠臣沦落至此，十

分令人震惊。时年66岁的费舍自被亨利八世虔诚的祖母玛格丽特·博福特女勋爵（Lady Margaret Beaufort）注意到之后就开始服侍都铎家族，他是当时最有影响力的教会神职人员，是传统信仰的有力象征。但是这一切都无济于事：他最终被判叛国。6月22日他被押送到塔丘（Tower Hill），在惊骇而沉默的人群面前被处决。

193 虽然令人震惊，但是费舍的死很快因另一位显要的传统信仰拥护者的处决而黯然失色。跟费舍一样，托马斯·莫尔自1534年4月被捕以来一直被关在伦敦塔。只要他还在那里公然抵抗国王的命令，他就是反对王权至高原则和国王离婚一事之人的名义领袖，这对当政者而言危险且难堪。当政者当然可以用暴力制止他的反抗，但是处决莫尔会让他成为一位殉道者，招来更多同情和对“真正”信仰的支持。多位顾问大臣被派去说服他改变主意，但都未能奏效。就是他的妻子都没能让他认清时务，她责骂莫尔：“我感到惊讶，你一直被看作如此睿智的一个人，你本可以在外面自由自在地生活，现在居然像个傻子一样待在这封闭、肮脏的监狱里，安于与老鼠为伍。”[17]

因此这个任务落到了克伦威尔的肩上。不过，他之所以急于让莫尔顺从，并不只是出于对国王的忠诚。虽然他们在信仰和原则上完全对立，但是他们兴趣和事业的相似性让这两个强劲的对手之间产生了一定的尊重，因而看起来铁石心肠的克伦威尔也不愿看着莫尔被送上断头台。如果他能够说服这位保守派最有影响力的名义领袖屈服，这将给他们传达一个更有说服力的信号。

克伦威尔多次到莫尔在钟塔的牢房探视，并经常由拉尔夫·萨德勒陪伴。他动用自己作为律师时所有推理和说服的本领来瓦解莫尔的抵抗。在其中一次探视期间，他特意赶在加尔都西会的修士被收监的消息已经传到莫尔那里之后才过去。但是这些修士的命运丝毫没有影响莫尔自己的心志：即便有，也只是增强了他的决心。克伦威尔徒劳地敦促道：“国王陛下会对他看着顺眼的人施恩，也会依从他的法律处置那些他认为顽固不化的人。”克伦威尔还警告说，莫尔 194
“现在在此事上的态度可能会让那里的其他人继续顽固下去”，这显然是在用行将被处决的修士进行要挟。[18]

不过，在身陷囹圄的 14 个月里饱受这座阴冷潮湿的监狱折磨的莫尔并不畏惧死亡：实际上，他似乎乐于赴死。他跟自己的女儿玛格丽特说：“我是……国王真正忠实的仆人和日复一日的祈祷者，为他和他所有的以及他的国度代祷，我没有伤害任何人，没有说任何害人的话，没有任何害人的思想，对他人唯有善意。如果这还不足以让一个诚心诚意的人存活的话，那我不愿再活。”[19]意识到自己的努力徒劳无功之后，克伦威尔安排莫尔于 1535 年 7 月 1 日接受审讯。虽然莫尔起初是因为拒绝承认《继承法案》被捕入狱，但控告他的依据是他否认王权至高，这在他被投入伦敦塔数月之后才被提起，因此至少可以说这场审讯的基础是不牢靠的，但其结果早已确定。一位有才华但寡廉鲜耻的律师和行政官，现已身居副司法大臣的理查德·里奇（Richard Rich）做证说莫尔 1535 年 6 月 12 日拒绝承认国王的头衔。即便莫尔并未如此行事，但在列席裁决的那些人看来，只凭他在王权问题上的沉默已经足够治罪。司法大臣克里斯托弗·黑尔斯爵士称莫尔的沉默是“他堕落和乖戾本性的确实体现，是他诋毁并对法案心存怨念的表现”。[20]

陪审团通过了判决，莫尔终于可以畅所欲言了。在指控里奇做伪证之后，他继续批判王权至高的概念，称其“直接与上帝的律法和他神圣的教会相悖”。莫尔宣称英格兰与罗马的分离无异于肢解基督的圣体。此外，跟罗马的普世教会相比，英格兰的教会太过狭隘局促：“对您的每一个主教，我背后都有历史上至少一百位神圣的主教可以对应；您每召集一场会议、一次议会（天知道这是以什么样的德行举办的），我都有一千年来的种种会议累积的结果以为奥援；跟这一个王国相比，我身后有其他所有基督教国度。”[21]莫尔的激情演讲或许让他得以直抒胸臆，但是并没能阻挡审
195 判的自然进程。他被以叛国者论处，被判死刑。鉴于莫尔曾是大法官，行刑方式改为斩首，他在1535年7月6日于伦敦塔被执行死刑，克伦威尔也在场。离被斩首还有几分钟的时候，莫尔站在断头台前，请围观的民众记得他是“因为并且是为了天主教会的信仰”[22]而遭难的。

正像克伦威尔担忧的那样，莫尔立即被奉为殉道者，这一名声不仅传扬于英格兰，也远播欧洲各地。查理五世皇帝在帝国宫廷上向英格兰大使托马斯·埃利奥特爵士表示抗议，说他“宁愿丢掉领土内最好的城市也不愿失去这样一位值得尊敬的顾问大臣”。[23]为了应对这一状况，克伦威尔迅速指示驻法国大使约翰·沃洛普爵士向弗朗索瓦国王解释处决的合理性，因为后者也向英格兰的国王展示了同样“忘

恩负义且不友好的态度”。“你应该跟法国国王说上述事件不像他指控的那样极端到难以置信，”他告诉沃洛普，“莫尔先生和罗切斯特主教……暗中在王国内外鼓动并激起不满，并在王国内散布煽动性言论，意图借此毁灭国王并且完全颠覆他的王国。”克伦威尔最后说：“要充分向全世界显明，他们反对国王和他的政权、彻底毁灭整个王国的预谋根植于心，即便他们有一千条命，对其处以比现在他们任何一人受到的处决和死刑严酷十倍的刑罚都是理所应当的。”他机智地把弗朗索瓦和亨利描绘成并肩作战、抵抗教宗权威的盟友，同时敦促法国国王多考虑“罗马主教通过压迫国王和君主、压制《圣经》赋予他们的权力所僭称的权势”。[24]

但是弗朗索瓦并没有轻易地为这样一席挑动人心的话所动摇。他和查理继续坚持对这些处决加以责难。这只是开始。莫尔的名字在未来几十年内一直被尊崇。1550 年，莫里斯·昌西（Maurice Chauncy）在美因茨写的那本富有影响力的关于殉道者的历史著作中收录了关于莫尔和费舍的记述。1584 年，意大利人尼科洛·奇尔奇纳尼（Niccolo 196
Circignani）也将他们的事迹收录其中。同时在英格兰，即使莫尔的批评者也承认他的事迹会继续激励未来的几代人。在出版于 1563 年的有名的《殉道史》（Book of Martyrs）一书中，约翰·福克斯准确地预测了莫尔会被封为一名圣人。[25]

托马斯·莫尔爵士的处决前所未有地划清了新、旧信仰之间的战线，克伦威尔似乎也没有因这位与自己生涯经历相似的人的下场而感到警惕。相反，那位律师同行的去世似乎令他在推动宗教改革的事业上重新焕发活力。国王本人也亲自参与此事。亨利很是看重他作为英格兰教会最高领袖的新角色：它远不止是一个用来摆脱第一任妻子的权宜（但也是复杂的）方法。他一直对神学有浓厚的兴趣，并且像莫尔一样，是伊拉斯谟的拥趸。即使他不完全认同克伦威尔在反对教会贪腐的问题上日渐凸显的福音主义倾向，但是他也愿意听取这种意见——至少现在如此。

在作为代理总教监受命开展巡查之前，克伦威尔首先不得不对教会土地和收入进行调查。1535 年 4 月初，在克伦威尔的一份“备忘录”中，他加了一条备注要求“记录英格兰修道院所有的珠宝，尤其是圣保罗修道院的绿宝石十字架”。[26]接下来的调查被称为“*Valor Ecclesiasticus*”（字面意思是“教会的估值”），这是自 1086 年《末日审判书》(Domesday Book)[①] 以来最详尽的调查。这份调查在一年之内完成，以令人惊异的准确细节向克伦威尔和他的君主揭示了英格兰所有教会土地和资产的估值。这份调查起初主要是为了更有效地对教会财产进行征税，并在较小程度上消除贪腐，但是很快这份调查指向了一个诱人的前景，揭示了解散这些宗教场所能为王室金库带来多大的利益。一份当时的文献估计修道院掌握了“王国 2/3 的”地产和房产。[27]

从 1535 年夏天开始，克伦威尔将他的全部注意力转移
197 到了修道院上。7 月 23 日他同国王和王后一道去英格兰西部诸郡巡游。他很少离开伦敦，这便是其中一次。除了青年

① 由英格兰诺曼底王朝首位国王“征服者”威廉下令编写的大规模土地调查记录，是英格兰历史上第一份记载了全国人口与经济状况的文献。

时期和1532年年末在加来旅居这两个值得注意的例外之外，克伦威尔离开都城的时间从不会超过几天——即便其目的地是几英里开外的地方，比如温莎。跟贵族同僚不同，他每年不会花相当长的时间待在乡村庄园里。他的工作和个人生活都集中在伦敦，没有兴趣待在其他地方。

这次巡游对克伦威尔来说想必是一场折磨，但是他充分利用了这段时间。他随从国王夫妇巡游了整整两个月，并在这期间毫不松懈。他的众多书信描绘出王室在英格兰西部迂回曲折的巡游路线，因为他在每封信上细心地写下了所到之处的地名。从格洛斯特郡的文契尔开始，他们巡游到图克斯伯里修道院、贝克莱和索恩伯里城堡，布罗翰姆和温彻斯特。他们的路线是经过深思熟虑的。亨利被安妮（或许是克伦威尔）说服，决定牺牲往常出游时的安逸与享受，利用这次巡游为自己的宗教改革争取支持。因此他巡访了被认为支持改革的城镇，并且在那里公开赏赐当地士绅。

同时，克伦威尔充分利用他在英格兰西南各郡的时间，亲自探访那里的宗教场所。一向关注细节的他甚至亲自调查了几处宗教场所。夏普伊汇报说："不论国王到哪里，伴随他身边的克伦威尔都会四处探访周边的修道院，记录他们的土地和收入，详细教导这些新教派的人们，并且遣散上述修道院、女隐修院或女修道院里未满25岁的所有男性和女性，让剩下的人自行决定去留。"[28]

克伦威尔在那个夏天的经历足够激励他在返回宫廷后立即加快剧烈改革的步伐。在这一点上，他似乎有了完美的盟友。安妮王后支持在她丈夫的宫廷里势头日盛的宗教改革有

198 一段时间了，她向亨利介绍威廉·廷代尔的著作，并在她的寝宫里摆放了《新约》的英文译本，供有意阅读的人翻阅。她还表现出与宫廷里的改革派的主要人物交好的姿态，正是借着她的影响，他们后来都被任命为有权势的主教。据说诸如休·拉蒂默（Hugh Latimer）、尼古拉斯·沙克斯顿（Nicholas Shaxton）、托马斯·古德里奇（Thomas Goodrich）乃至托马斯·克兰默之所以能够得到圣职都得益于她。一位改革派神父威廉·拉蒂默（William Latymer）在安妮逝世后撰写的关于她的记述里说她“熟读经文”，是“新教徒的支持者”。[29]

因为公开发言支持改革派信仰，安妮在宫廷树立了一些危险的敌人。天主教徒确信国王发起这场激进得惊人的宗教改革是因为受了安妮的教唆。尤斯塔斯·夏普伊向他的主人查理五世汇报说，“这位情妇”告诉国王“他对她的忠心应当更胜于一般的男女之契，因为她将他从罪中解救出来……没有她，国王不会为了自己的利益，以及所有民众的利益改革教会”。[30]不过安妮的信念让她跟国王的首席大臣越来越一致。安妮和克伦威尔因同一事业而联结，形成了一个强大的双人组合。不过他们在一个关键问题上观点不一：虽然这位大臣打算让国王获得修道院的利益，但是王后认为他们的财富应当被用于慈善事业。虽然此时这点分歧并不会造成什么影响，但它种下了不和的种子，并将在不久之后产生致命的后果。

据推测，克伦威尔和安妮在宗教改革上的联合是通过经常的会面和谈话形成的，其中一些可能在暗中进行。他们小心翼翼地避免在信件上显露他们的改革派观点，但是在一封罕见的现存于世的信件中，安妮向克伦威尔清楚地表明他们在朝着同一目标努力。信里标明了月份但没有年份，不过可以肯定这是在安妮成为王后之后写的。她问候克伦威尔的方式是王室成员问候宠臣的标准方式：“向备受倚重、敬爱的
大人您问好。”她接着提到送信人理查德·赫尔曼（Richard 199
Herman）是安特卫普一个经商的居民，但“只因为他曾……帮助展示英文版的《新约》”而被放逐。安妮总结道，这算不上一个正当的驱逐理由，因此她要求克伦威尔“大人您作为忠诚、亲爱的臣民，要尽可能快地给予适当的援助，让这位善良、真诚的商人恢复他原有的自由和身份”。[31]

安妮这时候是需要盟友的。尽管在巡访英格兰西部各郡时，这对王室夫妇表面上一切如常，但是国王很快厌倦了他的新妻子。结婚两年后她没能产下一个男继承人，这严重削弱了她的地位。就像是为了展示她的地位有多么不稳固一样，亨利下令夏季巡游的最后一站是狼厅。狼厅是约翰·西摩尔爵士（John Seymour）和他的家族在威尔特郡的宅邸，坐落在萨弗纳克森林。狼厅是一栋中世纪庄园，在那个夏天王室曾经停留过的宅邸当中堪称简朴，但是它的重要性远比其他宅邸要大。西摩尔家族有着比较古老的族源，可以追溯到“征服者”威廉的时代。约翰爵士的妻子马热丽（Margery）出身同样高贵，是爱德华三世的后裔。他们的儿子爱德华和托马斯已经在宫廷中开拓了自己的一番事业。不过，国王开始将注意力放在了他们的长女身上。

简·西摩尔在1529年前后第一次出现在宫廷，当时她

被任命为凯瑟琳王后的侍女，她也对后者充满敬仰。凯瑟琳从宫中被放逐后，简被转到安妮·博林的身边。起初，她显然几乎没有得到任何人的注意——无论是来自国王还是宫廷里的其他人，这或许并不稀奇。的确，简除了血统之外，几乎没有其他可取之处。她相貌普通且气色欠佳，“（她的皮肤）过于白皙，以至于旁人会用苍白而不是其他词来形容她”。[32]约在1536年绘制的一幅肖像显示她的脸盘大而圆，有双下巴。她的眼睛小而有神，嘴唇薄而扁。宫廷的一位看
200 客嫌她“身材中等且不甚貌美”。[33]简不像她的对手那样机智聪颖：事实上，她几乎不识字，关于她言辞的记录也很少。甚至连偏爱这位对手而憎恶“情妇”安妮的夏普伊都不知道该如何解释亨利看上了她的哪些地方。他只能总结说她一定有良好的“enigme”，意思是“谜一般的东西”或“秘密”，这个词在都铎时代指代女性的生殖能力。[34]

直到1534年年末，简才开始作为国王的新欢被人提及。一贯机警的夏普伊在10月记录说国王已经“迷恋”上宫廷里的“一位年轻小姐”。[35]她那时差不多27岁，比她的女主人年轻七八岁。如果说简不甚貌美，那么此时的安妮也是如此。伊丽莎白出生后，安妮费尽力气夺回自己的权力但徒劳无功，这样的巨大压力开始显露在她的脸上。安妮在1535年前后的一幅肖像与短短两年前在她权势鼎盛时绘制的肖像形成了鲜明对比：她那有名的魅眼已经凹陷并尽显疲态；她的高颧骨正被逐渐松弛下去的皮肤所掩盖；她那在微笑时一度让国王渴望亲吻的美丽嘴唇已经变薄，并且因失望而紧抿着。同年，在给威尼斯共和国总督和参议院的一封信

中，威尼斯大使将这位 35 岁的王后形容为“那个瘦弱苍老的女人”。同样地，大使夏普伊在描述简替代安妮的前景时说“这在很大程度上可以比作一个男人在抛开瘦弱、苍老、恶毒的老马，以求尽快得到一匹美好的坐骑时会所体会到的那种喜悦和欢愉”。[36]

与正在快速失宠于亨利八世的安妮相比，简可谓一个完美的对照。安妮情绪波动剧烈且直言不讳，而简看起来则温柔、顺服且文静。“（简）比我认识的任何一位小姐都温柔”，一位廷臣曾如是说。国王本人也说她“温柔且喜欢安静”。[37]其他廷臣很快也拿她与王后比较。贝德福德伯爵约翰·罗素说“国王已经离开了（安妮）不幸、不快的地狱， 201
来到了这个（简）温柔的天堂”。[38]

虽然那些对王后安妮抱有敌意的人毫不犹豫地奉承国王的新欢，但当时没有什么迹象表明简·西摩尔会拥有除了情妇以外的其他身份。只有一位极具远见卓识的廷臣才有可能看出她会成为安妮倒台的原因。当然，克伦威尔在这一时期没有表现出要变更阵营与王后安妮决裂的迹象。虽然意识到君主对安妮的热情已经冷却，但克伦威尔比任何人都清楚为促成这段婚姻到底付出了多少牺牲，所以他一定难以相信局势会快速迎来反转。因此，这位大臣仍暂时坚定地站在博林一边。

受到英格兰西南各郡巡游的启发，在 9 月返回宫廷后克伦威尔暂停了王国内每一位主教的职权，以便他委任的 6 名教会法律师能够作为他的代理人完成调查。他还动用自己作为代理总教监的权力组建了一个新的法庭以逐步恢复每个主教的权力，但借此机会明确了他们今后作为政府官员的身份。这意味着如果国王逝世，他们的权力也会丧失。为进一步促使他们顺从，克伦威尔从他们的手中收走了部分权利以限制他们的特权，比如探访和遗嘱认证的权利，这些权利的行使往往能为主教带来丰厚的酬金。

同时，他的代理人也加快了巡察各地教会和修道院的步伐。其中最遭憎恨的两个代理人是托马斯·雷（Thomas Legh）和赖斯家的儿子约翰（John ap Rice），他们的傲慢和严苛招致了普遍的怨恨。很快克伦威尔就被来信淹没，信中抱怨他们用各种寡廉鲜耻的手段从巡查的场所中搜索对被调查者不利的证据。“代理人们找到了让各个修道院不快的方法”，一位旁观者称。虽然残暴，但是他们的方法非常有效。在雷的施压下，一位修道士在给克伦威尔的一封信中做证说他所在的修道院的居留者不关心宗教，只希望早上醒来能“像小姐一样醉酒，玩玩牌、玩玩骰子”。与此同时，克伦威尔的一位代理人理查德·莱顿（Richard Layton）斥责
202 他到访的苏塞克斯郡其中一座修道院的居留者“是诸位修道士中最恶劣的”，声称他们已经“无药可救”。[39]

莱顿和雷在搜查贪腐时十分得力，于是克伦威尔随后派他们去了约克郡，那是旧宗教的大本营之一。他们在那里进行了全面而冷酷的调查。“北方方圆 10 英里或 12 英里内没有雷或者我不熟悉的修道院、修道院隐室、女修道院或其他宗教场所，”莱顿向他们的主人汇报说，“我们了解并体会到了当地的风俗与粗鲁的民情……发现了关于腐败的庇护所、伪装成宗教的迷信及其他各种可恶的逾矩行为的充足

证据。”[40]

代理人送到宫廷的报告无疑让克伦威尔大为欣喜。他们提供的证据正是他证明对英格兰宗教生活进行改革的合理性，并加速推进这一事业所需的。这份报告的准确性对这位大臣来说并不是很重要，但值得后人思考。毫无疑问，克伦威尔的代理人们在到访的很多修道院都发现了放纵和贪腐的真实证据。这些修道院的院长们都是由修士自己选举产生的，他们通常会选择那些允许居留者轻松度日的人。在一些较富裕的修道院里，修道教友们的生活之奢靡已到了不恰当的程度。此外还有性放荡的传闻，这表明禁欲的誓言远未得到普遍遵守。不过递交给克伦威尔的报告内容一致得令人质疑，这可能说明一些案例中有修饰甚至捏造的成分。

不过，约翰·福克斯确信，在改革并逐步取缔英格兰修道院社区的尝试中，克伦威尔做了伟大、卓越的工作。福克斯在伊丽莎白一世在位时期写道：“（克伦威尔）用一些明智的政策抑或手段抵制来自托钵修会修士、修道士、修道的教徒和教士的恶意和憎恨，令他们备受折磨、丧失希望，并遭到弹压，这些人在英格兰陷入一片混乱。他们遍布整个王国的宗教场所都被颠覆了。”在伊丽莎白一世在位时期，克 203
伦威尔的改革已经更加卓有成效，这时福克斯心有余悸地反思了如果当时宗教改革未得到执行，可能会发生什么：“我们应将一切归功于那个人（克伦威尔），若没有他的努力，我们的现状将多么凄惨。他在恢复旧宗教信仰尚存一线希望时驱逐了大量修士，而如果他们在那时不受制裁的话，现在他们在英格兰的数量定将变得庞大到连十个克伦威尔再世，也不能再次将其驱逐。”[41]

虽然在后世看来，克伦威尔显然为发动一场彻底的革命小心盘算、蓄谋已久，但直到1536年年初他才承认这一点。在他众多留给自己的备忘录中有一份记录了“王国上下宗教人士的恶习，以及计划在这方面进行的改革”。[42]不久之后召集的议会揭示了这次改革的规模。在2月4日到3月6日召开的所谓改革议会的最后一次会议上提出了一项法案，旨在解散所有年总收入少于200英镑（约合今天的6.5万英镑）的宗教场所。这一法案得到了克伦威尔代理人报告的支持，报告讲述了这些较小的宗教场所堕落、贪腐、利欲熏心的情况。这些报告给了克伦威尔推动解散修道院所需的理由，并且帮助他抵消了所有认为此举动机是他和国王的贪欲的猜疑。3月18日，上下两院通过了这项《较小修道院解散法案》（the Act for the Suppression of the Lesser Monasteries）：“上下两院仔细商议之后，最终决定这样会更合全能的上帝的心意，也是为了他这个国度的荣耀，这些宗教信仰场所的所得，应该得到更好的使用，但是现在因越来越多的罪行而被挥霍、糟蹋、浪费。”[43]

之后不久，议会通过了另一项法案，成立一个负责国王收入的扩大法庭（Court of Augmentations）。这个法庭有权接收被关闭的修道院的土地、房产和所有物，并用任何对君主
204 最有利的方式处理它们。扩大法庭约有30位职员，主要由克伦威尔的朋友和仆人组成。这位新上任的代理总教监决心要控制即将源源不断流入王室金库的资金。

克伦威尔通过议会强行推动的立法的背后是一场对政府

行政机构的大改革，这一改革在历史学家杰弗里·埃尔顿（Geoffrey Elton）看来可谓一场“政府革命”。在克伦威尔任职期间，很大程度上建立在王室和单个顾问大臣基础上的中世纪政府体系逐渐被一个官僚制政府所取代，这一官僚体制由承担具体事务的部门组成，由具备才能的人在其中担任职务，根据规则与规范程序开展工作。这不仅令治理更为高效，还极大地降低了一个或多个个人主导政府的可能。考虑到在创建这个体制的过程中，克伦威尔使自己成了国王不可或缺的人，这多少有些讽刺意味。

随着新的立法到位，克伦威尔派出专员前往各郡接洽当地高层，授权他们调查辖区各个宗教场所的状态。他们要对这些场所的财富，以及被解散后需要在别处谋职的修道士的数量进行详细的统计和估算。值得注意的是，比起莱顿和雷这类人编撰的报告，这些人在返给克伦威尔的汇报对这些宗教场所状态的描述要乐观得多。

毫无疑问，潜在的财务收益至少构成了克伦威尔决定解散小规模宗教设施的部分原因。“鉴于他自己这么快晋升为国王的秘书，并且成为王国内最有影响力的异端之一，他跟他认为下决心要增加王室财富的国王说：‘我记录了修道院的所有收入和持有的贵重物品，如果陛下愿意，我以为陛下可以拿走其中一大部分，将这些收入用于王室，’”《西班牙编年史》如此记述道，“‘但是这事如何达成呢，克伦威
尔？’国王问。‘我来告诉陛下。我会以您的名义给议会一 205
封信，要求他们将所有收入在 3000 杜卡特以下的修道院转让给您，这样陛下就能获得一大笔收入，并把修道士赶到较

富裕的修道院去。’”

修道院解散事业以令人眼花缭乱的速度推进着。“克伦威尔不是懈怠的人，”《西班牙编年史》如是说，“因为他立即派接收者去解散这些修道院。”[44]一旦扩大法庭收到一份报告，就会签发命令解散报告中所提到的问题场所，并将其财富转到王室，然后委任一名接收者去收取教会的贵重物品——从祭服和金器到鸣钟和靠背长椅，甚至房顶的铅板都要剥下来。很多人（多数是从首都带来的，因为当地工人不愿意做这个工作）受雇在摧毁每栋房舍前先把它们搜刮个精光。克伦威尔的一个行政人员在描述他们工作的景象时，将其比作一群秃鹰俯冲向一具新倒下的尸体。“我们在拆毁一座由 4 根粗大的支柱撑起的高拱顶，两边相距 14 英尺，周长约 45 英尺……我们从伦敦带来了 15 个人，其中有 3 个木匠，2 个铁匠，2 个管道工，还有 1 个烧火炉的。每个人各司其职：10 个人负责推倒上面的墙，其中有 3 个木匠：他们在其他人劈开的地方做防护支撑，其余的人则打碎、推倒拱顶室。”[45]

这些精美的宗教建筑一点点被摧毁，其中很多场所已经屹立了数百年，这对那些住在附近的人来说一定是毁灭性的打击。这些修道院曾是方圆数英里内最宏伟、最壮观的建筑，俯瞰着周边的风景。它们在当地民众当中曾深受敬畏和尊崇。通过夺取修道院内的财物，并将其片瓦不留全部拆除，克伦威尔的手下所做出的行为在外人看来一定是最为骇人听闻的蓄意破坏。这也以最残忍的方式象征了他被人蔑视的改革过程。

半个世纪以后，这段记忆依旧强烈而鲜活，一位其父亲和叔叔曾目睹了当地修道院被摧毁的男子描述这一事件对他们和邻居的影响时说：“即便一个人有着燧石做的心肠，在 206
看到修道院被拆毁、修道士们黯然离开，以及在他们离开修道院当日突如其来的抢夺时也会心软并为之落泪。人人都捡到了便宜，除了那些可怜的隐士、修道士和修女们，他们没有钱留住任何东西。”除了克伦威尔的手下，还有很多抢掠者趁火打劫：“他们拿取自己目之所及的一切，然后悄悄带走……任何人看到都会感到惋惜，铅板被掀开、木板被扯掉、剩余的东西被丢下来……教会的墓碑也都被破坏……所有值钱的东西要么被抢夺、卷走，要么被毁坏得面目全非。”[46]《西班牙编年史》也对这大规模的破坏表示惋惜：“很多金器和钱财被夺走，这还不算代理人们偷走的大批物品，这些修道院的毁坏给王国带来了很大损失。”[47]

虽然修道院解散的影响在乡村地区最明显，但这一运动在英格兰的城市也留下了痕迹。其中首当其冲的是伦敦，威尼斯大使于1554年从那里汇报说：“河的两岸有很多大的殿宇，呈现非常壮观的景象，但因为城区内部有很多曾属于修会或修女的教堂与修道院遭到破坏、徒留废墟，整座城市面目全非。”[48]

解散修道院运动的第一阶段总计拆除了376所修道院。变卖夺取的珠宝、金器、铅板和其他贵重物品所得的总额估计有10万英镑，约合今天的3200万英镑。同时，自修道院收缴的年收入又给王室带来了3.2万英镑（约合现在的1030万英镑）。这在国王金库每年25万英镑的常规收入中占相当大的比例。

不过，即使如此，修道院解散运动的潜能也没有得到充分发挥。那些最大、最富有的宗教场所一定能提供最丰厚的斩获，但是克伦威尔的代理人们一直在竭力称赞那里始终如
207 一的高道德标准。此外，一些较小的场所最终（在缴纳大笔罚金之后）得以幸免，很多希望继续他们信仰呼召的居留者也得到了许可。亨利甚至以他的名义重修了两座修道院：伯克郡的毕萨姆修道院和林肯郡的斯蒂克斯伍德修道院。这被一些人看作拆毁修道院运动背后并无全盘计划的一个迹象。虽然这可能是真的，但是克伦威尔清晰明确且富有远见的政策表明他的行动不太可能只是一种对已有现象的反应，而非某种先发制人的手段。更有可能的是，在亲眼看到初期改革遭遇的来自大量民众的抵抗后，他在这场宗教改革的早期阶段采取了较为温和的政策。他的审慎或许有另一个缘由，那就是王后本人也是这场小规模的修道院解散运动最激烈的反对者之一。

第十一章
“一位更仁慈的情妇”

自1530年服侍亨利八世以来，克伦威尔的权势看似一直在势不可挡地攀升。1536年年初，整个世界似乎都臣服于他的脚下。他说服议会通过了能够巩固他的所有改革，并对未来有真正和革命性影响的立法。他在宫廷的地位和国王对他的宠信都史无前例地高。 208

相比之下，安妮王后只有几段短暂的辉煌时光，每次都因不同程度的挫败而黯然失色。最为糟糕的是，在她那无人期待的女儿伊丽莎白出生之后，安妮没能生下她向亨利承诺的男继承人。事实上，安妮没能再生下一个健康的男孩或女孩，她至少经历了两次流产。不过，1536年开年似乎预示了一个让人欣喜的未来。安妮王后再次怀孕了，而且她腹中孕育的胎儿度过了危险的那几周，她为亨利带来他渴望的儿子的希望陡然增长。还有更多愉快的消息接踵而至。一直以来，新王后从未摆脱前王后的桎梏。受困的凯瑟琳坚定不移地维护她和亨利婚姻的有效性并得到持久、普遍的同情，只要她活着，英国民众就永远不会接受那位“大贱人”。但是近几个月凯瑟琳的健康急速恶化，软禁地糟糕的居住环境也令她不得安生。1535 年 12 月末，克伦威尔向加德纳汇报：“这位（亨利之兄亚瑟的）遗孀处境堪忧。”[1] 他是对的。1536 年 1 月 7 日，安妮非常开心地得知她的老对头去世了。

209 克伦威尔一定也乐于听到这个消息。他第二天写给加德纳的信里洋溢着胜利的喜悦。他在报告“昨天王子遗孀去世，她的罪已得上帝赦免”时，忍不住含蓄地提到了他很久以来试图证明的凯瑟琳嫁给亡夫弟弟的“罪过”。凯瑟琳代表了他在整个宫廷仕途中取缔的一切，还始终是克伦威尔新政之反对者的象征领袖。的确，她的死如此适逢其时，以至于夏普伊甚至猜测克伦威尔可能从中动了手脚。他忆起克伦威尔 1534 年 8 月公开发出的恶意威胁，当时他说：“王后和公主的去世会终止（亨利八世和查理五世之间的）所有争论。”大使总结道：“不难看出他们的目标是摆脱这两位女士。”[2]

克伦威尔始终派间谍对前王后及其府邸进行监视的事实也加深了夏普伊对他的怀疑。大使在王后去世前不久前去拜访时，得到了“克伦威尔朋友”的陪同，夏普伊宣称“他是国王派来与我同去的，或者说是监视并记录一言一行的”。几天后通知大使凯瑟琳死讯的也是克伦威尔。夏普伊立即写信给他的主人，坦言他确信其中有阴谋：

> 王后的病始于五周前，正如我当时写信给陛下时所说的那样，而在圣诞节第二天，病痛再次袭来。她的胃痛如此剧烈，以至于胃里存不下任何食物。我几次问她的医师有没有中毒的可能，他说恐怕是这样，因为她在

> 喝了一些威尔士啤酒后就恶化了，而这种毒一定是慢效且微量的毒物，因为他找不到直白可见的投毒痕迹，但只要对她进行解剖，就可以看到迹象了。

六周多以后，夏普伊还在提及他对国王首席大臣的猜疑：“我忘记提到，在克伦威尔给我带来的众多消息中， 210
他说在法国有传闻说虔诚的王后是被毒死的，并且法国人声称这个传闻来自西班牙人；这些消息不可能不加粉饰和润色便报告给我。”[3]

克伦威尔的粉饰令夏普伊确信自己有必要单独对这件事进行谨慎的调查。在听到被指任“剖开”王后——在防腐处理前移除她的重要器官——之人的描述后，他更加确信凯瑟琳之死的背后有阴谋。这人“以传达足以致自己于死地之秘密的审慎态度”将解剖时发生的事告诉了凯瑟琳的告解神父兰达夫主教，接着大使又说服主教将情况告知自己。根据这人的描述：

> 王后是在午后2时去世的，8小时后她被剖开，下令进行解剖的是国王那边的人，此外无人被允许待在现场，就连她的告解神父或医师都不行，在场的只有府上的点蜡人、一个仆人和一个解剖她的伙计，虽然这不关他们的事，而且他们也不是外科医生，但是他们经常做这样的事……他发现尸体和所有内脏都近乎完好，除了特别黑又不堪入目的心脏，即便在洗了三次之后，它的颜色也没有改变。他从中间切开心脏，发现内里是同

> 样的颜色，冲洗后也没有变化，心脏外壁上还附着一些黑色的圆形物体。我的人问医生她是不是死于中毒，他回答说从她的告解神父所听到的情况来看，这一点明白无疑。即便此事没有披露，从病况和报告来看事实也足够清晰。[4]

王室和其他有名人物的死经常会伴随下毒的传闻，与其他传闻相比，这个传闻并没有更值得相信的理由。尽管如此，克伦威尔下令谋杀凯瑟琳这一观点还是让当时以及近来
211 的一些评述者深信不疑。克伦威尔信件的编者便是其中之一。“如果王后是被谋杀的，我们完全有理由相信克伦威尔是这一罪行的主谋，”他断言，“这样的手段对亨利而言令人厌恶，但对于一个有他这样性格和训练的人来说并非如此，只要他说服自己这是实现目的所必需的。他在亚历山大六世（Alexander Ⅵ）和切萨雷·波吉亚（Caesar Borgia）①时代的意大利掌握的经验足以让他在这类事务上对人类的正常情感麻木不仁。”梅里曼则说，鉴于法国和神圣罗马帝国有可能结盟讨伐英格兰的异端国王，英格兰的处境颇为凶险，克伦威尔完全有可能试图采取“非常措施”以避免这一未来。不过，他承认若无君主参与，克伦威尔不会自行动手：“那种认为克伦威尔会在没有国王充分认可的情况下试

① 亚历山大六世（1431—1503）为出身波吉亚家族的罗马教宗，切萨雷·波吉亚（1475—1507）为其私生子，后者曾倚靠其父与法国国王的权势在意大利北部确立霸权，因毒杀政敌而臭名昭著，但在《君主论》中得到马基雅维利赞扬。

图谋杀王后的想法简直是愚蠢的。不过更有可能的是——如果毒杀确有其事——他将这个主意植入了亨利的脑海，并且亲自负责执行。”[5]

克伦威尔马不停蹄地开始对凯瑟琳之死所带来的好处大加利用。在亨利的命令下，他安排将这一消息传给法国国王，让他清楚地意识到自己已经没有立场对英格兰邻居发号施令。1 月 8 日，克伦威尔适时地给加德纳和沃洛普下达指示，直白地告诉他们凯瑟琳的死消除了君主和帝国皇帝之间“唯一的芥蒂”。他还命令他们在“跟法国国王及其枢密院的会议和各项进程中”要“更加冷淡，并且在对待他们的任何提议或要求时要更加沉着和冷静”。同时，克伦威尔很快向夏普伊指出，前王后的死去除了导致两国各自君主彼此怨恨的唯一缘由，是能够发生的最好的事情。他甚至向大使的一位信使愉快地保证，如果玛丽小姐追随她母亲走向坟墓，那也不会像“人们所想的那样不幸”，“并且国王已经充分讨论了可能由此引起的不好反响，而且他有足够的能力应对一切”。[6]

虽然凯瑟琳的死于克伦威尔而言无疑是有利的，但他不 212
太可能促成了此事的发生，这种猜测背后没有可靠的证据支撑。唯一暗示了克伦威尔参与其中的说法是夏普伊提供的，而他注定会对主导凯瑟琳垮台的人心存疑虑。不过一周多之后，这位大使猜测宫廷里有其他人在除去前王后一事上可能有比克伦威尔更强的动机。她的继任者安妮从未得到英格兰人民的爱戴，他们依旧把凯瑟琳看作正统王后。安妮也没能成功留住国王的喜爱，国王因她没能诞下儿子而愈发沮丧。

在推测克伦威尔是前王后逝世的幕后主使仅一周后，夏普伊又做出了犯人是安妮的无稽猜测，因为她一直想要除去凯瑟琳和她的女儿玛丽。

> 我推测（怀疑）不是国王而是这位姘妇（她曾时常诅咒凯瑟琳母女二人去死，且不达目的誓不罢休，她担心因为国王的心意变化无常，只要上述的两位女士有一位活着，她的地位就不会稳固），下毒是她达成自己可恶目的的一种空前的好办法，因为她们没有那么警惕了；此外，她这么做不会有人猜疑，因为人们以为当上述两位女士同意了国王想要的一切，并在放弃自身权利以换取和解与优待之后便不必担心她们会继续行不利之事，因此也不会有人怀疑她们为人所害。[7]

事实上，前王后身体欠佳已有一段时间，现代医学分析显示她的症状与癌症相符，她的女儿玛丽也同样死于该病。而且，凯瑟琳享年 51 岁，按都铎时代的标准可谓长寿——她肯定比其他大多数女性活得更久。如果长眠于金博尔顿的
213 她知道亨利会让克伦威尔安排她的葬礼，她一定很难从中得到安慰。克伦威尔以惯常的效率完成了这份棘手的任务，遵循他主人的指示，在避免大量花费的同时确保给予这位前王后相应的尊重。只有夏普伊找到了抱怨的理由，说凯瑟琳没有被埋葬在彼得伯勒大教堂最神圣的地方。

与此同时，对安妮·博林来说，对头的死让她大获全胜，自己作为英格兰王后的大好前程看似得到了保障。国王

在听到凯瑟琳的死讯时显然跟他的第二任妻子一样开心。克伦威尔汇报说“陛下很愉悦且身体康健”。因抛弃第一任妻子而来的质疑和愧疚终于消散了，这让亨利感到解脱。此外，对于亨利这个极重视这些问题的人而言，这是上帝终究没有抛弃他的一个确切的信号。宫廷举办了奢华的娱乐活动，亨利“从头到脚穿着黄衣”现身，他的妻子和女儿在其身侧，“看上去十分愉快”。[8]

但是安妮的胜利是短暂的。在凯瑟琳长眠于彼得伯勒大教堂的当天（1 月 29 日），安妮流产了，这可谓是命运残忍而又讽刺的转折。这无疑是上帝的手笔：15 周大的胎儿貌似是一个男孩。夏普伊迅速将这个消息传给了皇帝。喜不自禁的夏普伊告诉查理：“这位姘妇流产了，胎儿状似一个男孩，她怀胎不足三个半月，国王极为悲痛。”他的结语老辣但准确：“她痛失了自己的救星。”[9]

安妮的情况这时开始急转而下，亨利不再掩饰对她的怨恨和厌恶。“三个多月的时间里，国王跟这位姘妇说话不超过十次……从前他连一小时都不能离开她身边，”夏普伊在 1536 年 2 月怀着窃喜之情汇报说，“流产的时候，他几乎没跟她说一句话，除了说他看明白了上帝不打算赐给他儿子。”其他人记录说虽然亨利在宫廷里佯装一切正常，私下里却“（对安妮）避而不见”。对安妮来说，更糟糕的是她的丈夫已经找到了一个新宠代替她。安妮对此心知肚明：实 214
际上，她声称自己是因为发现他对简·西摩尔的爱意才流产的。安妮发誓“自己对他（亨利）的爱要比已故的王后多得多”，所以“在看到他爱别人的时候心都碎了”。[10]

在安妮刚开始陷入危机时克伦威尔似乎还在忠于她的事业。2 月 24 日暴怒的夏普伊报告说这位秘书命令玛丽公主放弃她母亲给她的十字架。虽然克伦威尔尽力指出这是“国王的命令并且是以国王的名义”，夏普伊显然存有疑问。[11]但是他很快改变了想法。

4 月 1 日，夏普伊告诉查理五世，说他听说“国王的这位姘妇跟秘书克伦威尔时下关系不睦”，并提到有传言说国王要再婚——据推测克伦威尔正忙于安排此事。[12]他立刻去见这位大臣，以探查这种说法的真实性。他想知道国王是否真的如传言所说的那样，意图抛弃他的第二任妻子，并迎娶法国国王的女儿。为了哄骗克伦威尔对他说实话，夏普伊保证“尽管在接下来一桩更合法的婚姻之中产生的男性子嗣会于公主（指凯瑟琳之女玛丽）不利，但是我出于对国王的荣誉及其王国之安宁的挂念，仍希望国王能有另一位情妇，而不是因为我对现在这位情妇（指安妮）怀有恨意，毕竟她从未伤害过我”。克伦威尔“看似欣然接受了这一切”。他非但没有对这场自己如此努力促成的婚姻表示支持，反而否认曾参与其中：“他接着开始为自己辩护，说他从来不是这场婚姻的促因，只是看国王决意如此，他才铺平了道路。”不过，与此同时，克伦威尔试图平息传言：“尽管国王依然对淑女们有兴趣，但是他认为自己今后应该过上忠贞而有荣誉感的生活，继续他的婚姻。”夏普伊因克伦威尔态度的突然转变而感到吃惊：

215 他用冰冷的语气如此说道，仿佛是要令我怀疑实情与他的这番描述相反，此时我不知道该露出怎样的表情以作为回应。在这之后，他靠着窗户以手掩嘴，不知是为了防止自己笑出来还是在遮掩笑意，说法国人可以确信的是即便国王有意再娶，新娘也不会来自法国。他接着说当皇帝陛下就我们所议之事给出回应的时候，我们应该商讨所有的事宜并好好准备。

虽然克伦威尔这时几乎确定要与王后决裂，但是他刻意保持了暧昧的姿态：宫廷的形势比以往更加动荡，尽管国王现在似乎厌恶自己的第二任妻子，但是克伦威尔清楚地知道他在明天有可能就会再疯狂地爱上她。不过，这位秘书很热衷于与夏普伊交好。“最后，在我要离开的时候，他跟我说虽然我之前拒绝了他想要作为礼物送给我的一匹马，但是现在我要是再不接受，他就会怀疑我对他是不是有意见了，”大使汇报说，“然后他把萨塞克斯伯爵头天刚进献给他的马送给了我；我迫不得已才接受了它，这是我唯一可做的辩白。”[13]

克伦威尔放弃与安妮结盟的速度之快或许令人惊讶，毕竟他们已经成功联手了至少五年。安妮能够实现她成为王后的野心很大程度上归功于克伦威尔，她对宗教改革的热情也使得他们有了更多的共同点，但是他们的联盟一直都有些不稳定。虽然安妮很快注意到他的价值，但与她的丈夫不同，安妮从未对克伦威尔有过好感，也不欣赏他的个人品质。根据夏普伊从克伦威尔处听到的说法，“要是王后知道他（克伦威尔）跟我（夏普伊）的交情还可以，她一定会试图给

我们找些麻烦。三天前她还曾在和克伦威尔谈话时说，她想
216 看他被砍头”。[14]大使被这一席话震惊了，但是他清楚地知道王后和这位秘书之间的关系难以把握。他是如此回复的：“我只希望他能遇到一个更仁慈，且对他（克伦威尔）对国王难以估量的付出心怀感激的国王情妇，他一定要小心避免触怒她，否则将永远不会得到完美的和解。”大使担心安妮会让克伦威尔失势，正如她导致了沃尔西的垮台。“我告诉克伦威尔我会在一段时间内避免见他，这样他或许不会因为之前跟我的谈话引起安妮的怀疑——我希望他在这种情势下能比沃尔西处理得好，我相信他的机敏和审慎。”[15]

对克伦威尔来说，他只会在王后的目标跟国王一致的时候才会致力于推进王后的事务。克伦威尔个人对她没有忠诚或感情，跟亨利一样，他无疑也厌倦了她越来越歇斯底里的爆发。在克伦威尔看来，政务始终都应放在感情和原则之上。这也表明了他在国王的宠信之下多么泰然自若，以及对国王对第二任王后越来越冷淡的态度有多么深的掌握，以至于他没有因她的威胁而表现出害怕。他告诉夏普伊：“我非常相信我的君主，我以为她不能对我怎样。”[16]

克伦威尔对较小修道院的解散第一次让他和安妮处于公然的冲突状态。尽管安妮支持改革，但她对解散的宗教场所的收入被转移至国王的金库而不是用到慈善事业这一处理手法越发感到厌恶。亚历山大·阿莱斯，一位与克伦威尔熟识的苏格兰改革派人士，说他和他的支持者“憎恨王后，因为她严厉地斥责他们，并且威胁要向国王告发他们打着福音和信仰的幌子谋取私利，说他们变卖一切并收受贿赂将教会

圣职授予不能胜任的人，给那些真理的敌人，乃至真正信仰的敌人，令虔散之人遭到压迫，坐视他们正当的酬劳被剥夺”。[17]

虽然安妮和克伦威尔之间的敌意与日俱增，但截至此
时，他们仍在表面上维持一致，足够骗过大多数廷臣。就连 217
夏普伊都怀疑克伦威尔说安妮要他死是“无中生有”，并说道：“我只能说，这里的每个人都当他是安妮的右手，我自己之前也这样告诉他。”[18]但是他们之间日益激化的敌意即将爆发，演变成公开的批评。1536年耶稣受难日（4月2日），她指使自己的布施者约翰·斯基普（John Skip）在布道时以几乎毫不掩饰的方式攻击克伦威尔。在国王及其廷臣们都参加的礼拜上，斯基普“阐释并维护了教会古老的仪式……为神职人员辩护，谴责那些以超乎寻常的热情把单个神职人员的错误看成所有人的过错、交由大众谤议的人”。随着主题深入，斯基普对国王首席大臣的抨击也越发明显，他“强调一个国王自身需要保持睿智，并拒绝所有诱使他不作为的奸臣”。他还谴责这些“奸臣”“建议改变既有习俗”，接着讲述了哈曼的故事：哈曼是《旧约》中以斯帖王后邪恶且贪得无厌的政敌，他迫害犹太人，并试图将他们的财富转移到王室金库。在这个故事的结尾，哈曼在他给敌人——王后的保护者所建的木架上被吊死。这位布道者在布道结尾时说，一个国王的顾问“在建议修改古俗时必须十分小心”并且“哀叹了大学的衰落，强调了学识的必要性”。[19]

为了用布道阻止丈夫因简·西摩尔而背叛她，安妮还指示斯基普讲述了所罗门是怎样“在生命的尽头因世俗和肉

体的情欲保有了很多妻子和情妇，丢掉了真正的高贵”。此前已有很多出于好意将亨利比作所罗门的说法，所以他对布道词的言外之意心知肚明。国王和他的首席大臣愤然离开了礼拜堂。斯基普立即因“宣讲煽动性的教义并诽谤国王陛
218 下、他的顾问大臣、上议院议员、贵族还有整个议会”被审问并遭到训斥。他逃离了，没有遭到进一步惩罚。尽管怒不可遏，但是亨利和克伦威尔知道他只是王后的一个傀儡。

但是安妮没有就此罢休。她显然争取到了克兰默的帮助，他在 4 月 22 日写信给克伦威尔表示支持王后在解散修道院上的看法，为安妮打响了第一枪。克伦威尔一定对自己最重要的一位盟友就这样被争取过去支持敌人的大业大感震惊。安妮紧接着试图阻挠克伦威尔偏向罗马神圣帝国而不是法国的政策，不给他任何喘息之机。她坚持要求查理五世支持王权至尊——她十分清楚皇帝作为一个忠实的天主教徒（已故凯瑟琳王后的外甥）是不会这么做的。对此事强做要求会破坏英格兰与查理皇帝的关系，迫使他与自己的强敌弗朗索瓦一世结盟。如果只是安妮自己大放厥词，局势尚且可以收拾；但是让克伦威尔和帝国大使感到沮丧的是，她显然是得到了丈夫的支持。

所有这些对克伦威尔而言都意味着极大的危险，他对此也一清二楚。安妮打倒了他的前侍主、看似不可动摇的枢机主教沃尔西，现在她所有的愤怒都集中到了克伦威尔身上。她曾在提及国王的长女玛丽时说的话如今同样适用于他：“要么我死，要么她亡。”[20]为了重获主动权，克伦威尔必须迅速行动。他的第一步举措是进一步接近保守派廷臣，为首

的是尼古拉斯·卡鲁（Nicholas Carew），西摩尔兄弟也在其中。卡鲁及其支持者已经密谋一段时日，要赶走“篡位的王后”并让更容易听从他们意志的简·西摩尔取而代之。卡鲁是一个古老贵族家庭的掌门人，他自幼便是廷臣，视萨福克公爵为好友，也是亨利八世最亲近的宠臣之一。他跟国王如此亲近，以至于沃尔西曾指控他对君主过于亲昵。虽然他是改革议会中活跃的一员，但是他的家庭非常保守，并且 219
非常忠实于阿拉贡的凯瑟琳和她的女儿。在意识到前者复位无望之后，卡鲁选择了帮助简·西摩尔以间接达到目的。他安排简住在位于伦敦南部贝丁顿的宅邸里，国王夜里定期到这里探望她。他还给玛丽小姐写了含有鼓励意味的信，告诉她“要开心起来，因为不久之后敌对一方就会捉襟见肘”。[21]

早在1535年7月，克伦威尔就开始对卡鲁一派的人摆出友善的姿态。在这个月里，他派理查德·里奇告诫萨福克公爵，说国王对那些公爵声称已经得到修缮的宅邸的“衰败”状况表示不满，还告知国王在其他事务上对公爵的抱怨。他指示里奇：“关于这件事，要设法向这位公爵表示我一向是他最真诚的朋友且今后也将如此，所以我请求他在这件事上不要顶撞（反对）国王……请你代我向他表示，我在这件事上单纯且友好的建议是，请公爵殿下写信给国王陛下，这样陛下会因此认为这位公爵在这件事以及其他所有事上对陛下持心温顺、天生热诚。”[22]

这显示出克伦威尔是多么想要摆脱安妮，也体现他的务实程度，他为达目的不惜对一帮在原则问题上和自己背道而驰的人施以援手，即便后者当时仍是他在宫廷中最顽固的政敌们。他们在宗教和政治上都是坚定的传统主义者，支持保守的天主教教义以及由贵族支配的政府。相反，克伦威尔是一个激进的宗教和政治改革者，他靠自己的本领和努力而不是出生在宫廷赢得了一席之地。但是他清楚地判断，除了尽自己所能地利用这个不太可能且平心而论令人不快的联盟之外，自己没有其他选择。卡鲁及其支持者也不看好这个联盟。他们蔑视克伦威尔是一个出身低微、不择手段的闯入
220 者，认为他没有资格如此受国王宠爱。不过他们也承认，克伦威尔是宫廷实权的所在，所以他们同样也乐于为了获利暂时放下原则。

克伦威尔不得不加入派别政治这个危险的游戏，从这一决定中也可看出他跟国王的关系。虽然亨利把他提拔到了一个在宫廷有着无可比拟的影响力的地位，但克伦威尔绝对没有像沃尔西跟他那样亲近。国王和枢机主教之间有一种自然的亲近，这是后者的门徒和继任者赶不上的。这不是克伦威尔的失败：他的政治手段和魅力足以为他赢得国王的宠信。与沃尔西时代不同，现在的亨利对政府事务中所有他所关切的领域都有着亲自过问的欲望，而无可否认的是，这仍旧让克伦威尔有了相当大的影响力：他的君主乐意让他主管自己不关心的事务。国王同样愿意倾听首席大臣的建议，在与自己目标一致的政策上给予许可，但是他再也不会给予一个大臣像沃尔西那样的自由。亨利从那段经历中学到很多，而克伦威尔则在付出代价。克伦威尔总是以最恭顺的态度为写给国王的信件落款，称自己是“最蒙陛下恩惠的”或“谦卑的臣民和仆人”。[23]雷金纳德·波尔于 1536 年 8 月称克伦威

尔“掌控”亨利，这种说法错得离谱。[24]国王后来对他当时的秘书威廉·彼得（William Petre）吹嘘说：“是我把克伦威尔、赖奥思利和帕吉特训练成优秀的秘书的，我也一定会这样训练你。”[25]

阿拉贡的凯瑟琳逝世后英格兰外交政策的重新调整也说明了这一点。凯瑟琳的死让亨利八世与她的外甥查理五世的关系立刻得到改善，正如克伦威尔自信地向夏普伊预测的那样。但是，迫切要阻止英格兰与神圣罗马帝国结盟的弗朗索瓦一世也开始对亨利八世摆出友好姿态。亨利则乐见自己的王国恢复了如此有利的国际地位，热衷于让这两大势力继续争夺下去。克伦威尔的记录显示，驻西班牙和法国宫廷的英格兰大使都受命给出“含糊的回应，既不拒绝与任何一方 221
结盟，但也不要怂恿他们、让他们以为自己可以轻而易举地达成目的”。[26]但是克伦威尔也开始违背对君主的命令，这是他从政生涯中的头一遭。这位首席秘书倾向于和皇帝结盟，开始在英格兰和法国国王之间制造麻烦。他欣喜地向加德纳汇报说亨利当着宫廷众人的面羞辱了法国大使。“在此我想告知大人，国王陛下接见了法国大使，他向后者反复重申了自己对法方的友好姿态，以及法方对此不甚友好的应对态度。”[27]

但当克伦威尔坚持要在跟夏普伊的一次会面中表达对法国的蔑视时，他越界了。他清楚地知道自己违背国王的意志采取单独行动是一种冒险，这从他尽力使自己与大使的会面保密的做法上也可见一斑。他送信问夏普伊是否愿意与他在离他们宅邸都不远的奥古斯丁修会见面。大使拒绝了，说他想去“为虔诚的王后的灵魂”做弥撒，并提议克伦威尔写信给他。这位首席秘书解释他不能这么做，因为他迫切“想要避免法国人起疑，且见面的请求出于他自己的想法而不是奉国王之命，因此他求我找一个可供我们交谈且不那么令人生疑的地方，他会告诉我一些于陛下您和国王都有益处的要事”。[28]

夏普伊在从教堂走回家的路上，像是临时起意一样，最终同意拜访克伦威尔。他极为详细地向他的主人转述了二人之间的谈话内容。他说克伦威尔对他礼遇有加，向他保证“他在尽力避免在对法外交中对皇帝有所轻慢”。克伦威尔接着说“国王陛下非常诚恳地希望获得您（指查理五世）的友谊，不仅他自己自然而然地倾向于此，他的枢密院也强烈建议他如此行事”。大使显然不相信他的这些花言巧语，
222 给出了一个礼貌但含糊不清的回复。这让克伦威尔更加有力地为他对神圣罗马帝国皇帝之诉求施以援手的决心做出保证：“他表现出因难以表达自己而十分生气的样子，他说法国如此玩弄国王，他宁愿自己在伦敦最高的塔尖上被吊死也不愿为他们的利益着想抑或行事。”在提到国王的使团正在德意志和丹麦进行的谈判时，他告诉夏普伊“如果在与这些国家探讨的事务中有任何有损于您的陛下的事情，他宁愿丢掉自己的脑袋”，并且“他认为国王愿意达成陛下的所有愿望”。克伦威尔继续自吹自擂地说夏普伊“应该回想一下他自从接管国王事务以来所实现的种种壮举”。[29]

但这位首席秘书知道，不论在宫廷中多么出众，他不能以自己的名义跟查理五世商谈：“克伦威尔说我可以完全放

心，他所说的并无虚假，意图说假话是愚蠢的，因为这样不能给他的君主带来什么好处；但由于这些话并非源自他主人的命令，而是由他个人所做的表态，我可以看出他没有权力做出正式的外交提议，提议一定得出于陛下您。”[30]这对克伦威尔来说是一个明智之举，他没有主动缔结同盟，以避逾矩之嫌，却鼓励夏普伊力劝他的主人这么做。

大使心中依旧存疑，他跟克伦威尔长时间的交手经历让他无法轻信这位诡计多端的大臣的话。夏普伊对克伦威尔的诚意怀疑似乎一度是对的：后者除了巧妙的言语和承诺之外没有冒其他的险。不过，4 月 21 日大使汇报了他跟克伦威尔再次会面，他发现克伦威尔“对完成业已开启的这一事务的态度空前坚决”。夏普伊让克伦威尔看了皇帝的信件，“他十分尊敬地亲吻并接过来”，显然是因这样有权势的君主会关注他这位“小小的爵士”而受宠若惊。但在夏普伊看来，这种谦逊的姿态所产生的效果似乎被克伦威尔在与皇帝结盟一事上的强硬态度抵消了，后者如此转变是因为查理皇帝坚持要求英格兰在与帝国结盟前先完成与教宗的和解。 223

尽管如此，克伦威尔有充分的理由继续推动与帝国结盟的事业。一次他信誓旦旦地跟夏普伊说：“我宁愿失去一只手，甚至两只，也不愿之前所提到的两国友好关系有任何破裂或者变化。”[31]这不是礼节性的敷衍。克伦威尔跟伦敦商人关系密切，他们的市场在帝国而不是法国。他一直努力抵制与法国国王结盟。克伦威尔跟夏普伊的多次会面跟他与法国大使的不定期会面形成了强烈对比。一次，后者突然到访奥斯丁会，被仆人们告知他们的主人不在家。但实际上，克伦威尔正在后花园打保龄球。[32]

克伦威尔让夏普伊在第二天早上6点到宫廷。他在半路上跟他见面，一路上就后者在宫廷如何表现以及怎么对国王开口给出建议。克伦威尔的一些建议对大使来说极难接受，其中最令他不齿的是让他在安妮王后与国王例行参加弥撒的时候吻那位姘妇。这对夏普伊来说太过分了，他找了借口准备离开，但是乔治·博林介入并引导大使参加弥撒，借此迫使他与王后在公开场合相见。这是自安妮嫁给亨利后，夏普伊第一次与她面对面。宫廷挤满了迫切想要看会发生什么的人。“人群大量聚集，”夏普伊汇报说，“要看（安妮）和我如何对待彼此。”[33]在这个场合，礼节战胜了原则。当王后向大使行屈膝礼的时候，他鞠躬回应她。这被看作对她王后身份的认可，而不是迫不得已的社会礼节——这正是安妮的打算。

礼拜结束后，夏普伊小心地回避了跟国王和那些廷臣一起同安妮用餐，但是没能回绝她弟弟找他一同在接见厅用餐的邀请。等到两边晚餐结束的时候，克伦威尔安排夏普伊与
224 国王会面。亨利以看似真诚的热情迎接了这位大使。但国王在克伦威尔和奥德利的陪伴下带夏普伊到他的私人会客室之后，事态急转而下。夏普伊向国王通禀了他跟克伦威尔就英格兰与帝国结盟的好处进行的讨论，亨利的态度骤然恶化。不久之后，亨利就终结了这次会见。

夏普伊在跟简·西摩尔的一个兄弟交谈时“一直关注着国王和他身边人的动向”，他注意到亨利和他的首席大臣之间爆发了激烈的争论。“在我看来，在国王和克伦威尔之

汉斯·荷尔拜因笔下的托马斯·克伦威尔（1485—1540）。这幅肖像可能是为了纪念克伦威尔 1532 年被任命为珠宝大臣而请人绘制的。肖像顶上题写着“致克伦威尔大人，珠宝馆值得信赖的、备受爱戴的大臣”。

圣博托尔夫教堂，波士顿，当地人称“波士顿树桩”。克伦威尔1517年到访罗马，为了向教宗寻求在教堂出售赎罪券的许可。出售赎罪券是一桩获利颇丰的生意。

教宗出售赎罪券，1521年。摘自菲利普·梅兰克森（Philipp Melancthon）的《狂热的基督徒与反基督徒》。菲利普是一位重要的改革主义者和出售赎罪券的批判者。

Quinta etas mundi

Quinta etas mūdi Foliū LXXXVII

佛罗伦萨的风光，1493 年。这是克伦威尔所熟知的城市，四周环绕着城墙，城中央是大教堂，大教堂圆顶是菲利波·布鲁内莱斯基（Filippo Brunelleschi）完成的。这幅插图选自《纽伦堡编年史》，该书首次出版于 1493 年，是克伦威尔的朋友斯蒂芬·沃恩买给他的。

枢机主教托马斯·沃尔西（1470/1471—1530）。这幅肖像是为了纪念1525年枢机主教学院（后更名为圣基督教会学院）在牛津大学建立而制作的。

议会上的亨利八世（1491—1547）。这次议会于1523年4月到8月召开，是克伦威尔参加的首次议会。因为那时他是无名小卒，所以不大可能出现在这幅插图中。这幅插图选自《赖奥思利嘉德书卷》。可以看到他的侍主托马斯·沃尔西位于国王的右边，头上戴着枢机主教的帽子。

朱斯·范·克利夫（Joos Van Cleve）在 1530~1535 年绘制的亨利八世肖像。肖像绘制的时候，克伦威尔正在服侍国王的官路上迅速攀升。亨利这时不超过 45 岁，体重开始增加，但仍保留了一些年轻时的魅力。

1525 年卢卡斯·欧汉布（Lucas Horenbout）绘制的阿拉贡的凯瑟琳（1485—1536）。这幅肖像象征了凯瑟琳的虔诚。她给她的猴子一枚硬币，但是猴子选择了十字架。

安妮·博林（1500—1536）。当代少有安妮的肖像，这幅肖像是从一个更早的版本中衍生而来的。她戴着一个因她而在宫廷流行的法国头饰，还戴着那个有名的字母“B”吊坠。

亨利八世在他的接见厅用餐。国王坐在一个华盖下面，身边环绕着宫廷的人。左侧手持木板的是他的高级廷臣们。

汉普顿宫。起初是由枢机主教沃尔西所建，亨利八世在前者失势的时候得到了它。国王立即开始扩充已有的庞大宫殿，增建了有名的“大厅”。

选自约翰·福克斯《伟绩与丰碑》中关于改革的寓言。这幅插图象征了亨利对教宗克雷芒的胜利，后者俯伏在亨利的脚前。克伦威尔和克兰默在亨利的右面，正在接过《圣经》。

四位《圣经·新约》福音书的作者正在用石头砸教宗，这是吉罗拉莫·达·特雷维索（Girolamo da Treviso）于 1538~1540 年创作的。这是亨利八世所拥有的几幅反对教宗的画作之一，意在巩固他自己对英国教会至高无上的权利。

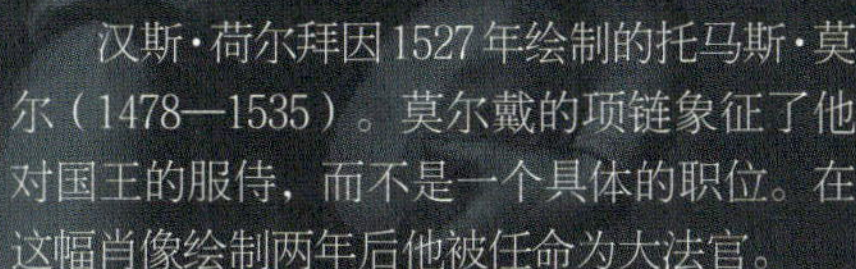

汉斯·荷尔拜因1527年绘制的托马斯·莫尔（1478—1535）。莫尔戴的项链象征了他对国王的服侍，而不是一个具体的职位。在这幅肖像绘制两年后他被任命为大法官。

汉斯·荷尔拜因绘制的罗彻斯特主教约翰·费舍。费舍是一个坚定的保守主义者，是最憎恶克伦威尔的对手之一。

《至尊法案》，1534 年。该法案承认亨利八世而非教宗为英格兰教会最高领袖，为他跟阿拉贡凯瑟琳的离婚铺平了道路。

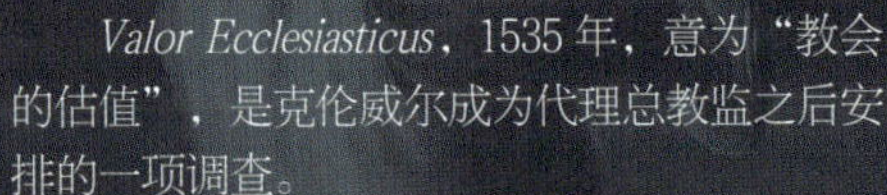

Valor Ecclesiasticus，1535 年，意为“教会的估值”，是克伦威尔成为代理总教监之后安排的一项调查。

托马斯·克伦威尔（日期不详）。尽管这幅画基于荷尔拜因的原作，但是它以一个不那么好看的角度刻画了克伦威尔。可能是在克伦威尔死后被委托绘制的。

汉斯·荷尔拜因 1538 年绘制的爱德华六世（1537—1553）小时候的肖像。爱德华于 1537 年 10 月出生，迎来了普天同庆。克伦威尔的儿子格雷戈里迎娶了这个男孩的姨母伊丽莎白·西摩尔。

汉斯·荷尔拜因 1536 年绘制的简·西摩尔。这幅肖像是为了纪念亨利八世与他的第三任妻子的婚姻而绘制的，他们的婚礼在其第二任妻子被处决几天后举行。

格雷斯修道院，北约克郡。格雷斯建于 14 世纪晚期，是英格兰仅有的十大加尔都西会修道院之一。1539 年被拆毁。

MATHEVS

亨利八世的家庭，1545 年。这幅肖像可能是为了纪念国王恢复两个女儿玛丽和伊丽莎白（分别位于左边和右边）的继承权而安排绘制的。亨利的儿子和继承人爱德华坐在他的右边，而简·西摩尔（八年前去世）在他的左边。

格拉赫·弗利克（Gerlach Flicke）1545年绘制的托马斯·克兰默（1489—1556）。作为坎特伯雷大主教，在推进宗教改革上，克兰默是克伦威尔的重要盟友。

《大圣经》的扉页，1539年。它首印于1539年，再版了六次，到1541年共有9000本《大圣经》被分发到整个王国。这本可能属于亨利八世，有图画显示他将这本《大圣经》递给分别位于自己左右两边的克伦威尔和克兰默。

汉斯·荷尔拜因于1535~1537年绘制的托马斯·怀亚特（1503—1542）。他是一位有名的诗人和外交官，据说怀亚特“忠于”克伦威尔，在整个宫廷生涯中一直是他忠实的朋友和门徒。

一个男人的画像（可能是拉尔夫·萨德勒，1507—1587），是汉斯·荷尔拜因1535年的创作风格。萨德勒担任克伦威尔的秘书几近二十年。他的忠诚得到了丰厚的汇报，1535年他为自己建了一栋新的宅邸，即位于哈克尼的萨顿大宅。

萨顿大宅内部景观。

查理五世（1500—1558）。作为神圣罗马帝国皇帝和西班牙的统治者，查理统治了大片地域。他还是阿拉贡凯瑟琳的外甥，这让他跟亨利八世的关系日益紧张。

弗朗索瓦一世（1494—1547）。法国国王，是亨利个人及政治上最大的敌人。由于他们的王国比邻，他们对军事胜利的渴望成为两国经常产生摩擦的由头之一。

查理五世、弗朗索瓦一世和教宗保罗三世在 1540 年隆重进入巴黎。当他的两个欧洲大敌于 1539 年在教宗的支持下结盟的时候，亨利八世深受困扰。

汉斯·荷尔拜因 1539 年绘制的克里维斯的安妮（1515—1557）。亨利坚持要在答应迎娶她之前见到有望成为他第四任妻子的人的肖像。荷尔拜因可能在这幅肖像中美化了她，因为国王在见到她本人后非常失望。

科内利斯·马赛斯（Cornelis Massys）绘制的亨利八世，1548 年。这幅画描绘了国王在生命接近尾声时的样子，他非常胖，他的表情揭示了他日益严重的偏执和坏脾气。

一位女士的肖像，被认为是汉斯·荷尔拜因笔下的凯瑟琳·霍华德（1520—1542）。亨利八世迷恋比他小了近30岁的第五任妻子。近来有一种说法称这幅画描绘的可能是克伦威尔的儿媳——伊丽莎白·西摩尔。

第一代萨福克公爵查尔斯·布兰登1484—1545），1540~1545年绘制。布兰登是亨利八世最亲密的朋友，在亨利整个在位时期一直忠诚地服侍他。他是一个坚定的保守主义者，嘲笑像克伦威尔这样出身低微的顾问大臣。

第三代诺福克公爵托马斯·霍华德（1473—1554），汉斯·荷尔拜因绘制。作为最古老的贵族家族之一的掌管者，诺福克鄙视克伦威尔的卑微出身和改革主义的观点。他也成为首席大臣致命的敌人。

©Duke of Norfolk, Arundel Castle，图片由 Bridgeman Art Library 提供

温彻斯特主教斯蒂芬·加德纳（1495—1555）。尽管加德纳跟克伦威尔一样都曾在枢机主教沃尔西的府邸做门徒，但是这两人在沃尔西倒台后成了誓不两立的敌人。

©National Trust Images，图片由 J. Whitaker 提供

托马斯·克伦威尔，1537 年。国王于 1537 年 8 月选中并授予克伦威尔嘉德勋位，这是英格兰最高级别、最古老的骑士勋位。画中克伦威尔戴着嘉德勋章，这幅肖像可能是为了纪念他的新地位而安排绘制的。

嘉德登记册，记录了 1534 年的嘉德仪式。在左上方，亨利八世坐在王位上，身边围绕着嘉德骑士。在接受勋位时，据说克伦威尔“竭尽雄辩所能”发表了一席感言。

1597 年的伦敦塔。代理官员的居所，即克伦威尔可能被关押的地方，位于左下方。圣彼得被囚礼拜堂，即克伦威尔遗骸被埋葬的地方，位于左上方。

克伦威尔 1540 年 6 月 30 日写给亨利八世的最后一封信。这封在伦敦塔写的信给亨利提供了摆脱克里维斯的安妮所需的证据。克伦威尔为自己附上了一条孤注一掷的附言：“至善至仁的君王，我乞求您饶命、饶命、饶命。”

伦敦桥，1616 年。叛徒的头颅被挂在入口处（位于图片右下角），克伦威尔在 1540 年也受到了同样的待遇。可以看到伦敦塔在河的对岸。

间似乎爆发了争吵和相当强烈的怒吼；相当长一段时间之后，克伦威尔愤愤不平地退出了与国王的交谈，借口说他渴得筋疲力尽，但事实上只是恼怒，然后坐在国王看不到的一个箱子上叫了点东西喝。”之后不久，亨利出现在宫廷众人当中，正如夏普伊所说：“我不知道他是要来找我还是要看克伦威尔在哪里。”几乎毫不掩饰怒气的亨利直率地向大使表示，他所提出的与皇帝结盟的条件事关重大，只有在得到书面确认之后才会得到考虑。夏普伊抗议说他一直都是忠于自己言语的，还从未被要求这么做过。他因此说：“何况我效法的是克伦威尔，他从未给我任何书面的东西。”国王对他的抗议置之不理，“执意要我拿到上述的书面确认，并且毫不退让地反复重申他不会给予回复”。尽管如此，他还是给出了详尽且愤怒的回复，拒绝了每一条克伦威尔跟夏普伊认真探讨得出的条件。回想起皇帝前些年来对他的所有不公，亨利愤怒地谴责其“非常忘恩负义”，说如果没有亨利的支持，皇帝不会获得如此庞大的帝国。“克伦威尔和大法官表现出对这些回应感到惋惜的样子，尽管国王用手势示意他们应赞同他，但是没有人会说那三个字”，夏普伊汇报 225
说。违抗国王是一个大胆的举动，也体现出克伦威尔对与帝国结盟的信念之强。此外，他或许也觉得鉴于每个人都认为他是宫廷中最有权势的人，当着阖宫众人的面退缩是一种耻辱。最后，当接见结束时，亨利承诺自己会回顾与查理过去的和约，然后再向帝国大使给出进一步的意见。[34]

大使立即离开宫廷，克伦威尔紧跟着他的脚步。他们俩在早上见面的地方，即从威斯敏斯特到格林尼治的半路上碰头。“在那里我们各自表达了深切的遗憾之情，尤其是克伦威尔，他因为心痛几不能言，他这一生中从未经受像上述回应那样的羞辱。”克伦威尔告诉夏普伊他已经跟君主就此事进行了商谈，并向他保证“如果他知道这件事会这样发展，就算把英格兰所有的黄金都给他，他也不会掺和，而且今后他不会在没有同僚陪同的情况下会见外国使节”。大使反思说：“毫无疑问，在此事上他展示了自己是一个真诚的人；因为尽管他知道这会让君主不悦，而且还为此经历了一些危险，但是他不会收回跟我说过的任何一句话。”[35]

克伦威尔当时对夏普伊的坦白是他和国王关系最清楚的一个说明：“虽然他总是把跟我说的话伴装成他自己的建议，但他的所言所行都是对国王命令的表达。”如果只从字面上看，这些话语似乎表明无论克伦威尔在宫廷获得了多么大的权力，他的权威始终严格受制于国王。克伦威尔存留下来的很多信件中所用的语言也证明了这点，这些信中满是诸如“国王陛下希望你……”“国王陛下的心愿和旨意是……”以及“陛下让我告知你他尊贵的心愿和旨意是……”之类的
226 语句。[36]而在没有得到国王明确指示的情况下试图与神圣罗马帝国皇帝结盟，则非克伦威尔力之所及。

这对首席大臣来说可谓一个惨痛的教训。尽管克伦威尔谨慎又精明，但他的野心让他看不到实际的形势。或许他的前主人沃尔西可以侥幸逃脱如此鲁莽举动的后果，但是亨利决不会允许另一位大臣享有跟失势的沃尔西同等程度的自主权。克伦威尔因这个插曲受到惩罚并不再抱有幻想。夏普伊曾记录道：“在我问他是什么让国王的意志发生这样变化的

时候，他说他想不出这是因为什么情绪；但至少我不是他如此暴怒的理由，因为国王本人对我谦逊的言语还是满意的；他说君王们都有其他所有人看不到也无从知晓的情绪和性情。通过这些话克伦威尔含蓄地表达了对君主这种自相矛盾的不满。”略微令人欣慰的是，正如克伦威尔对夏普伊所说的，国王接见了法国大使，而后者“从宫廷回来时跟我在一天前一样窘迫”。夏普伊准备离开的时候，灰心的克伦威尔做出了这样的反思：“他不应该过于相信君王的只言片语，因为他们的说法总是反复无常，指望从这些话语里得到某种保证是不明智的，正如他在上周二亲身体验的那样。”[37]

这一整个令人遗憾的插曲不仅给了克伦威尔一个教训，让他认识到了自己的身份，还让他和国王的关系发生了显著的转变。的确，克伦威尔在宫廷的权力和影响力依旧无人能比，但是他在应对国王时的轻松和自信逐渐被顺从和犹疑所取代。在向君主提供建议时，克伦威尔越来越谦卑，有一次他向亨利保证：“陛下您如此高贵、极其睿智、审慎且经验丰富，我不是以为您需要告诫才这样写的。我只是向陛下言明我是如何尽我的职责、以我认为别人会使用的方式来考虑事情。”[38]

同时，亨利对克伦威尔的态度逐渐多了些轻视。1535
年5月，夏普伊跟皇帝报告说克伦威尔因为大量的工作犯了 227
一个常见的错误。国王让他给大使看一封他写给在法国的使团的信，克伦威尔忘记照做了。当听说此事时，亨利骂他的大臣是“一个愚蠢的、不谨慎的人”。[39]根据一个消息来源，为了让克伦威尔安守本分，国王甚至动用了人身威胁。“至于我的掌玺大人，即便给我他所拥有的一切，我也不愿意身在他的处境，”1538 年因诽谤克伦威尔而身陷囹圄的乔治·波利特宣称，“因为国王每周教训他两次，并且有时候会狠敲他的头；但是当他整理好头发，并且像狗一样摇摇头离开国王御前、来到大厅之后，他会甩掉疲惫，摆出愉悦的表情，仿佛自己仍主导一切。”他补充说“国王陛下骂掌玺大臣（克伦威尔）是恶棍、流氓，轻敲他的头并且把他赶出国王寝宫”，不过克伦威尔对这种待遇“一笑了之”。[40]

没有其他的史料能佐证亨利对克伦威尔动武这一说法，波利特的说法或许也只是所谓的没有根据的诽谤。不过，这位波利特很熟悉宫廷，他是宫务大臣威廉·波利特爵士的兄弟，也与威廉·菲茨威廉熟识。他经常目睹克伦威尔在宫廷的一些行为，并且挖苦地说：“我，身处宫廷较低的位置，这些事见得足够多，也会笑话他的行状和暴举。”[41]此外，克伦威尔本人也向曾夏普伊坦言，说自己不敢当面向国王转达一则令人不快的消息，所以给他送了封信。大使又说：“克伦威尔跟我说这话，就像它是一个很大的秘密。”[42]不难想见，越来越易怒且多疑的亨利像这样对他的这位出身低微的大臣发泄怒火，很可能是在通过强调自己与克伦威尔之间的社会地位鸿沟来巩固自己的权威。

228 虽然本人颇有恶名，且曾在早年自认为“流氓”，但是没有迹象表明克伦威尔曾在国王面前情绪失控。当然，如果他出手报复就会被视为叛国，这个刺激足以令他保持冷静。不过证据表明克伦威尔大体上是一个温和的人。他很少发脾气，且据一位熟人的说法，他即使发脾气也只持续一“小会儿”。[43]他比很多同僚年长，并且更多地经历了生活的艰苦和无情，年轻时的鲁莽性急逐渐被更冷静、慎重的态度取代。他在人生中不断袭来的变故面前即便不能说毫不震惊，至少也可以说是泰然自若的，对宫廷的生活尤其如此。卡文迪什讽刺地说，克伦威尔“被置于轮子的顶端”，暗示他有可能会突然滚落到最底端。[44]

克伦威尔或许在宫廷获得了比同僚大的影响力，但为了巩固在宫廷的地位，他很明显需要在君王身边培植其他的盟友。或许正因有这种想法，克伦威尔才让他的秘书和密友拉尔夫·萨德勒搬进了宫廷的内室。在那里，他可以轻易地向主人传达并传递消息，而且通常能察知或听到各种可能有价值的消息或传闻。克伦威尔还让他的门徒代他献上各种礼物讨好国王。比如，1536 年 1 月，萨德勒报告说他“将您那个带锁的箱子献给了陛下，里面装满了杜松子酒，陛下非常喜欢，并为此对您表示了由衷的谢意”。[45]

萨德勒在主人的指导下继续活跃，到 16 世纪 30 年代中期他的影响力已经得到广泛认可。我们几乎可以确定，夏普伊在 1536 年 2 月提到的那位“在克伦威尔手下负责其与国王之间所有通信往来的秘书”指的是萨德勒。[46]萨德勒在协助其主人调查当时最高调的两位天主教殉道者——费舍和莫尔时的表现，让他得到了国王本人的注意。上述二人被处决的那年，萨德勒被任命为国王秘书处司库文员（clerk of the hanaper of chancery），这一要职的责任包括盖章批准特许状 229
和专利证，以及用国玺签发某些法令。在证明了自己能胜任此职之后，萨德勒于 1536 年被任命为国王寝宫的贴身男侍，得以进入宫廷核心。他还在同年开始了自己的议会生涯，在克伦威尔的支持下当选威尔特郡辛登镇的议员。

克伦威尔需要像萨德勒这样的王室侍从，后者是极少数得到他信任的人之一，克伦威尔会把跟自己的宫廷地位有关的很多秘密告诉他。在 4 月 21 日与国王的那段羞辱的插曲之后，克伦威尔请假缺席宫廷，但萨德勒仍是他在那里的耳目。他需要汇报的情况很多，因为尽管国王在对妻子和对与神圣罗马帝国结盟的问题上的态度有了显著反转，但他对简·西摩尔的迷恋与日俱增。

简本人在以她为中心的密谋中并非一个消极的旁观者。尽管她看上去颇为平静，但她跟她的兄弟们一样野心勃勃，还有一丝冷酷无情，这让她很难同情安妮。几乎从国王对她感兴趣的那刻起，她就开始给国王的女儿玛丽传递消息，力劝她要勇敢，因为她的困扰很快就会结束。凭着不输于其死敌安妮的魄力，简也计划一劳永逸地让国王落入自己的圈套，并用了一些跟安妮同样且在她看来非常有效的策略。从安妮的先例中她知道情妇也可以成为王后，并决心照做。

简用处女般的羞涩温柔地回绝了亨利的求爱，坚定地拒绝献出自己的贞操。但是她知道自己必须给亨利一些激励，所以她扮演了一个被礼节束缚、因而不能坦然接受自己内心深情的女子。因此，1536 年 4 月当亨利送给她一包钱并附上他爱的宣言的时候，简恭敬地亲吻这封信并原样送回，恳请国王考虑“她看中她的荣誉超过世上任何珠宝，她决不会丢弃它，即便要她死一千次”。她精明地加上了一句，如
230 果她高贵的追求者以后想送给她这样的礼物，他应该等到

“上帝愿意赐给她一桩有利的婚姻的时候”再这么做。[47]这让亨利心烦意乱，他想要赢得简的芳心的心情变得越来越强烈。很快，他对简的爱慕变得如此强烈，以至于宫廷上下人尽皆知。廷臣们现在涌到情妇西摩尔一边以求得到晋升，就像他们当初涌到安妮身边一样，历史就这样以惊人的方式得到了重演。亨利在格林尼治的宫中为简安排了一间紧挨着自己的寝室，并把她的哥哥爱德华和嫂子安妮安置在那里，这样他们就可以在这对情侣见面的时候充当监护人。

尽管如此，克伦威尔还是谨慎行事。虽然简这颗新星看似正在冉冉升起，而安妮则在快速陨落，但他太了解亨利，不会将自己的仕途——甚至生命——作为赌注押在亨利以变化无常闻名的感情倾向上。更何况，正如一条被掠食者逼入绝境的蛇一样，安妮在为自己生存而斗争的时候是最危险的。她对任何威胁的一贯回应都是进攻而不是防守。现在在她的眼里，克伦威尔是最大的敌人。

第十二章

“塔里的女人”

231 根据夏普伊的说法，让克伦威尔决心毁灭安妮的并不是那场被视为公开宣战的耶稣受难日布道，而是 4 月 21 日国王与大使羞辱性的交谈，这表明克伦威尔得到的宠信是如此脆弱，安妮依旧可以娴熟地控制她的丈夫，力劝他偏向与法国而非帝国结盟。但克伦威尔不是一个只因自尊心受伤就会采取行动的人。虽然因那场与君主“令人失望又气恼”的见面而受挫，他“突然恢复了以往的那种狡黠，并说博弈还未完全失败，他还有成功的希望”。[1]大使很快就将明白克伦威尔所想的博弈指的是什么。

克伦威尔意识到，对他的地位而言，与查理五世的联盟可能会跟与弗朗索瓦一世的联盟一样具有灾难性。查理皇帝希望他的表妹玛丽可以继承英格兰王位，他精明地对夏普伊说达成这点的最好机会是确保国王不跟安妮·博林离婚：“要让亨利抛弃这位姘妇，他可能会再娶别人，但只要这个情妇还在他身边，他们便无法生出可以干扰公主（玛丽）继承王位的后代。”[2]或许正是看清了这一事实，克伦威尔才有动力放弃他原本支持帝国的立场而转向促成安妮的倒台。

无论他多么倾向于推动亨利与查理的联盟，如果玛丽继承王位，他就将面临灭顶之灾。事实上，考虑到克伦威尔和玛丽之间存在的敌意，这很可能会要了他的命。

夏普伊非常清楚，是克伦威尔而非国王主导了接下来发 232
生的一切。他向自己的主君通报称是掌玺大臣“计划并促成了整件事”。[3]根据他的汇报，在忍受了“国王难以言喻的固执”之后，克伦威尔回到自己在斯特普尼的宅邸，“因为难过而卧床”。[4]的确，这是一段令人难堪的经历，但克伦威尔是一个顽强的廷臣，他经历过比那还糟糕的情形。他不是一个敏感到需要退出宫廷舔舐伤口的人，更不可能用近一周时间“恢复”状态。他更有可能把这段时间投入了一个更黑暗的目的上：密谋推翻王后。克伦威尔知道为了对抗她需要找出一个无懈可击的理由：她没能给亨利产下一子，但这一事实构不成离婚的充分根据。他也无法以宗教原因证明她与国王的婚姻是无效的。这只对凯瑟琳有效，但如果国王的第二段婚姻因相似的理由作废，那些复杂的离婚谈判就会成为笑柄。此外，只废除婚姻是不够的：为了确保自己能够生存下去，克伦威尔必须彻底摧毁安妮和她的同党。过去安妮曾多次证明了在以甜言蜜语诱哄、重获陛下喜爱上自己有多么得心应手。克伦威尔需要的是证明她是叛国者的确凿证据。

王后本人就为克伦威尔提供了绝妙的灵感。众所周知，安妮一直举止轻浮，乐于置身在一群爱慕她的男性之间。他们当中最主要的就是她的弟弟——罗奇福德子爵乔治·博林。得益于国王对他的父亲和两个姐姐的宠爱，自他 12 岁初次入宫以来，乔治·博林就在宫廷仕途上取得了颇为可观的成功。和博林家族的其他人一样，他曾与沃尔西为敌，但是枢机主教曾在自己的权势日薄西山时试图讨好他，尽管这么做为时已晚。作为沃尔西一方的代表，克伦威尔为乔治安排了一份来自温彻斯特主教辖区土地的礼物，这虽然没有达到枢机主教想要的效果，但为克伦威尔和博林的接近奠定了
233 基础。后来这两人可能在促成阿拉贡的凯瑟琳离婚一事上有合作。博林真诚地致力于宗教改革事业，并且一直积极试图确保神职人员屈从。不过，虽然他和克伦威尔在政策上不乏一致，但没有证据表明他们之间存在什么友好关系。

罗奇福德子爵跟他的姐姐关系亲密，这毋庸置疑。他经常见她，多次私下会面、聊天。有消息来源暗指他和安妮的女官简·帕克（Jane Parker）之间的婚姻并不幸福，而且他似乎觉得和姐姐共处比和妻子在一起更开心。这对夫妇没有子女，这一事实让人对他的性取向——至少对他的忠贞产生怀疑。在伊丽莎白一世在位期间担任利奇菲尔德大教堂教长的另一位乔治·博林曾被认为是他们的儿子，但这一传闻的依据并不可信，且他也有可能是一名私生子。在罗奇福德子爵死后对他进行的调查没有提到这个乔治，而是指定罗奇福德的姐姐玛丽·博林为他的继承人。不管怎样，丈夫显然偏好姐姐的陪伴，这让简产生了危险的憎恨，这种憎恨很快得到了充分的表达。

王后的另一位宠臣是弗朗西斯·韦斯顿（Francis Weston）。韦斯顿自1526年起开始在宫廷效力，时年15岁的他起初被任命为一名男侍。他的得宠一方面是因为他的吸

引力和魅力，另一方面得益于他父亲作为亨利七世宠爱的廷臣的人脉。亨利八世一向喜欢让像韦斯顿这样的人随侍在侧，他在 1532 年提拔韦斯顿为国王寝宫的侍从。克伦威尔并不支持这一任命，因为韦斯顿与他的很多对手过从甚密，不过宫廷中的女士们和国王一样喜欢韦斯顿。卡文迪什说他“生活放纵，心无忌惮地……纵情于声色私欲”。[5]1535 年 5 月，王后责备他忽视自己的妻子、跟当时正在被亨利·诺里斯追求的玛格丽特·谢尔顿（Margaret Shelton）调情。韦斯顿迅速反驳，说诺里斯如此频繁地到访王后的寝宫不是为了玛格丽特，而是为了安妮自己。他又说自己爱她寝宫里的一 234
个人比爱妻子或情妇谢尔顿更深。当安妮盘问他恋人的名字时，他回答“是您”。王后“回绝了他”并斥责他无礼。[6]但是这个对话没有就此被遗忘。

另一个投身于危险的宫廷恋爱游戏（尽管表现相对笨拙）的人是马克·斯米顿（Mark Smeaton），一位英俊且因美妙的歌声闻名的年轻乐师。出身卑贱的他因才能被沃尔西看中，后者让他加入自己的合唱团。枢机主教失势后，他转任到王室礼拜堂，并很快吸引了热爱音乐和舞蹈的安妮·博林的注意。安妮指派这位年轻的乐师到自己的寝宫，这似乎令他（也许是在她轻浮举止的误导下）对这位恩主产生了爱恋。王后可能因年轻乐师显而易见的爱慕而感到高兴，但对两人之间可以对等交往的想法嗤之以鼻。

安妮尤为宠信亨利宫廷里的头号诗人托马斯·怀亚特。怀亚特家族一直蒙王室恩宠和重用，他们在地理位置上离博林家很近，而且效忠于后者。王后不仅因托马斯爵士的诗才而乐于以他为伴，还因为他和自己一样爱好法国而大加青睐。在 1529 年到 1530 年间怀亚特在加来担任高级执法官，他在这一时期对法国的诗歌体裁产生了兴趣。他还持有福音派信仰的观念，并以放纵的性道德观闻名。虽然他设法获得王后的喜爱，但是怀亚特跟克伦威尔也相识，后者是他父亲遗嘱的执行人。据说克伦威尔“非常喜欢怀亚特大人”，两人有密切且诙谐的信件往来。[7]

与托马斯·怀亚特不同，安妮的另一位近臣亨利·诺里斯（Henry Norvis）自国王即位以来就是他的宠臣，在过去 10 年间一直是马桶侍从。这让他有了无可匹敌的接近君主的机会，使他成为国王最亲密的仆人和心腹——或许也是亨利身边最近似于朋友的人。诺里斯还对宫廷任免有相当大的支配权，因为他可以选择在恰当（或者不恰当）的时候向
235 国王寻求签名准许。虽然诺里斯被普遍认为是一个温和可亲的人，但他并不会回避利用身份增强自己在宫廷上的权力，因此他成为众多追求王室恩宠的人的焦点。正因如此，诺里斯一直是克伦威尔的眼中钉，因为他试图掌控王室任免权。诺里斯马桶侍从的身份意味着克伦威尔能用来克服这一障碍的办法很少。不过，他把财政支配权从诺里斯的手里夺了回来，后者作为国王私用金的管理者一度染指了财政大臣的职权。

虽然诺里斯起初是国王的宠臣，但他很快从安妮那里获得了类似的宠信。他可能是在 1533 年 1 月见证亨利与安妮婚礼的一小部分人中的一员，也从不隐瞒自己对新王后的爱慕。他是宫廷恋爱游戏的完美玩家，赞美恭维安妮但从不逾

矩。不过，他们的关系不只是阿谀奉承，而是有一个更稳固的基础，因为诺里斯在改革主义信仰观念上跟安妮一致，他们经常就此进行讨论。不过，这并不意味着他们之间毫无分歧，这一点将会产生致命性后果。

虽然这些人喜爱调情且关系亲密，但没有证据表明安妮跟她的男性宠臣们曾犯下不忠之事。一旦败露安妮将失去的东西太多，因此她不敢冒险通奸。再者，她能在求爱期吊着亨利长达7年，也证明她并非没有自制力。但是，安妮一直享受宫廷式恋爱的游戏乐趣，现在随着丈夫对她的热情渐熄，她对爱慕和恭维的需求上升到了一个危险的新高度。克伦威尔对此心知肚明，这也给了他一个可以用来将安妮这个宫廷里最致命的死敌赶下台的完美机会。我们尚不清楚他究竟从何时开始产生了构陷王后通奸的想法。实际上，他足够谨慎地掩盖了自己的痕迹，以让自己在这场争议中扮演的角色显得捉摸不清。但有一个证据是令人信服的。在安妮所有
的宫廷敌人中，克伦威尔除掉她的动机最强。几乎所有被这 236
场丑闻牵连的人都是这位国王首席大臣棘手的反对者，这一点也不是巧合。

在确定了促使安妮倒台的方法之后，克伦威尔开始默默地收集证据。他有可能贿赂了王后的一些侍女，或者在她的寝宫安插了眼线。他们汇报的大多数传闻本身并无大碍，但它们很快被扭曲成毁灭性的证据。这一切操作的手法都十分谨慎，安妮对即将到来的恐怖全然不知，就连国王看起来也不知情，直到克伦威尔断定自己有一套具备足够说服力的案情可以呈报给他。

在1536年4月最后几天，事情突然加速进展。克伦威尔在暂离一周后回到宫廷，并立刻要求面见国王。没有记录显示他们说了什么，但是这位首席大臣——也许伙同卡鲁及其阵营的其他人——一定透露了他对王后忠贞的质疑（以及相应的证据）。对妻子的态度始终在敌意和热情之间摇摆的国王迅速改变了心意，无可挽回地与她敌对。在当天于格林尼治召开的嘉德骑士团年度集会上，他大张旗鼓地宣布王后最大的敌人尼古拉斯·卡鲁爵士被推举为嘉德骑士，而不是她的弟弟。乔治·博林被宫廷最有名望的兄弟会拒于门外显然是一种故意的冷落，而克伦威尔的新盟友从中受益的这一事实也表明他是背后谋划者。

在第二天，大法官托马斯·奥德利——“克伦威尔的人”——授意在温彻斯特设立了两个特别听审裁判法庭（Commissions of oyer and terminer）。[8]这是听审和审判王室申诉的法律程序，虽然可追溯到13世纪，但是很少被使用，且只用于最严重的案件，这个程序要求在被指控的罪行发生的郡设立法庭。我们不清楚特派委员会被委托调查的事务是什么，但是从法庭设在据称为安妮通奸罪行发生地的米德尔
237 塞克斯郡和肯特郡，这一事实表明这是对她被指控罪行的正式调查。陪审员的人选由各郡治安官负责安排，但是从被选上的名单中——包括萨福克公爵、诺福克公爵、威廉·菲茨威廉以及其他对安妮怀有敌意的人——可以观察到克伦威尔的影响。此外，在听审裁判制度下，在被指控者被捕前即设立法庭的情况十分罕见。不过克伦威尔希望避免通常设立法庭所需的约7天的延迟，以免安妮在知情之后利用这个时间

赢回国王的感情——他有充足的理由如此担心。[9]

在听审裁判法庭的帮助下，克伦威尔立即开始攻击王后，对安妮寝宫的人员以及更大范围的宫内人员进行了细致的盘问。据说，“国王寝宫的一些人和另一些王后那边的人以极隐秘的方式被调查”。同时，克伦威尔的眼线继续诱哄安妮的侍女吐露事涉隐秘的宫中绯闻。意识到这些侍女可能会担心泄露这类消息的后果，克伦威尔的人向她们保证“国王恨恶王后，因为她没有给他生下王国的继承人，而且她也没有这样做的可能性”。[10]不久之后这些侍女们就被诱哄成了共谋。

据说，在 4 月 29 日，恼火的安妮与她的乐师马克·斯米顿发生了一场小小的口角。根据她后来的供词，“我发现他站在我寝宫的圆窗前。我问他为什么如此悲伤，他回答说没什么”。王后冷酷地反驳道：“你别指望我会用对一个贵族说话的方式跟你讲话，因为你是一个身份低下的人。”知道她所说的符合事实，斯米顿可怜地回复：“不，不，夫人。看一眼就足够了，那么再会。”[11]这场对话的内容本身并无问题，但还是立即被王后身边一个可能接受过克伦威尔贿赂的女性随从汇报给了他。

大约在同一时期，也可能就是与斯米顿发生口角的当天，王后和亨利·诺里斯之间爆发了争吵。争吵因他们讨论诺里斯作为一个鳏夫应该娶谁而起。安妮中意的人选是她的亲戚以及侍从女官玛格丽特·谢尔顿。有传闻称玛格丽特在 238
前一年成了国王的情妇，这可能促使安妮迫切要让她跟诺里斯结婚。当后者表现出不情愿的时候，安妮突然暴怒并警告他："你这是要找死；你想在国王遭遇不测的时候占有我。"诺里斯马上反驳说"如果他有这样的想法，他宁愿自己的头被砍掉"。[12]

克伦威尔认定，这两次口角加在一起让他有了充分的行动理由。4 月 30 日他逮捕了斯米顿并将他带到自己在斯特普尼的宅邸，在那里集中盘问他和王后的关系。《西班牙编年史》的记载称，当斯米顿不愿意吐露任何有价值的信息时，克伦威尔对他进行了刑讯逼供。"然后他叫来了手下两个强壮的年轻人，并且要来绳子和棒子，命令他们把打满绳结的绳子缠绕在马克的头上，并用棒子拧绳子直到马克大喊，'秘书大人，不要再拧了，我说实话'。"但当他没能说出克伦威尔想听的话时，后者"下令再多拧几下绳子，可怜的马克，扛不住这样的痛苦折磨，大喊，'不要再拧了，大人，我会告诉您所发生的一切'。然后他全部坦白了"。[13]

克伦威尔有可能给斯米顿施加了相当大的压力，他是王后身边所有人中最年轻且对宫廷政治最没有经验的。再者，斯米顿的被捕是克伦威尔扳倒王后的第一步，如果没能从中获得任何证据，他就将有可能落到叛国控告的错误一方，自己成为叛徒。不过说服马克开口并没有耗费多大力气，他一定是被国王首席大臣的威严吓住了，迫切地说任何能够确保自己得到释放的话。这个天真、受惊且可能为爱所迷惑的年轻乐师不是这位已经在政治和法律事务上表现出杰出才干的人的对手。一份供词很快出炉。除了承认跟王后发生性关系之外，斯米顿还详尽地向克伦威尔提供了王后的圈子中与她
239 发生过不正当关系的其他人的名字。斯米顿的供认给了克伦

威尔将计划付诸实施所需的一切，但是这绝对没有保证这位年轻人重获自由。克伦威尔把他拘留在自己的宅邸过夜，并在第二天——英国历史上最重要的一个日子——他把这位年轻人丢进了伦敦塔。

根据《西班牙编年史》，克伦威尔立即写信给国王，并在信中附上马克的供状，然后将送信的任务交给了他的外甥理查德。当亨利打开信的时候，他读到的内容是：

> 陛下您会理解，为了守护您的荣誉，看到宫里发生的某些事，我决定要展开调查以查明事实真相。请陛下试想，马克服侍您不过4个月，薪金只有100英镑，然而阖宫都注意到他的奢华穿着，而且他还在骑士比武活动上花了很大一笔钱，所有这些都让某些绅士心中起疑，而我已对马克进行了审问，并把他的供词附在给陛下您的这封信中。[14]

国王读到这里非常激动，但他保持冷静，并下令即将在格林尼治宫依传统举行的五朔节骑士比武大赛照常进行。不过，他立即取消了竞赛结束后和安妮即刻前往加来的行程。

对王后安妮来说，1536年5月的第一天起初没有任何异常之处。她对自己的乐师被捕一事毫不知情，甚至也没有注意到他的缺席，而是忙于为骑士比武大赛做准备。这是一个晴好的暮春之日，安妮在隆重的仪式中进入竞技场，在王室看台就座。一向擅长掩饰自身情绪的国王丝毫没有表露内

心的起伏，看似“完全投入享乐之中”。[15]竞赛到一半的时
240 候，王后挚爱的弟弟也参加了比试，有人递给亨利一则消息，令所有人吃惊的是，他在少数廷臣的陪伴下匆忙地离开了竞赛现场。此时一切都以令人眼花缭乱的速度发展着。在骑士竞赛的其中一队担任领队的亨利·诺里斯被告知立即陪国王到伦敦塔。当他们骑马去威斯敏斯特的时候，惊恐的诺里斯得知自己被指控与王后通奸。他极力否认这项指控，尽管亨利——仍对这位老朋友和侍从怀有一些感情——提出如他认罪可得完全赦免。他被带到伦敦塔，与马克·斯米顿关在一起。同时，克伦威尔采取预防措施，阻止任何人靠近国王，以免安妮的支持者为她或为自己申诉。作为一个经验丰富的廷臣，克伦威尔知道重获恩宠的唯一机会就是亲自恳请国王。因此，接下来的几天里，他努力确保亨利在实质上进入隐居状态，只有“晚上才在花园和船上出现，这期间无人可以妨碍他”。[16]

在搜集对诺里斯不利的罪证时，克伦威尔得到了一位重要廷臣、南安普顿伯爵威廉·菲茨威廉的帮助。菲茨威廉跟克伦威尔的联盟是脆弱的。他以善变著称，凭权力而非原则来选择盟友。一旦盟友丧失了权力，他就会将其抛弃。因此，虽然菲茨威廉曾是沃尔西的门下，并因这层关系大大受益，但在枢机主教失势的时候，他在签署上议院针对沃尔西的批文时没有表现出任何的疑虑。同样，虽然理论上是传统信仰的追随者，但当克伦威尔得到的恩宠显著增加时，他转而支持国王离婚，以及随后由克伦威尔发起的改革。克伦威尔也非常清楚菲茨威廉的缺点，但是不怎么在意。在基于宫

廷政治（而非个人关系）与人联手时，他也信奉务实主义而不是原则。在谋划安妮的倒台时，克伦威尔意识到可以利用菲茨威廉，因为他同父异母的妹妹伍斯特夫人是王后寝宫的一员，但她对安妮显然没有什么忠心。因此，伍斯特夫人非常乐于为克伦威尔提供能让国王对妻子和诺里斯的关系起疑心的证据。菲茨威廉参与了后者的审问，诺里斯指控伯爵 241
骗他招供。

其他涉案人员也很快被逮捕——包括王后本人，她在 5 月 2 日被带到伦敦塔。根据赖奥思利于事件发生不久之后撰写的编年史，克伦威尔本人陪她到那里，随同的还有诺福克和奥德利。[17]另一个消息源称，克兰默主教也参与了这项无情的任务。他们刚开始审问，安妮就打断了他们。“别浪费时间了，”她告诉他们，“我从未辜负国王，但是我清楚地知道他厌倦了我，就像他之前厌倦虔诚的凯瑟琳夫人一样。”当克兰默断言她的“邪恶行径”已经暴露的时候，她立刻暴怒并大叫：“滚！事情的发生正如我所说，都是因为国王与他人陷入爱河——对象据我所知是简·西摩尔——但是不知道怎样摆脱我。”[18]意识到再审问下去也是徒劳，克伦威尔和他的同伴们撤退了。

在安妮被捕当日，她的弟弟乔治也被带入伦敦塔，他面临与自己的姐姐通奸这一“在神意法与自然法中都尤为可鄙”的指控，还被指控密谋害死国王。下一次逮捕发生在两天后，被捕者的身份完全出人意料。和诺里斯与韦斯顿一样，威廉·布里尔顿（William Brereton）是国王的近身侍从之一，也是国王寝宫的男仆。在 1529 年迎娶了亨利的堂兄伍斯特伯爵的女儿之后，他与王室的关系进一步增强。但是布里尔顿跟王后没有任何关系，当其他人被捕的时候，他正在柴郡的家族庄园里消遣度日。布里尔顿被卷入这场宫廷丑闻是本起事件由克伦威尔一手设计的最明显证据之一。布里尔顿深刻认识到自己的优越地位，以专横的方式处理事务。他控制着柴郡的修道院，并阻碍克伦威尔在该地区进行改革的努力。他还在自己担任王权代行官（steward）的威尔士边境区包庇乃至鼓励当地贵族（marcher lordships）的不法行为。在1534年，事情发展至高潮部分，布里尔顿捏造了一份指责自己的前副手约翰·格鲁菲思·艾顿（John Gruffth
242 Eyton）杀害一位家仆的指控，并且下令判处他死刑。克伦威尔决意要让这位令人头疼的人物就范，扳倒王后的计划给了他绝妙的机会。

布里尔顿于1536年5月4日被捕，这在宫廷里引起一片震惊。在被指控与王后有不正当关系的一群人中，布里尔顿显得格格不入。他从来不是王后圈内的人，不仅如此，年近50的他也比其他人大得多。王后多年以来的密友托马斯·怀亚特说他“是我最不了解的一个人”。[19]对布里尔顿进入伦敦塔一事，安妮本人也没什么反应。相比之下，她倒是（或许在不经意间）提到了弗朗西斯·韦斯顿在前一年公然调情的事。她让伦敦塔典狱长威廉·金斯顿爵士（William Kingston）听到了这些话，这意味着它们可被采纳为证据，于是韦斯顿在5月5日被逮捕。托马斯·怀亚特爵士也于当天和他一起被投入伦敦塔。夏普伊迅速汇报说怀亚特因与安妮的关系被扣留。其他消息源称怀亚特在安妮上位前就是她的情人之一，并且他曾提醒亨利不要娶她。不过，所有这些都是由反对宗教改革的人写的，怀亚特的倒台符合他们的既得利益。

事实上，怀亚特并没有正式被指控通奸，几乎可以确定的是，他的被捕，以及理查德·佩奇爵士三天后被投入伦敦塔一事都不是克伦威尔主导的。这两人与克伦威尔素有交情，把他们卷入这个密谋与他的利益不符。[20]怀亚特后来称他入狱是萨福克公爵“不当的邪恶意图”的结果。[21]随后发生的事证明了这点。《西班牙编年史》描述了克伦威尔在怀亚特被送往伦敦塔之前是如何设法拦截的。克伦威尔让他的外甥理查德通知怀亚特在伦敦与自己相见——据推测是在斯特普尼或奥斯丁会。“克伦威尔把怀亚特大人领走，并且跟他说，‘怀亚特大人，您知道我一直对您怀有极大的喜爱，而且我必须要告诉您，如果您在我要说的这件事上是有罪的，将令我痛心疾首’。然后他告诉了怀亚特之前发生的一 243
切；怀亚特大人震惊了。”怀亚特否认自己曾（“哪怕在脑海中”）辜负过国王，克伦威尔保证他虽然会被带去伦敦塔，但“他承诺会始终保持朋友的立场”。然后，克伦威尔的外甥护送怀亚特去伦敦塔，并在抵达的时候告诉典狱长：“克伦威尔大臣的口信是请您尊重怀亚特大人。”[22]

我们没有理由怀疑这一记录的真实性，因为后续事件佐证了这一叙述。怀亚特的父亲在5月11日写信给克伦威尔，感谢他对儿子的付出，并显然相信儿子会很快得到释放。怀亚特确实于6月中旬被无罪释放，这几乎可以确定是由于克伦威尔的要求。[23]佩奇则在一个月后才被释放。二人逃脱拘押不仅证明了他们跟克伦威尔的关系，还证明了克伦威尔对安妮及其支持者垮台过程的影响程度。

另一个即将落入陷阱的是弗朗西斯·布赖恩，他的母亲是玛格丽特·布赖恩（Margaret Bryan）夫人，她不仅是安妮·博林母亲同父异母的妹妹，还是安妮之女伊丽莎白公主的家庭教师。布赖恩积极推动国王第一次婚姻的无效化，并因此坚定地站在博林阵营。亨利对他的恩宠不比别人少。1518 年被指命为国王寝宫的男侍之后，他很快成为国王最亲近的人之一，并因赌博、喝酒和“恶习”而出名。但他有非常保守的宗教信仰，他相当有讽刺意味的座右铭是“ja tens grace”（“我希望得救赎”）。克伦威尔后来给他取了一个绰号——“地狱的代理人”。当安妮显然已开始失宠时，布赖恩跟她的弟弟上演了一场传播甚广的争吵，试图跟安妮一派保持距离，但这并不能让他免受现在围绕她的丑闻牵连。在主要人物被逮捕之后不久，布赖恩突然“因他的忠诚问题”而被召入宫，在那里他受到克伦威尔的非正式审问。布赖恩没有背负任何指控，并很快得到释放。

与此同时，克伦威尔和与他一同进行审问的人收集的针
244 对其余五人的证据无力得令人难堪。马克·斯米顿是唯一招供的：其他所有人都坚决否认自己与王后之间有任何不正当关系。只要简单考察他们被指控犯下通奸罪的日期就能发现，几乎每一次他们都没有跟安妮在一起。斯米顿正如他所说的那样，不可能在 5 月 13 日跟安妮在格林尼治发生性关系，因为那天她一直在里士满。同样，在提出安妮与布里尔顿发生通奸关系的四天里，她至少有两天不在指控中认定的

事发地点。除此之外的证据充其量不过是传闻。

在王后被捕之后，她的侍从女官们提出的证言内容变得更加淫秽，这是因为她们已不再害怕遭到报复。其中最具毁灭性的一则证言是安妮的弟妹简提供的。简显然很乐意利用这次机会报复自己的丈夫乔治·博林，她不仅提供了关于他和王后乱伦的耸人听闻的描述，还声称后者曾经当着女官们的面嘲笑国王逐渐衰退的性能力。更糟糕的是，简可能让克伦威尔产生了一个想法，即安妮为从她的情人那里得到更多的性满足，伙同他们一起蓄谋弑夫。克伦威尔后来回忆道：“在多次审问中，事态变得如此明显，除了这项罪（通奸）之外，还有一个针对国王性命的密谋浮出水面，这个密谋发展到如此地步，以至于我们所有审问的人都因陛下身处的危险而震惊。”[24]

为了巩固这则证据，克伦威尔特意挑选了在伦敦塔照顾安妮的侍女，让她们在那里积极地监视她。他还指示典狱长威廉·金士顿定期报告她的行为。这就形成了最牢靠的消息源，由此可以得知她在监禁期间的言语，尤其是她对针对她的指控的看法——安妮完全（且令人信服地）驳斥了所有指控。她不仅抗辩自己无罪，还称和她一起被指控的人也是无罪的，且似乎为他们感到十分忧虑。克伦威尔因此几乎没有抓到什么可堪一用的把柄，只有金士顿的一封信里还包含了可利用的内容。在描述安妮如何抵达伦敦塔的时候，金士 245
顿说她问自己是不是要被关进地牢。当金士顿回答说她会住在加冕礼之前住的地方时，她大喊道“这对我来说太好了”，然后开始哭泣。[25]这被解读为她承认自己做错了事，因此不配得到这么好的居所。但这更可能是一个因骤然倒台而受惊的女人歇斯底里式的呐喊。

克伦威尔的文件中有一封安妮给亨利的信，在她被捕四天后写于伦敦塔。它的真实性受到质疑，一部分是因为这封信的字迹不是安妮的，另一部分是因为这封信的文风跟她的其他信件不一样。它是一份大胆的无罪陈述，信中她指责丈夫将自己置于如此境地。虽然安妮对国王一直直言不讳，但是旁人可能会以为她在一封为自己性命哀求的信中会表现得更恭顺而谦卑。相反，她痛骂亨利“残忍地利用我，不像君主所为”，并且宣称如果他坚持这种“无耻的诽谤”，那么她唯愿上帝会赦免他的“大罪”。克伦威尔为这封信批注：“塔里的女人致国王。”[26]尚不清楚他究竟有没有将这封信给国王看。他有可能判断，这封信虽然很令人气愤，但最好还是不让国王看到这样真诚的无罪坦言。

即便对安妮不利的证据不甚可靠，但也足以让国王信服，而这才是最重要的。在听闻对他妻子的不忠指控后，亨利表现得愤怒且沮丧，但是他迅速相信了这些指控，快得令人起疑。他虽然不喜欢扮演被妻子红杏出墙的丈夫的角色，但是很乐于接受这些指控带来的便利。他跟安妮的关系在结婚之后很快就变得乏味，而且她没能生下儿子，这让他迫切地想要像逃离自己的第一段婚姻一样甩掉安妮。克伦威尔巧妙地给他提供了一个快速且相对轻松的（虽然会令他蒙羞）逃离方法。但是亨利真的相信那些针对王后的指控吗？他有可能真的相信了，因为据说在安妮最终同意亨利的求爱之后，
246 他被这位看似清纯的女子所表现出来的丰富经验震惊了。在

弗朗索瓦的宫廷里，安妮是不是和她的姐姐玛丽一样，学到了一些法式礼仪之外的东西？他的疑心现在变成了确信。根据夏普伊的说法，国王或许是碍于颜面，声称自己是被安妮用巫术蛊惑才与她结婚的。据说她一只手有六个手指，这一点加重了这一说法的分量，而英格兰人民无须多加怂恿便乐于用最大的恶意揣测这位可憎的王后。

亨利到底在何种程度上主导而非被动接受了安妮及被控为其情夫者被捕一事，一直是颇有争议的问题。一封在风波发生后不久由神圣罗马帝国大使写给皇帝查理五世的信中转达了克伦威尔对大使说的一番话，这些言论被认为意味着这位首席秘书只是在执行国王的命令。克伦威尔告诉夏普伊“他本人是被国王授权委托审理并了结对这位情妇的审判，这令他颇费周折”。[27]亨利有可能指示克伦威尔设法帮自己摆脱她，这可能发生在同年 1 月安妮最近一次流产后。不过，即使他做出了这种指示，也没有证据表明是他设计了这场“博林的灾难”：的确，考虑到最后亨利会不可避免地承受相当大的羞辱，他似乎不太可能这么做。[28]即使简·罗奇福德没有明说，妻子在婚外寻求性满足这一点本身也贬低了亨利作为爱人的能力。事实上，克伦威尔的话是说国王指示他确保安妮的审讯达到他希望的结果，而不是说他从开始策划了整件事。

克伦威尔写给在法国的加德纳和沃洛普告知王后被捕一事的信件也进一步证明这起风波是他策划的。这封信不但公然诋毁安妮的品行，还意在洗脱自己对揭露安妮被控罪状过程中的责任。他在信中将自己写成宫廷中一个震惊的旁观

者，而不是整件事情的主谋，并强调一切都是按君主的指示
进行的。这封信如此开头：“国王陛下认为我应该将这样一
场骗局告知你们，它由人为设计、构想、执行并发展，极为
247 可憎且可恶，却在上帝默示的律法下被极为幸运地揭穿，其
恶名已人尽皆知。”

克伦威尔接着用一种受惊吓且道貌岸然的笔法描述了安妮被指控的罪行。“王后的可憎之处包括她无节制的生活，以及对国王陛下的其他不敬之举，这些行径是如此过分且频繁，以至于她寝宫的侍从女官……都不能藏在心里……这些劣迹最终传到陛下枢密院一些人的耳朵里，出于对陛下的职责他们不能向他隐瞒。”克伦威尔说，那些女官直到这时才受到审问——在这里，他又一次暗示自己并不对此事负单独责任，甚至不负主要责任。当她们揭露了意图谋害国王性命的证据时，克伦威尔和他的同僚“跪下感谢他（上帝），大声赞美他让他（国王）免于此祸，这时最卑鄙、可恶的意图才被公布于众”。邪恶的阴谋就此暴露，“一些人因为此事被投入伦敦塔，其中有马克·斯米顿和诺里斯以及她的弟弟，然后她本人也被逮捕并被送到同样的地方，在她之后，弗朗西斯·韦斯顿爵士和威廉·布里尔顿也因具体的罪行被送到那里”。[29]

克伦威尔佯装出一种令人难以采信的敏感态度，表示自己不敢再披露关于此事的更多细节，因为它们太令人震惊了。“我没有提到细节，这些细节如此令人作呕，简直闻所未闻。”即使在安妮的审讯结束后，当所有耸人听闻的细节都被披露时，克伦威尔仍声称还有更多隐情。“出于诚意，

我尽可能多且直白地写下了本案中涉及的那些密谋情节，如果这还不够的话，我就只能把供词原文寄给你们了，这些供词是如此可憎，以至于其中一大部分从未被用作证据，而是显然被隐藏起来了。”[30]

安妮一案的第一次审讯于 5 月 12 日在威斯敏斯特大厅进行。布里尔顿、诺里斯、斯米顿和韦斯顿出庭回应针对他们的指控。除斯米顿之外，所有人都做无罪抗辩。庭审前，布里尔顿对一位老校友乔治·康斯坦丁（George Constantine）坦言，针对他的所有指控都是无中生有，自己完全是清白的。甚至在临死之际，他仍强调自己无罪，他鼓动康斯坦丁 248
声明：“如果他是有罪的，那么我发誓他会死得最惨。”[31]他们的抗辩没有任何效用。克伦威尔汇报说：“根据上周五在威斯敏斯特大厅的审讯，诺里斯、韦斯顿、布里尔顿和马克已被判处死刑。”[32]

三天后，王后本人也和她的弟弟出庭受审。后者之所以能跟其他人分开受审，或许是因为他的子爵头衔和作为王后弟弟的身份。克伦威尔能够对他提出的正式指控包括宣称他曾有一次在姐姐的房间里待了很长时间，并曾在另一个场合声称国王不是伊丽莎白的父亲。乔治否认了这些指控，并做出了充满热情且有理有节的辩护，赢得了很多人的钦佩。据说街上的人们赌他不会被定罪。但他还是和其他人一样，无力抵挡注定的结果。审判开始前，克伦威尔自信地预测：“她和她的弟弟明天会被传讯，且无疑会迎来（和诺里斯等人）同样的下场。”[33]

假装正经的克伦威尔将最耸人听闻的细节留到了他明知

会最吸引眼球的那场庭审上：那就是对王后本人的庭审。在进入挤满了执法者和廷臣的伦敦塔大厅后不久，安妮必须听着针对她的指控被一一宣读。根据安妮的控诉人所言，她的罪名不仅仅是通奸，还包括乱伦和性变态。她被“不纯洁的、肉体的欲望”驱使，亲吻自己的弟弟，“把舌头伸进他的嘴里，他亦是如此”，并煽动身边的人屈从于她“恶意的挑逗”。[34]她因肉欲而发狂，仅在生下伊丽莎白 6 周后就让亨利·诺里斯爬上了她的床。

即便她被指控犯下的罪行细节越来越清晰，安妮依旧不
249 为所动。不过，轮到她开口的时候，她对“所有对她不利的情节给出了非常机智、谨慎的回答，条理分明地用话语为自己开脱，就像她从来不应当受到上述指责一样”。[35]但这并没有改变指控她的人或者国王本人的决心，国王在听到她勇敢的自辩时说：“她有一颗大胆的心，但是她要为之付出代价！”夏普伊机智地注意到，即便他的妻子被证实无罪，国王也已经决定要抛弃她。[36]

陪审团知道自己背负着怎样的期许，最终也不辱使命。安妮被定为叛国罪并被判处死刑。当被遣送回在伦敦塔的房间时，安妮的勇气变成歇斯底里。她告诉威廉·金士顿“我听说行刑人非常强壮，而我有一根细小的脖子”，然后她双手放在脖子上“尽情地大笑”。大吃一惊的威廉爵士宣称“死亡让这位夫人感到愉悦”。甚至在她行刑前的头天晚上，有人报告说安妮仍在不停地谈笑，对她吃惊的同伴说在自己死后，对手们能轻易为她起一个绰号，因为他们可以叫她“那个没有脑袋的王后安妮”（la Royne Anne Sans teste [tête])。然后她“痛快地大笑，虽然她知道第二天自己难逃一死”。[37]

1536年5月17日，安妮可能看到那被“认定”是她情人的五名男子被送往刑场。作为已被定罪的叛国者，他们应被处以令人丧胆的绞刑并四马分尸，但他们还是得到了斩首的减刑。当斯米顿被带去行刑的时候，他在断头台前被绊了一下并向后倒地，断头台上满是在他之前被处死的人的血。他打起精神，大声说：“大人们，我求你们为我祈祷，因为我该死。”他的话被看作一个可供利用的认罪表态，而不是一个即将被处死的人受到惊吓时的胡言乱语。

当天，克兰默宣告国王跟安妮的婚姻无效。他这么做有些勉强，因为他之前曾向君主为安妮辩护，说他不相信安妮犯下了被指控的那些罪行，因为“她是我最为赞赏的女 250
性”。[38]但他很快意识到自己在逆流而行，而克伦威尔也可能说服了他改变方向，否则就会有失去地位的风险——乃至招来更严重的后果。无论怎么说，宣布婚姻无效的根据都有些牵强：亨利·珀西被逼承认他和安妮曾有婚约。具有讽刺意味的是，与亨利摆脱第一次婚姻时耗时数年的争论相比，这次的婚姻作废认定完成得十分迅速。鉴于王后即将被处死，亨利寻求将婚姻作废的决定可能显得奇怪。这一程序的主要动机似乎是让伊丽莎白公主变成私生女，继而将她从继承顺位中挪去。

安妮在两天后被处死。她从头到尾极有尊严的举止让那些聚集前来见证这位“大贱人”引颈就戮的民众心生敬意。克伦威尔本人也是其中之一。一个极为熟练的行刑人从加来被带到此地，他按法国的方式用一把剑而不是传统的斧子为安妮行刑——这是亨利对他形同陌路的妻子唯一的仁慈。事实上，他在妻子出庭受审前就下令招募行刑人担此任务，这表明了他对结果有着何等的确信。此番周折是值得的。只是干净利落的一挥，安妮的头就与身体分离了。在她的头被举在空中时，严肃的民众惊恐地看到她的眼睛和嘴唇还在动着，像是在默祷。围观者散去之后，安妮的女侍哭泣着想要找一具棺材安放主人的遗体却求而不得。她们被迫用一个装箭的旧箱子安放遗体，这是对她的最后一个羞辱，亨利第二任王后就是躺在这个箱子里长眠于伦敦塔内的圣彼得被囚礼拜堂（the Tower Chapel of st Peter ad Vincula）中。

至此，克伦威尔大获全胜。

第十三章
叛乱

安妮·博林被处决之后，政治局势迎来了剧烈的变化。 251
她的家族在过去10年间主导宫廷，但几乎在安妮被斩首的同时，他们就被取代了。西摩尔家族现在处于支配地位。亨利在第二任妻子被处死的当天就跟西摩尔订婚，在10天后的1536年5月30日，他们便正式结婚了。汉普顿宫以及其他王室宫殿的木匠们急忙开始将雕刻上的“HA's”字样刮掉，换成“HJ's”。[1]克伦威尔同样急于抹除自己曾与被处决的王后结盟的痕迹，他现在对国王的新妻子大加赞扬，称赞简是“一位贞洁的小姐、真正的淑女，她的性情有别于他人，就像白昼有别于黑夜”。[2]有趣的是他提到她的贞洁。虽然简的品行一向无可指摘，但克伦威尔是第一个如此强调她纯洁的人。他的目的无疑是在安妮的棺材上敲上最后一颗钉子：赞美新王后的美德也就是在某种意义上谴责前王后行为不端。

有证据表明克伦威尔还曾指使他最信任的侍从诋毁前王后的名声。安妮被处决的时候，亚历山大·阿莱斯正在伦敦，他在和宫廷成员用餐的时候，克伦威尔的一名侍从到场

了，他“极其饥饿”并请主人给他些吃的。其他客人立即开始向他打听宫廷的最新消息，以及他是否为王后感到惋
252 惜。“他回答的时候反问，为什么自己要为她感到惋惜？她已经暗中背叛了他（亨利），所以现在他公开羞辱她。因为正如她在国王为国事的重担操劳的时候与其他人纵情声色一样，他在王后被砍头的时候也在跟其他女人欢愉。”当震惊的众人命他闭嘴的时候，他反驳道：“你们很快会从其他人那里了解到我跟你们说的真相。”[3]

值得注意的是，刚成为寡妇的简·里奇福德在安妮被处决之后很快回到宫廷，她提供的那些对丈夫的姐姐不利的证据对克伦威尔非常有用。或许有人认为，以她跟垮台的博林家族的密切关系，外加上她的证言让人质疑国王的性能力，她可能永远不会再在宫廷出现。但是，她不但没有跟丈夫一起受辱，反而被任命为新王后寝宫的一位侍从女官。几乎可以确定这得益于克伦威尔的影响力：他一直记得奖励那些行事于他有益的人。

与此同时，尼古拉斯·卡鲁爵士和他的保守派系意图通过恢复国王的长女玛丽（这时 20 岁）的正统地位以尽可能地增加他们的优势。但是克伦威尔无意让此事发生。过去三年里他成功地阻止了帝国大使促成此事的企图，并曾训诫后者，说查理五世的代理人们“像鹰一样从高空快速地捕捉猎物，并且（克伦威尔）猜测我方一切行动的目的都是将玛丽扶上继承者之位；但克伦威尔补充道，如果那真是我们所愿，‘我可以告诉您，这是没有可能的’”。[4]玛丽象征的不只是国王的第一次婚姻，还有旧宗教的回归。作为一个忠诚

的罗马天主教徒，她轻视克伦威尔的改革，并强烈祈祷英格兰尽快回归教宗的怀抱。如果她成为亨利的合法子女，这就将一举破坏克伦威尔辛苦奋斗所取得的成就。况且，他已经无意再推进卡鲁的大业：他们已经发挥了摆脱安妮·博林的作用。克伦威尔和卡鲁之间脆弱的联盟在她被处决后很快瓦解，而他们再一次成为对立的双方。

当玛丽公主被她的父亲邀请回宫时，克伦威尔一定感到 253
十分警觉，玛丽的父亲“极为重视她”，并“把那位不忠诚的王后的很多珠宝都赐给了她”。[5]与此相反，她同父异母的妹妹伊丽莎白则被关在房间里。这是一个不祥的预兆。但克伦威尔在面对威胁的时候总是迅速采取行动。即便国王抱有任何恢复长女身份的想法，他的首席大臣也会向他说明这样做是怎样的不明智。毕竟，国王不愿意在这件引起国内如此骚动，并让他成为英格兰教会首脑的“大事”上出尔反尔，也不愿意在天主教欧洲诸国面前表现得像个傻瓜。相反，克伦威尔力劝君王必须让玛丽最终承认父亲的至高王权。他又借机抨击对手，说服亨利指责卡鲁及其支持者，正是他们鼓励玛丽顽固地拒绝服从。

起初，玛丽拒绝接受王权至高原则，以遵从母亲的遗志。国王很快失去了信心，命令克伦威尔让她看清事实。两人有很多看似友善的信件往来，玛丽感谢克伦威尔“和善且友好”的来信，使他确信她“因您为我的付出和努力而感恩戴德”并说自己“对您的仁慈寄予厚望”。信末她令人同情地为自己“出言不善的信函”请求谅解，并借口说这是受到了“脑中泪水”的影响。[6]然而，当玛丽继续毫不动摇时，这位恼怒的大人抛下了所有的友善态度，直白地告诉她“无论你身体如何不适”，也不是如此“顽固不化”的理由。他接着说，“坦白地说，我认为你是最顽固的女人”，并且严肃地表示如果她不遵从她父亲的意志，“我会把你当成最不知感恩、不近人情、顽固不化的人”。他又警告说她不仅应该感到“非常惭愧”，还应感到“同样恐惧”。[7]

正式摊牌的时刻终于来临。克伦威尔意识到这位桀骜不驯的年轻小姐不会听从一个在各个方面都跟她截然对立的人，于是派诺福克公爵和萨塞克斯公爵威逼她服从。当她继
254 续反抗的时候，他们野蛮地告诉她，“如果她是他们的女儿，他们会打她，并且拿她的头用力地撞墙，让它软得像烤过的苹果一样”。[8]

尽管她固执且坚持原则，但玛丽并非对政治形势毫无认识。她受到大使夏普伊的影响，夏普伊是她近 7 年来的朋友和知己，后者力劝玛丽暂时牺牲自己的原则，这从长期来看最符合她的目的。1536 年 6 月 15 日，玛丽终于极不情愿地宣布服从。一封由克伦威尔起草、玛丽“逐字”誊写的信里满是谦恭顺从和请求宽恕的文字，她甚至要为拒绝承认她同父异母妹妹的地位道歉。“至于公主（我想我必须这么称呼她，因为我无意冒犯），我曾提出根据她的名字与地位称她为妹妹，但是被拒绝了，除非我愿意加上另外的头衔；我当时固执地回绝了这一要求，而现在为此更加后悔，因为我那么做冒犯了我的父亲和他公正的法律；现在如果您认为合适，我将把她认作妹妹，除此之外不作他想。”[9]克伦威尔相当满意地汇报：“我的玛丽小姐也是国王陛下最听话孝顺的

一个孩子，她跟任何一位忠诚的臣民一样顺从。”[10]

玛丽妥协之后，她和克伦威尔的关系看似有所缓和。甚至有谣言称国王的首席大臣暗中计划迎娶她，这样他们的子嗣就有继承英格兰王位的可能。这个谣言始于这位公主府邸的一些仆人，他们告诉她母亲的前医师说他们担心国王会把玛丽嫁给一个英格兰人。这位医师将此汇报给夏普伊，夏普伊告诉他的主人：“他们甚至担心他（亨利）打算将她嫁给克伦威尔大人。”大使对此表示怀疑：“我无论如何无法相信（这则传言）；我认为即便她向他伸出了手，他（克伦威尔）也不会接受。”夏普伊又说：“在我看来，公主仆人们担忧与恐惧的唯一根据是自从他拜访公主回来之后，国王对他的秘书表现出极大的宠信。”[11]

不过两周后，夏普伊似乎改变了想法。他汇报说克伦威 255
尔为公主也定制了一个金戒指，上面雕刻着她和她的父王，以及新任王后的肖像，周边刻着一圈拉丁语的题字。“克伦威尔想要以此为礼物送给公主，”大使说，“但是国王想要自己来送，因此克伦威尔不得不再去找其他的礼物。”[12]克伦威尔选择赠送一枚戒指而不是其他更无伤大雅的首饰足以让夏普伊起疑。但是戒指上的拉丁文题字表明他更想把这个作为对她顺从的一个奖励，而不是爱的宣示，因为其内容敦促玛丽要对她的父亲尽显恭顺。一个月之后，克伦威尔又送给了她另一件礼物。8 月 20 日，玛丽写信感谢他“送给我一匹健美的小马和一具非常精致的马鞍，为此我衷心向您致谢”。[13]

没有其他可靠的证据表明克伦威尔曾妄想迎娶君王的女

儿。虽然他无情无义且富有野心，但他毕竟是一个讲究实际的人。即使他曾对这样的婚姻抱有幻想，国王也极不可能批准：无论克伦威尔在宫廷的地位如何攀升，他依然是一介平民。事实上，亨利阻止克伦威尔给女儿送礼物；这已表明他不可能欢迎这位大臣成为自己女婿的人选。而在几天后，宫廷因托马斯·霍华德勋爵（Thomas Howard）和玛格丽特·道格拉斯（Margaret Douglas）小姐的订婚丑闻而大受震动。作诺福克公爵的弟弟，霍华德在国王的外甥女玛格丽特小姐为自己的外甥女安妮·博林担任待从女官的时候秘密向她求婚。在未得君主同意的情况下与有王室血统的人订立婚约是违法的，所以 7 月初消息一经传播，便在宫廷引起了骚动。愤怒的亨利下令在 1536 年《继承法案》的基础上再加一项法令，规定任何与国王的女性亲属“订婚、结婚或者让未婚者失去贞洁”的行为都是叛国。[14]在这样的政治背景下，克伦威尔是不会冒着激怒君主的风险，谋划迎娶他的女儿的。

256 此外，玛丽本人也决不会同意与克伦威尔结婚。这两人在每一个重要的方面都截然不同：玛丽是一个坚定的罗马天主教徒，克伦威尔是主导修道院毁灭和英格兰脱离罗马的改革主义者；玛丽是亨利八世第一位王后的女儿，克伦威尔帮助国王以安妮·博林取代了这位前王后。正是因为克伦威尔，玛丽从王位继承人沦为非法的被放逐的私生女，为此蒙受了痛苦和羞辱。克伦威尔也十分反感玛丽，对她任何被视为冥顽不化之表现的行为都不由分说地进行卑劣乃至残酷的惩戒。在玛丽的母亲于 1536 年 1 月去世前，他拒绝让玛丽与她母亲相见。接下来的一个月里，他又拒绝将凯瑟琳给女儿的一些小慰问品转交给悲伤欲绝的玛丽，一如夏普伊汇报的那样：“公主写信告诉我，自从克伦威尔跟我谈过之后，他以国王的名义写信给她，向她讨要王后生前曾下令在自己死后送给公主的那个小十字架。我以为那个十字架里含的金子价值不足 10 克朗，也没有任何珠宝点缀，但它含有一点真十字架[①]的残片，为公主所崇敬。”[15]

尽管如此，根据克伦威尔自己的记述，他在幕后一直不断地默默努力，以让玛丽的父亲恢复对她的宠爱。1536 年 2 月，他向夏普伊保证自己已经为玛丽争取到了很多，“并乐意尽己所能为她效劳”。玛丽自己承认“克伦威尔对她的善意，以及他一直以来为她的福祉和解决她的事情所做的努力”。克伦威尔对玛丽的同情甚至招来了君主的怒火。1536 年 7 月 1 日，夏普伊汇报说：“因为克伦威尔与我讨论公主的事情，并对她表示同情，国王一直在生气，克伦威尔本人也几乎面临性命之忧。事实上，按克伦威尔事后告诉我的说法，在接下来的四到五天，他都以为自己要死了。”在适当 257
的克制之下，首席秘书后来避免了在与夏普伊的谈话中称玛丽为公主，并“要我在指代她的时候也不要使用这个词”。[16]克伦威尔可能有些夸大其词，甚至为了赢得夏普伊的好感虚构了亨利的怒火，因为与此同时，他正在跟君主一道应对英格兰民众因玛丽得到的糟糕待遇而产生的不满情绪。

---

① 基督教圣物，据信为耶稣受难时的十字架，基督教世界有多地宣称保有该圣物的部分残片。

如果说克伦威尔曾为国王的这位长女求过情，那也只是发生在他努力争取玛丽服从父王的时候而已。但这也只是为了推进他的改革，而不是为了保护玛丽的地位。或许他对这位丧母且体弱多病的年轻女子由衷地怀有一些同情，但这从未让他忽视亨利宫廷严峻的政治现实。认为克伦威尔计划娶她的看法依旧是极不可能成立的。不过这两人之间有婚约传闻这一事实也体现出在外人看来克伦威尔在宫廷的地位有多么尊崇。

克伦威尔 1537 年 2 月的账本中有一处记录暗示了他完全知晓这些传言，并拿它们开玩笑。克伦威尔向偶尔在他和玛丽之间充当联络人的托马斯·赖奥思利支付了 15 英镑“因为大人是她的情人”。[17]

在与亨利长女之间的矛盾暂时告一段落之后，克伦威尔又被要求处理国王的幼女。父母婚姻的无效让伊丽莎白成为一个法律意义上的私生女，克伦威尔准备正式确定这一点。7 月的第一周，议会废除了宣告伊丽莎白为国王合法继承人的法令，克伦威尔之后不久向加德纳汇报说：“前公主伊丽莎白小姐还被议会宣布为私生女。”[18]这位早熟的小女孩还差两个月才满三岁，但她很快就意识到自己身份的变化。“老师，为什么，”她对约翰·谢尔顿提出有名的一问，“为什么昨天我还是公主，而今天却成了伊丽莎白小姐呢？”[19]不愿再想起安妮·博林的父王亨利显然决心要将他们的这个女儿抛在脑后，并将其排除在继承顺位以外。

258 但伊丽莎白并非完全没有支持者，克伦威尔本人似乎也对这位丧母的孩子有一些同情。一听说这个小女孩被宣布为私生女，她的女家庭教师玛格丽特·布赖恩夫人便愤怒地给这位首席大臣写了一封信。她愤然抱怨没有人有心将伊丽莎白的新身份告诉自己，她在承担管教这个可怜女孩的重责时也得不到来自枢密院的指示。她说得有理。虽然伊丽莎白的仆人们负责抚育她，但他们一直定期从枢密院获得关于她的一切事务的指示，从应该怎样照料她到应该在何时给她断奶。克伦威尔要亲自考虑这些事务，也着实证明了他对宫廷事务各个方面的掌控。虽然他应当关注一个王位继承人的抚育问题，但一个私生女的抚育则不然。

然而布赖恩夫人不是一个愿意忍气吞声的人。“现在我的小姐已失去了从前的身份，至于她现在的地位如何，我无从确证，只能道听途说，”她的信件如此开头，“我不知道该如何教导她，也不知该如何自处，更不知道该怎样管理她的男女侍从们。”玛格丽特夫人已有 8 年多照管国王子女的经历，她不可能对抚育伊丽莎白如此没有头绪。但她决定要表明自己的观点：不论她父亲现在对她有着怎样的厌恶，伊丽莎白不能就这么被忽略了。布赖恩夫人接下来逐渐进入正题，抱怨她的小主人几乎没什么衣服可穿。过去，她母亲定期送一些量身定做的华丽衣裙和首饰过来，以满足女儿的着装需求。但如今这个供应已经永久停止了。布赖恩因此向克伦威尔请求道：“我恳求您对她和她的仆人好一些，她有衣服，但是没有长袍、裙子和衬裙，也没有亚麻罩衫、方巾、套袖、睡衣、紧身内衣、手帕、围巾和睡帽。我已经尽可能地填补小主人所有的短缺，但我今后恐怕无法坚持下去了。”[20]很难相信在短短两个月里，伊丽莎白的身体发育已经 259

令她的所有衣服不再合身。但她的女家庭教师仍决心用这一点表明自己的看法。

信的剩余部分记录了一连串针对其他问题的抱怨，包括伊丽莎白乱作一团的家政。三餐不再按恰当的礼仪奉上，小女孩的饮食不再受严格的监管，以至于她甚至能在餐桌上自己拿酒喝。布赖恩夫人在信件结尾的语调变得柔和起来，或许是希望能够博得克伦威尔作为一个父亲而不是一名官员的同情。“我的小姐受严重的牙痛之若，”她写道，“这疼痛发作得很慢。”她接着称赞伊丽莎白懂事且早熟，称她是“我所见过的孩童当中性格最温和的”。她保证如果这个孩子有可能在特殊场合“被放到外面”（出现在公共场合），“她一定不会辱没国王和她自己的荣耀”。在结尾部分，布赖恩夫人“为自己如此口无遮拦写下的一切”表达了真诚的歉意，结束了这封信。[21]

克伦威尔或许曾为自己不得不卷入这种琐事感到恼火，但在收到这封信后不久，这些可能的情绪肯定也很快被他抛诸脑后。他以一贯的高效率迅速解决了布赖恩夫人提出的所有问题。文献记录中再没有出现对衣物的要求，表明这个需求已经得到了满足。克伦威尔还因约翰·谢尔顿在用餐时间纵容不合礼仪的举止而警告了他，从那之后伊丽莎白开始按布敕恩夫人的要求独自用餐。克伦威尔在有更多要紧的事情要处理的时候仍费心安排这种事，或许不只是体现了他对细节的关注。克伦威尔可能对伊丽莎白感到一些同情乃至愧疚，因为她之所以身处这样糟糕的境地——失去了母亲，被父亲疏远，并被宫廷的其他人完全遗忘——在很大程度上要归咎于他。

但是克伦威尔很快就有了更重要的事务需要处理。其中首要的是粉碎卡鲁及其支持者们的影响力，他们威胁要破坏克伦威尔的改革，因而危及他的地位。克伦威尔将威廉·菲茨威廉和埃克塞特侯爵以及其他保守派成员赶出了枢密院。260
卡鲁比较难以排挤，因为他一直受国王宠爱，但是克伦威尔愿意长期作战。他开始逐渐削弱卡鲁在国王寝宫的优势，指派自己圈子里的人员——拉尔夫·萨德勒、菲利普·霍比（Philip Hoby）、彼得·缪蒂斯（Peter Mewtis）和安东尼·丹尼（Anthony Denny）——填补那些因安妮的丑事被牵连的人留下的空缺。这些人在宫廷的各个岗位上辅佐克伦威尔已有一段时间，他们还是忠实的福音派信徒，甚至是这一派别中的激进主义者。他们的任命是克伦威尔刻意而为的结果，目的是让亨利身边充满他改革事业的支持者。

克伦威尔任命人选的另一个显著特点是他们的出身。虽然他们的前任都拥有贵族出身或贵族人脉，但是这些人的出身一点也不“高贵”。和他们的恩主克伦威尔一样，这些人都是白手起家，靠自己的才能和勤勉而不是贵族血统脱颖而出。看起来，克伦威尔是要在宫廷掀起一场社会革命。他这么做惹恼了卡鲁、诺福克和其他主要的保守派，他们本已厌恶宫廷中有一个出身卑微的人存在，而现在则要面对一群。

国王本人显然乐于欢迎这样一群陌生的新侍从到他的宫廷来。但他的友善并非没有限度。当克伦威尔试图指任他的另一位门下弟子理查德·莫里森到国王寝宫的办公处时，亨利拒绝了。莫里森是一位才华横溢的学者，被收入沃尔西在牛津创立的枢机主教学院，随后在帕多瓦大学学习，他在那里成为马基雅维利思想和路德教义的信奉者。克伦威尔注意到他的潜力，并招募他做自己在意大利的代理人，他从当地发送时事汇报和情报。虽然他乐于服侍克伦威尔，但他只能从这份工作中获得很有限的物质回报，因此他写信要求返回英格兰，说：“那个帮助全英格兰脱离教宗暴政的人已经承
261 诺要帮助莫里森脱离贫困。”[22]克伦威尔判断现在是时候将他引荐给国王了，于是在 1536 年 5 月适时地把他召回宫廷，并且在国王寝宫为他谋得一职，但是亨利并不喜欢克伦威尔推荐的这位新人。虽然他愿意接纳出身卑微的人，但他们至少得是好的伙伴。而莫里森看起来并不是这样的人。“只要我一在宫里就会脸红”，他向他的侍主埋怨道。[23]克伦威尔并没有因为国王拒绝自己的一个忠实的门徒而气馁，他最终成功地让亨利认识到这个年轻人的才能，并让他进入了国王寝宫。三年后，当克伦威尔获得国王寝宫的主导权时，他大获全胜。

在安妮被处决之后，克伦威尔熬过了艰难的几周，最终变得比任何时候都强大。“克伦威尔统管一切”，雷金纳德·波尔在 6 月 8 日说。[24]6 月 18 日，安妮·博林进退失据的父亲托马斯爵士让出了掌玺大臣的职位，这一职位在两周后由克伦威尔接替。随后在 7 月 6 日，他成为温布尔顿的克伦威尔男爵，并在 12 天后被授予爵士头衔。被提拔为贵族一定让这个来自帕特尼的铁匠的儿子心满意足。无论他在宫廷获得了多大的影响力，在这之前没有头衔的他易受来自宫廷贵族对手们阴谋诡计的攻击和嘲笑。现在他即便不靠出

身，也可以在名义上以对等的立场与他们打交道。随头衔而来的是房产。虽然克伦威尔在奥斯丁会已经有了一处相当宏伟的新宅邸，还有在大法官巷上的房产，以及紧挨着泰晤士河、位于格林尼治和威斯敏斯特之间的一处房产，但根据1536 年 4 月夏普伊的记录，[25]国王赐给了克伦威尔“一栋非常精美的房舍……家具齐全”，首席大臣已经在那里接待了重要的宾客。大使以一种罕见的宽容笔调评论道：“鉴于克伦威尔至今为止做出了很多贡献，无论是爵士头衔还是下赐给他的房产和地产，当然都是他应得的。”[26]

看起来一切尽在克伦威尔的掌握之中。夏普伊大使置克伦威尔早前的人情于脑后，埋怨这位秘书现在控制着所有接近国王的渠道，并特意截留或者误传那些跟自己的目标不相 262
符的信息。7 月 23 日，他向查理五世坦言说自己担心“克伦威尔可能不会让他（亨利）知道我着急求见”。[27]克伦威尔还向那些请求拜见的人传达国王的口谕，并无疑在其中加上了自己的诠释，以满足自己的目的。他的权力是如此之大，以至于《西班牙编年史》称：“这个克伦威尔的权力甚至比曾经的枢机主教还大，众人（即枢密院）顺从他就好像他是国王一样。”[28]

在成功排挤了自己的对手之后不久，克伦威尔新获得的权力和提拔又加剧了他们心中的愤恨。“国王给他的恩赐和宠信给他带来了如此众多的敌人”，撰写关于克伦威尔生平的剧本的作者如是说。[29]此时宫廷中有越来越多保守派的人决心要铲除克伦威尔，并视他为一切麻烦的始作俑者。克伦威尔充分意识到他们的敌意，但他的回应一如既往，还是继续发起攻势。他对过去三年间由自己主导的巨大的宗教变革还不满意，现在决心要掀起更加野心勃勃的改革。

议会于1536年6月8日召开，该次议会除了通过承认王后简的子女对王位之继承权的《第二继承法案》之外几乎没有其他事务。紧接着是教士会议，这场会议要讨论的事务相比之下可谓繁多。克伦威尔本人在这场会议上出席了几次，他的世俗代表威廉·彼得博士与克兰默合作，强调至高王权的合法性。与此同时，曾受命领导一批学者在经文中寻找国王离婚理由的爱德华·福克斯博士（现已成为主教）带领了一个使团访问了萨克森的路德宗诸侯，目的是建立一个宗教政治联盟。虽然谈判失败了，但是他们启发了一系列福音派的提议（又被称为《维滕贝格论纲》），由福克斯在
263 归国之后呈给教士会议。虽然有克伦威尔和克兰默的强力支持，但是对在场的大多数人来说，这些提议都太过激进，因而遭到了强烈的反对。

国王几乎没有采取什么促进克伦威尔宗教改革的行动。当改革为他甩掉凯瑟琳并与安妮结婚的目标服务的时候，他乐于支持克伦威尔的改革，但他从未真心支持改革，且依然倾向保守主义。他试图在两派之间找到一个中间地带，但这只制造了更多的困惑，并同时给双方以将君主争取到自己一边的希望。最终，在克伦威尔的大力劝说下，他同意为论纲中的十项宗教条款提供支持。这些条款充其量也只能算是略微有些福音主义色彩。为了满足像克伦威尔这样的激进分子，这些条款质疑了一些长期受到信奉的天主教教义，比如炼狱，提出传统七大圣事中只有三项构成救赎的必要条件，

并将“信”与“义”写在一起。[30]但这些条款依旧鼓励使用与“旧宗教”密不可分的图像和仪式，并继续主张基督的身体和血在圣餐仪式中的真实存在。或许是在受挫的克伦威尔的坚持下，教士会议在几天后同意了这些条款，并颁布了一项法律废除了一些圣日。

1536 年 8 月这些条款被刊印，随后克伦威尔快速散布了要求强制执行这些条款的指令。他利用强制令规定神职人员必须执行所有教士会议的决定，并“如实地履行并遵守……本王国为彻底废除罗马主教在本王国内的所谓职权和管辖权，并确立国王作为英格兰教会最高领袖在本王国内的权威和管辖权所制定的每条法律和法规”。序文清楚地表明了克伦威尔自身权力的范围，因为序文这样称呼他本人“托马斯·克伦威尔，克伦威尔男爵，至高无上的国王陛下的掌玺大臣和代理总教监，致王国内陛下辖下的所有教会”。

为了壮大那些认同新宗教并反对教宗权威的人的势力，
克伦威尔采取了一些措施鼓励学术研究。在他于 1536 年向 264
神职人员发布的指令中有一则要求学院和大学增加奖学金的名额，“以产生更多有学识的人”。[31]他甚至对儿童的宗教教育做出了规定，敦促“家长和家庭教师们要教育那些受他们照料的孩子，或者让孩童从婴儿时期开始使用母语主祷文、与我们信仰相关的经文以及十诫，并让他们时常复习和领悟这些内容”。他对细节的关注令人惊异。或许是援引自己教育子女的经历，他建议教区牧师“每天诵读上述主祷文、经文或者诫命的一节，第二天诵读另外一节，直到全部内容逐渐被掌握和理解”。他说这将有助于确保儿童在未来成长为诚实、勤恳的人，让他们愿意刻苦努力以在世界上谋得自己的一席之地——像他本人一样。

在推进改革的过程中，克伦威尔似乎十分注重根除教会内部的贪腐和职权滥用行为。他在针对修道院的运动中见到了足够多的反面例证，这让他产生了要建立一个纯洁、神圣、焕然一新的英格兰教会的想法。他告诫神职人员不要“经常光顾或在客栈和酒馆逗留”，相反要在闲暇时“诵读或聆听经文，或者进行一些诸如此类的宗教活动……要让他们始终牢记自己对生活之纯洁的追求超过他人，并应让他们在外人眼中成为良善而有信德之生活方式的榜样”。[32]宗教改革已经不只是克伦威尔获得权力的一个途径，而是他个人信仰和价值观的表现。

接下来，克伦威尔越权命令每个教区的教堂都要同时提供英文和拉丁文的《圣经》——虽然教士会议还没有同意这一点。他还用比十诫更尖锐的言语抨击圣人崇拜以及对画
265 像的使用，这些举措在结果上激起而非平息了民众对宗教改革的反抗，克伦威尔对此知情，但依然不屈不挠。夏普伊记录了克伦威尔就“英格兰教士集团（克伦威尔自己如此称呼他们）因他试图推翻天主教会僭政、改革神职人员体系而对他怀有的强烈憎恨”所发出的抱怨。[33]他在对罗马天主教会的批评上越来越直言不讳，并曾在某次会面时因少见的情绪爆发而让大使感到惊讶，“他开始对所有教宗和枢机主教发怒，说希望这群人尽快灭绝，这样人们就可以摆脱他们厌恶的人和专制”。[34]

决心消灭一切反对力量的克伦威尔毫不犹豫地使用酷刑，以让那些被他的眼线发现仍然效忠于罗马的人招供。1536 年 9 月他给自己的代理人吉尔伯特·塔尔博特（Gilbert Talbot）和约翰·罗素写下了详细的指示，这两人此前曾向他汇报了伍斯特郡克罗利教区牧师“不道德的通信”。克伦威尔怀疑这个牧师可能是一个牵涉范围更广的“教宗制信奉者”团体中的一分子，于是敦促道：“你们当用尽一切手段引他说出自己是否认识任何有意支持，或在条件允许时会倾向于（亲罗马教廷之）立场的人，倘若好言相劝不能令他就范，你们可用任何已知的手段对他施加痛苦以获得口供。”[35]这是一个怀疑和偏执的时期，但是克伦威尔有理由感到害怕。除了迫害——可能还有折磨——已知的反对者之外，他还加强了他的线人网络，这样他就能迅速发现任何反抗的风声并进行处理。之后的一个月里，他写信给托马斯·巴特勒：“希望你在这个不稳定的时期保持警惕。”[36]

同时，克伦威尔依旧继续有计划地解散较小的修道院。虽然它们的居留者理论上都被迁到了另一个宗教场所，或得到了供养自己的抚恤金，但如果他们不选择继续宗教生活，那么抚恤金就会被收回。其他宗教设施也没有足够的空间可以安置他们。很多曾经的修道士和修女因此陷于贫困。在一封写于 1536 年 7 月的信中，夏普伊描绘了他们可怜的命运
图景：“看到众多修道士和修女被赶出修道院，不幸地在各 266
处辗转流离、寻找生计，是一件令人哀伤的事情。几个可靠的人告诉我，由于很多修道士、修女和其他人等赖以为生的修道院遭到解散，有超过 2 万人不知道如何生存。”[37]

与之相对，克伦威尔继续从解散中获利。就像上一个10年里为了沃尔西第一次担此重任的时候一样，他坚持了自己的策略及承诺，在修道院院长付给他适当费用之后便保留该处设施不将其拆除。因此，1536年9月他写信给诺福克圣费思修道院的院长，指出虽然后者的修道院位列国王选定应被解散的修道院名单当中，但这处修道院因为克伦威尔的“努力”得以挽救。因此他请修道院院长思量一下自己为了他经历了怎样的麻烦，并暗示希望得到酬劳。接下来一年里他以相似的风格写信给诺福克考克斯福德修道院院长，请后者借40英镑给他以作为回报：“我会让你脱离危险。”[38]

意识到越来越多的人强烈反对这种行为，加上对那些因此失去家园和生计的修道士的普遍同情，克伦威尔做了一个不足以令人相信的尝试，把解散运动包装成一个可协商的活动。在一封收信的修道院院长姓名不详的信中，克伦威尔强调除非居留者心甘情愿地同意，国王无意解散任何一个修道院：

> 鉴于少数宗教场所的某些管理者和成员近期自由、自愿地服从陛下的管理，陛下命令我作为你的依靠及出路，并为了特定的事宜代表陛下通知你，除非那些顺从的宗教场所主动做出表示，否则陛下是不会接收的。无论如何，陛下无意烦扰你或者解散任何尚存的宗教场所，除非他们作为一个整体决心反抗或者放弃继续存在的权利。

不过，他又说如果一个修道院的居留者一致抵抗的话，“他们 267
会遭受除居所和财产以外的其他损失，即失去他们的生命”。[39]

抗议很快演变成公开的叛乱，其焦点不是国王，而是新改革的设计师——克伦威尔。平民出身的克伦威尔竟握有如此之大的权力，并用这种权力造成如此有破坏性的效果，这些事实都在反对者当中煽动起不满的火焰。一首流行的民谣公开谴责“克伦威尔、克兰默和理查德·里奇”并祈祷“上帝管教他们”。[40]虽然克兰默和里奇也被卷入，但民众的憎恨还是集中在克伦威尔身上。一些叛乱者要求恢复修道院，另一些要求取消过高的税收，但是所有人都要求处死克伦威尔，他们认为克伦威尔一人当为他们的痛苦负全责。当时发表的一份声明鼓励每个郡的平民“在死亡的痛苦中站起来”“打倒克伦威尔这个异端”。[41]

1536 年 10 月 1 日，林肯郡劳斯的教区神父托马斯·肯德尔（Thomas Kendall）利用周日布道，公然反对第二天要来到本镇的克伦威尔代理人。有传言称这些人打算强行搜查所有的地方教会以及修道院，抢夺贵重物品并扔掉所有的装饰品。传言像野火一样扩散，几天内林肯郡北部的居民几乎全都起来反抗。据说克伦威尔一名委员的厨师被绞死，另一个委员则被以尤其野蛮的方式谋杀：“因为掌玺大臣的一个仆人责备他们处决那个厨师，他们抓走了这个仆人，用一张刚剥下来的牛皮裹住他，让他被狗攻击、撕咬，并且威胁要用同样的办法对付他的主人。”10 月 7 日夏普伊汇报说“很多人起来反抗国王的专员们”，而且“他们的人数估计约有 1 万人，一些人估计得多，另一些人估计得少；不过从回击他们的准备来判断，叛乱者的数量一定很多并且在不断增加，因为国王命令每一个有身份和有影响力的人准备好动员自己的兵力”。[42]

268 亨利的确迅速采取了行动。他命令贵族们提供人力和武器以镇压叛乱，并派萨福克公爵前去平定该郡。同时，克伦威尔命外甥理查德从伦敦塔那里收集弓箭和其他武器，并派一批人前往林肯郡。亨利又召回了诺福克公爵，这是恐慌已在宫廷扎根的证明。据夏普伊说，这之前不久诺福克被遣送离开宫廷——显然是在克伦威尔的影响之下。“他（亨利）派人请回诺福克公爵，尽管这非常违反常规，因为他因克伦威尔的提议对诺福克多少有些生气，而且据说诺福克几乎已被宫廷放逐，但因为紧急需要又被召回。”虽然迫切想通过支持对叛乱的反击以重获国王的宠爱，但诺福克私下赞同叛乱者，并庆幸他们的叛乱会给他最大的对手带来损失。夏普伊报告说：

> （卡莱尔的）主教告诉我公爵并不是很在意上述叛乱并相信局面不难挽回，说叛乱者不会超过 5000 人。主教还派人跟我说他从未见过公爵像今天这样开心，我把这归因于他与国王的和解，或者是叛乱报告本身给他带来的快乐，他觉得这场叛乱会为他的对手克伦威尔带来灾难，因为一切责难都针对他，叛乱者也要他的人头；这场叛乱还有可能是阻止教堂拆除运动和宗教事务改革的途径，而这些改革不合公爵的心意。公爵就是因为在这些事务上表达了自己的部分看法才招致国王的

不悦。

不过，这位狡猾的大使意识到，诺福克对旧宗教的偏爱并不会优先于他的政治野心："公爵是我曾在写给虔诚的大人（克林顿男爵）的信中提到的那些在形势需要时愿意维护教会事业的人之一，不过鉴于他的反复无常，克林顿男爵并未特别仰仗他。"[43]

虽然叛乱的消息让克伦威尔恐慌，但是他并不打算让对 269
手利用这场叛乱。因此他让国王相信公爵应该留在诺福克而不是来到宫廷。一封信被即刻送往公爵的乡下宅邸，命令他派自己的儿子来宫廷，这让诺福克大怒。他抱怨国王的信是"寄到他手中的最让他沮丧的信"，并抗议称自己"不会做任何约束本地民众的举动，国王召见的时候也不会去"。在针对克伦威尔的辱骂中，他强调自己不会"在其他贵族都到国王那里或他敌人那里的时候像一个守法的人一样静坐。除非他周二晚上再收到信，否则他宁愿朝敌人前进，尽管随身只有 40 匹马，但自己也不愿如此羞辱地待在家里"。[44]

林肯郡的威胁迅速被清除，但是在北部六郡境内很快爆发了新的叛乱，这些地区在英格兰离伦敦的宫廷最远，也一向最难控制。叛乱者的头目是一个名叫罗伯特·阿斯克（Robert Aske）的独眼的约克郡律师，他很快聚集了一大批支持者，一份报告称有 5000 人举兵反抗国王。[45]不久后，北方贵族的成员也参加了叛乱，其中最为突出的是托马斯·达西（Thomas Darcy）。他们的举兵后来以"求恩巡礼"（Pilgrimage of Grace）之名为人所知。

这是亨利八世在位的27年里面对的最大威胁。但是看起来国王低估了危险，他最终召回诺福克公爵，命令他快速赶往约克郡并武力镇压叛乱者。然而，公爵意识到了君主所没能意识到的：叛乱者的数量远超过了王室军队的数量。因此他与叛乱者议和，承诺国王会倾听他们的申诉。紧接着是暂时的和平，但停战条款几乎完全满足了叛乱者的要求，整个冬天英格兰北部仍在他们的控制下。

整个叛乱过程中，克伦威尔安然留在宫廷。考虑到他是叛乱者怒火的焦点，毫无疑问，如果他和同僚冒险去北方，叛乱者会毫不犹豫地当场杀掉他。即便在宫廷，克伦威尔似
270 乎也保持低调，他的通信中极少提到叛乱。只有在一封写给斯卡伯勒城堡代理治安官拉尔夫·厄尔（或埃弗斯）（Ralph Eure or Evers）的信中，他使用了好战的语气鼓励后者对国王忠诚。克伦威尔感谢厄尔目前为止忠诚的服侍并向他保证："陛下现在已将一切准备就绪，如果这些人继续叛乱，不用怀疑，你会看到他们被降服，他们以身试法的下场会让所有臣民胆战，世事会继续如常。"尽管充满了无畏的情绪，但是这封在威斯敏斯特安全地带写的信缺乏说服力。同样，当克伦威尔试图制止在法国流传的一则声称国王的军队又弱又不忠诚且叛乱平息是因为一份可耻条约的谣言时，没人听得进去他的话。[46]克伦威尔也没有挽回他的外甥理查德，他因同情伦敦民众的叛乱而挣扎着遵照指示从伦敦塔调用武器和人力。只剩下好战的诺福克和萨福克公爵抓住了主动权，并从中赢得了荣誉。

作为议和的一部分，诺福克承诺安全护送罗伯特·阿斯

克到伦敦，这样后者可以亲自向国王表达他们的苦楚并请求宽恕。《西班牙编年史》描述了叛乱者和君主之间的会面。“国王一看到他就起身，并将胳膊放在他的肩膀上，用所有人都可以听到的声音大声说：‘欢迎我的好阿斯克。我希望在这里，当着枢密院众人的面，你说出你想要的，我都会准许。’阿斯克回答说：‘陛下您将自己置于一个叫克伦威尔的僭主的支配下。每个人都知道要不是他，与我一起的7000名可怜的教士不会像现在这样成为落破的、流离失所的人。’”[47]国王答应阿斯克将完全补偿他们的不满，让他开开心心地离开了。但是1537年年初，当北方再次开战消息传到宫廷时，亨利改变了主意，下令抓住阿斯克并把他带到伦敦塔审问。他被判叛国罪并被带到约克，在那里的城墙上被吊死。

一场新的叛乱是由出身较好、在沃尔西府邸长大的弗兰 271
西斯·比戈德（Francis Bigod）领导的。这次，国王的镇压命令得到成功执行，亨利接下来便以比戈德的背叛为借口报复叛乱者。他将倾听他们苦楚的承诺抛在脑后，下令处决超过200名叛乱者成员，以儆效尤。他还下令将头目带回伦敦审问。

当叛乱者们被审问的时候，他们表达了对各种事务的不满之情。他们最强烈的抱怨是针对克伦威尔1536年年初令议会强行通过的《用益权法》（the Statute of Uses），它重新定义了土地赠予（或转让）的条款，保护了王室领地权利。这项影响深远的（且对平民并不特别有利的）法令几乎可以确定是克伦威尔的主意：他在前一年的备忘录中提到了它。[48]

不过叛乱者最大的抱怨还是针对修道院的解散，而且他们确信谁是罪魁祸首：那就是国王“邪恶的顾问们”，其中首推克伦威尔。他们对克伦威尔的憎恨程度非同寻常。克伦威尔摧毁了他们热爱的修道院，夺去了令人宽慰的旧宗教习俗和仪式，并（在他们看来）威胁到了他们珍视的一切。在 1527 年 4 月 19 日的审问中，受审的达西明确地表达了他们的愤怒，他当面告诉克伦威尔：“这些叛乱和痛苦最初都因你而起，同样也是你让那些贵族和每日勤恳辛苦劳作的人对我们心生恐惧，要消灭我们、砍掉我们的头，我相信要么你死，要么你让王国所有贵族的头都被砍掉，否则只要有一人存活，他就会砍掉你的头。”[49]

简短的一段话表达了民众对国王首席大臣极深的怨愤和憎恨。是他而非亨利毁坏了英格兰的社会结构。他是一个独
272 裁者，会砍掉任何胆敢反对他的人的头。而且——或许最糟糕的是——他是一个平民，攀升到一个远非他生命中应当达到的位置。达西澄清：有“我们这样的贵族”（因此有资格得权），也有像克伦威尔一样的人，而他们应该待在贫民窟。克伦威尔现在已经非常习惯这样的嘲讽，所以无疑会对这一则最新的嘲讽不予理睬，像打掉一个惹人厌的苍蝇一样不放在心上。但达西最后的话还是让他一阵冷战，因为他太清楚这句话的精辟之处了。他见过自己的君主是怎样无情地除掉他身边那些地位看似不可动摇的人：枢机主教沃尔西、亨利·诺里斯、安妮·博林，头衔、宠爱和晋升都化作乌有。国王可以在第一天轻拍你的后背，但第二天就砍掉你的

头。克伦威尔知道，或许也比任何人都清楚这一点，但这并没有什么影响：他的命运现在已经跟君王密不可分地绑在了一起。

虽然在镇压叛乱一事上帮了忙，但是诺福克公爵内心又有些希望这场叛乱能够成功。他有把握地预测这会为克伦威尔带来毁灭。据夏普伊说，这位公爵希望叛乱“最终会造成他的竞争者和敌人克伦威尔的倒台和覆灭”。[50]不过，《西班牙编年史》描述了亨利如何坚定地站在他的首席大臣这边。“当尘埃落定的时候，亨利对克伦威尔说，‘克伦威尔，看起来，国人不如我那样了解你。任何伤害你的人也都是在伤害我’。”然后克伦威尔感激地跪下并亲吻君主的手。尽管近来遇上一些麻烦，他还是一如既往地得到亨利重用，这点被查理五世记录下来。他在 1537 年 2 月说“克伦威尔大人”是“现在最受（亨利八世）倚重的人，而且对君主有极大的影响力”。[51]

第十四章

“一些适当的处罚”

273 克伦威尔非但没有对“求恩巡礼”事件中爆发的广泛反对情绪吓到，反而变本加厉地推出了更激进的改革措施。叛乱平定之后不久，克伦威尔就开始行动，着手处理北方各郡的特权。尽管他没有取缔当地多年来享有的全部特权、让当地人对王室权威和司法毫无招架之力，但是他确实通过议会的法案和修道院解散运动大大削弱了当地的司法特权。修道院以前拥有很多特权，这在杜伦主教领（the palatinate of Durham）尤其显著，在克伦威尔的改革发起前，政府对当地的司法管辖权已有名无实。

在正式措施之外，克伦威尔还派拉尔夫·萨德勒监督英格兰北部的地方贵族。他让自己的秘书特别关注珀西家族，并留心收集可供批捕他们的证据，因为他们颇有权势，并被国王怀疑为叛乱的发起者。一向勤勉的萨德勒很快送回了关于贵族和平民之间传出的煽动性言论的汇报。他还坐实了国王对珀西家族的怀疑。第六代诺森伯兰伯爵（也是安妮·博林曾经的追求者）的弟弟托马斯·珀西（Thomas Percy）因被发现参加了比戈德的叛乱而迎来了死亡的判决。1537

年他在泰伯恩被处以绞刑、取出内脏并被分尸，他的伯爵哥
哥也在同年去世。克伦威尔饶有兴致地汇报称他们“极其
忘恩负义、恶意满满、十恶不赦，对如此良善、宽厚、仁慈
的陛下犯下叛国罪”，对此只有这样的处罚足以相配。“看 274
到他们不怀好意、屡不悔改的心，他（亨利）只能让他们
受到法律的制裁。”[1]

珀西兄弟的死给了克伦威尔进一步强化王权支配的机会。第六代诺森伯兰伯爵没有留下亲生的继承人，而且因为跟兄弟们不和，所以他的大部分财产都归于国王名下。克伦威尔充分利用这一大笔财产，指派当地贵族中有能力且忠诚的人作为东部、中部和西部边境领地的代管者。他还从国王那里求得一笔年金，用来进一步收买边境几个区的忠心。同时，萨德勒因忠心的服侍得到奖励，被提拔为大法官法庭首席书记（或首席书记员），并且在枢密院有了自己的席位。

萨德勒在枢密院的任务无疑是要削弱诺福克的权势，并根除叛乱之后北方残余的反对势力。克伦威尔决意不让公爵利用这个有重大职责的职位：他已经从这场叛乱中获得了太多相对于政敌的优势。因此在1537年5月，克伦威尔给诺福克公爵送了一份长且详尽的备忘录，以表现出他对后者之行动的指导地位。尽管国王的武装力量中没有他的份，克伦威尔急于证明自己跟公爵一样无情，指示后者对叛乱者的家人和支持者实施极为残酷的惩罚。他命令叛国者的妻子、母亲和姐妹不得解下并埋葬他们亲人的尸体，因为这些示众的尸体是对其他想要叛国之人的警告。他又说“总的来看，这些恶劣行为不能被宽恕，需要受到一些适当的处罚，陛下要求

您……尝试并找出那些主要的起事者与见机追随者，一旦他们犯事并被逮捕，就应根据他们犯事的性质量刑处罚”。[2]

虽然在表面上克伦威尔正在毫不懈怠地处罚反对者并推进改革，但是私下里越来越常发作的不适症状折磨着他，他的健康问题可能因近来的压力而有所加重。在 1537 年 2 月到 1538 年 7 月之间，他五次请医生前来诊疗，其中包括
275 “医师”和“药剂师”，并为此花费了不少金钱。和他的君主一样，克伦威尔也为一条腿上的疼痛所扰，这一疾患无疑因他不断增大的腰围而恶化，使他走路时呈现一种摇摇晃晃的笨拙步态。他的账本表明他后来不得不利用两只凳子来“放大人的腿”。[3]

尽管克伦威尔经常受身体不适之苦，但他没有因此放缓工作的速度。1538 年，克伦威尔着手改革北方事务院（Council of the North），这是爱德华四世建立的一个行政机构，意在对当地施行更大的管辖权。进入都铎时代，这一机构的权力已经衰弱，不敌势力过于强大的北方贵族。不过克伦威尔意识到北方事务院有在北方作为王权象征的潜力，因此他让对君主忠诚的人填满了这一机构的职位。为了阻挠诺福克公爵在那里建立自己的权力基础，他安排的人选大多出身卑微。国王显然已经被克伦威尔的身体力行说服，相信不论是中央还是地方，“出身卑微”的人才都能和在传统上垄断了政府职位的社会顶层人士一样有效地服侍他。这让诺福克生厌。“王国里有了更多可恶的盗贼和杀人犯，”他嘲讽道，“这会令平民议论纷纷，以为陛下乐意花钱雇佣罪大恶极的家伙安然霸占政府要职，而不对他们最令人发指的罪行

予以追究。”他总结说：“边境不能靠这些卑鄙的人约束，而是要由具备贵族身份的人来管理。”[4]

克伦威尔并未因此退缩，他将北方事务院重组为一个永久性机构，并和每个成员保持经常的联系。这样一来，他成功地将事务院变成了王室司法和宗教改革的一个高效的执行机构。诺福克继续抱怨，并在数月之后与克伦威尔发生了极为激烈的争执。最终，国王出面制止了这场争吵，他告诉诺福克：“我相信你终将欣然承认我们在那里（北方）建立的井然秩序，并出于好意让其他人也这样看待。因为我们肯定 276
不会再陷入被那里的贵族服侍的不得已的境地，相反服侍我们的将是那些身份地位由我们指定的人。”[5]亨利释放出的这个恩宠信号一定令克伦威尔大感欣喜——更让他感到快慰的是，付出代价的是他厌恶的对手。

他在王国其他地方也获得了类似的成功。1536 年，他为议会通过一个“旨在于威尔士施行和英格兰同样之法律和司法的法案”奠定了基础。这加强了英格兰和威尔士之间始于爱德华一世时代的联合统治关系，并规定威尔士现在享有跟它的英格兰邻居同样的合法权利。旧的边境贵族领地被五个新的郡代替，每个郡都有议会代表权。同时，这一法案也计划在布雷肯（Brecon）和登比（Denbigh）建立专属威尔士的财政大臣署和大法官法庭。不过，事实证明这项新法案实施困难——不仅仅是因为国王本人决定行使法案中写明的某些否决权。[6]这是对克伦威尔的一个警告（如果他需要的话），表明他的权力取决于他的君主。但即便这项法案在几年后才得到完全的实施，克伦威尔在这期间仍确保了威尔士的稳定与顺服。

与此同时在爱尔兰，看似对亨利忠心耿耿的伦纳德·格雷子爵（Leonard Grey）在1535年12月31日威廉·斯凯芬顿爵士死后被任命为王权代理。格雷积极参与爱尔兰改革议会，1537年12月闭会的时候，该议会已经通过了所有主要的英格兰改革立法。议会还剥夺了奥法利及其支持者们的财产和民事权利，他们于同一年在泰伯恩刑场被以叛国罪处死。同时，克伦威尔派了一批高级官员评估和纠正所有地区政府滥用职权的情况。他与他们保持定期通信，确保他们完全执行了自己的指示。但是，和在威尔士发生的情况一样，在当地维持长久的控制颇为困难。爱尔兰领主们仍然统治着
277 他们的领地，直到一系列军事讨伐和谈判之后，某种程度上的秩序才在当地建立起来。[7]这并没有阻止克伦威尔将王室权威扩张到加来，1536年他开始引入了一系列举措，让它的地位与其他英格兰自治城镇等同，最后授予当地在议会的代表权。

在这期间，无论确保国内改革顺利进展的需要怎样迫切，克伦威尔也没有放松对国外事务的掌控。和在英格兰一样，他在外交事务上的策略也是派自己的门徒和盟友占据职责重要的位置。其中就包括托马斯·怀亚特，克伦威尔对他有救命之恩，他也不曾忘怀。1537年3月，他被任命为驻查理五世皇帝宫廷的大使，并在这个职位上待了两年半。他的任务是改善亨利与皇帝之间自与其姨母阿拉贡的凯瑟琳离婚以来始终充满敌意的关系。为了巩固联盟，怀亚特还要协商让亨利的长女玛丽与葡萄牙的王子联姻，但除此之外，他

还有一个至关重要的隐藏任务，那就是确保皇帝不与法国国王结成同盟。虽然亨利在凯瑟琳王后去世后不久一度让这两大势力彼此敌对，但是这一策略的效用在降低，查理和弗朗索瓦之间出现了令人担忧的修好迹象。

克伦威尔敦促他的门徒不要被外交中典型的友善态度和虚假承诺误导，而要弄清查理真实的意图——或者用他自己的说法，“钓出他腹中所思”。他又要求怀亚特“一定要在所有这些事上向查理坦言，以察觉他内心深处的想法”。[8]在怀亚特看起来没有像他所期待的那样勤勉地完成使命时，克伦威尔马上责骂他：“你到现在为止有些懒散，并且疏于写信向我汇报你的发现和进展。”[9]

虽然他将在不久之后身不由己地为在这个危险的新国际秩序中捍卫英格兰地位而努力，但眼下的克伦威尔又一次被 278
国内事务缠身。即便他在王国边远地区的施政只获得了有限的成功，但他仍决心要在英格兰进一步推动改革。1537 年 2 月，克伦威尔在威斯敏斯特空闲的议会大厅以代理总教监的名义召开教士会议，召集主教和神学博士出席。在以国王名义发表的开幕演说中，克伦威尔呼吁就当下的宗教矛盾进行一场冷静、深思熟虑的讨论，但是他没有要妥协的打算。在接下来的辩论中，他始终把议论控制在有利于福音主义观点的方向上。在最初的几轮会议后，这次大会变得更像是一个旨在实现克伦威尔构想的非正式委员会。由于对大会在朝着对的方向进行而感到满意，克伦威尔让克兰默和福克斯主教代为监督会议，并确保宗教改革派保持优势地位。

这三个人在北方叛乱后的几个月里齐心协力，继续推进福音派的事业。出于对民意的考量，他们在大多数时候选择委婉行事，但是这并没有削弱他们措施的效果。虽然保守派人士所遵守的自中世纪流传而来的七种圣事仍为官方所承认，但克伦威尔、克兰默和福克斯成功地强调了信心而非善功（或良善的举止）作为获得救赎首要途径的作用。他们还削弱了传统天主教徒对圣体和圣血在圣餐中“真实”显现的信仰。更值得注意的是，他们修改了十诫并重新为其排序，使之与新教教义一致，更多地强调上帝禁止创造并崇拜“雕刻的偶像”。这些都收入了1537年10月刊印的《基督徒的基本守则》（*The Institution of a Christian Man*，又称《主教手册》）。

克伦威尔在这一时期对推动宗教改革的热忱经常被视为他真心信仰福音主义教义的证据。但是他的个人信仰仍在很大程度上谜团重重。他也有可能把新教事业看成自己攫取权力的最有效的途径，以及打败宫廷敌人的一个手段，他们当
279 中最危险的恰恰是那些立誓信奉旧宗教的人。此外，还有零散证据暗示克伦威尔私下里偏向传统信仰。其中之一就是在改革政策达到高潮的时候，他安排简·克伦威尔嫁入了英格兰最坚定地信仰天主教的家族。[10]当时克伦威尔已经是英格兰最有权势的人，他可以为（声称是他的）女儿选择任何一位丈夫。如果他真如他所宣称的那样是一个忠实的改革者，那他为什么选择一个已宣誓的宗教保守派？

但这个证据充其量也只是间接的，相比之下能证明他对改革宗信仰产生兴趣并最终皈依的记录更让人信服。克伦威尔或许不是一个路德宗信徒，但是他确实遵守一些路德宗教

义，尤其是对《圣经》的真理属性，以及认为《圣经》应当为民众理解的观点。不过，他对路德因信称义的核心教义持有不同看法。相比之下，他认为伊拉斯谟以及其他更温和的福音派教士的教义更可取，而且他积极支持后者，这表明他对此有真诚的认同。他对宗教改革，尤其是对用英语传播上帝话语的热忱，以及他对每一个有关法案措辞巨细靡遗的关注，并非一个只为私利而推动改革的世俗之人所为。

或许对克伦威尔个人信仰最恰当的描述不是改革派或保守派，而是理性主义。他偏好基于证据和推理的论点，而非传统或教条。这也是为什么他自己花费那么多时间研究并鼓励对原文本的新翻译，认为这是一个剥离几个世纪以来的误解，以重新认识原典观点的一个方式。他是一个务实主义者而不是一个理想主义者，他对中间路线的偏好为亨利的女儿伊丽莎白成为女王之后非常喜爱的“中庸之道”奠定了基础。

他的儿子格雷戈里成年后持有强烈的改革主义信仰，这一事实表明他受到了父亲本人的观点，以及后者细心指定的家庭教师的影响。克伦威尔的儿子可能在 1537 年年初完成 280
了学业和训练，已经长成了一个广受克伦威尔的盟友和敌人称赞的年轻人。罗兰·李在曾与格雷戈里同住一段时间的 1536 年 1 月 19 日写信给克伦威尔寻求帮助，因为现在他不得不“为了国王陛下的财产学习一门新功课，跟笔和计数工具打交道”。他提到自己“绞刑法官”的声名，并请克伦威尔“将我最爱的格雷戈里送过来，因为虽然盗贼们让我陷入空想，但我相信不久就会跟他们扯平”。[11] 8 月 5 日诺福克公爵从格雷戈里暂住的位于诺福克郡肯宁霍尔的宅邸写信给克伦威尔说他的儿子身体健康，“尽情地骑马追逐鹿和猎犬”。他忍不住嘲弄这位对手说，“我相信你不会因为现在我让他放开他的书本而不满”，但他也承认，“你一定会发现他机智伶俐”。[12]如果说格雷戈里真的像近来的评论家暗示的那样头脑迟钝的话，一向吝于夸奖他人且对克伦威尔怀有嫌隙的诺福克是不会向他赞扬他的儿子的。认为格雷戈里头脑迟钝的观点可能是根据1541年2月商人理查德·希尔斯（Richard Hilles）所写的一封信里偶然的评论，他说格雷戈里“几乎是个笨蛋”。[13]没有任何证据显示格雷戈里有任何的智力缺陷，他可能不像他的父亲那样天资聪颖，他的家庭教师们因他不能掌握拉丁语而沮丧，但从他的通信可以看出他是一个聪慧、表达能力强且有洞察力的年轻人。他可能不具备像父亲那样极高的智力，但这构不成批评他的理由。

1537年秋天，克伦威尔的宗教改革取得了显著进展。相比之下，他在宫廷的地位经受了一系列令人担忧的倒退。“求恩巡礼”期间，一群主要贵族组成了一个专门的战时委员会镇压叛乱者。它被证明非常有效，继而在1537年春天发展成了一个永久性的新“枢密院”，由克伦威尔的保守派
281 对手支配。诺福克是其中的重要成员，这可以解释克伦威尔近来对他的友好姿态。他不仅让公爵照管自己的儿子，还帮诺福克得到了他看中的一座有利可图的旧修道院房产。

但是克伦威尔和诺福克的任何友好关系往最好了说也注

定是脆弱的。虽然克伦威尔仍是亨利的首席大臣，但他在权力颇大的新枢密院中没有席位，这一事实让他比以往任何时候都更加依赖国王的倚重和支持。亨利时不时地会表示对他的支持——例如，当年 5 月他让克伦威尔代他写信给自己的妹妹，孀居的苏格兰王后。这是一个很大的荣誉，而且克伦威尔知道这一点。他写信给玛格丽特的时候给了她充分的敬重，向她保证：“我会在力所能及的范围内为您效力。”他还送给她一些“防抽搐指环”（Cramp rings），据说可以医治“跌倒症”（癫痫）。不过，克伦威尔忍不住加了一个请求，请王后“时不时”告知他苏格兰的时事。[14]他一定是想维持与这位尊贵之人的信件往来。

克伦威尔另一个受宠的迹象是他在 1537 年 8 月 5 日被国王册封为嘉德骑士。作为最古老、最受尊崇的骑士勋位，它由爱德华三世于 1348 年设立，旨在纪念那些在服侍国王的工作中表现尤为突出的个人。这一勋位的授予范围极为有限，由国王和 25 名骑士组成，他们专属的宗教场所是位于温莎的圣乔治教堂。每个骑士都要在教堂展示一面自己的纹章旗，还有头盔、徽饰和剑。这是克伦威尔至此为止获得的最高荣耀，他以一贯的魅力和优雅姿态接受了这个荣耀。甚至在通常只简略记录正式活动的嘉德登记册上都特别记载了他“用擅长的雄辩（以及他所熟稔的得宜举止）”[15]致谢。

尽管获得了如此殊荣，克伦威尔仍然清楚，自己在宫廷的地位已经变得更加脆弱。因此他决定采用一个大胆的策
略，如果成功，这就会让他跟国王的联系更加紧密。年届 282
17 且刚刚完成学业的格雷戈里 · 克伦威尔已经成人，可以

开启自己的事业，也到了适婚年龄。而且他的父亲已为他看好了最合适的人选。乌特雷德夫人伊丽莎白是约克郡最为显赫且以忠于国王著称的一个家族的掌门人安东尼·乌特雷德爵士（Anthony Vghtred）的遗孀。不过，伊丽莎白的重要性不在于她是一位显赫贵族的遗孀，而在于她自身的家族关系：她是王后简·西摩尔的姐姐。成为她下一任丈夫的男人会因为这场婚姻与国王产生联系——这是一个克伦威尔难以拒绝的诱人前景。的确，伊丽莎白的价值如此之大，克伦威尔甚至可能考虑过亲自娶她。毕竟，他的权力和财富让他成为宫廷最引人注目的单身汉之一。尽管乌特雷德夫人的具体出生日期无可得知，一般认为是 1500 ~ 1505 年，这让她比克伦威尔小了 15 ~ 20 岁——不算是很大的差距。相比之下，她正好也比克伦威尔的儿子格雷戈里年长十来岁，而考虑到大多数婚姻都是为了生育继承人，长妻少夫的情况并不多见。不过克伦威尔或许对这样的联姻不感兴趣，又或许他判断格雷戈里能带来更吸引人的前景，因为正是他的儿子构成了他谈判的基础。

克伦威尔产生与西摩尔家族联姻的想法的时间尚不确定，这可能是乌特雷德夫人本人提起的。她于 1537 年 3 月 18 日写信给克伦威尔，以她每况愈下的境遇为理由，请他帮忙为自己获得一座即将被解散的约克郡的修道院。她写道："我请求您的帮助，在这些修道院被解散时（修道院的名字我随信附上）让我能替国王代管其中一座。"她称自己是"一个可怜的孤独女人"，并请求说："因为我过世的丈夫对大人您的服侍和忠心仅次于国王，我也斗胆提出这样的请求，并且不会再请求他人。”她又另外加了一句说服之语：“我上一次在宫廷的时候，您曾允诺要帮助我。”[16]最后一句话暗示克伦威尔在数月前就开始对她释放善意：事实上，他安排乌特雷德夫人在利兹城堡住了一段时间。有可能 283
他从那时起就已经有了联姻的念头。

但克伦威尔毕竟亲历了两任王后被草草除去的风波，这位狡猾的大臣或许仍想多处下注，直到新王室继承人诞生的迹象出现。1537 年 5 月末这一点终于得到确认，宫廷正式宣布了王后的孕讯并在一次弥撒时加以庆祝。国王又一次希望满满、欣喜若狂，并且相信现在自己终于要有儿子了。“陛下的身体之健康与心情之愉悦，是我长期随侍以来所罕见，”克伦威尔在接下来的一个月里记录说，“这更多是因为王后很快怀了孩子，上帝恩慈，念及陛下的愿望和整个王国以及所有臣民共同的喜乐和幸福，赐给她一位长命百岁的王子。”[17]如果国王的新妻子做到了其他人没有做到的，那么与她的家族联盟绝对是一个明智之举。但克伦威尔似乎已经准备好要在孩子出生前冒险结盟。

伊丽莎白的其他追求者中有一位亚瑟·达西（Arthur Darcy）爵士，他在当年 6 月 15 日暗示联姻的传言已流传了一段时间。这位约克郡的贵族告诉伊丽莎白：“如果我留在这里，而你也能留在这里的话，我会很开心，但是事实上，就像我说过的，某位南方的大人将让你忘记北方。”[18]克伦威尔与伊丽莎白的哥哥爱德华进行了谈判，两人在 7 月达成了一致。婚礼于 1537 年 7 月 17 日到 8 月 3 日之间的某个时间点在西摩尔家族的宅邸狼厅举行。[19]

事实证明这个结合对各方来说都是成功的，它确实加强了克伦威尔与西摩尔家族的联系。9 月 2 日，爱德华·西摩尔写信表达了希望克伦威尔跟他一起的愿望，这样他就能“用弓、猎犬和猎鹰享受最好的户外消遣”。在一份附言中，他问候自己的妹妹和妹夫，又说：“我祈求上帝能让他们尽快为我生下一个外甥。”[20]他的祈祷很快应验了，因为作为格
284 雷戈里的妻子，伊丽莎白为其生育了多名子女。结婚一年后她就生下了一个儿子，在接下来的几年内又为他生下了三儿两女。

伊丽莎白对公公的孝敬也堪称典范，后者慷慨地向这对夫妇赠送了自己的一座宅邸，让他们建立自己的家庭。1537 年 10 月她写道：“我无法表达对大人您的诸多感谢，您不仅费心为我的生活安定和健康筹谋，还派仆人赖奥思利向我赠送了慷慨的纪念品；另外，世界上最令我感到安慰的是看到大人您对我满意，并成为我仁慈的大人和父亲，我除此之外不再另有奢望，只求能继续如此。”克伦威尔显然对他的新儿媳非常慷慨，因为她接着感谢他给她“一座跟其他宅邸一样上好的房子”。信末她向克伦威尔保证：“现在我只信任您。”[21]

不论克伦威尔所受的荣宠如何因这场联姻以及他个人的努力节节提升，他依然维持着在所有人面前的亲和力——无论是平民还是廷臣——就像他仕途早些年表现的那样。这或许是他从沃尔西身上学到的教训，因为枢机主教因对普通人以及贵族的无视而备受诟病。相比之下，克伦威尔对可怜的妇人和孀妇尤为同情，记录证实他曾在 16 世纪 30 年代介入

众多案件，为她们充当代理。这些人当中包括因被丈夫抛弃而陷入贫困的伊丽莎白·康斯特布尔（Elizabeth Constable），她向克伦威尔倾诉说自己出于羞耻心不能去乞讨或者卖淫。同时还有一位伊丽莎白·伯格（Elizabeth Burgh）夫人，她于1537年年末生下一个早产儿，她的公公称自己的儿子不是真正的父亲，而她的丈夫因为太过软弱不能为她辩护，所以她请求克伦威尔帮助自己阻止这个男孩被剥夺继承权。另一位伊丽莎白·惠特尔夫人（Elizabeth Whettyl）因为她的儿子拒绝遵守已逝父亲的遗志、供养自己的母亲而向克伦威尔求助。曾在克伦威尔宅邸当过仆人的爱丽丝·帕克（Alice Parker）则在另外两位仆人拒绝向她还债的时候请求克伦威尔帮助。在廷臣尼古拉斯·卡鲁之父理查德爵士体弱 285
且近乎失明的遗孀毛德·卡鲁（Mawde Carew）被盗贼抢劫（抑或被骗取积蓄）时，克伦威尔也出手帮助了她。她的感激之情溢于言表，声称自己感到“深深受惠”于他，并请求上帝“让仁慈的大人您继续成功，为了使所有可怜的孀妇得到安慰”。[22]

1536年7月，玛格丽特·弗农来卷宗主事官府拜访他，这时候她有充分的理由寻求克伦威尔的帮助。曾由她担任院长的小马洛女修道院已经在当年6月27日被关停。虽然几天前一位克伦威尔代理人的来信汇报说这位女修道院院长“像一个聪明的女人”一样平静地接受了解散，但她给克伦威尔的信表明这只是伪装。克伦威尔没有忽视她的请求。三个月后，玛格丽特被任命为肯特郡显赫的莫灵修道院的院长，该院的原院长里德未做解释便擅离职守。鉴于莫灵比她原来的小马洛女修道院的规模要大 10 倍以上，这一任命显著提升了她的地位。但这只是暂时的：莫灵也在 1538 年 10 月被解散，不过克伦威尔为玛格丽特和与她同为修女的人争取到了慷慨的抚恤金。之后不久，她写信给休·拉蒂默说“希望他代为感谢克伦威尔的善举”，暗示了她对自己的待遇非常满意。[23]

克伦威尔帮助的妇人并不都陷入了贫困。1536 年伊丽莎白·亨格福德（Elizabeth Hungerford）夫人写信给克伦威尔，痛苦地向他抱怨自己悲惨的婚姻：“我，您最不幸、最可怜的求助者，身处比从前更糟糕的境遇。我被单独囚禁在我丈夫在亨格福德城堡的一座塔楼里，为时已有三四年，其间没有任何人前来安慰。”亨格福德显然寻求了克伦威尔的帮助，声称妻子羞辱了自己，要与她离婚——她愤怒地将这一说法称为“严重的诽谤”并予以否认。[24]看起来她是有理由的。她的丈夫几乎可以确定是一个同性恋，他虐待所有的前妻，且似乎以对她们施加暴行为乐。亨格福德夫人因此寻求克伦威尔的帮助，以对抗丈夫对她的虐待。

286 克伦威尔帮助过的另一位女人是诺福克公爵夫人伊丽莎白，这多少有些令人诧异。她与克伦威尔的这位政敌的婚姻从来都算不上幸福，而在诺福克把他的情妇贝丝·霍兰搬进家族宅邸，并把伊丽莎白送去赫特福德郡生活之后，他们的婚姻更是急转而下。陷入痛苦的她写信给克伦威尔，请他代为调解。关于克伦威尔如何回复的记载现已无存，但他一定提供了一些帮助，因为心怀感激的公爵夫人很快再次写信感谢他的善举，并送了他一对雕刻精美的小刀以示感谢。不过，这对夫妇的感情在这之后依旧疏远，1537 年 6 月伊丽莎白再次给克伦威尔写信，悲叹道：“到这个盛夏，他（诺福克）就已经抛弃我四年了。”[25]但对于公爵和公爵夫人之间的隔阂，克伦威尔几乎没什么能做的了。克伦威尔似乎避免过多地干预诺福克的私事，这或许是出于对他们刚结成不久的联盟的尊重，而值得称赞的是他没有把这件事作为制造麻烦的手段加以利用，比如在宫廷散布关于此事的谣言。

不过，在接下来的一年里，诺福克家族的另一位成员——公爵的女儿玛丽也来寻求克伦威尔的帮助。国王安排她嫁给自己的私生子亨利・菲茨罗伊，但在后者于 1536 年 7 月早逝之后，国王拒绝把已经指定给玛丽的遗产交给她。玛丽首先向自己的父亲求助，但正如她对克伦威尔坦言的那样“他的回复如此简短，靠着他的请愿得到的结果多半会令我失望”。“唉，我仁慈的大人，行了诸多善事的您，请帮帮我这个本国最可怜的孀妇。”之后不久，她写信感谢他“每日为我的事在国王陛下那里辛苦费力”，这表明克伦威尔曾尽其所能地帮助了她，无论最终是否为她争取到了这份遗产。[26]

毫无疑问，请求克伦威尔帮助的女性当中最显赫的是国王的外甥女玛格丽特・道格拉斯小姐。虽然作为亨利的姐姐玛格丽特和第六代安格斯伯爵阿奇博尔德・道格拉斯的女儿出生在苏格兰，但是她 1530 年就来到英格兰，并成为深受英格兰国王喜爱的人，被亨利称为“我们最亲爱的外甥女”。[27]玛格丽特后来在宫廷的生涯异常跌宕。作为一个精明的 287
政客，她成功赢得了亨利每一任王后的喜爱，挨个服侍她们。

但是她在个人生活上一直作风轻率。一位时人描述她“美丽且极受尊敬”，她在亨利的男性廷臣中引起了很多关注。[28]

1536 年，当玛格丽特因与托马斯·霍华德私订婚约一事败露而被捕的时候，国王命令克伦威尔安排把她关在锡安修道院。貌似悔悟的玛格丽特小姐不久之后从那里写信给这位大臣。她否认自己随身带有过多仆人，不过她同意按照克伦威尔的命令，解雇那些从托马斯·霍华德宅邸带来的仆人。她还请求克伦威尔解决那些被允许跟随她的仆人的薪资问题。玛格丽特认定克伦威尔是自己重获舅舅宠爱的途径，向他恳求道：“我相信您能帮我重获国王陛下的喜爱，为此我不知该如何向您道谢，而您于我又是何等的恩重如山。”但她的感谢来得太早了。一年后，国王宣布她是私生女，因为她的父亲阿奇博尔德·道格拉斯在发现她母亲已有婚约的证据之后跟她离了婚。道格拉斯对于这段婚姻不合法性的主张最终成立，他们的女儿玛格丽特在苏格兰被公然视为私生女。[29]

和上述信件一样的信件在克伦威尔 16 世纪 30 年代的通信中并不罕见。[30]它们证实了克伦威尔热心帮助不幸妇人的声名，以及他对每一个求助者的关心和关注。虽然一些案件的结果尚不清楚，但是他的求助者们不断地示谢，这暗示了他在帮助她们时即便不一定总能成功，也至少是一丝不苟的。

随着 1537 年秋天临近，克伦威尔热衷于让他的君主全

面批准《主教手册》。但在实际进入 1537 年秋季之后，亨利有了更要紧的担忧。他的新妻子简刚刚进入产期。简在妊娠期间平安无事，9 月中旬她被送到汉普顿宫待产。差不多 288
快一个月之后，她开始分娩。简的分娩持续了两天三夜，这期间亨利和他的廷臣们焦急地等待着消息。在 10 月 12 日凌晨 2 时许，喜讯终于传来，王后平安产下“一位极漂亮的男孩”。[31]国王为诞下一个男继承人所做的漫长努力终于结束了。现在都铎王朝的统治无疑有了保障。

克伦威尔立刻写信给在帝国宫廷的托马斯·怀亚特说：“上帝施恩于王后，让她产下一位俊美的王子，让国王以及所有敬爱、服从他的谦卑臣民都得到极大的欢喜和安慰……我们有十足的理由感恩我们至善至慈的创造者，他在我们如此漫长的期待之后达成了我们的祈祷和心愿。”[32]不过这封信并不只是为了向怀亚特报喜。克伦威尔敦促怀亚特立即将此事告知皇帝，这样他和欧洲其他君王可以同享亨利“极大的喜悦和安慰”——换句话说，他总算可以因为英格兰国王现在有了儿子以巩固自己的王朝而感到得意，这让他在外交事务中拥有了一个更有利的位置。

三天后，这位幼小的王子接受了盛大的洗礼。克伦威尔的对手卡鲁在仪式上颇受礼遇。爱德华的出生标志着克伦威尔对西摩尔家族的耐心支持取得了胜利，国王只是太过欣喜才没有认识到这一事实。然而，国王的喜悦很快被他挚爱的简病重的消息所破坏。在给了丈夫他在世界上最想要的儿子 12 天之后，简就去世了。简一直没有从生产中恢复，她可能感染了产褥热，一种因产室缺少必要的卫生条件而产生的

细菌感染。然而，当时没人知道这种病，克伦威尔很快将她的死归咎于他人。他告诉加德纳和霍华德大人是“她身边
289 人的错，她们让她受凉，并在她因病神志不清时给她吃了她要求的东西”。[33]

“神圣的上帝用为我带来幸福之人的死在我喜悦中混入了悲伤”，亨利悲叹道。[34]相比之下，尽管克伦威尔也对简的逝世表示哀伤，但他已经开始安排她的继任者。在一封写于简逝世几天后的信中，他表示：

> 尽管陛下无意再娶……但是陛下枢密院的众人认为，我们作为陛下最恭顺的臣仆，理应考虑国家的未来，并且在不久之后为满足陛下，让他步入另一场合适的婚姻。他对我等臣民的热忱已经如此强烈，以至于改变了陛下的性情，使他内心对这件事、对仔细选择一个合适的人选变得不甚在意，无论对方来自何处。[35]

克伦威尔接着写道，他已经筛选出一些自己认为最合适的候选人，并且用接下来几个月的时间指示亨利的大使们就国外可作为新娘的人做出提议。以他一贯对细节的关注，他甚至写好了大使们要对这些小姐所说的话，好让她们同意。[36]

尽管克伦威尔在应对简的逝世时干脆利落、务实高效，但他也有理由发自真心地哀悼她：他的儿子成为王后的姐夫才两个月出头。不过，只要幼小的王子尚在，西摩尔家族在宫廷仍会拥有权势，他可以用这一事实来安慰自己。不过这一安慰将很快落空。

第十五章
“那些操纵国王的奸人”

已故王后的葬礼于 11 月 12 日早上在温莎的圣乔治礼拜 290
堂举行，克伦威尔让他的家庭成员大量出席。简·西摩尔的姐姐伊丽莎白自然身在送葬队伍的显要位置，她的新丈夫格雷戈里和表兄理查德也是如此，上述二人都举着旗子。克伦威尔本人也在现场，他在法国大使的陪伴下带领着由大臣和外交使臣组成的队伍。葬礼结束后，送葬的人前往城堡，在那里他们“得到丰盛的款待”。正午时分，葬礼全部结束，显然急于回到工作中的克伦威尔即刻返回伦敦，在那里他撰写并收到了很多与国事和个人法律事务有关的信件。

尽管期盼许久的都铎王子终于降生，但 1537 年无论对克伦威尔还是对他的君主来说都不是幸福的一年。国王失去了唯一一个他真正爱过的妻子，也逐渐意识到以自己的名义开展的宗教改革受到大量（即便不是大多数）民众的反对。同时，宫廷的保守派形成了一个针对克伦威尔的新联盟，令后者落于下风。克伦威尔对加德纳的反感现在也发酵成了公然的冲突。在一封写于王后简死后不久的信中，克伦威尔向这位主教发火，指责他没有履行自己的诺言：“不论你对我

有怎样的看法，让我惊讶的是，你明知道君主的智慧，还会以为能有人在他的手下为所欲为。”他与诺福克的矛盾也达
291 到了一个新的高度，当时的人说“诺福克公爵跟这位秘书总是交恶”并非没有理由。[1]此外，面对针对福音派改革的反对情绪，无论克伦威尔表现得怎样目空一切，在意识到自己已成为英格兰最受憎恶的人之后他也一定深感不安。

欧洲大陆的形势也不容乐观。弗朗索瓦一世和查理五世之间的关系日益密切，在意识到自己的外交策略已不敌这两个对手之后，万般无奈的亨利指示克伦威尔为他自己和他的女儿们寻找联姻对象。这不是一个轻松的任务，因为国王的婚姻劣迹已经震惊了整个欧洲。一位意大利绅士的言论总结了很多人的鄙视之情，他在 1546 年说：“不只是他的第一位妻子，他的另外三四位妻子，不是都被他砍头、取代、处决，以满足他那像马匹垂涎新牧草一样无节制的肉欲了吗？”[2]

即便他的君主已成为外国评论者的笑料，克伦威尔也别无选择，只能依从他的命令。他飞快地写了很多令人困惑且互相矛盾的信给他的朋友菲利普·霍比，后者是一位狂热的新教改革支持者，现在正作为国王的使臣执行各种外交任务。他指示霍比就与刚刚嫁给苏格兰詹姆士五世的玛丽·吉斯（Mary of Guise）的妹妹、米兰女公爵以及洛林公爵之女等人联姻的可能进行谈判。霍比安排汉斯·荷尔拜因为上述人选中的一部分人绘制肖像。亨利在收到米兰女公爵的肖像之后颇感欢喜。不过，这位淑女本人对嫁给英格兰国王一事无甚兴致，并因放话说如果她有两个头，一个任凭亨利处置而出名。

在克伦威尔为君主争取一个合适妻子的所有努力都以失败告终之后，亨利转而命他专注于他的两个女儿。迫切想要在对法国和帝国的关系上恢复微妙平衡的亨利提议奥尔良公爵和葡萄牙国王的儿子作为长女玛丽的联姻人选。克伦威尔开始与这两处宫廷进行谈判，并借机给他正在出使法国宫廷 292
的对手加德纳挑起麻烦。他愉快地告诉夏普伊：“亨利对在法国的大使温彻斯特主教非常恼怒，后者明知国王正在谈判把玛丽嫁给葡萄牙的路易王子，但还是写信给他说要把玛丽公主嫁给某个法国人。”[3]然而克伦威尔自己很快也成了君主恼火的对象。法国大使卡斯蒂永（Castillon）宣称这位大臣“颇为热衷与西班牙亲善”，并抱怨他偏向与葡萄牙联姻。这引起国王强烈的训斥，他斥责克伦威尔“没有资格干涉国王的事务”，并召来诺福克代他处理。[4]亨利和克伦威尔的所有联姻尝试最终沦为徒劳，1538 年 7 月，令人不快的消息到达英格兰，查理和弗朗索瓦签署了休战协定。

即便克伦威尔不能控制外交事务的发展，他至少可以尝试阻止英格兰的宗教敌人在欧洲大陆蔓延。他在这期间签发的很多下令调查国外已知有反对改革嫌疑之人的公文中，显现出一丝日趋严重的偏执恐慌与冷酷迹象。得益于他在国外的线人网络，他发现“一窝叛徒”登上了一艘被风吹到英格兰东北部海岸边的法国船。他向君主汇报说他们携带“煽动性的、叛逆的、于陛下不利的信，要带给罗马主教和叛徒波尔”。[5]雷金纳德·波尔枢机主教是对克伦威尔的政策最危险、最直言不讳的反对者。作为一位颇具才华的学者和神学家，他血管里流淌着贵族的血液。他的外祖父是爱德华四世和理查三世的弟弟——克拉伦斯公爵乔治，他的母亲是颇有权势的索尔兹伯里女伯爵玛格丽特·波尔，她曾任公主玛丽的家庭教师，也是坚定的罗马天主教徒。亨利曾试图让她的儿子站在自己这边，许诺只要他愿意支持自己跟阿拉贡的凯瑟琳离婚就给他约克大主教或温彻斯特主教的职位。波尔拒绝了亨利的要求，流亡法国和意大利。在短暂返回英格
293 兰之后，他彻底与国王决裂，并力劝欧洲各国君主废黜他。教宗对这位来自英格兰的忠实信徒非常满意，在 1537 年授予他枢机主教的职位以示褒奖，并唆使他为众多针对“异端”国王的阴谋和叛乱提供支持。

波尔因此成了亨利一方的眼中钉，克伦威尔视消灭他和他的所有同党为己任。克伦威尔从两年前就开始通过自己的代理人托马斯·斯塔基引诱波尔返回英格兰，让他向国王表示效忠以遂国王心意。斯塔基向波尔保证“克伦威尔怀有善意，即便他不了解你”，并承诺他的返回将对他的家族和朋友们大有助益。[6]但是波尔拒不妥协，克伦威尔不得不在 1537 年 9 月又派两位使臣威尔逊博士和希思博士（Dr Wilson and Dr Heath）与波尔协商，力劝他回国与国王和解——或者被控叛国罪并被处死（这个结局的可能性更大）。克伦威尔的指示旨在让使臣们对枢机主教产生强烈的反感和怀疑。他称波尔是“一个穷凶极恶的阴谋家，用极为卑鄙的叛国行径反对他的主权君王”，并指示威尔逊和希思以最简洁的方式称呼他，不要提到他“无关紧要”的枢机头衔。此外，他们应“以坦白直率的方式向这个波尔言明他悲惨的地位和处境，并告知他国王极大的宽容与仁慈”。他还叮嘱使节们要

威逼波尔顺从：“尽可能告诉他……如果他继续他的疯狂行为可能会招致什么后果”。[7]

波尔没有听从返回英格兰的召唤，这或许并不出人意料。有传闻称当他继续在欧洲大陆的盟友中煽动对国王的反感时，亨利的顾问们密谋要暗杀他。克伦威尔在此事上有用武之地，这得益于他在青年时期对意大利事务的了解以及在那里保有的人脉。他发出了以下这则几乎不加掩饰的警告：“现在我们有办法在意大利除掉一个叛逆的臣民。一定不要让他心存侥幸，无法在国内通过法律程序伸张的正义，有的时候是可以通过在国外寻找新的途径来得到伸张的。”[8]

尽管波尔本人幸免于难，但是英格兰国王对他的家人进 294
行了可怕的报复。波尔的哥哥因同谋的指控于 1538 年 8 月被逮捕。三个月后，波尔的长兄亨利被投入伦敦塔，并于次年 1 月被处决。同时，他们的母亲也被逮捕收押，这意味着她失去了相当多的地产和头衔。她在伦敦塔受折磨近三年，直到被定死罪并遭受了令人惊骇的拙劣处决。据说刽子手的斧子连砍了 11 下，她的头才最终跟身体分离。

尽管手段残忍，但从他们造成的危险来看，对波尔家族的惩罚至少在一定程度上是公允的。有证据表明克伦威尔因他们的密谋牵涉之广而深受困扰——尤其是当他发现自己信任的线人也牵涉其中的时候。迈克尔·思罗克莫顿（Michael Throckmorton）是波尔的线人，但他似乎让克伦威尔相信自己其实是忠于国王亨利的。当克伦威尔发现思罗克莫顿一直积极参与波尔接连不断的密谋时，他震惊了。他对这位线人大发雷霆，同样也为自己被如此欺瞒而生气。“你已经蒙蔽了我的双眼一次，”他告诉思罗克莫顿，“你的信誉现在绝不足以让你再次欺瞒我。”他接着控告思罗克莫顿为骗取自己对他站在国王一边的信任而伪造书信。“忠诚和背叛很少能同时起作用”，他满怀怨恨地说。波尔写信嘲弄他罕见的误判，并蔑视他愤怒的威胁，“你以华而不实、徒劳的方式对我猛烈攻击……我越温和你越生气，然而你从未说过什么新鲜的”。这让克伦威尔更加下定决心重获优势，他暗自庆幸思罗克莫顿服侍的这位“精神错乱”“自作聪明的蠢货”将会“为他的庞大家族带来毁灭”。他还在信里发出了和此前对波尔一样的暗杀威胁，并在信末向思罗克莫顿保证：“你在罗马也可能受到在英格兰应受的恶待……我已
295 经尽我所能地拯救你。我将不遗余力地让你得到相应的惩罚。”[9]

克伦威尔的无情跟亨利一样，源于日益加重的偏执。在1538年他采取措施为家中尚未自立的亲属今后的生计做出了安排，这一事实说明他在这个时期感到脆弱。托马斯·艾弗里被任命为伍斯特郡布什利林苑的狩猎主管，这个职位自带房舍和地产。值得注意的是，克伦威尔帮艾弗里在宫廷之外立身。他是在害怕自己可能无法庇护那些与他最亲近的人吗？这或许也是他为挚爱的儿子格雷戈里铺路以便他自立的原因。至此为止，格雷戈里一直在服侍父亲，在法律和权术上都得到了锻炼。这一时期他肯定跟随父亲在宫廷待了很长时间。格雷戈里显然证明了自己的能力，因为在1538年4月，克伦威尔判断给他某一个正式官职的时机已经成熟。这时修道院解散工作正在全面展开，而且它的设计者最新的收

获之一是位于刘易斯的圣潘克拉斯修道院，该院曾为克吕尼修道院①的分支。作为英格兰最大、最古老的修道院之一，它在前一年的解散是克伦威尔改革进程中极具象征意义的事件。他安排了一队以著名的意大利建筑家乔瓦尼·波尔蒂纳里为首的专业拆迁者，后者尤为细致彻底地完成了任务。克伦威尔将这个地方租了出去，但保留了修道士们的居所，并将其扩建成一栋宅邸，它被后世称为“勋爵府”（The Lord's Place）。他通常不会如此关注修道院建筑的改建工作，不过他计划把这座宅邸留给儿子和儿媳。

格雷戈里和伊丽莎白于 1538 年 4 月隆重地搬去了刘易斯，带去了大批随从。之后不久，格雷戈里被任命为当地的太平绅士②。即便当地民众对这位下令毁坏苏塞克斯最重要的修道院的大人的儿子有什么不满，他们也没有显露出来。 296
格雷戈里写信给父亲说，他和妻子受到了附近一带各家族的热情款待，并且收到了他们赠送的礼物。[10]不过他们没在那里待多久，因为他们刚抵达不久该镇就爆发了瘟疫。听闻瘟疫爆发，克伦威尔立刻警觉地写信给他在那里的两位仆人，指示他们不要让任何瘟疫受害者埋葬在儿子和儿媳住的房子的庭院里。三天后的 5 月 24 日，威廉·乔姆利（William Cholmeley）写信向克伦威尔汇报说他的命令得到了执行。该镇的其他居民只能待在家里以求能躲过瘟疫，而克伦威尔

① 位于法国勃艮第地区，设立于910年，曾在中世纪发起名为“克吕尼改革”的修道院革新运动，在天主教世界颇有影响。

② 英文名为“Justice of the Peace”，普通法体系下由政府委任民间人士担任维护治安、防止非法刑罚及处理一些简单的法律程序的职衔。

在该地区拥有多处房产，可供格雷戈里和伊丽莎白选择。他们搬去了离刘易斯只有 4 英里远的一个叫小丘（the Motte）的“漂亮房子”里，格雷戈里对这处住所“很是喜欢”。乔姆利向他保证“您的烘焙室、酿造房、屠宰室和禽舍可以继续使用”，这样克伦威尔的儿子和儿媳就有了充足的食物供应。邻近的一处名叫斯旺伯勒的宅邸则因为“太过狭小，不足以供格雷戈里先生一行居住”而未被使用，这也从侧面体现了格雷戈里和伊丽莎白的生活方式。[11]

6 月末，格雷戈里写信提醒父亲，说国王可能有意在夏季巡游期间访问该镇，这时瘟疫仍在继续。[12]1538 年稍晚一些时候，在格雷戈里和伊丽莎白的第一个孩子——是一个男孩——出生时，他们还住在刘易斯或其附近。为了取悦国王，他们给新生儿起名为亨利。第二个男孩爱德华（随伊丽莎白的外甥、年幼王子的名）在第二年出生，不过那时他们有可能已经离开了刘易斯——即便当时没有，也在那之后不久离开了。他们的通信透露出友爱和谐的关系。1539 年 12 月，格雷戈里因公务去加来，他写信给妻子，称她是自己“挚爱的枕边人”并向她保证：“感谢上帝，我身体健康，相信很快也能从你那里收到你自己还有我幼小的儿子们的类似消息，我向你保证，我对此非常期待。”克伦威尔也密切参与孙子们的养育工作，他 1539 年的账目包括支付给宫廷洗衣工的酬劳，因为后者“为大人的后代洗了 100
297 打……布块”。[13]这些“布块”就是尿布的前身。

尽管克伦威尔在听到自己的第一个孙子降生时无疑是兴奋的，但他无暇探望。他的生意和政务十分繁重，足以压垮任何一个才干和能力不及他的人。此外他在宫廷的敌人几乎每天都在增加，很少有人能让克伦威尔放心地委托自己的事务。虽然他的改革十分不受欢迎，但是克伦威尔前进至此，已经无法后退了。他对政府机构和宗教进行了一场不可逆的革新，他唯一的选择是在这条道路上孤注一掷。因此他毫不留情地推动改革，并力劝国王采取更加激进的措施。

1538 年 1 月，克伦威尔针对各种形式的偶像崇拜发动了一轮全新的攻击，下令摧毁全国所有教会和宗教场所的雕塑、十字架和图像。他的专员们搜遍全国，肃清圣物、神龛和旧宗教的其他痕迹。为了表示对这些物品的藐蔑，克伦威尔命令手下将其中一些臭名昭著的案例带到伦敦来，以向人们展示它们是骗人的。例如，肯特郡博克斯利著名的“恩典的十字架”号称曾发生过开口说话的“奇迹”，却被拆穿是一个用“某种机关和老旧的线，以及被绑在后面的腐朽木棍”来操作的玩偶。克伦威尔的运动很快失控，在 1538 年夏季，英格兰国内最大的一些神龛也受到了攻击。沃辛汉与伊普斯威奇圣母堂（Our Lady of Walsingham and Ipswich）的两座著名的神龛被带至伦敦，“随之被带来的还有供普通朝圣者礼敬的……其他各式图像，理由是民众不应再崇拜偶像；它们都在切尔西被掌玺大臣销毁”。[14]在所有罗马天主教神龛中最为神圣的、位于坎特伯雷的圣托马斯·贝克特①的神龛也被

---

① 托马斯·贝克特（1118—1170），曾在亨利二世统治期间任大法官，后作为亨利二世之亲信被推举为坎特伯雷大主教。1170 年因主张捍卫教会权力与亨利二世反目，被忠于国王的四名骑士杀害于坎特伯雷座堂内，因此被视为英格兰天主教会史上的殉道者，在 1173 年被教廷封为圣人。

拆毁，象征着这一轮大规模破坏运动达到了顶峰。

同样也是在这一年，克伦威尔近二十多年的邻居奥斯丁会被解散。克伦威尔在推进改革的时候没有——或者也不
298 能——为私情留下任何余地。事实上，起初可能正是该修会内一些修士的行为才启发了他的一些改革。四年前，修道院内一些心怀不满的匿名成员就会内的各种逾矩行为发出了抱怨，比如饮酒、独自而不是集体用餐、忽视礼拜、不遵守修道院的规则。尽管院长乔治·布朗（George Brown）显然没能纠正这些行径，但他成了克伦威尔一位有用的盟友，在布道中声言支持国王和阿拉贡的凯瑟琳离婚。作为回报，克伦威尔指派他作为一名专员巡访王国内各个尚未被解散的宗教场所，评估其成员是否虔诚、财富几何。在奥斯丁会解散后，布朗的去向无从确知，但克伦威尔有可能让他留任了专员这一肥缺。

解散运动风头正盛，克伦威尔也变得更受人鄙视。“英格兰没有一位领主或绅士喜爱或支持掌玺大臣，”乔治·波利特 1538 年在狱中这样说，“因为他敛财无度，他的论辩与煽动不是为了别人，只是为了钱。”[15]即便克伦威尔知道这样的批评是针对他的——鉴于他的情报网络十分发达，我们可以假设他对此知情——这也没能阻止他的行动。1538 年 5 月，在克伦威尔的专员们摧毁全国的圣物和神龛的时候，来自施马尔卡尔登同盟（the Schmalkaldic League）的一位代表到达宫廷。施马尔卡尔登同盟是德意志南部信奉路德宗的诸侯组建的自卫同盟。克伦威尔安排了这次访问，而当他的君王表示希望与施马尔卡尔登同盟缔结正式盟约或协议的时

候，他备受鼓励。克兰默和一队神学家受命进行磋商，而克伦威尔为他们提供了充足的有关情报。

这一时期的克伦威尔日益依赖他的老朋友斯蒂芬·沃
恩，视他为自己在大陆的心腹代理人。可能是在克伦威尔的
影响下，沃恩于 1538 年被指派为亨利八世驻低地国家的大
使，并且继任商人冒险家公司的总督一职。从那之后，他作 299
为外交官更加积极地服侍克伦威尔，并从王室那里接掌了不
断增加的职责。

1538 年 9 月初，克伦威尔出台了一系列新的代理总教监命令，极大地强化了改革的力度。这些命令公开向“朝拜、圣物、图像以及其他任何迷信”宣战，并强调《圣经》是“上帝鲜活的话语，是每个寻求救赎的基督徒都必须尊崇、信仰并遵守的”。[16]他在两年前下达的要求每座教堂都应配备一本英文《圣经》的命令只得到了部分遵守，这背后的唯一原因是民众的抵抗。国王已经批准了一个名为《托马斯·马修圣经》的译本，这一版本是 1537 年 8 月克兰默第一次拿给克伦威尔看的。克伦威尔当即命令将它分配到全国各个教会中去，但这一版本只印刷了 1500 本，而英格兰有将近 8500 个教区。因此他委任他的朋友迈尔斯·科弗代尔修订马修的《圣经》，以使其更具学究性。科弗代尔要在巴黎开展这项工作，因为那里的印刷技术比英格兰更先进。克伦威尔的好友汉斯·荷尔拜因被委任设计扉页，此时他已经创作了支持英格兰宗教改革的作品。但是当这本书进入生产的最后阶段时，灾难发生了。一支为出版此书而工作的英格兰团队被指控为异端，还有传闻称一些英格兰主教正在法

国宫廷游说，呼吁叫停此版《圣经》的印制。科弗代尔向克伦威尔汇报说2500册已经印好的《圣经》中有一部分已被宗教法庭收缴。当这项工作陷于停滞的时候，克伦威尔写信给法国国王，请他归还未完成的书，以转到英格兰继续印刷。弗朗索瓦同意了。这项工作于1539年2月在克伦威尔的掌控下于伦敦的格雷修道会重新开始，到4月底，已有3000本《圣经》印制完毕，等待分发。

克伦威尔决心一举成功，因此他下令在每个教会要存放
300 “一份英译《圣经》全本”，以“供所有人任意翻阅，通过阅读上述的经典，他们可以进一步理解布道者口里所讲的内容，并且还能在家里向他的妻子、孩子和家人传授”。[17]鉴于此时有机会接触上帝话语的民众依旧缺少教养，克伦威尔向助理牧师颁布了一系列指令，敦促他们：

> 在阅读《圣经》的时候，如果你们当中有任何人对《圣经》的任何一部分内容的道理和意思存有疑虑，不要太过听从自己的错觉或意会，也不要在旅店和酒馆等公共场合公然争辩，你应该求助于那些被授权或者会被授权布道、宣讲经文的有学识的人，这样一来……你可以充分认识上帝的恩典，默默地利用这个最大的好处并且惠及众人，在各种事情上教化自己，同时也教育妻子和家人。[18]

克伦威尔又追加了一条命令，要求每一个教牧人员“保有一本工作簿或登记簿，在其中记下在任期间教区内的每一场

婚礼、洗礼和葬礼的年份和日期”。[19]这一举措对后世地方史家的意义非同小可，他们从此便有理由对克伦威尔一丝不苟的作风心怀感激。不过，克伦威尔的主要关切仍是确保《大圣经》（Great Bible）得到有效的分配。他对这项工作是如此投入，就像他向法国大使坦言的那样，他本人为促成此事就花了 400 英镑。1540 年 4 月，《圣经》译本又在英格兰印刷了 3000 册，足够整个王国的每个教区使用，进而让几乎每一个想要聆听上帝话语的人都能轻易地听到。就这一点而论，它是克伦威尔最伟大的成就之一。一个世纪以后，人们依旧认同他为促成此事所做的积极努力。历史学家约翰·斯特莱普将全部功劳归于他：“它体现了《圣经》印刷的时候克伦威尔凭借国王的权威提供了多么有益的帮助。”[20]

当国王在这之后批准他采取措施让较大的修道院顺服的
时候，克伦威尔似已胜利在握。不过真相要比表面上看起来 301
的更加复杂，真正驱使国王支持彻底改革的是财政收益的前景，而克伦威尔无疑描述了这项收益会多么巨大。亨利的良心（尽管不怎么好）则因很多隐士和修道士参与了“求恩巡礼”而多少得到了安慰。在 1537 年，克伦威尔的专员们已经开始巡访一些较大的宗教场所，以这场叛乱为理由对其成员施以严格的审问。兰开夏郡沃利修道院院长约翰·帕斯鲁（John Pasleu）因参与叛乱被处决，国王敦促苏塞克斯伯爵“因他们惨无人道的罪行指控那里所有的隐士……并且进而分析他们的心思，看他们是否会因之前的过错而心甘情愿地听从安排，去往其他宗教场所……或者宁愿接受世俗的身份并接纳世俗的习惯”。[21]

克伦威尔的人还受命追查修道士和修女当中迷信活动的证据，尤其是持有圣物的行为。他们很快带回了很多用假圣物引人注意或者恐吓宗教场所居留者的故事。一小瓶被认为是基督之血的液体被证实为鸭血，而一个装有“圣母玛利亚母乳”的瓶子“被打破并且发现里面是一块粉笔”。[22]克伦威尔让类似的这些故事得到充分传播，以嘲弄修道院，并为其解散提供正当理由。

1539年春，议会将对较大修道院的解散活动合法化。同年年底，只有少数的修道院没有被克伦威尔和他的专员们触及。大多数修道院都在威逼之下表示了顺服，不过仍有少数修道院立场坚定——并付出了惨痛的代价。格拉斯顿伯里和雷丁的修道院院长们因为拒绝屈从而被剥夺财产和民事权利，克伦威尔命令将他们“审判并处决”的信件表明他们在庭审开始前便已被定罪。[23]尽管这个过程无疑具有毁灭性且有失公正，但它为王室带来了巨大的财富。尽管国王承诺
302 将利用他新获得的收益修建很多新的教会和教堂，现在证据只能证明他修建了6座。事实上，大多数来自被解散修道院的地产都被卖给了贵族，用来确保他们的忠心并为王室获得更多钱财。

但是克伦威尔无法永享胜利的果实，因为有迹象表明国王正对宗教改革日趋缄默。国王对宗教改革的态度和他的大臣的立场之间有着根本且危险的差别。尽管二人都热衷于践行王权高于教会的原则，但亨利的动机是想使英格兰摆脱教宗权威，而克伦威尔则对推进福音派改革更感兴趣。此外，虽然克伦威尔计划用从解散修道院得来的资金为王室设立一

笔永久性的土地资产捐赠，亨利却更倾向于出售土地以资助对法国和苏格兰的军事行动。在往后几年里，这个差别变得更加显著。

1538 年 1 月，国王起草了不下 250 处对《主教手册》的改动。国王对克伦威尔改革日益厌恶的一个更清晰的迹象是他邀请立场保守的杜伦主教卡思伯特·滕斯托尔（Cuthbert Tunstall）陪同他进行夏季巡游。这个举动让克伦威尔意识到自己的地位是何等脆弱，因为这场巡游比以往更加与世隔绝且行踪不定，让这位首席大臣更难与君主保持联系。当时的人很快理解了其中的意义。亨利·诺里斯的前侍从乔治·康斯坦丁注意到，滕斯托尔和加德纳一起对克伦威尔的权力构成了真正的威胁。“我不建议掌玺大臣太过信任他们，”他告诉自己的一个密友，“因为我敢这么说，如果他们见他再次处于优势地位，就会竭尽全力踢他出局。”[24]

接下来更糟糕。1538 年 8 月，路德宗代表团写信给亨利，请他就菲利普·梅兰希通（Philipp Melanchthon）的《辩解书》（*Apologia*）中概述的神学争议的关键议题表明自己的观点。他们声称这会帮助他们更快地达成协议。但是 9 月底国王提出了他的反对意见，那时商谈已经失败了，路德 303
宗诸侯的使团只得于 10 月无功而返。失望的克伦威尔向君主解释，尽管他倾向于他们的信仰，但是“跟世人一样，他会追随国王的信仰”。[25]这句简短的发言不仅揭示了克伦威尔和国王之间的信仰差异，也揭示了他的忠诚度。无论他怎样强烈支持福音派的事业，也永远不会大过他对国王的效忠。但这并没有阻止他尝试争取让国王支持自己的观点。

国王对克伦威尔改革正当性和有效性的忧虑因9月25日寄出的一封考虑不周的信件而进一步加深，这封信来自黑森，该地位于当时德意志福音派各邦的腹地。它让国王注意到他的王国内再洗礼派教义的盛行。这是新教教义的一种激进形式，它禁止追随者在政府任职，并提倡只对世俗权威维持薄弱的服从。在这一点上，再洗礼派构成了叛乱之风险的来源。克伦威尔迅速采取行动。10月1日他派出一组专员，根除再洗礼派教徒和圣礼主义者（那些在圣餐中否认基督真实存在的人）。但是事态已难挽回：亨利此时确信这位大臣的福音派改革为国内激进分子和异端的兴盛制造了条件。西班牙外交家门多萨于1538年9月汇报说，他看到克伦威尔“担惊受怕”，尽管他从同胞夏普伊那里了解到这位大人是伪装情绪的高手，但他相信“没有理由推断这种恐惧是虚假的”。这期间夏普伊也汇报说克伦威尔近来“度过了很多不眠的夜晚，并且受到了”来自君主的“诸多斥责和非难”。[26]

宫廷的保守派借此机会开始进一步培植势力，并团结起来。刚从法国回来的加德纳用甜言蜜语赢得了亨利的宠信。斯特莱普记述道：“这一时期克伦威尔不再拥有绝对优势，有时温彻斯特主教在国王面前更胜一筹。”[27]意识到这一危险的克伦威尔继续主动出击。在一场残酷但缺乏证据支持的执
304 法行动中，他令几位显要的保守派人士背上了叛国指控，其中包括埃克塞特侯爵亨利·考特尼（Henry Courtenay）。考特尼有王室血脉，是爱德华四世和伊丽莎白·伍德维尔（Elizabeth Woodville）的外孙，他们年龄第二小的女儿凯瑟

琳嫁给了德文伯爵威廉·考特尼。这一王室血脉既是一个祝福又是一个诅咒。这令亨利·考特尼在宫廷中地位显赫，尽管他的地产位于英格兰西南部，他仍选择生活在王室权力的中心。他童年的大部分时间是在宫廷度过的，这让他成为国王的亲密伙伴，并于1520得以在枢密院和国王寝宫任职。他在寝宫的影响力尤为重要，这也让他注定和主导枢密院的克伦威尔产生冲突。这一点与他们出身上的差异一道，让两人自然而然地互为政敌。为了让安妮·博林下台，他们曾一度结盟，但在安妮倒台后不久，克伦威尔就指控考特尼（以及卡鲁）过于殷勤地为玛丽公主效力。在1537年他们之间的关系跌至最低点，以至于有流言开始传播，说考特尼因为用匕首捅克伦威尔而被投入伦敦塔。

尽管亨利一度相信克伦威尔的控诉，以至于在前一年决定派考特尼协助处理北方的叛乱以证明自己的忠诚，但考特尼很快就重新受宠。在备受珍视的爱德华王子于1537年10月受洗时，亨利·考特尼的妻子负责将王子抱在怀中，考特尼本人也在典礼上被安排了一个荣耀的位置。意识到考特尼跟君主之间关系的牢固程度，克伦威尔改变了策略。和他的家乡——西南英格兰的很多人一样，考特尼和他的圈子仍旧坚持旧宗教。1538年，克伦威尔利用这点作为控告的基础，指控考特尼、雷金纳德·波尔共同密谋，后者的兄弟杰弗里不久前在伦敦塔的审问中告发了他们。他们的同谋者是爱德华·内维尔爵士（Sir Edward Neville）和波尔家族的另一个兄弟蒙特古男爵亨利。这个所谓的“白玫瑰集团”被控欲置亨利八世于死地，他们意图剥夺国王的教会最高领袖头

305 衔，并密谋为教宗收回英格兰。克伦威尔谴责他们“可耻的卑劣行径以及叛逆的恶行”令人“深恶痛绝”。[28]

在考特尼入狱之后不久，克伦威尔出于小心起见，将他的妻子——埃克塞特侯爵夫人格特鲁德（Gertrude）逮捕并关在伦敦塔。这位侯爵夫人一直是阿拉贡的凯瑟琳的追随者，她的保守宗教立场也众所周知。克伦威尔向君主保证，尽管她顽固不化，“我会动用所有力量考验她，并且直到她的内心完全敞开并被公布于众为止，为达到这个目的我不会松懈，如果我能够弄清上述内容且身体足够健康，我将在下周一亲口向您汇报此信中未能言及的详细情况”。他又说他真诚地希望“伟大的上帝让一切不虔诚、对陛下心怀不轨的人都暴露出来”。[29]格特鲁德于1539年因叛国罪被剥夺财产和民事权利，但在后来被释放。她的丈夫就没有这么幸运了。

1538年11月，克伦威尔及其同伴对所谓的叛徒和他们的家人进行了多次审问。在收集到的众多证据中有一分考特尼和蒙塔古1536年8月的私人谈话记录，在记录中前者自信地预言：“我相信那些操纵国王的奸人终有罪有应得的一天，我还相信世道终将得到匡正。”[30]他所指的“奸人”中首先就有克伦威尔，他视后者为最致命的敌人，并对他大加鄙夷。尽管这是一场私人谈话，但根据1534年通过的《叛国法案》，其内容依然可被采纳为证据。1531年考特尼及其支持者们曾在私下里说他是王位的第一顺位继承人——这一传言促使国王在该年将他赶出国王寝宫，审问者们也对此大加利用。即便考特尼很快重获恩宠，但克伦威尔此时利用这个把柄为他敲响了丧钟。他委任自己最喜爱的一位宣传家、宗教激进分子理查德·莫里森于1539年将这一阴谋编成一部题为《叛国大逆诘难录》（*An Invective Ayenste the Great and Detestable Vice, Treason*）载入编年史。

针对考特尼及其“同谋者”的指控几乎毫无依据。的 306
确，他们是旧宗教的信徒，但是几乎没有证据可以表明他们在西部谋划了一场武装叛乱。考特尼没在那里待过多久，且他在当地民众中缺乏联络人，但这一事实在克伦威尔一手策划的极具破坏力的宣传攻势中被掩盖了。同时代的记录也表明考特尼对君主怀有真正的、长久的忠诚，这一点同样被宣传攻势所掩盖。考特尼真正的过错是反对克伦威尔和他的改革。克伦威尔选择在最恰当的时候发起了进攻，尽管亨利越来越担忧改革的性质和步调，但是他也因王国的旧敌查理五世和弗朗索瓦一世之间的联盟感到深受威胁，这一联盟可能会导致一场对“异端”英格兰的入侵。因此，亨利对廷臣任何涉嫌支持此类入侵的谋反迹象都抱着极大的警觉。考特尼及其同伙于1538年12月3日在威斯敏斯特大厅被正式定罪，并且6天后与蒙特古男爵在塔丘被斩首。

在上述二人被处决之后，克伦威尔另一个最危险的敌人——尼古拉斯·卡鲁爵士很快也走上了刑场。和针对考特尼与蒙特古的证据一样，被用来指控卡鲁的证据也是1538年10月末从杰弗里·波尔爵士在伦敦塔审问中的供词里收集来的。在1538年最后一天被捕的卡鲁被控与波尔家族密谋，后者的王室血脉和坚定的天主教信仰让其成为君王的致命威胁。他在1539年2月14日被审讯并定罪，并于3月8

日在塔丘被斩首。具有讽刺意味的是，尽管他们在人生中的大多数时间里都是不共戴天的敌人，但卡鲁在临终前显然皈依了克伦威尔的信仰。根据一位同时代的编年史家所言，他“诚恳地为自己的狂热和迷信认罪，衷心地感谢上帝，因自从被关进伦敦塔以来，他第一次在英文《圣经》中领会了上帝鲜活而甘甜的神圣话语”。[31]

307 尽管克伦威尔全神贯注地忙于从宫廷中驱逐某些最致命的敌人，但他仍旧密切关注更为私密的宫廷内务。1538 年 10 月，西比尔·佩恩（Sybil Penn）在他的安排下被任命为爱德华王子的保姆。他还要求那位不屈不挠的玛格丽特·布赖恩夫人（她已转任爱德华王子府上）就这个男孩的健康状况进行定期汇报。1539 年，当一位显赫的客人即将到访爱德华位于埃塞克斯黑弗灵的宫殿时，克伦威尔指示布赖恩夫人确保王子以恰当的姿态出场。一向不会放过每个求财机会的布赖恩夫人坚称：“他（爱德华）从没有一件可以装饰在帽子上的上好珠宝；不过我会尽自己所能彰显主人的荣耀。”她接下来又补充了一句：“王子殿下身体健康并且很快乐；殿下长了四颗新牙，其中三颗已经长出来了，第四颗刚露头。”在另一份报告中，她自豪地描述了这次访问的成功进行：“吟游诗人吟唱，殿下手舞足蹈、尽情地玩耍，几乎一刻不曾驻足停歇，我从未见过有哪个孩子拥有如此之多的精美玩具。”[32]

当然，克伦威尔对年幼王子的关注并不仅在于内务。鉴于爱德华是国王唯一的男性继承人，他要确保这个男孩受到最好的照顾。而作为一位狡猾的宫廷事务家，布赖恩夫人也在利用自己和国王首席大臣的沟通进一步让家族获益，其中包括她的女儿伊丽莎白——尼古拉斯·卡鲁爵士的遗孀。卡鲁死后他的财产被没收，这位遗孀写信向克伦威尔寻求帮助。他显然也提供了帮助，因为布赖恩夫人曾向他道谢，“因您对我可怜女儿卡鲁的大恩，只要我活着，就一定会向您献上我的真心和忠诚的服侍”。[33]这一举动说明克伦威尔能够对自己的敌人或那些跟他们有关系的人宽宏以待。

在与布赖恩夫人的这次交流之后不久，克伦威尔不得不再次将注意力放到在全国继续推动实施宗教改革的运动上。西部各郡叛乱的苗头让克伦威尔得以扳倒考特尼，也成为他在 1539 年 3 月设立西部理事会的前提。西部理事会在形式 308
上和北方事务院类似，目的是在萨默塞特、多塞特、德文和康沃尔等郡建立秩序。多塞特郡出身的第一代贝德福德伯爵约翰·罗素被任命为议长。罗素与克伦威尔年纪相仿，且和他一样已服侍王室多年。1536 年他在参与镇压“求恩巡礼”时的努力得到了君主的认可，尽管他当时已经是亨利最亲近的心腹之一。不过罗素的忠诚并非成功的保障，西部理事会在成立一年后即告解散。

西部理事会成立当月，克伦威尔已制定计划，要“在议会通过一项旨在实现宗教统一的措施”。[34]意识到可能会出现的抵抗，克伦威尔决定提高盟友的地位。实际上，这个时候可以称作他盟友的只有四个人，他们是坎特伯雷大主教托马斯·克兰默、现任海军大臣威廉·菲茨威廉、托马斯·怀亚特和托马斯·赖奥思利。他的前盟友托马斯·奥德利曾令人质疑克伦威尔对国王的忠诚，因而不再可靠。1535

年4月奥德利受命协助征收新税的工作，这在亨利的臣民中极不受欢迎。夏普伊汇报说，在奥德利返回伦敦的时候，“他跟克伦威尔激烈地争吵，指控后者是这项税收的推动者和发起人，并说这项税收可能会成为王国境内爆发最危险暴乱的肇因，提出应停止征收”。然而，这份报告显示，克伦威尔反驳说“这个主意不是他的，而是国王的，他（奥德利）应该对国王的欲望与贪财之心十分清楚”。[35]以这种方式批评国王与克伦威尔的性格全然不符：即便他的敌人也承认他坚定不移、尽心尽力地服侍亨利。奥德利对克伦威尔的忠诚远非始终如一，就像这次转移责任的企图所显示的那样，尽管很多廷臣相信他们是盟友，但克伦威尔从那天起就没再相信他了。

尽管克兰默对克伦威尔的忠诚源于真正的信念和友谊，但他不是一个会为盟友牺牲一切的人。他在国王面前为安妮·博
309 林辩护的尝试既不坚决也没有持续多久。而菲茨威廉是宫廷中最以善变闻名的一个人。怀亚特对克伦威尔的忠诚是坚定的，因为自他在卷入安妮·博林案并险些丧命之后，克伦威尔就一直是他在宫廷的首要庇护者。他们的通信表明这两人建立了真正的、相互信任的友谊，克伦威尔对怀亚特产生了近乎父爱般的感情，常常温柔地责备他不能保持收支平衡。“我认为你的贫困很大程度上源于你温柔、慷慨的内心，”克伦威尔某次对怀亚特说，“你一有了钱就乐于花掉它。”他还总是以“我非常钟爱的朋友”来称呼怀亚特。[36]然而国王对怀亚特并无好感，只是勉强接受他留在宫廷，所以他很难给克伦威尔提供多少帮助和保护作为报答。托马斯·赖奥

思利相比之下（至少在理论上）更为可靠，他被描述为“当时最成功的文官”。[37]虽然他在斯蒂芬·加德纳手下做文员，但赖奥思利的改革主义信仰让他与主人渐行渐远，到1538年他已开始从加德纳的主教府邸为克伦威尔提供对加德纳名声不利的内部消息。显然他的忠诚足以让人信服，1539年3月克伦威尔让他作为汉普郡的郡选议员被选入下议院。

但是这些人难以牵制诺福克及其日益团结起来的支持者们，克伦威尔因此开始寻找与自己更为亲近盟友。1539年1月，克伦威尔被任命为肯特利兹城堡的总管。他的儿子格雷戈里在当年迁入了这座城堡，伊丽莎白在不久之后也去了。他们的生活花销由克伦威尔承担，但这不仅仅是出于克伦威尔的慷慨。克伦威尔知道只要让自己的儿子住在城堡里，格里戈里就有资格在计划于4月召开的下一届议会中获得被选为肯特郡郡选议员的资格。尽管严格来说，格雷戈里还不满21岁，所以没有资格当选，但是他的父亲已与有影响力的五港同盟（Conque Ports）① 总管托马斯·切尼（Thomas Cheyney）打通了关系，以确保格雷戈里功成而返。

尽管克伦威尔细致筹谋，但他仍遭到了议会的反对——
这在很大程度上是因为他的君主。克伦威尔曾对亨利的恩宠 310
自信满满，因而与他商讨了议会立法的筹备工作，然而国王最终辜负了他的期望。甚至与克伦威尔击退在宫廷和地方的敌人同时，他的君主也在对福音派进行一场类似的肃清。

① 中世纪以来由英格兰东南各郡五座位于英吉利海峡东端的港口城镇组成的同盟，其成员为黑斯廷斯、新罗姆尼、海斯、多佛和桑德维奇。

1538年11月16日，国王亲自主持了对约翰·兰伯特（John Lambert）的审讯。国王身着白色以凸显他的纯洁，他发表了一篇强有力的演讲捍卫圣餐变体论教义，这一理论主张圣餐礼中无酵饼和酒就是基督的身体和血。为了表明观点，他命克伦威尔大声读出对于兰伯特的判决。根据约翰·福克斯所说："让克伦威尔而不是其他人宣读这些判决无疑出自温彻斯特主教（加德纳）的奸计，这样一来如果克伦威尔拒绝依命行事，他也会陷入类似的危险。"不过克伦威尔并未说出什么让他受牵连的话，而是拿出了那份令他如鲠在喉的判决："其中包括烧死发表、著有违背或不认同天主教会的言论，或持有此类书籍的异端。"[38]

兰伯特被施以火刑的当天，亨利颁发了一份公告，以捍卫圣餐变体论和另一个传统宗教的关键信条：神职人员的禁欲原则。他还明令禁止异端书籍。随后，在1539年圣周和复活节期间，国王故意举行了传统的宗教仪式，并且大张旗鼓地庆祝耶稣升天节（罗马天主教信仰最重要的一个节日）。这是对克伦威尔及其福音派信徒同党的一个再清晰不过的信号，如果继续推进改革，他们就是在违反国王本人的意愿。克伦威尔的一个批评者稍后控告他"在背地里间接推动某种极端教义（即路德宗教义），并背弃陛下孜孜以求的那种真诚而有道德的中间路线"。[39]

克伦威尔正处于劣势，他自己对此心知肚明。因此当一
311 个削弱诺福克的机会出现时，即便事件的情节并不紧要，但克伦威尔仍对其大加利用。诺福克公爵府上一个名叫安东尼·劳斯（Anthony Rouse）的男仆看上了已故爵士爱德

华·因金汉姆（Edward Inchingham）的女儿兼继承人，她当时正受国王监护。但是诺福克的管家罗伯特·霍尔迪奇（Robert Holditch）诱拐了这个女孩，意图把她嫁给自己的儿子。当时公爵身在北方，所以在劳斯为此事向克伦威尔求助后，他得以用最能给公爵带来麻烦的方式采取行动。克伦威尔推断公爵会支持管家的行为，决定支持劳斯并命令霍尔迪奇交出这个女孩。当公爵返回府邸，发现这一事态时，他在多封信函中倾泻了怒火。一脸无辜的克伦威尔将这些信呈给国王，并为诺福克“如此介意此事”而感到伤心。[40]

这场胜利令人满意，但它的效果太过微小，不足以扭转局面。事态似乎正快速地向着不利于克伦威尔的方向发展。1539 年 4 月克伦威尔因发热病倒。23 日他抱病写信给国王，请国王原谅他缺席宫廷：“我感到非常抱歉、悲伤与难过，因为身患某种间日热症状，我现在不得不缺席宫廷，无法服侍陛下。”他解释说，自己原本打算前一天早上就去宫廷，但是“我因突然发作的热症而病倒，并在接下来的 10 小时一直高烧不退”。

在这个关键时刻离开宫廷，克伦威尔显然颇感沮丧。“疾病给我带来的痛苦远不及……我不能……如愿来到宫廷并用我的能力为陛下分忧效劳（带来的痛苦），”不过，他向亨利保证，“我非常确信疾病这一大敌自发作时起便已得到控制，我将很快将其战胜，不让它占用我更多精力。同时，我相信慷慨、宽厚的陛下会以独有的仁慈原谅我，我为此极为谦卑地恳请陛下。”[41]

如果克伦威尔不知道国王对疾病怀有病态的恐惧，他无

312 疑会抱病现身宫廷，即便自己衰弱无力。然而，只要有一丝被疾病感染的风险，亨利就会全速撤离。因此，克伦威尔只能在完全康复之后再回到他身边。亨利很快原谅了克伦威尔的缺席，克伦威尔对此也表示了谢意，虽然他显然迫不及待地想要回归宫廷。结果，他不得不尽可能利用这段养病的时间在病床上处理事务。他接待了许多访客，并写了很多信给英格兰在欧洲大陆的大使们。为了不让自己的缺席为敌人所利用，克伦威尔还安排忠心耿耿的拉尔夫·萨德勒在宫廷里代表自己，并给了他一系列详细的指示。他再次给亨利写了一封长信——这封信的内容连贯得令人印象深刻，显然是费心构思的产物，并在信中传达了他在家能收集到的每一丝信息，并再次为自己长期的缺席请罪。“我的病还不能让我像职责所在、心思所想的那样出席宫廷并服侍陛下，”他写道，“今天晚上我没有休息好，因为疾病再次发作了。如果我可以摆脱病魔，就有望很快恢复。如果它持续下去，我会尽早克服它，直到我能更好地服侍陛下，因为我觉得（卧病的）时间太长了。”[42]

克伦威尔的希望没有实现。他的病症绵延了数周。他被迫错过了 4 月 28 日的议会开幕式，且直到 5 月 10 日还是没有充分恢复，未能在上议院列席。在这期间，他的敌人完全占了上风。5 月 5 日，大法官奥德利在上议院发表演讲，重申了国王希望对“观点的分歧”加以约束。一个委员会因此被设立起来，旨在审查教义问题。如果克伦威尔在场的话，他一定会竭力避免这个结果。重启关于宗教事务的公开辩论给了他的对手一个梦寐以求的机会，让克伦威尔改革的正当性受到质疑，并让国王的心中产生疑窦。更糟糕的还在后面。5 月 16 日，诺福克公爵抢占先机，宣布委员会无法达成决议，然后提出了六个问题供上议院定夺——每一个问题都在主张回归保守的宗教规则，其中包括对弥撒的正统理 313
解，亦即承认圣餐礼上的无酵饼和酒就是基督的身体和血，并且强调了个人弥撒（private mass）[①] 和告解的重要性。其他问题则谴责了在圣餐礼中允许平信徒兼领圣体圣血[②]的行为，批评神职人员结婚的现象，并呼吁其遵守禁欲誓言。简单来说，这六大论点提倡对神职的传统理解，并撤销了过去 7 年完成的一些最显著的改革。5 月 20 日，诺福克机智地提议议会休会一周，这样议员们可以有时间考虑这些论点。但事实上，休会的目的是让公爵及其盟友为他们的主张争取支持。

与此同时，亨利似乎开始采取与欧洲天主教势力和解的政策。尽管他因英格兰教会最高领袖的头衔而颇感欣喜，但亨利一向并不乐于接受改革主义者君王的形象。6 月 7 日，他向查理五世示好，宣布对皇帝的妻子、阿拉贡的凯瑟琳的外甥女伊萨贝拉进行两天的哀悼。这引起宗教改革派群体的不安，并促使正在带领另一个路德宗使团访问英格兰的弗朗茨·布尔夏德（Franz Burchard）在当日返回本国。

加来的局势也开始陷入动荡。这处英格兰的军事据点由莱尔子爵掌控，他和他的妻子一样是虔诚的保守派，并坚决

---

① 即无会众参与，只有司祭一人进行的弥撒。

② 即在圣餐礼中允许非神职信徒同时领无酵饼（圣体）与葡萄（圣血）。天主教会主张平信徒在圣餐礼中只领圣体，这一规定为新教派所反对，成为宗教改革时期的一个争议焦点。

反对克伦威尔的宗教改革。二人在过去有过几次冲突。例如，1537 年 7 月，克伦威尔就“天主教派在那个城镇（加来）依旧存在且你作为陛下的枢密院成员提供了主要的庇护”，写了一封信尖锐地指责他。克伦威尔还顺带嘲讽莱尔的妻子：“一个女人的所愿以及她摇摆不定的喜好，会让你们中的任何一个人做出那件不论如何都会让君王和至高无上的上帝不悦并触犯他公正律法的事，这是与所有常理相悖的。”[43]这场争辩很快结束了，但克伦威尔为了保障一些福音派教士的安全曾将他们从英格兰送到了加来，由此引发的事件在此时
314 到了紧急关头。[44]在这些人当中，克兰默主教的福音派专员约翰·巴特勒（John Butler）尤为遭到莱尔子爵的反感。当已故王后简的哥哥哈特福伯爵（the Earl of Hertford）在 1539 年年初以检查防务为由到访加来的时候，莱尔抓住机会表达他的不快。哈特福伯爵在争取让妹妹成为王后的时候曾乐意与克伦威尔结盟，但现在他对后者已没有什么忠诚，他很快就将消息散布到整个宫廷。

尽管克伦威尔还在家养病，但他很快听到了这个传闻并警觉起来，他立刻于 5 月 6 日写信给莱尔，请他调查此事。不过，虽然克伦威尔想让这场调查在当地审慎地进行，莱尔却有其他的想法。这位王权代理官显然对议会的风向一清二楚，他采取了大胆的举动，逮捕了加来的改革主义者并把他们送到伦敦接受审讯。这几乎是一场猎巫式的迫害。愤怒的克伦威尔要求莱尔立即中止这种强制迁离的行为，但是这位代理官故意无视了他的指示。他如此自负的作风折射出克伦威尔势力衰落的程度以及速度。仅在几个月前，克伦威尔的

话曾像国王的口谕一样一言九鼎，无人敢违。但是此时，就连一个英格兰海外据点的代理官也敢忽视他的直接命令，好像它是由一个下级文员发出的一样。

克伦威尔支持者们的影响力也遭到了类似的削弱。6 月 12 日，一位来自加来的议会议员托马斯·布罗克（Thomas Broke）进行了一次慷慨激昂的演讲反对诺福克的六个宗教条款，随后便和在加来被捕的福音派人士一道接受审讯。当议会于 5 月 30 日再开的时候，克伦威尔已经痊愈，可以参会。他立刻出手反转局势、支持改革。他成功地使因赋予亨利或其枢密院颁布的法令与议会法案同等的法律地位而饱受争议的《王权告谕法案》（the Statute of Proclamations）得到通过，证明了自己在逆境中的韧性与能力。这意味着重大决策将不必等待议会表决通过（这一过程通常颇为恼人），从而大大加快了制定政策的速度。在强行通过这个法案的时候，克伦威尔的目的无疑是想进一步推进宗教改革，这说明 315
他有信心夺回在枢密院的主动权，以及国王对他的宠信（这一点至关重要）。他很快利用自己的优势，让议会两院同意放宽诺福克对神职人员结婚和禁欲的苛刻要求，令诺福克的六条提议不再那么尖锐。

然而克伦威尔的乐观落空了。诺福克的六大论点以及对其反对者的惩罚办法于 1539 年 6 月 16 日作为《六条法案》（the Act of Six Articles）得到通过，成为法律。为避免让这份法案被视为国王在先前的改革中出尔反尔的迹象，这份法案中还包括了一条为他挽回颜面的理由：“最尊贵的陛下深思熟虑，鉴于上述法案在王国的神职人员以及大多数平民百姓及国王的臣民当中引起了各种各样不同的看法和判断，出现了很大的不一致和分歧，他满心希望并相信，针对上述法案的一个充分且完美的决议会让忠诚、顺从的臣民达成充分的一致和普遍的统一。”6 月 28 日，这一法案得到国王御准。改革派对此感到愤慨，他们指责这项法案是“用六根绳编成的血腥鞭子”。[45]在意识到自己的地位不堪一击之后，曾强烈反对上述法案的拉蒂默主教和沙克斯顿主教当即辞任。两人都是克伦威尔在推进改革期间最得力的盟友，他们的离职对这位首席大臣造成了切实的打击。

不过，至少沙克斯顿的下台没有出乎他的意料，因为这位主教已经抱怨好几个月了。1538 年 3 月，克伦威尔写信指责他接连不断地发牢骚。“如果你因为我尖锐的去信而感到冒犯，”他询问道，“那你那些暴躁的言语——我差点用另外的说法描述它们——又怎能让我高兴呢？”在更多严厉的斥责之后，他用一个振振有词的理由向沙克斯顿解释自己的行为：“上帝给我的寿命不长，我乐于履行自己的职责，去教诲而不是去毁灭，你也知道这就是我的本意。你自以为是地说上帝会对这种对权力的使用降下裁判，无异于指责我
316 滥用这种上帝和陛下愿意赐给我的职权……我或许曾因无知而犯错，但我从未凭恶念行事。我不会伤害任何不背离国王律法与正直原则的人。”看来沙克斯顿触动了他敏感的神经。尽管克伦威尔冷静沉着且从容幽默，但他对经常加诸他和他的改革之上的尖刻言语变得越来越敏感。他对沙克斯顿的说辞也可以说是对整个世界的自白。不过，他还是以一句对主教的明显威胁结束了这封信：“你应当认真履行你的职

责，如果你这么做了，你没有理由怀疑我的友谊。如果你不这么做，我一定会用直白的方式告知你。”[46]沙克斯顿明显没有留意这个警告，于是他为此付出了代价。在辞任后不久，他写信给克伦威尔，询问他是否应该像一个主教或神父那样着装。7 月初他穿着神父的衣服陪同依旧跟他保持密切同盟关系的克兰默在同一场合出现，但是克兰默和克伦威尔都没能阻止他在 7 月 7 日被逮捕；事实上，基于他们早前的交流，后者可能积极推动了这次逮捕。[47]

对外界来说，克伦威尔仍旧处在权力巅峰。他的账簿证明那些有野心的、希望他能代为向国王说情的廷臣们强塞到他手中的贿赂没有减少。[48]但是《六条法案》的通过标志着他的仕途跌至到此为止的最低点。诺福克一党赢得了一场重大胜利。他苦心经营的这场宗教改革的力度被严重削弱，若再不采取措施加以应对，这些改革就将有灰飞烟灭之虞。

但根据约翰·福克斯所言，正是在这个时候，国王突然回心转意，决定以克兰默的名义于 1539 年 6 月 29 日在兰贝斯宫举办一场和解晚宴。克伦威尔和诺福克都受邀出席，亨利显然希望他们能在这个非正式的场合化解分歧，结果这一预期显然太过乐观。福克斯称，当一位显要的贵族（可能是诺福克）出言侮蔑枢机主教沃尔西时，克伦威尔大感愤怒，为维护旧主的名誉卷入了一场激烈的争论。他指控诺福克不 317
忠，而这位公爵说他是一个骗子。这一记录没有得到其他资料的佐证，但是它与克伦威尔强烈的忠诚感相符合，而诺福克会用这种方式激怒他也不难想象。两人不断激化的憎恶因最近一届议会以及加来的争议而进一步加剧，似乎一触即发。

保守派马不停蹄地利用新的立法让改革主义者乖乖就范。7 月上旬，一批福音派教徒被告发到克兰默那里受审，他们中很多人是被莱尔检举的。虽然对他们信仰怀有同情，但这位主教不得不下令监禁了大部分被指控的人。7 月 12 日，法国大使马里亚克（Marillac）向他的主人弗朗索瓦一世汇报说英格兰国王“再次捡起所有旧的观念和习俗，只有对教宗的服从和对修道院和教堂的毁坏除外，因为他已从那些宗教场所攫取了收益”。[49]诺福克及其支持者们因胜利的前景而欢欣雀跃。

然而，事态再一次向着有利于克伦威尔的方向发展。他的君主似乎不愿意回归更加保守的教义，就像他曾经不愿意接受克伦威尔改革中较为激进的一些措施一样。因此他重新宠信克伦威尔，再一次接纳他的改革主义思想。议会解散后，保守派主教们都开始返回他们的主教辖区，令形势对克伦威尔更加有利。8 月，保守派主教当中最有影响力的一员斯蒂芬·加德纳在公开场合草率地痛骂福音派的罗伯特·巴恩斯，并指控他是异端。克伦威尔立刻将他逐出了枢密院。加德纳曾积极支持《六条法案》并致力于起草处罚条款，他的离去让诺福克失去了最有权势的一位教会盟友。亨利批准了驱逐加德纳的决定，这一事实表明形势终于转到了克伦威尔这边。

另一个鼓舞人心的迹象于 1539 年秋季伴随着路德宗使
318 臣弗朗茨·布尔夏德的返回而到来。一向不放过每一个优势的克伦威尔开始为英格兰和施马尔卡尔登同盟的路德宗诸侯之间的联盟铺路。为达成此事，克伦威尔的首要策略就是为他的君王安排一桩新的婚姻。

第十六章 佛兰德斯的梦魇

安妮是克里维斯公爵威廉的姐姐。克里维斯是神圣罗马 319
帝国辖下的一个公国，位于莱茵兰的北部。在 1537 年的最后几周，简·西摩尔死后不久，安妮首次被提议为亨利的第四任妻子。[1]当年 22 岁的她早在 1527 年与洛林公爵继承人弗朗索瓦订婚时就已经作为一个棋子被放在了国际婚姻市场上。这场订婚无果而终之后，她得以自由地嫁去别地。英格兰派驻尼德兰摄政——匈牙利的玛丽处的大使约翰·赫顿（John Hutton）最初发起了这一提议，尽管他也承认安妮从来不是以美貌闻名。这一建议并未打动当时正在为简的去世而哀悼的国王，因此它直到 1539 年年初才被重新提起。这次亨利的态度更为积极，因为他迫切需要新的盟友。在神圣罗马帝国和法国签署于 1539 年 1 月的和平条约里，查理五世和弗朗索瓦一世发誓在没有得到彼此同意时不与亨利结盟。更糟糕的是，不久之后教宗保禄三世再次发出开除英格兰国王教籍的训谕。尽管当时的克里维斯公爵约翰（安妮的父亲）不是新教徒，但他也和亨利一样，已在自己的领地内否定了教宗权威。他的长女希比尔（Sibylle）嫁给了萨克森选帝侯，他是施马尔卡尔登联盟的领袖。因此，与克里维斯的同盟会为英格兰的改革提供不小的助力，而克伦威尔之所以如此热情地支持它，至少在一定程度上也是因为这个缘故。

320 1539 年 3 月，亨利终于同意开始谈判——主要事项既包括他自己与安妮的婚姻，也包括女儿玛丽与安妮弟弟的婚姻，但他也非常清楚地表明这纯粹是一场政治联姻。克伦威尔在英格兰的宗教改革让他越来越感到不安，因此他决不愿与他眼中欧洲大陆的激进改革派为伍。为了与谈判保持距离，国王还明确地把结成这一同盟的重任完全压在他的大臣肩上，这样一来他在有必要时可以更容易地撇清关系。这对克伦威尔来说意味着危险，但事已至此，他除了推进谈判之外没有其他选择。不过，没有证据表明他对这场联姻有除了热情以外的其他情绪。这场联姻不仅让英格兰与一个重要的改革派政权联结，还避免了亨利娶一个英格兰贵族新娘为后的可能性，进而牵制宫廷中的贵族势力。所以他派出两个代理人——尼古拉斯·沃顿（Nicholas Wotton）和理查德·比尔德（Richard Beard）到克里维斯开展这项工作。

他相信这两人可以促成这桩联姻。沃顿两年前协助起草了所谓的《主教手册》，而比尔德是克伦威尔在枢密院的盟友之一。然而，他们的任务起初并不顺利，因为威廉当时正试图与皇帝和解，并知道与英格兰的联姻会被视为和解之路上的一个障碍。英格兰国王这边也有一些勉强，亨利认为这场联姻有些配不上他。就连克伦威尔似乎也认为他的君主应当娶一位更好的伴侣。在一封写给萨克森选帝侯身边的使者的信中，国王指示克伦威尔要与萨克森的副首相伯克哈德（Burckhard）围绕克里维斯的安妮交换意见，“不至于苛求她，但是要给他们挑刺，让他们认识到能够将她奉上是克里维斯家族所能享有的最高殊荣”。[2]但因为法国与西班牙正处于同盟状态，克伦威尔别无选择。

和谈由克伦威尔而不是亨利主导，克伦威尔在就玛丽公主的婚事向萨克森选帝侯做出保证时非常清楚地表明了这一点。克伦威尔说当他与君主提及此事时，他认为“从陛下的表情和外在表现看……陛下是有充分意向的”。[3]这算不上 321
一个有力的认可。早在1539年1月，即亨利同意开始谈判之前，克伦威尔已向亨利在萨克森的使臣兼克伦威尔一直以来的代理人克里斯托弗·蒙特（Christopher Mont）做出了一些指示，让他平息一切对于这桩婚事的反对意见。克伦威尔对玛丽小姐的称赞缺乏诚意，他敦促蒙特要让萨克斯选帝侯确信“她是举世最有吸引力的、最为华美的女性，她美丽优雅、身材匀称且拥有最杰出的学识和高贵的举止，以及所有真诚的美德和良好的品格”，但他又坚持无需将安妮的肖像画送到国外以证实这些赞誉。[4]尽管国王的长女在孩提时代曾因美丽而被称赞，并被她的支持者们描述为“世界上最美丽、最具有美德且最温柔的人之一”，但自长大成人之后她便因焦虑和病痛而衰弱，她的长相也因此受到影响。[5]

在克伦威尔努力促成这场联姻的同时，他的君主却忙于讨好法国。1539年3月28日，查理·德·马里亚克（Charles de Marillac）来到宫廷以接替早应被取代的前任大使卡斯蒂永，这给了亨利很大的希望，让他以为弗朗索瓦一世会抛开与查理的联盟并和英格兰达成协议。宫廷上下似乎“为之一振”。[6]只有克伦威尔对形势与转变感到惊愕，但他还是继续不动声色地推进与克里维斯联姻的计划。

在议程早期阶段，玛丽小姐联姻的计划似乎便已被搁置了。后来克伦威尔被指控故意破坏这一计划以便亲自迎娶国王的女儿，但考虑到与克里维斯的联盟对他个人利益的重要性，这很有可能只是传闻，由一则先前关于克伦威尔有意染指玛丽小姐的谣言引起。

夏末，克伦威尔的使者们就国王的婚姻与克里维斯一方达成了一份临时协议。安妮将会成为亨利唯一一个从未见过
322 就同意迎娶的新娘。尽管在政治上有利，但亨利是不会仅凭对这位小姐相貌的转述就愿意与之结成婚姻的。年初的时候，克伦威尔指示蒙特“坚持不懈但隐秘地询问这位小姐的相貌和品格……以及她的身高、身材和肤色，还有学识、举止以及是否诚实”。蒙特显然给出了一个令人愉快的报告，因为克伦威尔随后向君主汇报称：“每个人都夸赞这位小姐的美貌，她的容貌和身姿都在其他杰出的小姐之上……她的魅力与公爵夫人相比有如太阳之于月亮。每个人都称赞她的美德与真诚谦逊，这些特质在她庄严的面容上一目了然，那些见过这两位女士的人都如是说。”[7]

但是亨利并没有对克伦威尔的话信以为真。本已对联姻持保留态度的他派自己钟爱的画家汉斯·荷尔拜因去克里维斯，让他描摹安妮的形象。沃顿是赞扬安妮美貌的众人之一，他描述她“非常漂亮”，并认定荷尔拜因的画像是一幅精准地捕捉了安妮的形象。克伦威尔要求这幅肖像在展示给

君主之前先给他看，而这幅肖像并没有让他失望。“当克伦威尔看到这幅肖像画，发现这位小姐漂亮的时候，他感到非常高兴”，《西班牙编年史》记录道。[8]这份史料还声称，掌玺大臣等到国王心情“非常愉悦”时才将这幅画呈给他。据说亨利在看到安妮漂亮得像娃娃一般的脸蛋、秀美的头发、乌黑的眼睛、精巧的嘴唇和下巴以及端庄优雅的神情时大为高兴。他以至此为止最强烈的热情即刻指示克伦威尔快速结束和谈。

克伦威尔将此事委托给老朋友斯蒂芬·沃恩，派他立刻到克里维斯。克里维斯公爵极为隆重地接待了沃恩，在他到达后“奉上了丰盛的宴席”。[9]在这位老道使臣的主持下，谈判很快达成了一个令人满意的结果。根据国王迎娶外国新娘的惯例，订婚由代理人完成。

9 月末，一个来自克里维斯的使团抵达伦敦的宫廷。10 323
月4 日，他们签署了一份几乎可以确定是由克伦威尔起草（或者至少是在他的指导下起草）的婚约。根据婚约条款，国王会收到一笔不少于 10 万金弗罗林（约合 2.5 万英镑）的礼金。不过，亨利意识到威廉公爵可能支付不起这样的巨款，于是放弃了这笔礼金以作为慷慨的表示，这可能也体现出他对这位新娘的渴望。结果，大使们第二天签署了一份合约，完成了亨利和安妮不可撤销的联姻。克伦威尔迅速“向安妮小姐送出祝贺的书信”，表达了自己因她的婚姻将促进两国之间的“友好关系”而欢喜的心情。《西班牙编年史》认同他“因促成这场联姻而喜悦得难以言表”，但又说“事实证明这场婚姻于他无益”。[10]

在克里维斯的安妮准备启程前往英格兰的时候，克伦威尔将他的注意力转到了宗教事务上。他利用国王重新施予他的宠信，激起亨利对科弗代尔《大圣经》的热情。受首席大臣的鼓舞，亨利适时委托克兰默为《大圣经》第二版写正式的序言，并且在11月14日发布公告，赋予克伦威尔在接下来5年审批所有《圣经》译本的职权。这对克伦威尔来说是重要的一步进展，而且似乎表明了国王是真心投身于宗教改革事业。《圣经》很快就供不应求，在接下来的两年里又有几个新的版本被委托制作。

同时，克伦威尔为身陷监禁数月的加来福音派人士赢得了一场重大胜利。1539年9月，这些福音派人士的监管人、伦敦主教史托克斯莱逝世，他一直是一位最坚定的改革反对者，他的逝世让克伦威尔得以为争取让福音派人士获释展开行动。11月中旬，他和克兰默让绝大多数被羁押的福音派人士重获自由，并且成功推迟了针对其他人的诉讼。

324 此时克伦威尔感到自己的地位更加稳固，这一点可以从1539年11月林肯主教举报的一个异端分子的案例中看出来。霍恩卡斯尔的一个教区神父被指控“草率、虚假地传扬上帝的话语”，令“人们受到极大的冒犯”。这个人被审问、起诉，但当有人向克伦威尔提及他的案子时，后者的态度却意外的仁慈。他向主教建议说，在他看来这位神父的行为是“单纯、无知的结果，而不是任何恶意或自大的举动”。[11]因此他的结论是应该赦免这个人。克伦威尔的这种仁慈是少见的，尤其是在宗教事务上。但是他显然感到足够的自信，因而可以在这个案件里宽宏大量。

然而，正当克伦威尔改革的巩固看似得到了保证时，国王再一次收回了他那以善变著称的宠信，其原因正是好那位在几个月前似乎是克伦威尔救星的女人。克里维斯的安妮于11月26日启程前往英格兰，她乘坐一辆与自己作为英格兰新王后的身份相称的马车和她的随从一道向加来进发。斯蒂芬·沃恩是受命欢迎英格兰未来王后的人员之一，克伦威尔也派了他的儿子格雷戈里前去迎接。青年时期的格雷戈里不像他的父亲那样热衷冒险，所以这可能是他第一次离开英格兰前往海外。这趟旅程并不容易，格雷戈里汇报说很多船上的侍从“因呕吐而十分焦躁”——不过他自己的忍耐力较强。[12]

欢迎队伍比安妮早到了一个多星期，他们在这期间以宴饮和竞技为消遣。12月11日一大早，国王未来的妻子终于来到加来附近。格雷戈里骑马去迎接她和她的随从，她“佩有三件颈饰，分别由布、黄金和紫色天鹅绒制成，还戴着金项链，身后有200个仆人随侍，他们身穿由红蓝两色组成、代表国王旗号图样的衣服”。在场的还有80名侍卫，身穿“厚花缎和天鹅绒的外套”。他们从路程的最后1英里左右开始护送她来到城镇中心。当安妮小姐一行从国王“装饰着100面金丝线旗帜”的舰队前经过时，舰队鸣放了200响礼炮，“随后加来城也鸣炮300响”。根据当时的一份 325
记录，那天的加来“浓烟滚滚，她的车队彼此之间竟不能看见”。[13]这是一场既奢华又震耳欲聋的欢迎仪式。

安妮一行接下来的航程因坏天气耽搁了，所以安妮和她的随从在加来待了两个多星期，这让格雷戈里得以充分加深对这位新王后的了解。他的父亲报信说她那高贵的未婚夫尽管迫不及待地想要见到她，但还是指示英格兰方面在加来的随行人员“要尽心尽力让我的小姐和她的随从开心，让他们感到等待的时间很短且没有那么沉闷”。格雷戈里深入参与了这些娱乐活动，即便他发现未来的王后没有荷尔拜因的肖像画里描绘的那么吸引人，他出于谨慎起见也没有说起，只是向他的父亲汇报说安妮“身体康健”。[14]欢迎队伍的其他人员也没有做出任何与之前的预期不一致的评论。相反，他们的报告里满是对竞技、宴会以及其他娱乐活动的描述，这些活动是为滞留在加来的新王后举办的。

12 月 27 日，天气终于好转，安妮和她的众随从可以起航通过海峡了。安全抵达英格兰海岸之后，她在肯特郡的迪尔登陆，然后动身前往多佛，在当地得到了盛大而奢华的接待。在新年前夜，队伍顶风冒雨抵达罗彻斯特，急于与安妮见面的亨利也冒着恶劣天气带着侍从向南骑行。遵照文艺复兴时期与素未谋面的外国新娘订婚的君王们偏爱的习俗，为了“培养爱意”，亨利在一些亲信顾问（包括克伦威尔在内）的陪同下乔装改扮赶去见她，但他浪漫的冒险之举在第一眼看到新娘时便戛然而止。安妮的肖像画显然对她本人进行了高度的美化。和他前三位妻子娇小的身姿相比，安妮又高、骨架又大。荷尔拜因肖像画的角度巧妙地掩饰了她的大鼻子，而她的皮肤上还有天花留下的疤痕。她的体味如此刺鼻，以至于在那样一个对个人卫生毫不挑剔的时代仍引起
326 了几位廷臣的议论。国王大感惊骇。“我不喜欢她！我不喜欢她！”他在会面结束后对忧虑的克伦威尔大喊。他接着

“严厉且不悦地”抱怨安妮“没有描述的那么好”，又说他如果知道安妮的长相，“就决不会让她踏足这个王国”。他要克伦威尔想出“某种补救方法”，烦恼的克伦威尔坦言自己“也不知道，因此非常抱歉”。[15]

平心而论，在亨利对安妮表示出如此强烈的厌恶之前，从来没有其他记载说她相貌不好。安妮著名的绰号“佛兰德斯的梦魇”只是吉尔伯特·伯内特（Gilbert Burnet）主教于 17 世纪末杜撰的。在她成婚前，所有同时代的记录都对她称赞有加。就连亨利也不得不承认她“容貌不错”，而克伦威尔则费尽心思地指出“她有王后的仪态”。[16]但是安妮的新婚丈夫认为她令人厌恶，这一事实意味着她注定将作为“丑妻”被载入历史。其实在他们结婚的时候，亨利自己的样貌也很难称得上具有魅力，但这并不重要。现年 48 岁的亨利因腿上的竞技旧伤变成溃疡而渐渐丧失了行动能力，他从前在运动方面的卓越能力早已不复存在，而他的腰围也在以惊人的速度增长。亨利刚成为国王的时候身材尚算苗条，腰围只有 32 英寸；当他见到克里维斯的安妮时，腰围已经接近 42 英寸了。安特卫普的艺术家科尔内留斯·马赛斯（Cornelius Massys）在 4 年后绘制的一幅素描显示了国王怪异的体格。他小珠般的眼睛和小而噘起的嘴几乎被淹没在周围的层层赘肉里。他看起来几乎没有脖子，整张画布都装不下他宽大的身躯。同时代的一个记录者为这幅肖像画提供了佐证：“国王之肥胖前所未见，他的紧身上衣可以塞进三个最胖的人。”[17]虽然无人敢于议论（预言国王的死相当于叛国），但亨利的很多廷臣——包括克伦威尔在内——一定也

327 在私下里思忖他会活多久。总的说来，安妮比他未来的丈夫有更多抱怨的理由。

亨利继续向克伦威尔施加压力，让他设法解除婚约；并质问他："难道一定要违背我的意愿、给我的脖子套上轭，而没有其他的补救方法了吗？"[18]但是这位大臣罕见地感到手足无措。最终，国王只得不情愿地承认，既然已经通过代理人订立婚约，自己别无选择，只能完成正式的婚姻仪式。一旦违背条约就会引起重大的外交事故，而英格兰不能失去盟友。即便在这个时候，法国国王还在巴黎与查理五世一道庆祝新年，两人仍在制订入侵英格兰的计划。尽管他们的同盟最终没有维持多久，但它当时对英格兰国王构成了重大的威胁。亨利自己坦言："如果不是因为她已如此深入我国境内，如果不是因为我的王国和民众为她做了如此多的准备；如果不是因为担心这会把她的弟弟逼向现在正在联手的皇帝和法国国王一方，从而在世人面前闹出笑话，我决不会娶她。"尽管如此，亨利仍立即命令他的首席大臣让他摆脱这场由其一手策划的联姻。就好像克伦威尔需要任何进一步刺激才会行动一样，托马斯·赖奥思利也敦促他："看在上帝的分上，想想办法让国王解脱吧，因为如果他继续这样不快、困扰，我们有一天会因此而受罪。"[19]

显然亨利不相信克伦威尔会将自己从一桩他如此热心安排的联姻中解救出来，于是他暗中指示沃恩返回克里维斯，并且调查更多关于安妮早先与洛林的弗朗索瓦的婚约情况。根据《西班牙编年史》记载，沃恩招揽公爵的侍从喝酒，他们透露说安妮实际上已经跟弗朗索瓦结婚了，但在与亨利订婚的谈判开始之后，公爵就遣走了他。弗朗索瓦似乎在不久之后就“郁郁而终”。[20]当沃恩将此情况汇报给国王的时候，他就像抓住一根救命稻草一样抓住了这一点。如果安妮和洛林的弗朗索瓦已经结婚而不只是订婚，那么他们一定也已圆房，这便足以构成亨利与安妮之婚姻无效的依据。但是 328
克里维斯的大使们没有像承诺的那样带来洛林的婚约，所以这一点无法证实。

据说气恼且沮丧的亨利把克伦威尔召来并质问：“你为什么引我犯如此大罪，让一位绅士因此逝世？如果你知道克里维斯的安妮结婚了，你为什么要让我娶她?”克伦威尔听到这话颇感“悲伤”，但他依旧坚持自己的立场。“陛下可以留着她，因为她的第一任丈夫已经死了，”克伦威尔回复说，“而且，如果陛下您离弃她的话，人人都会对您拥有如此多的前妻而议论纷纷。”[21]亨利因这样傲慢无礼的回答而大怒，并命令克伦威尔退下。至于这场对话是不是像《西班牙编年史》描述的那样，目前还没有定论。亨利的暴怒不难想象，但是克伦威尔的傲慢无礼则不合道理。这时他已经服侍君主长达数十载，因而十分清楚应对亨利脾气爆发的最好方式是安抚。

与此同时，在外界看来，宫廷一切如常。回到伦敦之后，国王于 1 月 3 日在布莱克希斯公地（Blackheath Common）以盛大的仪式公开迎接他的新娘。包括克伦威尔在内，王国内所有重要的达官贵人都出席了仪式。亨利在整场仪式中都没能掩饰他的不悦。“很多人都留意到国王跟她一起走来，但他的脸上流露出失望，”《西班牙编年史》记录道，“据说从那天起国王就不像从前那样快乐了。”[22]

亨利一边为他的新王后提供了与她的身份相应的排场，一边以沃恩先前的调查无法令人满意为由，在私下里指示克伦威尔对安妮的使节们就她的上一次婚约进行质讯。克伦威尔给了他们一天时间考虑，他们在1月4日断然回复说安妮从来没有真正成为洛林的妻子，并承诺立即将婚约送到英格兰来。更糟糕的是，诚实的安妮同意签一份公证文书发誓她可以自由结婚。克伦威尔要将这个消息告诉君主，可以想象
329 这是怎样一个令人为难的任务。他自己后来记录道：“我受命向陛下汇报使团的答复……这让陛下大为不悦，说我处理不当，可以看出陛下已下定决心终结这场婚事。”[23]克伦威尔承诺仪式一结束就推动将这桩婚姻无效的进程，或许才令亨利的心情略微平复了一些。亨利在1月5日批准了一笔留给安妮的价值4000英镑的遗产，这是他在遏制住拖延这场厄运发生的冲动之后做出的决定，表明他显然已向既成事实让步。他还批准了对安妮宫廷女官的任命，克伦威尔的儿媳伊丽莎白也身在其中。

第二天，亨利极不情愿地前往格林尼治参加自己和克里维斯的安妮的婚礼。花在仪式上的心思非常少，以至于直到婚礼当天一早还没有确定由谁来带着安妮走过红毯。最终确定的人选是埃塞克斯伯爵和欧弗斯坦伯爵，但由于找不到埃塞克斯，他的位置便由克伦威尔接替。这无疑是亨利对克伦威尔的惩罚而非荣宠，他决意要将这场联姻完全归咎于他的大臣——因此一有机会就让他卷入其中。克伦威尔直到最后

一刻才得以幸免，他刚刚到安妮的住所迎接她的时候，埃塞克斯终于露面了。松了口气的克伦威尔回到国王身边，向他汇报说一切已经就绪。亨利召唤他的大臣近前来，怨恨地低语："我的大人，如果不是为了满足世人和我的王国，世间的任何事物都不能让我做今天这必须要做的事。"[24]克兰默主持了接下来的仪式，随后新娘和新郎进入例行的庆祝环节。

但即便国王履行职责完成了婚礼，同房又完全是另一回事了。亨利在位的记录中有一份关于当晚的详细记录。国王抚摸了新娘全身，但是这令他如此反感，以至于无法再继续
下去。第二天早上，克伦威尔来到君主的寝宫，并发现 330
"陛下不像我以为的那样愉悦，我斗胆问道，您觉得王后怎样，陛下回复说，我不像其他人那样，我的大人，你知道我之前不喜欢她，现在我更不喜欢她了"。他抱怨说"她一点都不美丽，而且她身上有股令人不快的气味"，并且继续称有"迹象"暗示她不是处女："我已经抚摸了她的肚子和乳房，凭此我能够判断出她不是处女，这让我心中一惊。当我摸到它们的时候，我没有决心或勇气进一步进行其他的事项，也就是说她的身体还是和与我初见时一样，（一夜过去）没有任何变化。"[25]

而在安妮这边，显然完全不谙世事的她向侍女说她觉得自己可能怀孕了。"我每天跟国王睡一起……怎么会是一个处女呢？"她问。"他来我的床边亲吻我、拉我的手，轻声对我说'晚安，亲爱的'；然后他在早晨亲吻我，再轻声对我说'再见，亲爱的'。这不够吗？"拉特兰郡伯爵夫人回

答说："夫人，一定得有更多，不然很久之后我们才能有一位约克公爵，而这是这个王国最渴望的。"[26]

传说亨利没能圆房是因为他对新娘的强烈反感，但这同样有可能是因为他的不举。他的年龄是这位年轻新娘的两倍还多，且在近年来日益丧失行为能力。虽然他依旧喜欢玩宫廷式恋爱的游戏，但已经有一段时间没有传出他拥有情妇的传言了。这种情况在争取婚姻无效化时可能有用，但毕竟不是那种他会希望公之于众的事情。君主们对性能力的自矜甚于普通男性，因为这对他们王国的延续至关重要。亨利有点过于急切地向他的医师巴茨医生吹嘘，说尽管他无法与安妮圆房，但是他有过"两次梦遗"。[27]这可能是他抗拒过度的一个结果。

331 与此同时，安妮很快意识到了问题所在，并迫切地寻求建议。她首先向克伦威尔求助。出于谨慎起见，克伦威尔战战兢兢地请示君主，以为她排忧解难。尽管国王视这位首席大臣为把自己卷入这第四场婚姻的罪魁祸首并因此颇为恼火，但他依旧信任克伦威尔，因此准许他与安妮讨论此事。不过，克伦威尔大概觉得这个话题相当难以启齿：妥善处理君主的宗教和政治事务是一回事，理清他的性生活是另外一回事。实际上，他向安妮的宫务大臣拉特兰伯爵托马斯·曼纳斯（Thomas Manners）做出指示，让他鼓励安妮以一种可能会取悦国王的方式表现自己。稍后他向君主汇报说他已经敦促拉特兰"设法诱导王后能在举止上更讨陛下欢心，顺应您的心意，纠正一些缺点，以宽慰陛下"。[28]拉特兰的妻子在安妮的寝宫服侍，后来的事态表明克伦威尔还指示她汇报这对王室夫妇有无性生活。同时，他悄悄指示安东尼·丹尼在君主耳边说些鼓励性的话，利用“一切机会向陛下称赞安妮”。这不是一份值得羡慕的工作，倒霉的丹尼很快败下阵来。亨利斥责了丹尼，“直白地告诉他这个私下服侍自己的仆人……自己决不会被挑动或被诱导去与她发生肉体关系。”[29]

尽管如此，国王仍刻意与新王后维持表面的关系，尽可能多地与她一起公开露面。婚礼几天后，格林尼治举办了一场庆祝竞技。当时的编年史家爱德华·霍尔记载了此事，并热情洋溢地称赞新王后，仿佛那场庆典没有任何不妥之处：“（婚礼）之后的周日非常隆重……那天她按照英格兰的风格穿着，戴了一条法式的头巾，这表现出了她美丽和姣好的容貌，每个人都为看到她而欢喜。”[30]

1540 年 2 月，这对王室夫妇乘船出发前往威斯敏斯特， 332
接受伦敦市民的夹道欢迎。安妮收到来自新臣民的礼物，并欣然参加了宫廷庆典。但是她的举止和教养远不如她的前任。克里维斯贵族女性的教育和英格兰贵族小姐的教育很不一样。那里的英格兰大使描述她“品性谦逊且柔和……大多数时间都忙于针线……她可以阅读和写作（但得用自己的语言），不懂法语、拉丁语及其他语言，也不会唱歌或弹奏……任何乐器，因为在德意志这里，人们不认同名门女性应当拥有学识或了解音乐的观点，认为这是轻浮的表现”。[31]安妮显然缺乏她的新婚丈夫所习惯的那种风雅气质，而且无论她怎样温和、怎样渴望取悦亨利，她都会在都铎宫廷这个精致的世界里因笨拙而令人难堪。这是国王摆脱她的另一个理由。

尽管亨利决意要摆脱这个令人不快的新娘，但这场婚姻给了路德教施马尔卡尔登同盟的诸侯以勇气，他们于1540年1月派一位代表来到英格兰宫廷，受命与英格兰结成宗教和政治上的联盟。这位使臣名叫路德维希·鲍姆巴赫（Ludwig Baumbach），他向亨利表达了对英格兰议会通过《六大法案》的遗憾，并要将英格兰国王拉回到宗教改革的大业上来。到达伦敦后，鲍姆巴赫和使团的其他人直接去找克伦威尔，他们视他为宗教改革派的领袖，因此也是他们获得成功的最大希望。但让他们沮丧的是，这位掌玺大臣在接待他们的时候极为冷淡，他要求知道他们是否有权力议定政治联盟。当使节们提出异议的时候，克伦威尔让他们去找他的君主，而亨利也重复了同样的问题。被激怒的鲍姆巴赫转而向陪安妮来到英格兰的萨克森副首相伯克哈德寻求帮助。两人一起拜访了克伦威尔，并且重申了他们想与英格兰国王达成联盟的愿望。他告诉大使们说，国王只想要一个政治联
333 盟，宗教问题可以晚些再决定。他们没有因此打消念头，坚称这不可接受，宗教是他们使命的核心。

克伦威尔的回复再清楚不过地表明，无论他怎样重视宗教改革，这一事业永远次于他对国王的服侍。他抛开外交谈判的惯有礼仪，以出人意料的坦诚向使节们宣称自己对他们在宗教协议问题上的诉求十分清楚，但鉴于目前的事态，自己别无选择，只能顺从国王的信仰，哪怕这会让自己失去性命。克伦威尔或许曾在过去10年间致力于推进宗教改革，但这是以改革事业与他的政治野心一致为前提的。既然现在

国王在宗教事务上采取越来越保守的立场，克伦威尔也不愿成为像莫尔或费舍那样的良心犯。他已被迫深陷与克里维斯联姻一事中，倘若再公开支持路德宗诸侯的主张，局势将会进一步复杂化，而这是他无法承受的。况且，克伦威尔的个人信仰更多地与较温和的福音派一致，他觉得路德宗的很多教义令人反感。在国内外的政策中，谨慎和模棱两可一直是他的格言，克伦威尔现在迫切地要重拾那样的态度。

鲍姆巴赫和伯克哈德因这位英格兰宗教改革主导者的反复无常而极感失望，他们在离开英格兰之前最后一次拜访国王。至此，亨利在这件事上已经完全失去了耐心，他不仅继续抵制他们要求缔结宗教联盟的压力，还清楚明白地告诉他们，作为政治盟友，他们对英格兰没什么价值。即便法国和西班牙真的像这两位使节所说的那样决定入侵，他也有足够的能力驱逐外敌，无须路德宗诸侯的帮助。然后他遣走了这两人，并命克伦威尔正式为他们送别。这位大臣无疑乐于看到这两位使节的离开：他们为克伦威尔敲响了警钟，让他意识到自己已经多么疏远于国王的立场和宠信。不过，尽管克 334 
伦威尔像他在权力巅峰时期可能会做的那样拒绝为他们的使命提供帮助，这一旨在与路德宗势力划清界限的企图也为时已晚，无不足以挽回他的局面了。

这一时期，除了国王新婚的麻烦外，克伦威尔还为别的紧急事态所扰。克里维斯的安妮的惨败鼓舞了他在宫廷中的敌人，其中首要的是诺福克公爵。《西班牙编年史》记述，亨利在与克伦威尔就这桩婚事进行了一番愤怒的对话之后，召见了诺福克和爱德华·西摩尔，告诉他们："我决意要摆脱克里维斯的安妮，不能再让克伦威尔欺骗我。"诺福克迅速把握机会，在会面结束的时候对西摩尔说："公爵，这是将平民从我们当中赶走的机会，你看国王跟克伦威尔发生了争执，现在寻求我们的建议，我们要建议他自己定夺此事，不要再受克伦威尔把控。"[32]和其他收录在《西班牙编年史》中的对话场景一样，这段对话可能也是臆想的，但可以确定的是，诺福克想利用这场婚姻摧毁他的对手。

诺福克还利用外交事务巩固自己的地位。1540 年 1 月，弗朗索瓦一世与查理五世的会面给公爵提供了一个机会，让他得以发挥自己的外交本领在两位君主之间挑起事端，进而降低了这两国之间的友好关系对英格兰构成的威胁。2 月，他从巴黎汇报称法国国王"对皇帝的话不甚满意"。[33]诺福克不能将这种不和的实现归功于自己：因为查理拒绝履行条约中的承诺，两位君主之间的关系本已趋于紧张。但诺福克出手挑旺了这两人之间憎恨之火的事实还是让亨利特别满意。而克伦威尔则与此无关。直到此时，他仍被与德意志诸侯结盟的主张所绑定，这令他在实质上不可能参与对法国和西班
335 牙的外交事务，所以他的死对头可以一揽所有功劳。更糟糕的是，法国与神圣罗马帝国间的不和已经实质性地削弱了与克里维斯结盟的价值。

诺福克的胜利是重大的。但他不是一个人在行动，加德纳自 1538 年从法国被召回后，一直在寻找机会削弱他们所鄙视的对手，而在尝到了胜利的滋味之后，他们开始密谋促

使克伦威尔垮台。意识到这个危险，克伦威尔对诺福克家的核心资产进行了攻击。1540 年 2 月，克伦威尔安排关闭了诺福克郡的赛特福德修道院，这里是最后一批免于解散的修道院之一（可能得益于诺福克的保护），而且是诺福克公爵的家族墓地。诺福克奋力保护它，并计划将其改建成一座神学院，这样那里的神职人员就可以一直为家族的灵魂做弥撒，但克伦威尔有另外的想法。他对自己的这位头号政敌发起了最为决绝也最具报复性质的一场攻势，将这座修道院彻底拆除。由于原址上并未建立起神学院，诺福克公爵不得不将祖先的遗骨转移到 35 英里外萨福克郡的弗拉姆灵汉姆，这让他深受侮辱。这既是有计划的羞辱，也是一种宣战行为。如果说诺福克之前只是厌恶这个出身卑微的暴发户，那么现在他开始全然地鄙视克伦威尔，且不让克伦威尔彻底垮台便不会罢休。

孤注一掷的克伦威尔更进一步，试图以肯宁霍尔有人罹患汗热病为由将诺福克公爵赶出宫廷。克伦威尔深知国王对疾病的恐惧近乎病态，且对任何有轻微症状的人都避而远之，因此认为此计肯定能将诺福克支开几个星期，而这一空隙足以让自己在宫廷里重获主动权。但诺福克坚决否认自己有被传染的风险，因为他已经很久没与被感染者接触过了。他还明确表示，即便被逐出宫廷，自己也不会退居乡间，而是会住进自己在伦敦的居所。这让亨利相信留诺福克在宫廷不会构成危险，克伦威尔此番落败。

《西班牙编年史》称，在这场挫败之后不久，克伦威尔 336
曾谋划要以叛国罪构陷诺福克。根据这一说法，诺福克有一位人称“达特内尔先生”的亲戚因被怀疑试图毒死国王珍视的儿子及继承人爱德华王子而被捕。据说克伦威尔秘密探望关在伦敦塔里的达特内尔，并且试图说服他做证称是诺福克让他这么做的。这位震惊的被囚者拒绝了，大声说：“我才是世上最不可饶恕的叛国者，而我的家族里从未有其他人叛国！”[34]没有证据佐证这个故事，它有可能是出自作者的虚构，以展现两人之间的厌恶之深与手段之无情。

此时，事态似乎正朝着不利于克伦威尔的方向飞速发展。除了要在宫廷中与他的敌人争斗外，他还面临着全国宗教保守派的反对。为了在国王那里重获一定程度的信任，他迫切需要取得一些成功，于是他派拉尔夫·萨德勒到苏格兰宫廷推动那里的宗教改革事业。但运气总是与克伦威尔相背，这次出使以失败告终。尽管精明且有政治敏锐性，但萨德勒在外交事务上经验尚浅，他高估了自己，向苏格兰国王许诺举行一场与亨利的双边会面。然而，这场会面从未实现，萨德勒也被迫灰溜溜地回到宫廷。

与此同时，加来争端在1540年3月9日因诺福克公爵（他持续与莱尔子爵保持密切联系）在当地挑起新一轮异端调查而重燃。诺福克派去执行这场调查的人员都是坚定的保守派，在当年4月5日，他们得出结论称当地存在“严重的宗教分裂”。随后有13名异端分子被押送回伦敦，其中有5个人是克伦威尔的门徒。

同样在3月，主教加德纳发起了一场新攻势，下令逮捕罗伯特·巴恩斯。巴恩斯强烈反对加德纳在圣保罗教堂前十字架下进行的一场布道，后者在这场布道中谴责了多条新教教义。两周后，巴恩斯在同样的讲道坛上布道，他利用这个机会不但驳斥了加德纳的论点，还公开侮辱了他。巴恩斯可能指望克伦威尔的保护，因为后者在过去曾救他免受异端指控，但如果他这样想的话，那他就严重地错判了形势。加德 337
纳就此事向国王申诉，国王下令将布道者带到他面前审问。巴恩斯在接下来的神学讨论中被加德纳击败，并在猛烈抨击对手时被逮捕，连同另外两个有名的福音派人士（他们也都是巴恩斯的支持者）托马斯·杰勒德（Thomas Gerrard）和威廉·哲罗姆（William Jerome）一起被投入伦敦塔。

哲罗姆是斯特普尼的教牧，当地的教堂正是克伦威尔和他的家人做礼拜的地方，可见加德纳意图以此一击作为一个清晰的警告。在巨大的压力之下，被捕的三人被迫在复活节当周公开宣布放弃福音派信仰。当克伦威尔的儿子格雷戈里听到哲罗姆宣布放弃信仰时，他非常痛苦地写信给他的前家庭教师亨利·道威斯，敦促他查清细节。道威斯于 3 月回复："你的指示让我完全相信，你在得知他（威廉·哲罗姆）的那种行为、他宣布放弃信仰的举动以及他上述布道中的内容之后，一定非常痛苦。"[35]然而，他们放弃信仰的宣言被认为不可信赖，所以针对这三人的诉讼仍在继续。法国大使马里亚克挖苦地说，维护这些异教徒"近来动摇了克伦威尔大人的可信度，以至于他也差一点遭遇不幸"。[36]

第十七章

“克伦威尔摇摇欲坠”

338 克伦威尔正在溃败，这一点路人皆知。4月10日，马里亚克兴高采烈地预测克伦威尔即将垮台，甚至猜测谁会接替他的众多职位。“我之前写过的那场闹剧如今越发精彩起来，其主角曾唆使神学学者进行布道，为他们摧毁修道院、掠夺教会财富的行径张目，现在却导致了这些神学学者的毁灭，这些神学学者因而归咎于他们——其中就有克伦威尔和坎特伯雷大主教，他们不知道自己的处境如何，”他记录道，“几天内这个王国的许多事情都要发生很大的变化，国王开始在他的大臣们中间做出调整，召回那些他曾疏远的，贬低那些他曾提升的。”这位大使说：

> 克伦威尔摇摇欲坠，因为所有被召回的那些曾因他的手段被免职的人都对他怀有“不好的意念”；其中温彻斯特主教、杜伦主教和巴斯主教等极富学识和经验的人被召到枢密院。根据确实可靠的依据，富有威望与学

> 识的杜伦主教滕斯托尔①会成为新任代理总教监，而巴斯主教会成为掌玺大臣，这是克伦威尔两个主要的头衔。无论如何，他不能再保留代理总教监的职位了，甚至连他手下的人也认同这一点。

马里亚克在结尾部分一针见血地指出：“即便他的声望和权威一如从前，那也只是因为他工作勤勉，尽管他处理政务的手段很粗野。他做任何事都要先征求国王的意见，并且表现出愿意处事公正的态度，尤其是在外国人面前。”[1]过去 10 年 339
这种“粗野”的管理方式给他带来了很大的好处，与他对国王谨小慎微的恭顺态度一道，为他赢得了国王的欣赏和信任。但也正是这种无疑源于他卑微出身的处事风格，现在让国王和枢密院都坚决地反对他。这位来自帕特尼的铁匠之子已经飞黄腾达了很久，超过了所有人的预期。但是现在他的贵族敌人团结一致，急于从这位自称“流氓”的人手里夺回对政务的控制权。

法国大使的预测并非像看起来那样为时过早。3 月末克伦威尔试图与加德纳达成和解，这意味着他自感身临绝境。时任驻法大使约翰·沃洛普汇报说：“现在这个时刻，赖奥斯利告诉我说，温彻斯特主教大人昨天在伦敦跟掌玺大臣一起用餐，时间长达四个多小时，他们在坦诚的对话之后得出发自真心的结论，那就是抛下所有分歧，从现在开始由衷地视

---

① 卡思伯特·滕斯托尔（Cuthbert Tunstau），都铎时代英国神学家，曾在亨利八世统治期间任杜伦主教。原文中将滕斯托尔写作“Tonstallus”，即其姓氏的拉丁文写法。

彼此为最好的朋友。”[2]几乎可以确定，这样的休战之所以能够达成，是克伦威尔这边卑躬屈膝道歉的结果。加德纳自恃有国王的宠信，所以只能由他的对手做出所有的让步。考虑到不久前他对主教曾有绝对的优势，这一定很让掌玺大臣恼火。

然而，即便这样羞辱的表现也无法令他的政敌罢休，克伦威尔被迫采取更决绝的行动。不久之后，他辞任秘书职位，让给了他的门徒拉尔夫·萨德勒和托马斯·赖奥斯利，后者也加入了枢密院。克伦威尔采取这种策略的原因尚不清楚。当然，无论其他廷臣针对他的策略如何具有攻击性，他不可能是因被同僚逼迫才辞任的。只有国王才能夺走他的职
340 权。克伦威尔可能是在得到亨利许可后为自己即将迎来的提拔铺路，或者是有意提升自己在枢密院的影响力。

新一届议会于4月12日召开。议会一直是克伦威尔最中意的政治舞台，他在出席这届议会时也表现出了和往届一样的自信。克伦威尔决意要跟国王较保守的立场保持坚决一致，他在上议院做了开幕演讲，强调了亨利希望他的众臣民能够实现宗教一致。他接着采取措施，指派专员纠正所有逾矩行为，并强制要求尊重经文。这显然意在根除异端，并会反过来导致克伦威尔非常珍视的一些改革被颠覆。他随后设立了两个新的委员会，旨在确立一条国王在宗教事务上非常渴望的“中间道路”。

但是这位大臣没有完全背弃改革的方针。英格兰隐修制度唯一一处尚未被改革攻陷的难关是耶路撒冷圣约翰骑士团，它是一个古老的军事修会。克伦威尔起草了一则法案将这一组织取缔，并将其财产转移给王室。紧接着是冗长的辩

论，辩论最终以这位四面楚歌的大臣的胜利结束，他的法案最终在两院得到通过。紧接着他提出了一个复杂的征税法案，这同样极大地充盈了王室的金库。

克伦威尔再一次在议会上大获全胜，但这也是最后一次。这届议会让他空前明确地展现了自己对国王的忠诚。通过为宗教一致铺路并增加王室的收入，克伦威尔以一种既极具价值又带有自我牺牲色彩的方式为国王效力。或许正是出于对这一点的认可，4 月 18 日亨利授予了他埃塞克斯伯爵的爵位，这是英格兰最古老、最显赫的一个头衔。在第二代伯爵亨利·鲍彻（Henry Bourchier）于当年 3 月因坠马折了脖子去世之后，这一头衔便空了出来。同时，在第十五代牛津伯爵约翰·德·维尔（John de Vere）逝世后，亨利也将他留下的掌礼大臣（lord gerat chamberlain）一职授予克伦威尔，这是宫廷中的一个高级职位。同时，克伦威尔的儿子 341
格雷戈里被授予克伦威尔勋爵的荣誉头衔，他和赖奥思利都被授予爵士称号。亨利对克伦威尔态度的明显翻转让马里亚克大感诧异，他说新任埃塞克斯伯爵“一如既往地受国王宠信，尽管他的地位之前差点被温彻斯特主教等人撼动”。[3]克伦威尔对他的新头衔无比自豪，从那时开始用“托马斯·埃塞克斯”的称呼为自己的信件署名。他继承了亨利宫廷两个贵族成员的头衔和职位，这让诺福克及其支持者们难以接受。现在克伦威尔本人的存在对他们来说就是侮辱，他们不会放任克伦威尔在新得到的显赫位置上逍遥太久。

但是国王对克伦威尔释放出了更多的恩宠信号。亨利将埃塞克斯多座被解散的修道院的财产和收入赐给了克伦威尔，其中最显著的是圣奥西蒂的修道院。大量的地产和租金都被赐给了“上述托马斯·克伦威尔勋爵，以供其终身享用”。[4]只不过克伦威尔不曾设想自己“终身”将会如此短暂。他大可以回想在安妮·博林倒台前不久，国王曾出人意料地赐给了她很大的荣誉。国王宠信之心的善变程度往往出人意料——近些年来更是如此。夏普伊曾写道，“鉴于国王如此善变”，自己无法“形成判断”。《西班牙编年史》也认为，“当国王喜爱任何一个人的时候，他会极其喜爱”——但当他想要收回这种喜爱时，这也将发生得极其突然。尽管克伦威尔总是称赞君主行事公正、意志坚定，“是一位言出必行的可敬君王”，但他比任何人都更了解国王有多么善变。这位曾经健壮、苗条的国王现在“非常肥胖且极其过度地宴饮”。不断增长的腰围在他溃烂的腿上施加的压力日渐加剧，疼痛让他更容易出人意料地发脾气。结果，正如马里亚克所说，“有可靠信源说他早上的想法往往在晚餐后就变了样”。[5]

尽管如此，克伦威尔的运势看上去仍有所好转，形势又开始对他有利起来。4 月中旬一个传闻传到伦敦宫廷，证明了这位新伯爵外交政策的正确性。这一传言宣称，法国正在
342 紧邻加来的阿德尔构筑要塞。克伦威尔指示沃洛普就这一明显具有侵略性的举动要求法国国王做出解释。对手冷静的反击更激起了亨利的疑心，法方回复说：“吾主只知道我国可以在那里或其他边境地带构筑要塞，就像贵国国王陛下在加来、吉讷等地修建的要塞那样。”[6]突然之间，国王对英法联盟的热切希望看起来乐观得可悲，这反而让克伦威尔主张的跟克里维斯的联盟变得更加可靠。

但就在国王及其大臣们正在应对来自法国的消息时，尼德兰方面发生了更为严重的事态。查理五世在成功镇压了根特的叛乱之后，要求克里维斯公爵让出格尔德兰。作为克里维斯的盟友，英格兰将受邀出面支援公爵，这反过来会让他们跟皇帝发生直接的冲突——这是亨利一直竭力避免的。更糟糕的是，苏格兰和爱尔兰的形势也动荡不定，所有这些责任正好都归在克伦威尔肩上。政局的动向又一次于这位新任的埃塞克斯伯爵不利，他的敌人们迅速抓住了先机。

事态开始加速发展。长久以来被克伦威尔一方视为眼中钉的里尔子爵在被授予爵位的前一天到达伦敦。迫切想要扩大自己在宫廷的支持者队伍的诺福克向他发出了邀请，但是公爵袖子里藏有一张更大的王牌，那就是他的侄女凯瑟琳。国王可能在前一年 12 月去罗彻斯特见他的新妻子时第一次见到了凯瑟琳·霍华德。她是第二代诺福克公爵的幺子托马斯·霍华德的女儿，曾担任安妮的童女侍从（maid of honour）[①]。我们无从确知她的年龄，但当亨利贪婪的目光第一次注意到她的时候，她可能只有 15 岁。尽管年轻，但凯瑟琳并不单纯。她是由父亲的继母、孀居的诺福克公爵夫人养大的，而这位公爵夫人的宅邸在道德准则方面声名不彰。当凯瑟琳在 1536 年跟她的音乐老师发生不正当关系时，她可能只有 12 岁，不久之后她又与自己的亲戚弗朗西斯·德雷厄姆（Francis Dereham）发生了性关系，后者“以一个男人会对待自己妻子的各种方式” 343

① 宫廷女侍的一种，地位低于侍从女官（lady-in-waiting），一般由未婚年轻女性担任。

利用她。[7]他们之间无疑是情人关系：德雷汉姆甚至称凯瑟琳是他的妻子。一位贵族新娘得以出嫁的首要条件是童贞，所以这件风流韵事被孀居的公爵夫人掩盖了，她在发现此事之后很快就为她在新王后的寝宫弄到了一个职位。

诺福克很快发现了国王对他年轻侄女明显的爱慕之情。凯瑟琳活泼迷人，这让她与国王非常厌恶的妻子形成了完美的对照。诺福克因此开始安排他们私会。诺福克的盟友加德纳在这件事上也出了一臂之力，据说他在自己位于萨瑟克的官邸中举办宴会和娱乐活动，以撮合凯瑟琳和亨利。1540 年 4 月，国王的新欢已阖宫皆知。当月 24 日，亨利将两个杀人犯的财产（已定罪之重罪犯的动产和不动产应被上缴给君主）赐给了凯瑟琳，5 月 18 日他又赐给她 23 套薄绸被褥。一位旁观者记录称他“与另一位女性走得太近”。[8]王后本人也注意到了这一点，她在 6 月 20 日向克里维斯公爵驻伦敦的大使卡尔·哈斯特（Karl Harst）吐露了怨言。有趣的是，在随后给公爵的报告中，哈斯特称这段风流韵事已经持续了数月，尽管没有证据可以佐证这点。同时，在叔叔的指导下，凯瑟琳在追求着她的国王面前假扮处女。克里维斯的安妮被废黜的诱人前景似已唾手可得，她即将摘取最大的一颗胜利果实。

尽管克伦威尔也在试图推动将安妮废黜一事，但自己最大敌人的侄女即将成为下一位王后的前景仍令他极感厌恶。克伦威尔现在进退维谷：如果他执行国王的命令，那么他就是在为凯瑟琳·霍华德的上位铺路；如果他违背国王的命令，他会受到君主的责难。两种情况都将意味着灾难。在他的政治生涯中，克伦威尔第一次陷入绝境——他几乎无法脱身。

尽管如此，在接下来的两周里，克伦威尔仍像往常一样处理事务。他继续过问法律和宗教事务中的细枝末节，这一 344
事实体现了他毫不松懈的精力、勤奋以及他对自己仍受国王宠信的信心。因此，他花了很多时间审理针对来自萨默塞特郡基尔明顿的威廉·哈吉尔（William Hargill）的诉讼，据指控他跟他的儿子们试图谋害一个当地人，因为后者要向他们讨回一头被哈吉尔的仆人偷走的母猪。此外，他解决了一起与威尔士北部惠特福德教牧住宅有关的琐碎纠纷，接着还为威尔特郡的一位神职人员谋得助理牧师的职位。[9]如果克伦威尔认为自己处境危险，他本应将所有精力放在维护自己的地位上。

在威斯敏斯特宫举行的传统的五朔节竞技似乎表明这位埃塞克斯伯爵确实重获了宠信。竞技活动于5月1号星期六开始，持续了一整周。所有参与比武的选手都在身上“华丽地穿戴着”白色天鹅绒和丝绸，其中就有克伦威尔的外甥理查德。克伦威尔的儿子格雷戈里则位列理查德的对手之中。[10]理查德显然乐于借这个机会展示自己天生的运动天赋，并在之后进行的竞技中脱颖而出，击败了包括后来臭名昭著的托马斯·卡尔佩珀（Thomas Culpeper）① 在内的诸多挑战者。与新妻子一起全程出席竞技活动的国王对理查德印象非常深刻，因而宣告：“‘从前你是我的亲随，但从现在起你是我的钻石。’随后一枚钻石戒指从他的手指上掉了下来，

① 托马斯·卡尔佩珀（1514—1541），亨利八世的廷臣，因与凯瑟琳·霍华德偷情，两人双双被斩首。

理查德将其捡起，陛下则将戒指赐给他，并命他从今往后要将此佩戴在他饰章中小狮子的前腿上。” 亨利接着授予这位年轻人骑士爵位，这无疑让他的舅舅很是欣慰。理查德和其他每一位挑战者都被赐予了100马克的年金以及一栋可以传于子孙的房舍，这些赏赐来自斯坦福德的圣弗朗斯西修道院的收入，这座修道院于1538年10月被解散。[11]

如果克伦威尔曾因这些宠信的迹象而受到鼓舞，他将很快意识到自己是多么无谋。5月9日君主召见他议事。尽管谈话的记录没有保存下来，但几乎可以确认这次召见是为了
345 商讨使国王摆脱与克里维斯的联盟的方法。两天后，克伦威尔被迫给新任驻神圣罗马帝国大使理查德·佩特（Richard Pate）写信，指示他向皇帝暗示英格兰与克里维斯的同盟会很快终结以作为安抚之策。当月末，亨利在宫廷中接待威廉公爵的大使们时故意采取了冷淡的态度，对他们请求支援以对抗皇帝的诉求给出了极为暧昧的回应。

克伦威尔并未被这些不祥的事态吓倒，而是重新鼓起勇气猛击对手。他建立了监护法庭管理封建税捐制度，这一政策于1540年6月以法案形式得到议会批准。与此同时，里尔子爵非但没有得到诺福克承诺给他的晋升，反而在5月19日因叛国嫌疑被投进伦敦塔，从此再也没有离开那里。5月底，两位显赫的保守派人士也被投入牢狱，分别是天主教会的理查德·桑普森（Richard Sampson）主教和尼古拉斯·威尔逊（Nicholas Wilson）博士。

这样果断的行为带有一丝困兽之斗的色彩。克伦威尔知道靠交际手腕的时代已经过去：通过如此凶猛地反击敌人，

他是在迫使君主在宫廷里互相角逐的两派中做出选择。这是一个既危险又勇敢的策略。亨利看似转向了克伦威尔，但他的善意从来不是可以长久依靠的。

在进攻宗教对手的同时，克伦威尔还试图利用国王新的婚姻中更加积极的进展。安妮跟亨利一起出席了传统五朔节的竞技会活动，这助长了她不久将会加冕的传言，这一仪式通常会在婚礼数周甚至数月之后进行。安妮指示克里维斯的大使兼她的心腹卡尔·哈斯特与她丈夫的枢密大臣们讨论这个可能性。几乎可以确定，克伦威尔是他询问的大臣之一。5 月末，拉特兰伯爵着手让安妮的一些侍女返回了克里维斯，克伦威尔再一次敦促他向安妮劝谏让后者的行为举止更讨国王欢心。

但是如果克伦威尔将赌注压在了国王的新婚姻会顺利延 346
续的可能性上，那么他下错了注。亨利在表面上可能急于做做样子，但他决不会跟一个他所讨厌的女人维持婚姻关系——特别是在他有诺福克侄女这样一个令人愉悦的备选的时候。此外，克伦威尔对其宫廷对手的攻击性举动只会让他们更努力地寻求彻底消灭他。《西班牙编年史》说，诺福克和爱德华·西摩尔散布了一个谣言，称克伦威尔从克里维斯公爵收受了一大笔贿赂来安排这场联姻。他们求见国王并重申了他们的猜疑，并告诉他：“王国所有的贵族都诧异于陛下您会给这位秘书如此多的职权，他一定接受了克里维斯公爵一大笔钱，才会像这样促成您的婚姻。”

与此同时，政敌们据说还在克伦威尔为什么豢养了如此之多的家仆这一问题上煽动了国王的疑心。《西班牙编年史》描述了诺福克是怎样告诉亨利的：“在我们看来，克伦威尔意图不轨……我们中的每一个人，不管地位怎样高，都没有他那么多的仆人，而且我可以证明，王国各地都有人佩戴他的徽章并自称是他的仆人，以此为掩护犯下了很多罪行。”另一位在场的枢密大臣赞同道：“我知道他的宅邸有可供超过 7000 人使用的武器，这令我们感到不安……我们不得不注意到，陛下您的侍卫中有足有 40 人曾是他的仆人，您的寝宫中有 5 个忠于他的人，基于所见所闻，我们相信随着事态的发展，他将可以为所欲为。”根据这份史料，克伦威尔在宅邸雇用了超过 300 个仆人，在全国各地足有 1500 人佩戴他的徽章。第一个数字有些低估，而第二个数字几乎可以肯定有夸大成分。据说亨利对此很是烦躁不安，并且向这些大人们承诺：“我答应你们，今后会设法夺去他的权力。”[12]

347 尽管其他史料中没有提到这场会面，但是克伦威尔的敌人确实引起了国王对他雇用的仆人和侍从数量的怀疑。他们的潜台词在于指控新任埃塞克斯伯爵有叛国的意图。随着传言日益失控，开始有流言说他的目标是自己加冕为王。一位匿名的“绅士”汇报说自己在某次与夏普伊大使和克伦威尔用餐时听到后者说“我希望有一天自己能成为一个国王”。《西班牙编年史》称，在得到这个把柄之后，诺福克和西摩尔立刻回禀君主。亨利听到这一汇报后大为愤怒，但似乎并不吃惊。“我可以告诉你们，我十分怀疑他设计要集结全国的力量来谋害我，”亨利告诉他的两位枢密大臣，“因为几天前他厚颜无耻地请我同意将我的女儿玛丽嫁给他为妻。”[13]后来这一罪状连同对他所养侍从数量的怀疑一道都构成了针对他的指控的一部分。《西班牙编年史》可能在回顾历史事件时虚构了这些谈话，但这也是基于克伦威尔倒台时流传的谣言。

6月初，形势已十分紧张，马里亚克汇报说：“事情发展到这样一个关口，克伦威尔一派和温彻斯特主教（加德纳）一派必须有一方屈服。”[14]尽管如此，这位大使改变了自己先前对结果的看法，并相信克伦威尔会胜利。他认为：“尽管二人都非常有权势且都得到了君主的宠信，但是事情的发展态势看上去对克伦威尔一方有利。”他引以为证的是一则传言，该传言称巴恩斯不久将会被释放，而一位众所周知有“教宗派倾向的”教士最近被逮捕了，然后又忍不住补充道：“英格兰人真的很反复无常。”马里亚克接着说：“与此同时，宗教界的情形依旧令人烦忧，主教们处于嫉恨和不可调节的分裂中，而人们不知道该相信什么，一些路德派的人时不时地会被当作异端，而其他人更经常地被视为教宗派叛国者。这届议会必须要在宗教问题上达成一个定论、找到一条中间的道路；但是议会看上去就像德意志人的饮食一样，他们的结论由一个产生更多个，且越发令人生疑，而非澄清问题。”[15]

虽然受政敌环伺，但是现存的最后一封克伦威尔在任时 348
写下的信件表明他和马里亚克一样有信心。这封写于6月4日的信是一封日常的事务信件，信中看不出任何写信人正处于水深火热之中的迹象。收信人是乔治·劳森爵士（George Lawson），他是北方事务院的一员。克伦威尔向他转达了君主就在贝里克和卡莱尔加筑工事的费用问题做出的指示。在以一贯的直截了当处理好这一事务的细枝末节后，克伦威尔在信末愉快地写道："在伦敦衷心祝您一切安好，国王陛下在位的第 32 年 6 月 4 日。"[16]

然而，克伦威尔在私下里还是承认了自己的不安。6 月 6 日，他对首席秘书赖奥思利坦言"一件盘旋在他脑海里的事困扰着他——国王不喜欢王后，且一直都不喜欢"。赖奥思利试图重振这位前侍主的斗志，鼓励说"可以想出一些方法让国王解脱"，但显然已有退缩之意的克伦威尔只回应称这是一件"大事"。这位秘书非常担忧，他在第二天返回克伦威尔处，并再次劝他找出一个解决方法，不然"他们都会因此而吃苦头"。克伦威尔只是重申了他此前的回答，说这是件"大事"。"找找补救的方法吧"，赖奥思利迫切地敦促道，然而克伦威尔只是简单地说了句"好吧"，然后"便不再跟他说话"。[17]

这份史料没有记载在这次碰面和三天后克伦威尔挣扎求生的故事里那最具戏剧性的事件之间发生了什么。即便埃塞克斯伯爵略知前路如何，他也没有在信中留下一丝痕迹。

第十八章
“饶命　饶命　饶命”

1540 年 6 月 10 日，枢密院定于 3 点开会，克伦威尔到 349
场时略微有些迟。他鲜有的迟到行为正中诺福克下怀，后者已经计划好要利用这次会议攻击克伦威尔。克伦威尔刚进入会议厅，侍卫首领便上前以叛国和异端的罪名逮捕了他。大感惊讶的克伦威尔

> 愤怒地将他的软帽仍在地上，对诺福克和其他聚集到会议厅的枢密院成员说，这就是他的效力所得来的回报，并请他们凭良心说他是不是一个叛国者；但既然他已经被如此对待，因而他宣布放弃所有赦免，因为他从不认为自己犯了错，并且只是请国王不要让他承受太久的痛苦。有鉴于此，一些人说他是叛国者，而一切人说应当按照他立下的法律审判他，这些法律极为严酷，一个人只是口出无心之言也时常构成叛国罪。[1]

诺福克在斥责了他的对手所犯下的一切“罪恶”之后，大步走上前去，将圣乔治的勋章从克伦威尔的脖子上扯了下

来。数年来，这位帕特尼铁匠的儿子以牺牲出身高贵的对手为代价，哄骗国王给他权力，这个举动正是象征了对他手中握有的这些权力的怨恨。威廉·菲茨威廉一如既往地迅速倒戈，并和诺福克一起抨击克伦威尔。“这位海军大臣解下了克伦威尔膝上的嘉德勋章，虽然克伦威尔在富贵时把他当作
350 很好的朋友，在患难时他却成了一个大敌。”[2]之后，回天乏术的克伦威尔被押送出去，经过一扇通往泰晤士河岸的侧门，然后坐船走完从威斯敏斯特到伦敦塔这趟短暂而不祥的旅程。在那里，他被安置在狱官威廉·金斯顿的手下，正是后者在10年前被派去逮捕沃尔西。这是克伦威尔前侍主的生涯与他自己的生涯间最后也是最令人不安的一次共鸣。

当天下午稍晚些时候，奥德利受命将克伦威尔被捕的消息通报到上议院。在场众人听到这个消息时震惊得哑口无言。逮捕克伦威尔距离他被封为埃克塞斯伯爵还不满两月，自莱尔子爵被捕这一被视为首席大臣克伦威尔时来运转之迹象的事件发生还不满三周。如今他因叛国罪被投入伦敦塔，这给后世那些效仿他的野心勃勃的廷臣提供了一个前车之鉴。尽管他精明且务实，但克伦威尔本人一定是最受震惊的。“在这片土地上除了国王之外，还有谁能有比克伦威尔更大的权力呢？/还有谁能大过我呢？”在根据克伦威尔生平编写的戏剧中，作为戏剧角色的克伦威尔如此沉思。[3]他必然也充分意识到了自身处境的危险，以及国王对他的宠信的微妙平衡，但是近来的晋升以及对诺福克和加德纳的胜利一定振奋了他的信心。在突然被捕时，克伦威尔的反应想必混杂了极度的困惑、恐惧与恼怒。

当父亲被捕的消息传出时，格雷戈里·克伦威尔就在下议院附近，因此他应该在事发不久后就得到了消息。他心中对父亲的担忧无疑也夹杂着震惊和对自身安危的担心。4 年前安妮·博林被捕的经历表明国王在抓捕与罪犯有关之人时不会有任何回避。格雷戈里的克伦威尔勋爵头衔当即被褫夺，同样被夺去的还有他父亲的所有宅邸、地产和财产。尽管这会让格雷戈里夫妇无家可归，但他们并没有穷困潦倒。1538 年 11 月，格雷戈里自己也被授予了一片颇为可观的不动产，并且他仍在从中获得收益。[4]截至此时，国王没有采取进一步行动，格雷戈里可能是因为与已故王后之姐的婚姻，才未被逮捕。爱德华·西摩尔可能也为这对夫妇向国王求了 351
情。不论如何，格雷戈里很快又得到了君主的偏爱。几个月后，商人理查德·希尔斯记录了亨利“在克伦威尔入狱期间”将他的头衔“以及很多产业都转给了他的儿子格雷戈里……以便他在行刑的时候更愿意承认自己的罪行”。[5]

在向上议院通知克伦威尔被捕的时候，国王已经派一队人封锁了克伦威尔在奥斯丁会的宅邸。在这之前，克伦威尔被捕的消息还没有传到宫廷以外，但是当他的邻居们看到国王的人在克伦威尔的住所展开搜查的时候，消息像野火一样传遍了都城内外。在一小时之内，马里亚克便听闻了消息，他立即写信给弗朗索瓦一世说：“托马斯·克伦威尔，国玺的掌管者和圣职者的代理总教监，自枢机主教逝世以来就主管王国的各项事务，并且刚刚被封为掌礼大臣，但在一个小时前他被投入伦敦塔成为囚犯，他的所有财产也被收缴。”[6]

克伦威尔的仆人们惊愕地看着国王的人登记克伦威尔的

财产，并报告说“其价值并无世人预想的那么多”，尽管“对一个像他这样的人已是过多了”。克伦威尔的财产不是一笔小数字，国王的人查出了总共7000英镑的巨款（约合今天的200万英镑还多）自教堂缴获的财物，还有银盘、圣餐杯、十字架和“其他教会珍宝”，与1529年他刚立遗嘱的时候相比，克伦威尔的可支配现金增长了近8倍。马里亚克准确地判断，将这些抄没所得纳入国王金库“意味着它们不会被归还”。[7]

除了查收克伦威尔的财宝之外，亨利的下属还搜索了他的宅邸，以寻找能够定他罪的证据，这项任务并没有耗费他们多少时间。法国大使马里亚克汇报说，“第二天就找到了一些他与德意志路德宗贵族之间的往来信件”。他无从得知这些信件的内容，“不过国王因此对他（克伦威尔）大为震
352 怒，不愿再听人提起他，宁可彻底忘掉这个英格兰有史以来最为卑鄙之人”。威尼斯驻神圣罗马帝国宫廷（位于海牙）的大使弗朗切斯科·孔塔里尼（Francesco Contarini）说，国王的下属还发现了一些信件“表明这位公主（克里维斯的安妮）曾被许给另一位德意志贵族”。同时代的编年史家查尔斯·赖奥斯利也确认了此事：“她（安妮）在来英格兰之前与本国的一位公爵有婚约，埃塞克斯伯爵托马斯·克伦威尔向国王隐瞒了这一点。”[8]如果克伦威尔真的隐瞒了安妮有婚约的证据，他便可以被当即定罪，但鉴于后来他并未背负这一指控，这可能只是一个谣言。这位威尼斯大使写信时离英格兰宫廷有一段距离，除了谣言之外他没有别的依据，他接下来汇报说凯瑟琳·霍华德已经怀了亨利的孩子，这也

是他的记载并不可靠的一个证明。[9]

和诺福克一样，国王现在决定要将克伦威尔贬低到和他入宫效力之前一样籍籍无名的程度。克伦威尔自 1538 年 3 月 31 日以来持有的财产全被收缴并归入国王名下，其中包括他从修道院解散运动中获得的地产，这占他所有财产的一大部分。接下来的处分更为严重，马里亚克记载道：“首先，国王重新分配了克伦威尔的所有官职，并宣布任何人不得称他为掌玺大臣，或者以其他任何身份头衔称呼他，只叫他托马斯·克伦威尔、剪毛工，剥夺他所有的待遇和特权，并且将不那么有价值的动产分给他（克伦威尔）的仆人们，他们都为自己不用再穿主人的制服感到开心。”[10]这可能是传闻，但在当时的记录中，将克伦威尔的失势与他卑微的出身密切关联起来的记述方法颇为典型。

常见于这类记载中的一个主要观点认为克伦威尔的倒台是阶级矛盾的结果。约翰·福克斯遗憾地说，克伦威尔因“一些煽风点火的贵族的憎恶和嫉恨”而受害，他们密谋反对他，“一些人是因为憎恶，另一些人是因为宗教分歧”。[11]
其他人就没那么同情他了。英格兰乃至欧洲大陆的高官显贵 353
对这位出身卑微的异端分子的蔑视在此时变得非常明显。马里亚克甚至为让他的君主注意这样一位平民的命运而道歉：“尽管这可能会被认为是一桩无关紧要的个人事件，毕竟他们只是把一个被提拔到高位上的人（指克伦威尔）重新贬低到他原本的位置，但鉴于此事彻底地改变了政局的走向，尤其是考虑到对克伦威尔主导的宗教新政的影响，窃以为这一消息仍相当重要，应即刻写在信中。”[12]马里亚克所言正是克伦威尔的对手们一直相信但在他掌权时没能表达出来的想法：克伦威尔真正的罪过是他以区区平民之身却想要成就大事。现在他得到了应有的下场。只有威尼斯大使在汇报这件事的时候没有语带讽刺，而是批评了国王的善变。“我以为他（克伦威尔）的下场也同样可能是其他所有深得国王宠信的人的下场”，他以挖苦的语气说。[13]

没过多久，马里亚克就得到了克伦威尔被逮捕的正式通知。当国王本人的信使到达的时候，他差不多已完成了他的那份急报。亨利显然迫切地想让欧洲的天主教势力知道他终于和那场极具争议性且越发不受欢迎的宗教改革的设计者撇清了关系。这位大使匆忙汇报说，亨利敦促他不要对克伦威尔被关进伦敦塔一事感到震惊，“无知平民对此有各种各样的说法，而他（国王）希望马里亚克知道真相”。马里亚克说，亨利希望“用各种可能的方式将宗教带回正道上来”，而“克伦威尔与德国的路德宗信徒有联系，一直偏爱那些宣扬错误观念的神学者，并阻挠那些宣扬相反观念的人”。近来已有一些“主要随从”提醒这位大臣，让他反思“自己违背国王意愿与议会法案的做法”，但固执己见的克伦威尔坚持认为“马上局势就将度过临界点，届时国王就算动用全部力量也无法阻止，而他自己的势力将强大到足以让国王向他的新教义屈服的地步，为此他不惜动用武力与国王对
354 抗”。尽管这样鲁莽的说法完全与克伦威尔的性格不符，但是国王很快就相信了。他派人传话说，下次再见到马里亚克的时候，他会向他坦言克伦威尔的罪过是何等之大——以及这位失宠的大臣从多久以前开始便隐瞒了他的罪过。[14]

国王派人知会马里亚克的时候，枢密院起草了一封写给驻法大使约翰·沃洛普的信。这封信用更冷酷的语言阐明了克伦威尔被捕的原因，说亨利在宗教事务上很是信任这位大臣，但是：

> （克伦威尔）不但因一己私欲违反陛下最为圣洁的意旨，在暗中间接推行极端教义，背离陛下孜孜以求的中庸正道；还表现出试图维护自身暴举的狂热迹象，为这一目的不惜动用一切最为隐秘、最为悖逆的手段，乃至公然宣称——正如已经由可靠的证词向他当面指出的那样——假如国王和整个王国与他的意见相悖，他将亲自执剑上阵，与他的君主以及任何其他反对者对抗。

根据这个表述，克伦威尔唯一的目的是完全把控国王和整个王国：“如果再给他一年或两年，他一定会将事态发展成那样，如果他愿意，国王将不再有定夺之权；而从他的其他言行和他所掌握的武装力量来看，他的不逞之心已与他的语气一样坚定。”[15]

信中刻薄的语气和着重把宗教改革当作克伦威尔最大罪
行的笔法暗示了写信人是他的死敌诺福克。这位公爵决心一 355
举诋毁那个他所鄙视的对手的名声，以令人眼花缭乱的速度抓住机会摧毁他所支持的一切，并将英格兰拉回到宗教保守主义路线上来。意识到国王对克伦威尔及其改革一向态度矛盾，且他现在的厌恶不会持续太久（尤其是考虑到这位身陷囹圄的大臣可能会用自己出了名的说服力争取国王的同情)，诺福克毫不迟疑地设计了一系列无懈可击的指控，不留任何疑点，也不给国王臭名昭著的善变留下余地。自克伦威尔被捕之后，国王愤怒地丢掉了德意志“路德派诸侯”的一系列来信，而公爵无疑乐于听到这个消息。

毫无疑问，诺福克及其党羽在克伦威尔被捕上是起了作用的。克伦威尔一直是他们最危险、最鄙视的敌人，而他近来的攻击性行为更加深了他们的憎恨。《西班牙编年史》认为这是克伦威尔致命的错误：“如果不是被他的虚荣心所害，如果他能与大臣们（即枢密院）保持友好，他不会沦落至此。”[16]但是亨利时期政治局势的本质就是如此，克伦威尔要取得这样的权势就一定会为自己树敌，廷臣对手的增加与他所得到的影响力呈正比。如果克伦威尔甘于在幕后默默地努力，回避所有晋升和宠信，那么他很难像现在这样带来如此具有开创性的变革。想要在王权中心取得成就的风险总是很大，不过回报也很大。克伦威尔在近10年间享受了最好的一面即回报：现在他将面临后果。

亨利能够如此迅速地抛弃克伦威尔这位十多年来的股肱之才，表明他们之间的关系从根本上看是脆弱的。无可否认的是，没有廷臣能得到这位越来越多疑的国王明确且持续的宠信，不过他与克伦威尔之间跨越地位鸿沟的关系是不平等
356 的。尽管克伦威尔的政策中至少有一些动机是可质疑的，但是毫无疑问，他在过去11年间的主要动力是他对君主一以贯之的忠诚。

在国王自己看来，他以头衔、特权和财富回报了克伦威尔的忠诚，却没有以同等的诚信对待他。这不禁令人猜测，

如果克伦威尔出身高贵，亨利可能会从他身上感受到更多的共鸣，因而会对他更为忠实。不过地位并不是安全的保证，像白金汉①、卡鲁和基尔代尔②等人也都付出了代价。就连（或者说尤其是）嫁给这位日益衰老、越来越善变的国王也保证不了安全。他的宠信会随风向而变动——且一旦改变，很少会恢复到原来的方向。

但亨利与克伦威尔的关系是复杂的。《西班牙编年史》注意到国王在克伦威尔被捕时对他的仆人“非常仁慈”，“因为他不仅下令归还属于他们的东西，还命令贵族从他们当中挑选仆人以供留用；他也从中选了很多人服侍自己，以保障他们不至于陷入贫困。”[17]据说亨利还下令不对他的前大臣施酷刑，即便对那些有叛国嫌疑的人施酷刑是被允许且是意料之中的——尤其是对那些不愿意坦白自己罪行的人而言。此外，他还给克伦威尔送了些钱，可能是为了让他在狱中更舒适一些或买些食物。感恩的克伦威尔稍后写信“谦恭地感谢陛下送来的这些钱”。[18]一封写于克伦威尔被捕两天后的信表明国王是怎样挂念他的前大臣是否安好的。亨利吩咐威廉·金斯顿，让他允许克伦威尔写信，并告诉他“关于其最糟糕的状态和处境，这些我认为适合写下来”。克伦威尔因为君主“最为丰厚的慈爱、恩赐和许可”而致谢，

① 指斯塔福德家族的第三代白金汉公爵爱德华（1478—1521），他拥有金雀花王朝血统，历经亨利七世、八世父子两朝，于1521年以叛国罪被处以死刑。

② 指爱尔兰贵族第九代基尔代尔伯爵杰拉德·菲茨杰拉德（1487—1534），他曾在亨利八世统治期间任爱尔兰总督，后被关入伦敦塔郁郁而终。

想必也将此视为希望尚存的迹象。如果亨利完全抛弃了克伦威尔，那么他肯定不会关心克伦威尔被关押的环境有多糟糕。国王没有对克伦威尔失势的对头安妮·博林表示过这样的仁慈。

357 从亨利此时施予克伦威尔的恩宠来看，逮捕克伦威尔的旨意几乎可以说是他为安抚诺福克、加德纳一党而采取的违心之策。不过亨利也是一个越来越多疑、越来越专制的国王，他可能会被顾问大臣影响，但绝不会被他们左右。毋宁说，正是克伦威尔的崛起促使亨利将自己对政事的控制扩大到前所未有的高度。

克伦威尔充分利用了亨利允许他写信所提供的机会。他于 6 月 12 日写了一封长达近 4 页且慷慨激昂的信，信中满是他对被捕一事的悲痛之情以及对所谓罪行的全然困惑。“极富怜悯之心的国王、至为仁慈的君主”，他的信如此开头，并说自己是“您最谦卑、最恭敬、最感恩的臣民，您最可怜的仆人和被囚者俯伏在高高在上的陛下的脚前”。紧接着，他动用自己作为一个律师的说理能力，在强调自己的无辜与避免暗示国王有失公正之间摸索出一条危险的思路。“别人向陛下指控我叛国，对于这个指控，我说我这一生决不会做可能或者会让陛下不悦的事，更不可能提起或犯下那桩本身就是极端的、令人憎恶的罪行，我的心意上帝可鉴，我相信他会向陛下展现出事实的真相。”他小心地将国王和他的“控诉者们”区分开来，坚持说：“一直以来我都珍视陛下您的荣耀、性命、财产、健康、财富、喜乐、舒适和陛下您最宝贝、最挚爱的儿子王子殿下以及您的诉求，愿上帝在逆境中帮助我，如果我有相反的心思，愿上帝厌恶我。”

意识到自己生存下来的唯一机会是让国王相信自己的绝对忠诚以及对国王利益的全情投入，克伦威尔接着向国王提起自己在过去10年间为他效力的时候所做的一切： 358

> 上帝知道我本着自己义不容辞的职责付出了多少劳苦，假如我能像上帝一样让陛下永享青春与昌盛，上帝清楚我一定会如此照做；如果我有能力让陛下富裕，正如陛下让万民富裕一样，上帝定将助我如此照做；如果我有能力让陛下变得强大，乃至令全世界向您臣服，主基督知道我定将如此照做。因为我是所有人中最忠实于您的，因为陛下在我眼中是所有君主当中对臣民最为慷慨的，陛下于我等更像一位慈父，对此言语还望陛下不要见怪。

克伦威尔非常确信自己从未犯过那些过去曾被用来指控自己的罪行，他向国王保证：“面对如此超乎寻常的仁慈、善意、宽宏与慷慨，如果我现在还背叛您，那么最大的痛苦对我来说都太少了。如果任何派系斗争或对任何事物的任何情绪让我成为一个叛国者，那么愿所有地狱的恶魔都来搅扰我，愿上帝来惩罚我。”

对自己被控的具体罪名一无所知的克伦威尔显然认定，最好的策略是就自己认为可能会背负的罪名向亨利做出申辩，而不是在政敌向国王陈说自己的过错时静静等待。他知道自己与扩大法庭的工作招致了广泛的批评和怨恨，且外人以为他利用被扣押的修道院财产中饱私囊，他推测这是其中的一个指控。克伦威尔还估计奥德利在自己失势的过程中施加了影响，并提醒亨利他自己曾多次就奥德利的密谋做出警告："大法官大人如何对我，只有上帝和他自己最清楚，对此我无从指摘。而我待他如何，陛下也心知肚明。对主基督发誓，如果我曾听从您最为良善而严肃的劝告，我也不会落到今天这地步。"

克伦威尔还听说针对他的另一个指控宣称他违法蓄养侍从。他发誓除了家仆外自己从未蓄养过任何人，除此之外他收容的都是朋友的孩子们和熟人——比如拉尔夫·萨德勒之
359 类。克伦威尔对朋友的忠诚被彻底曲解成阴险的图谋，这体现了他的政敌的险恶用心，他们不顾一切地抓住了任何一件可以定他罪的事情。克伦威尔的否认是坚决的："我这样说，如果我曾蓄养过除家仆以外的任何人，我将任凭上帝制裁我。"他又说他为照顾朋友的孩子们"花费甚多，且不是出于任何邪恶的目的"。

不过，其中一项"罪过"，克伦威尔是可以确定的：他安排了亨利和克里维斯的安妮之间的联姻——并且没能迅速将其废除。他听说国王向金斯顿抱怨了"一件很私密的事，我确实在这件事上违背了您的期待"。尽管他知道国王指的是"陛下厌恶王后的那些方面"，但是克伦威尔否认自己泄露了秘密（确是如此）。他与之讨论过此事的人只有威廉·菲茨威廉和拉特兰伯爵，而且这些讨论是在国王的命令下进行的。

因此，克伦威尔针对他能想到的每一条指控为自己做了辩护，恳请国王不要容许这样的误判。“我们的上帝，如果这是他的旨意，可以像对被诬告的苏珊娜[19]那样对待我……因为除了上帝和您之外，我没有其他的希望。”信末他多次为他不经意间犯下的错而道歉，请求国王宽恕：

> 陛下，我确实承认自己是一个最卑鄙最无耻的罪人，不论是对上帝还是对陛下，我都没有照我应做的行事为人。为我对上帝的冒犯，只要我活着，我将不断地祈求他宽恕；为我对陛下您的冒犯，上帝知道我从来都不是蓄意或故意的，我绝不会有背叛陛下、您的王国以及后代的想法，无论是在言语还是在行为上，上帝可为我做证，尽管如此，我俯伏在您的脚前，为我在任何事上的冒犯恳求陛下的宽容、饶恕、赦免。

他在信末如此落款：“您极为悔恨的臣民和最谦卑的仆人与 360
被囚者，周六写于伦敦塔，托马斯·克伦威尔。”[20]

亨利没有亲自出面回复，此时的他正忙于利用克伦威尔的失势讨好法国国王。当弗朗索瓦一世听到克伦威尔被逮捕的消息时，他立刻写信给马里亚克：

> （这个消息）对我来说不仅令人愉快，而且令我出于一直以来对我的好弟兄所怀的无上善意感谢上帝；请你把我写给你的国书呈给他，告诉他我说的，他应该感谢上帝让他有机会认清克伦威尔这样一个邪恶之人的过

> 犯和不法行为。克伦威尔一个人让他对朋友们以及最好的臣仆们都起了疑心。他要知道消灭这样一个邪恶、不祥的手下会给他的王国带来怎样的安宁，这合乎教会、贵族和百姓的共同福祉。

他还指示马里亚克鼓励英格兰国王处决这个失宠的大臣，以免他回心转意。马里亚克向弗朗索瓦保证，他已经让亨利阐明“这位大臣所造成的伤害，以及在他的奸计得逞前将他除掉的迫切性”。[21]

为了在克伦威尔的棺材上钉上最后一颗钉子，弗朗索瓦还直接致信亨利本人。他告诉他的英格兰对手说，他与克伦威尔的对头探讨了（无疑也谴责了）克伦威尔的影响：“诺福克会记得他上次在法国的时候我跟他说过的话，就此事您应该首先与他沟通。”法国国王的信表明了诺福克阴谋的触角已经伸到多远。他不满足于只是提高克伦威尔国内政敌的地位，还直接利用他的多个外交任命，获得了欧洲天主教君主们的支持——此外，他也动用了自己对英格兰驻外使节们
361 的影响力。克伦威尔被捕当天，公爵写信给英格兰驻查理五世宫廷的大使理查德·佩特，指示他将所有的细节告知皇帝。佩特颇为乐意地照做了，但是他发现查理的反应比预想的要谨慎。皇帝显然震惊了，大声说：“什么！他真的被捕了，而且是因为国王的命令？”当佩特证实确是如此时，皇帝不愿再言语。[22]

诺福克和他的使臣们即刻着手撤销克伦威尔的外交政策，其残酷与高效程度与对待他在英格兰的宗教改革一样。

7 月 27 日佩特汇报说因为这一方针逆转，英格兰国王“失去了帝国选帝侯的心”，不过他“转而争取到了皇帝和法国国王”。[23]与克里维斯的联盟被突然中断，唯一的阻碍是一件小事，即国王与安妮依然是夫妻。或许正是意识到这一事实，国王有点半心半意地试图为克里维斯公国寻找另一个盟友。因此他知会弗朗索瓦一世，称如果后者支援克里维斯，会进一步改善英法关系。克里维斯公爵已经派了大使到法国宫廷。7 月初，沃洛普和爱德华·卡尔内（Edward Carne）汇报称，法国国王心怀同情地听取了他们的请求，并说“他乐于与克里维斯公爵结盟，正如亨利赞同的那样，并为亨利派了另一位使臣（卡尔内）来议定此事感到高兴”。[24]

克伦威尔戏剧性失势的余震回荡了几周。10 年前沃尔西倒台之后，宫廷中就再也没有出现过这样的震惊、惊慌和（对一些人而言）弹冠相庆了。马里亚克在接下来的一封给法国国王的信中描述了“国王大臣们之间的分裂，他们试图消灭彼此”。这位在仅仅几天前还预测克伦威尔会战胜其对手的大使，显然对事态的剧变感到惊愕。“克伦威尔一派近来看似是最强大的，”他说，“因为出乎每个人的预料，所以当前的事态更加不可思议。”而现在局势已经明朗，克伦威尔在诺福克和加德纳联手时已落入孤立无援之境。马里 362
亚克汇报说，克伦威尔在宫廷的同党“看起来因上述克伦威尔大人的被捕而被完全打垮，他是他那一派的首领，站在他这边的坎特伯雷大主教不敢开口，而海军大臣（南安普顿伯爵威廉·菲茨威廉）很久之前就学会了见风使舵，而现在他们在公开场合的对手是诺福克等人。”[25]

上述引文中提到的坎特伯雷主教确实曾为克伦威尔请愿，就像他当初为安妮·博林请愿一样，这一请愿虽然真心实意但未能奏效。他写信给君主，表达他“对于这样被国王提拔、这样不关心他人的不快而只服侍国王的人竟然被指为叛国者一事的惊愕和忧伤，他还曾如此警惕地探查叛国行为，假使约翰王①、亨利二世②和理查二世③有这样一位顾问大臣，他们绝不会就那样被颠覆”。克兰默又说自己“像爱朋友一样爱他（克伦威尔），而他对国王的爱戴似乎比这更多”，但是他接下来的一句话证明了这是假话。他告诉亨利他“乐见”克伦威尔的“叛国行为”被发现，但是又“非常忧伤，因为这之后国王该信任谁呢?”这位主教信末请求上帝“赐给国王一个可以信任的大臣，并且是一个具备他的全部品质、能像他一样服侍的人”。[26]

克兰默的信没有在国王那里产生任何积极的效果，这或许一点儿也不出人意料。即便亨利的良心因为主教提到的克伦威尔的服侍和忠诚而被刺痛，但是他很快就从克兰默对这位前大臣罪行的明显接受中得到了安慰。这本身可能是一种自卫的形式：有传言称，这位主教很快会跟随他的盟友进入伦敦塔。

---

① 无地王约翰（1166—1216），安茹王朝英格兰国王，任内爆发诸侯叛乱。

② 亨利二世（1133—1189），安茹王朝英格兰国王，无地王约翰之父，晚年因继承问题与三个儿子之间爆发内战。

③ 理查二世（1367—1400），金雀花王朝英格兰国王，在统治末期被兰开斯特家族的亨利推翻，后者加冕成为亨利四世，开启了兰开斯特王朝的统治。

尽管未能见效，但克兰默的信是对克伦威尔被捕一事发出的唯一一声悲叹。没有证据表明克伦威尔的其他熟人曾开口为他辩护，可能他们在幕后默默努力争取恢复他的名誉。但是他们身处一个无可否认的尴尬境地，并且冒着因为与他的关系而被牵连甚至被定罪的风险。格雷戈里的处境尤其艰难。他是一个有叛国嫌疑之人的儿子，却娶了已故王后的姐姐。当国王在克伦威尔被捕后表现出宽厚之意时，格雷戈里 363
可能很想代父亲向他求情。但是他的妻子无疑向他施压，要他保持沉默，以保护自己的利益。她很快证明了自己是怎样迫切地要与自己的公公保持距离。相比之下，新近得宠并在宫廷里前途无量的理查德·克伦威尔和拉尔夫·萨德勒仍旧对他们的主人怀有强烈的忠诚，这一点在过去 10 年间得到了持续的证明，甚至当克伦威尔的权势明显“摇摇欲坠”的时候，他们也坚定地站在他那边。他们在克伦威尔手下担任秘书和信使多年，在宫廷中建立了出色的人脉网，他们无疑在努力争取释放他。克兰默写信给国王为他们的主人辩护或许正是因为他们的劝说。

克伦威尔被捕的消息传遍欧洲，并受到广泛的欢迎。加来的治安官“因那些消息而欣喜，说他比收到 500 万先令还高兴”。同时，法国国王称这是“上帝的一个神迹”。沃洛普愉快地汇报说，他被迫切想要知道克伦威尔已经被处死的法国廷臣所包围。一天在去宫廷的路上，“很多人在途中问他克伦威尔是不是死了，他们因他的遭遇而欢欣鼓舞”。不久之后传言开始散播，所有消息都是为了在克伦威尔被捕一事的基础上进一步诋毁他的品格。几乎可以确认是诺福克盟友的约翰·沃洛普毫不迟疑地揭示了“克伦威尔邪恶之处的更多详情”。同时，法国的枢机主教兼外交官让·杜·贝莱宣称他得到可靠消息称“前掌玺大臣意图伺机让自己成为英格兰的国王”。他还敦促沃洛普立刻让国王知道此事。

在葡萄牙的一位大使听到了同样的消息，并增加了一些虚构的细节，说克伦威尔“欲娶玛丽小姐为妻”——欧洲的大使们显然已在两年前知道了这个传闻。沃洛普不需要劝
364 说在当天也将这些传言上报给了君主：“关于克伦威尔，枢机主教贝莱一次派人至卡斯蒂永处，告诉沃洛普说9个月前他和法国国王讨论了此事，并推断克伦威尔会成为一位伯爵或公爵，而且亨利会将玛丽小姐嫁给他，就像他之前将法国王后嫁给萨福克公爵一样。”他说，也正是出于这个原因，克伦威尔才总是竭力破坏所有给国王长女的联姻提议。亨利抓住这些传闻，作为针对他的前任首席大臣的着实站不住脚的案子十分需要的证据，并且命令沃洛普找到确实的证据证实这些报告。[27]

同时，克伦威尔本人在伦敦塔被严密监视。尽管这座城堡的名字本身就足够让任何一位英格兰臣民感到恐惧，但是克伦威尔对它很熟悉。作为珠宝大臣，他曾监督重建了白塔南面的珠宝室。他还将朋友斯蒂芬·沃恩引荐到那里的皇家造币厂。1536年他开始对伦敦塔的其他地方进行大规模的修缮，在被捕前不久还下令修建了王后馆（the Queen's House），这是一栋俯瞰绞刑台的精美木构建筑。作为国王的首要执法者，他探望了多位关在塔里的知名囚犯，其中最

著名的是托马斯·莫尔和安妮·博林。

没有关于克伦威尔被关在何处的记录，但一般观点认为他被囚禁在王后寝宫（或者副官的住处），这里起初是为阿拉贡的凯瑟琳修建的，然后又因安妮·博林的加冕得以重修。这栋建筑应位于在提灯塔和衣橱塔的中间，堡内空地的东边，现已不复存在。如果克伦威尔也被关在这里，那就是对他非常有效的一个讽刺，因为这里是他的老对手安妮·博林被定罪行刑前住的地方。他非常熟悉这处寝宫，因为在1532~1533 年他曾奉亨利的命令安排修缮此处。这座寝宫舒适且布局合理，包括一间接见厅、一间密室（安妮用作私人祈祷室）、餐厅和带盥洗室的卧室。即便室内陈设因为 365
多年无人使用而有疏于照管的痕迹，但这至少比大多数塔内的罪犯所应受的待遇好上太多。

被捕之后不久，克伦威尔受到了密集的审问。他的审问者中有死敌诺福克公爵，后者毫无疑问喜欢这个任务。《西班牙编年史》记述了他和他的同党在他们所鄙视的敌人终于落入自己手中时发出的刻薄讽刺。"克伦威尔，沦落至此，该怪你自己和你的虚荣，"西摩尔首先愉悦地说道，"说吧，克伦威尔，你一个铁匠的儿子，擢升为统管整个王国的大臣，让我们所有人都听命于你，这对你来说还不够吗？"[28]尽管心怀恐惧，但是克伦威尔拒绝不战而降。他要求知道自己被指控了什么，这样他可以反过来逐一驳斥。他比任何人都知道针对他的控诉有多么站不住脚。的确，他主导了一场对政府机构和宗教事务的革命，在此过程中引发了广泛的不满和反抗，但是他的每一个行动都经过了国王的批准，他从未违反任何法律、触犯任何法令或告谕。事后诺福克曾忆及克伦威尔“希望自己即便见不到控告者，至少也可以知道是因哪些事项被指控；而且如果不能正当地驳斥每一条指控，他不希望多活一时”。克伦威尔又发出了一句吐露心迹的哀叹，说自己“一直都被国王的大敌们追击；所以他的忠诚像金子一样历经试炼”。或许这是对诺福克以及其他审问者的委婉威胁。他们可能感觉到克伦威尔意图证明是他们而不是他自己有叛国的嫌疑。如果是这样的话，那他的手段奏效了。克伦威尔即刻就被告知了针对他的指控，以及控告者的名字。这是一个不寻常的特权，而且在他之前很少有人享受过。[29]

根据《西班牙编年史》，眼下针对克伦威尔的首要指控在于他的野心之大，他被控有意迎娶国王的女儿并成为国王。西摩尔说：

> 366 一定是魔鬼把这个念头放在了你的脑海里，才让了你这样厚颜无耻地去向国王请求迎娶他的女儿。你一定在图谋某种大逆不道之事，我们只能相信你的目的是篡夺王权、自己称王，因为有一天你在大使（夏普伊）的宅邸确实这么说了。哦，无知的忘恩负义之徒，你难道不知道即便神圣罗马帝国皇帝拿下了众王国，他还有比你更加配得国王之位的封臣吗？况且，你给皇帝贡献了什么，才能让他扶持你为王呢？说真的，更易让人相信的是，就像我们已经说过的，如果你娶了玛丽小姐，你会轻易地除掉国王，也正是出于这个目的你让

> 他身边环绕着你的人，以更好地确保你可怕的计划能够得逞。[30]

确定这个大体的罪名之后，这些大臣们转而就更加具体的方面展开问询。其中一个最突出的主题是由克伦威尔安排的君主与克里维斯的安妮之间的联姻。国王本人起草了在这件事上要问克伦威尔的问题，这一事实暗示了此事是国王最为关心的。这些问题包括亨利第一次在罗彻斯特见到安妮时与他的大臣所说的话，以及他的新婚妻子以前已有婚约的证据。西摩尔及其他审问者饶有兴致地追问这些问题：“所有人都开始讲话，每个人都对他说自己想说的——非常有凌辱性的话。”[31]

根据同一份史料的记载，克伦威尔的回答同样尖锐。“如果我曾实现了我所计划的，你们现在就不能在这凌辱我了，”他告诉他的审问者们，“我的大人们，别费劲探求更多了。我没有报复你们中间的一些人是我的错。但任凭国王处置我吧，因为我该死；我唯一的遗憾是不能先看到你们中的一些人死去。”[32]像之前一样，编年史家无疑使用了一定程度的文学想象，因为他不会身处审问现场。但是作者对宫廷内部的事件一直都有透彻的了解，他假想的对话内容也符合 367
当事人的性格。

克伦威尔继续坚持抵抗，针对所有捏造的指控坚决地为自己辩护。他的君主越来越不耐烦了。在一封事发几个月后所写的信中，商人理查德·希尔斯称国王给他的前大臣施加了一系列心理压力。他记录称有传言说“如果克伦威尔不在行刑时坦白自己的罪行，他会被烧死在火刑柱上而不是被斩首，然后他说自己是一个可耻的得罪上帝和国王的罪人，但对关于他曾经冒犯国王的问题，他的回答冷淡而漫不经心”。为了佐证自己关于国王使用阴险手段针对克伦威尔的说法，希尔斯提到了亨利在克伦威尔被捕前夕授予其埃塞克斯伯爵之位一事，“正如他在将安妮斩首前赐予她头衔一样”，并补充道：“有人认为这是亨利故意设计，让众人相信克伦威尔曾犯下最为严重之叛国罪的一个手段。”[33]没有可信的证据暗示克伦威尔被以火刑威胁。这个故事无疑源于英格兰很多传统天主教徒一厢情愿的想法，他们认为这个失宠的大臣是一个异端。

尽管谣言继续疯传，但是一整周过去了，新的消息仍未出炉。接着，上议院收到了一份剥夺财产和民事权利的议案，在两天后的 6 月 19 日，这一议案再一次被提及。[34]针对这个“极为卑劣的（囚犯）……自国王即位以来最可憎的叛国者”的诉状长得惊人，总共包括了 11 项指控，详情长达数页。诉状中的主要罪名可被描述为一种出于宗教动机的叛国：克伦威尔被控是一个“可恶的异端分子”，密谋违背国王的意愿将路德宗的教义带入英格兰。他发行的异端书籍直接违反了议会通过的条款，其中那些反对圣礼的书籍的问题尤为严重。后一项罪名的性质后来被加重，克伦威尔直接被指控为圣礼形式论者——根据之前的宗教问题六项条款中的第一条规定，这是一项可被判处死刑且无望得到赦免的罪行。

368 这份控诉状的措辞表明了这位底层出身的大臣密谋要让

自己在各种事务（既有政治的也有宗教的）上的权力大过国王，因而犯了严重的叛国罪，为此应被判死罪。它指控克伦威尔“在未得到陛下命令或许可的情况下盗用国王的财产权、管辖权和职权”，接着引述了据说是这位大臣曾说过的叛逆性言论。“像他那样贫贱、低微的人”，曾公然说“他对您（即陛下）了如指掌，而任何一个臣民这样说他的君主都是可憎的”。傲慢的克伦威尔在言谈中有失谨慎，说出了构成叛国罪的言语。根据这些指控，包括罗伯特·巴恩斯在内的一些“异端”布道者在前一年被举报到克伦威尔那边时，他公开支持他们，发誓说：“即便国王会背离它（宗教改革），我也不会；而且假如国王和他的臣民都背离了，我会亲自执剑上阵抵抗，抵抗他以及其他所有人。”然后他手握自己的短剑说：“我会与他们所有的人争辩，至死方休，否则，我会把这个匕首刺进我的胸膛里；并且我相信如果我再多活一年或两年，拒绝或者准许（如果他愿意的话）的权力就不在国王手中了。”至于为什么这段对话过了一年才被上报并成为依据，尚没有任何解释。

指控仍在继续。克伦威尔释放叛国者或者有叛国嫌疑的人，售卖出口许可，发放通关证，并在国王不知情的时候起草委任状。他还鼓动克里维斯的安妮采用可能讨她丈夫喜爱的行仪举止。这是为了激起亨利的愤怒，因为它表明克伦威尔质疑了他的男子气概：不然他为什么要努力让这对夫妇圆房呢？声称克伦威尔密谋要娶国王长女玛丽的莫名其妙的指控是稍后加上去的。这一指控除了葡萄牙大使散布的谣言之外再无其他的基础，因为沃洛普没能找到其他佐证。把它加

到控诉里面表明了克伦威尔的被捕已经变成了一场彻底的政
369 治迫害。但是没有人关心这一点。这份诉状最后借机抨击了克伦威尔出身的低贱："通过贿赂和勒索，他获得了数不尽的钱财，变得如此富有，以至于他对王国的贵族们很是轻视。"[35]这些指控的本质以及这份诉状的措辞显现出诺福克在起草时所起的作用。他决意要让这个针对他的老对头的案子变得如此令人信服，以至于后者根本无法脱身。

克伦威尔现在离断头台又近了一步，这在宫廷引起了极度的兴奋。马里亚克得意扬扬地汇报道："这里没什么别的好说的，最迟一周内上述被囚者将被处决，得到他应得的报应。"既然克伦威尔已经被褫夺了职权和头衔，按照预期他会被当作一个普通叛国者对待。6月23日，马里亚克向法国地位最高的贵族和官员阿内·德·蒙莫朗西（Anne de Montmorency）① 汇报："从此可知，他被定罪时不会享受王国贵族才有的庄重待遇，也不会被斩首；而是会像一个无耻之徒那样被拖起来，然后被吊死并分尸。一切会在几天之后见分晓，尤其是考虑到他们准备在本届议会会期内在伦敦塔把此事解决，亦即本月之内。"[36]诺福克在这一看法上支持马里亚克，向他保证"克伦威尔的死刑将会在议会结束后立刻执行，他将以这个王国最不体面的行刑方式被处决"。[37]

6月29日，剥夺财产和民事权利的议案在经过下议院部分修订后得到通过。克伦威尔过去曾用这个骇人的王室司

① 第一代蒙莫朗西公爵阿内（1493—1567），法王弗朗索瓦一世的重臣，克伦威尔被捕时正在担任法国宫廷最高职务"王室统帅"。

法手段消灭了很多政敌，它可以绕开正常法律程序夺走贵族的土地与生命。大多数剥夺公权法案都是作为宫廷决议的补充，但是1537年克伦威尔仅凭剥夺公权法案就让玛格丽特·波尔（Margaret Pole）——索尔兹伯里伯爵夫人被定罪并遭处决，让她无法将自己的案子呈上法庭。[38]而现在，克伦威尔即将品尝自己种下的恶果，正如卡文迪什所说：

> （我）构思了一条针对被告人的法律，提出控诉而 370
> 无须听取申辩，否则被告就将知道他所负罪名的依据，因此控诉无法被反驳；我巧妙的谋略就这样将法律据为己用：结果，我成了第一批被这条规定所害的人。

毫无疑问，克伦威尔体会到了命运极具讽刺性的捉弄：这位世界上最臭名昭著的律师未经审讯就被定罪了。

但是亨利还不打算放过克伦威尔。此时他迫切地想要逃离与克里维斯的安妮的婚姻，以娶凯瑟琳·霍华德，因此忙于收集证据证明这场婚姻不是已圆房的事实婚姻。在那些被叫去做证的人中有克伦威尔的前仆人托马斯·赖奥思利，他证实国王对新娘如此厌恶以至于不能做一个丈夫应当做的事。但只有最初促成这桩婚姻的那个人宣誓证实它的无效性，亨利才能满意。因此他要求克伦威尔给出证词，并说明了证词应该包括如下内容：

> 既然他（克伦威尔）已被定死罪，他不会再（让他的灵魂）受苦，（而是证实国王在当时且直到）结婚

> 之日乃至很久以后表明自己显然不认同这桩婚事的发言，以及国王既无心也无力与安妮圆房的事实；我从未出于对女性的爱意同意与安妮结婚，而如果她在与我成婚时保持童贞，我也没有通过真正的肉体交合将其夺取。无论是他、我的医生、现任掌玺大臣还是亨内奇和邓尼[①]都能做证，我本人也保证此言为真。

克伦威尔抓住任何一个寻求宽恕的机会，毫不犹豫地给了君主他想要的。不过，他在被剥夺公权的第二天所写的信不仅
371 仅是一则证实亨利和安妮从未同房的声明，也是他向国王请求宽恕的（或许是最后一个）机会。简言之，他是在为自己争取最后的生机。信上众多划去、重写的痕迹以及满满8页的长度都体现出他写这封信时的极度绝望，他仔细斟酌每一个词以便让这封信在君主那里产生理想的效果。信的原件已经腐烂大半，但是之后不久誊写的复件确保了克伦威尔的言语能够永久地保存下来。

这封信以最为谦卑、恭顺的方式开头，在此克伦威尔表达了他即便在如此困难重重的环境中也想要服侍国王的迫切愿望："承蒙最高贵、最仁慈的陛下喜悦，两次派了这么尊贵的要人到我这里来，一次是对我有所求，而另一次是以最尊贵、深谋远虑的和明智的方式来告知我的情况和处境，我最为仁慈、良善的君主……我不能再为陛下尽我应尽的职

---

① 即托马斯·亨内奇和安东尼·邓尼，二人在亨利八世与克里维斯的安妮结婚期间担任亨利的马桶侍从，颇受亨利信任，对这桩婚事的内情多有了解。

责，但我会在余生里一直向伟大的上帝祈祷，愿他以恩典赏赐您对我的仁慈和慷慨。”他接着向君主保证：

> 仁慈的陛下，他们来我这儿，没有打断我，而是以我无法奢求的温和与耐心听取了我所说的一切，他们敦促我，务必尽我所能揪出并指控其他……在任何方面不忠于陛下的人。我像现在这样回答他们，如果我知道您的王国内有任何一个不忠于您的臣民……我会把揪出他们作为我的职责，仁慈的陛下，在世上我最渴望的就是陛下的平安以及您的国度的富有。

对于前一天“上下两院”通过的剥夺公权法案，克伦威尔 372
试图表现出卑微的接受态度，承认这一决定的公正性：“当我听到这个消息的时候，我说——正如我现在说的一样——我是一个臣民，生来就要遵守法律，我知道基于任何法律的审判都离不开诚实可信的证人，而鉴于陛下的整个王国都已接受了这些判决并依程序进行了处理，而我也相信他们如此决定并不带有恶意，我愿意服从他们的裁判。”克伦威尔所谓“不带恶意”的提法表明他并非真心服从：他一定因自己的政敌诺福克成功地使他沦落至此而深感怨恨。

尽管克伦威尔声称自己因被指控叛国而“十分痛心”，但他意识到抱怨对手是徒劳的，转而选择向国王重申他从未改变的忠心和忠诚：“上帝就是上帝，他知道我对陛下您和您的国度的忠心……以及我对您一直以来的珍视……您的律法在我的心中。”这在后来被他的敌人曲解为克伦威尔承认他“因上帝公正的审判而受罚，因为他爱国王超过了上帝”。[41]在说自己是一个“十足的基督徒”的时候，克伦威尔所有的言下之意都是对上帝和国王的顺从，他说：“至为仁慈的君王，我谦卑地将自己献给您，并请求上帝怜悯我的罪，请求陛下以在您的叡虑之中最为得宜的方式怜悯我并宽恕我的罪行。陛下，如果说我曾在您重视的任何一点上欺骗您，那是绝对没有过的，伟大的上帝对此最为清楚，所以在我陷入绝境并向主基督祈求帮助时，我得到了护佑。”

到此为止，克伦威尔的信与一个等待被处决的囚犯在绝境中向国王乞求宽容的惯常写法别无二致。他所表达的忠诚和对判决的服从既是必需的也在是意料之中。不过，接下来他转向了一个整体上更贴近他心意的话题。克伦威尔担心格雷戈里的命运会与自己的不可分割地连在一起，所以请求亨利善待他：“我极为谦卑地下跪恳求宽厚的陛下能对我可怜的儿子、他善良且富有美德的妻子以及他们可怜的孩子们宽仁以待……我请求您看在基督的分上这样做。”又说：“我会每日为陛下祈祷。”克伦威尔明白地提到格雷戈里的妻子
373 或许是想提醒国王他和自己有姻亲关系，也是想唤起他对伊丽莎白已故的妹妹、挚爱的王后简的记忆，软化他的心。克伦威尔在回应国王让自己提供证据支持他与克里维斯的安妮离婚的要求之前为儿子求情，表明了他是怎样迫切地想要保护格雷戈里的未来。

克伦威尔现在转到了信的主题（至少在他的君主看来）上来：与克里维斯的联姻。他处在一个极为难堪的位置上。如果他证实这场婚姻是不合法的，那么他就是在嘲讽缔造了

这场联姻的自己，并因此给国王更多处死他的理由。但是如果他为这场婚姻的合法性辩护，就会让国王对他更加不悦。因此他以一个熟练且老道的律师应有的谨慎和权衡写下了他的证词。

克伦威尔开始描述了枢密院的一个代表团（诺福克、奥德利和菲茨威廉）是怎样“触动我的灵魂、搅动我的忧虑，让我言明自己就陛下和王后的婚姻所知道的情况”。他接着描述了自己在亨利于罗彻斯特第一次看到他的新娘之后与他的对话。

> 我与陛下交谈，问您觉得安妮小姐怎样，窃以为陛下当时回答得有些沉重，说她的举止不像外人对您描述的那样，还说了很多其他无疑让我非常苦恼的话，因此我觉察到陛下您不满意。尽管如此，陛下您依旧决定第二天的会面应如约进行……陛下您出席了，这次会面之后……您召我到您面前并问我您之前跟我说的是不是实话，我没有回答什么，因为想到没有让陛下您更满意，我非常悲伤。

克伦威尔知道自己的证词对亨利摆脱这场婚姻有多重要，以 374
及为了帮助实现这点他要说哪些话。他接着说起安妮之前与洛林公爵之子的婚约。尽管他不怀疑克里维斯使节们坦言婚约已被正式解除时的真诚，但他暗示说他们故意扣留了支持这点的必要文件。他还重申了亨利的判断，即安妮的身体表露出之前有性行为的迹象，因此“您内心从来不愿意触碰她的肉体”。这是一个机智的说辞，既解释了亨利无法圆房的原因，又避免了任何不举的暗示。

为预防这份措辞刻意暧昧的证词无法达成满足国王要求和为自己的行为辩护这两个互相矛盾的目的，这位囚犯在结尾声明自己无法就如此重大的事务提供证据：

> 在这件事上我是一个正真诚实的见证者，不过我想和陛下相比，我知道的与住在这个王国的其他人一样多，这是真的，最知道真相的上帝可以作为我的见证，而且我相信海军大臣也可以为我和他说了什么做证，无论是陛下您从罗彻斯特返回后还是在众多的其他场合。我确信我前面提名的所有大人都清楚地察觉到陛下您在婚礼前一天以及婚礼之后的不悦，而且，在上帝面前，我敢说我从不以为陛下您看过她后会满意。

克伦威尔判断，这样一来他就满足了国王要他帮助摆脱与安妮的婚姻的要求，他向君主保证：“我会继续为陛下祈求长久的繁荣和富有。”信末他最后一次请求饶恕。或许是意识到这可能是他最后一次为亨利效劳，他抛开了以往的冷静。这时席卷他内心的纯粹恐惧显而易见，令人痛心。说到“我的血流出”时，他“双膝跪地俯伏”请求国王饶恕他，
375 然后如此落款：“6 月末周三于伦敦塔，陛下您最沉重、最痛苦的囚犯和可怜的仆人托马斯·克伦威尔怀着沉重的心思用颤抖的手写下。”担心这样还不够，他又加了一句孤注一掷的附言：“至善至仁的君王，我乞求您饶命、饶命、饶

命。”[42]

尽管他的精神状态近乎歇斯底里，但是在王室权力中心生活了近20年的克伦威尔一定非常清楚地知道，仅靠语言拯救自己的希望多么渺茫。不过，据说亨利让人把他的信念了三遍。尽管福克斯暗指这是因为他因信的内容大为感动，但这至少同样有可能是因为国王想确定信里包含对他摆脱与克里维斯的安妮的婚姻而言必不可少的证据。克伦威尔真心实意的乞求没有得到回复，这一事实让后一种理论更可信。

国王的沉默已是足够的答复。

第十九章

“很多人哀叹，更多人狂喜”

376 当克伦威尔在伦敦塔里备受折磨，并满怀焦虑地等待来自宫廷的消息时，废黜那个被他推上王后之位的女人的工作也正在进行。6 月 24 日，安妮收到了从宫廷搬往里士满宫的命令。她向克里维斯的大使坦言自己担心会落得与阿拉贡的凯瑟琳同样的下场。但安妮不是殉道者，尽管她因国王的离弃而悲伤，但她本质上是一个务实主义者，并且准备好要体面地迎接不可避免的事。

亨利的律师们继续利用安妮与洛林公爵先前的婚约作为国王与她离婚的依据。他们称这是国王不能够圆房的原因，并小心地提出这是一个“相对的”不举，因为其对象只限于一个女人。不管亨利多么急于摆脱安妮，他都不会让自己的男子气概受到质疑。一场教会的问询已经适时地安排好，包括萨福克公爵、威廉·菲茨威廉姆和托马斯·赖奥思利等在内的大臣代表于 7 月 6 日抵达里士满宫，寻求安妮对这次问询的首肯。安妮显然因事态的急变而震惊以致晕倒了。但在完全恢复自我意识之后，她拒绝配合。安妮这种不足以令人信服的反抗姿态或许更多是为了保留自己残存的尊严，而不是真的渴望挽回这场婚姻。

三天后，这桩婚姻被宣布为不合法。安妮服从裁决，并给国王写了一封表示服从判决的正式信函。她写道：“尽管此案令我非常悲伤、不堪忍受，不过我对最高贵的您的极大的爱，更多的与上帝和他的真理而非任何世俗的情感有 377
关……我特此宣布接受并同意这一裁决。”她确认了这场婚姻并非事实婚姻，提到“陛下与我清白、纯洁的共处”，并声明自己愿意做他“最谦卑的仆人”[1]。当月晚些时候，安妮在给兄长的一封信中也有此说法，她写道“我的身体完整，一如刚入此国之时”。[2]她的妥协让议会能够在 7 月 12 日确认这段婚姻无效。

现在，亨利可以继续他迎娶诺福克侄女的计划了。这一计划与克伦威尔的处决同时展开，后者被安排在 7 月 28 日早上在伦敦塔进行。克伦威尔没有在远离嘲弄的人群的格林塔被秘密处决，这一点是值得注意的。在被判叛国罪的时候，他就被剥夺了所有的荣誉，不再拥有埃塞克斯伯爵、掌玺大臣或者任何他之前享有的众多头衔，他将作为一介平民赴死。

当天被处死的阶下囚也不止克伦威尔一个。亨格福德男爵的妻子 4 年前曾向克伦威尔求助，他本人也曾是克伦威尔的门徒，后者曾安排他担任威尔特郡的治安官，以犒劳他对自己的忠心耿耿。但是亨格福德对国王并没有显示出多大忠心，他被控包庇一位公然同情“求恩巡礼”的神职人员。此外，据说他找了一个狡诈的人预测国王的死期。这是叛国行为，亨格福德很快就被定罪。在他那越来越长的诉状上还加了一条“鸡奸”的指控。

目前还没有关于格雷戈里·克伦威尔在其父处决前夕的活动记载。从表面上看，他明哲保身、行事低调，不过在幕后他仍在与拉尔夫·萨德勒、理查德·克伦威尔等人一起努力。同时，他的妻子伊丽莎白已经给国王写了一系列信件，乞求国王宽恕她和丈夫。这些信件只有一封保留了下来，它写于1540年7月克伦威尔死期前不久。伊丽莎白在开头感谢国王的恩惠：

378 我义不容辞极为谦恭地顺服伟大的陛下，尽管我的公公犯下十恶不赦、极其严重的罪行，陛下仍乐于给予我们完全的宽容和无尽的友善。我公公最可憎的罪行让我们为穷乏和贫困而烦扰，然而您仁慈地给予我和我可怜的丈夫宽厚的怜悯，让我们因此得到很大的帮助和宽慰。我，像很长一段时间以来一直渴望的那样，现在也是如此，向您表示最谦卑的感谢，同样也渴望陛下如此的宽厚和友善可以继续。

她继续向国王保证：

鉴于陛下日理万机，我担心打扰或让陛下烦忧，至今还没有向陛下请求，只是谦恭地写几封信，直到陛下您的上述事务在一定程度上得到了结。我只为谦恭地恳请陛下在这个恶劣的时候，仁慈地接受我最恭顺的诉求，愿您独有的怜悯和宽厚友善惠及我可怜的丈夫和

> 我；上帝保佑，我们从未也决不会冒犯陛下，而是会不断地为您祈祷一直以来的繁荣昌盛会继续下去。

这封信让伊丽莎白之前对克伦威尔的感情表达成了谎言。克伦威尔不再是她“仁慈的大人和父亲”，而是一名犯罪者，犯下了“十恶不赦”、“极其严重”和“最可憎”的罪行。[3]或许她是被哥哥爱德华·西摩尔劝服或者是应亨利本人要求而写的这封信。格雷戈里几乎不可能允许妻子表露出这种明显的不忠，但是克伦威尔本人或许更能理解。毕竟，他的儿媳只是展示了与那种贯穿于他本人整个仕途的作风相同的务实主义。

7月24日，距离被处决还有4天的时候，克伦威尔写 379
下了最后一封存留下来的信。这封信并不是对亲友们的辛酸告别，而是向枢密院辩护自己没收皮卡第总督船只上的赃物的行为。最终多添这一额外的控诉是弗朗索瓦一世的手笔。在克伦威尔被捕后，他给亨利八世写信，声称这位大臣将赃物中饱私囊。克伦威尔坚决否认了任何不法行为，“我向上帝保证，我从未从这件事中受惠，也没有违法”，并提出让诺福克、加德纳和其他涉身此事人员为他的行为做证。“如果那些战利品中有我一份或者我因此被承诺得到任何东西，我向大人们保证，上帝不会也不可能眷顾我。”[4]枢密院在此时提起这一小小的争议，可能是想进一步抹黑克伦威尔的品格，这样国王的臣民及其国外盟友都会对失势的克伦威尔的罪行深信不疑。这是对克伦威尔所剩无几的意志无情而致命的一击。

《西班牙编年史》记载，7 月 27 日克兰默和西摩尔受命去伦敦塔探望克伦威尔，并告知克伦威尔他将在次日被处死。一向残酷无情的西摩尔宣称："我相信一定是上帝不让你继续活在这世上。似乎你从枢机主教那里学得很好。"但是这位囚犯并没有被激怒。在铁斧阴影下度过了 7 周之久，克伦威尔的恐惧已经被坦然的接受所取代。据说，"那一晚他一直都在沉思"。他可能终于被告知自己的行刑方式从已从一名叛国者所应承受的残酷处决减轻为更快的斩首。马里亚克汇报称："在处决方式上他得到了宽宥，因为以他的定罪原本要面对更加痛苦且耻辱的死法。"但这并没能给克伦威尔带来太多的安慰。克伦威尔的坦然更有可能是因为他已经放弃了任何向国王求情的希望，而当希望彻底破灭的时候人总是会感到一种异样的平静。但他的狱友亨格福德并无同
380 感，他"看起来是如此不安，以致许多人判断他更有可能是疯了"。[5]

7 月 28 日，处决克伦威尔的时刻终于到了，伦敦的治安官们受命将他从关押的地方押往行刑台。据记载，"当天有 1000 名长戟兵押送他，因为担心骚乱；倘若之前那些穿着他的制服、自称是他仆人的人在场，他们可以很轻易地在这座城市引起动乱，因为他是如此受普通百姓爱戴"。这样的灾难最终没有发生。克伦威尔极其镇静地登上行刑台，准备向聚集的人群发表一场简短的演说。资深廷臣托马斯·怀亚特也在围观者之列，他正处于极大的悲痛之中。根据《西班牙编年史》的记载，克伦威尔安慰他多年的门徒说："哦，怀亚特，不要哭泣，因为如果我跟当初被他们逮捕的

你一样无辜，我不会身处这样的关口。”[6]

即便在这句话里语带歉疚，克伦威尔所指的也只是他的政治活动而已。在他当时向围观者发表，并在事后被印刷出来且大量传播的演讲中，他是如此开头的：“善良的人们，我恳求你们为我向上帝祈祷。”当他看到有“不少廷臣”在场时，克伦威尔对他们说：

> 先生们，你们当以我为鉴。大家都知道，国王让我从一个卑贱的人成为一位大臣，但是我既不满足于此，也不满足于对王国发号施令，我妄想占据一个更高的位置，我的傲慢带来了如此惩罚。我坦白，我罪有应得，但是我劝你们，我的先生们，学会坚持你们具备的优良品性，勿被贪婪或自傲战胜。服侍你们的国王，他是世上最好的君王之一，也是最知道该如何奖励自己臣下的人。[7]

尽管曾经的同僚和对手看到克伦威尔的倒台而狂喜，但他们
一定因这一有益的告诫而战栗。国王的恩宠变化无常，这意 381
味着在将来的某一天他们或许会发现自己是从克伦威尔而非
自己的视角审视他人。

克伦威尔以传统的方式继续他的演说，表示自己接受了命运的审判：“我来这里是受死的，并非像有些人可能会以为的那样为自己辩护，如果我真的这样做，那我就是一个非常无耻、卑鄙的人了。依照法律我被判了死刑，感恩上帝因我的罪过而赐我死亡。在我余年尚存之际，我却过着一个罪

人的生活，冒犯了我的上帝，对此，我诚心乞求他的原谅。”被定罪的叛国者为保全遗属的性命宣布接受命运的审判是十分常见的现象。克伦威尔竭力恳求亨利对他的儿子开恩，这一事实说明这才是他的意图。此外，后来他还在演讲中宣布：“我衷心地希望你们为国王陛下祈祷，愿他能长久与你们同在，身体康健、繁荣昌盛，在他之后，愿他杰出的儿子爱德华王子可以长久地统治你们。”克伦威尔在这里提到王子可能是有意提醒亨利，让他注意到通过与伊丽莎白·西摩尔的联姻，他的儿子已经成为格雷戈里·克伦威尔的外甥。

犯人克伦威尔继续回想他的人生，以及他的崛起发迹：“你们很多人都知道，我是一位旅行者，出身卑微，被提拔到高位，自我升至高位那时起，我就冒犯了我的陛下，对此我衷心乞求他的原谅，也恳请你们和我一起向上帝祈祷他会原谅我。哦，天父，请原谅我。”此处提到他卑微的出身可谓是一个妙举：他知道这一点引起了同僚和普通人对他的憎恶。当然，这并没有被包含在针对他的种种指控中，毕竟出身卑贱并不是一种罪。通过公开提及出身，并且假装认同对手们对取得如此地位的低微之人的憎恶，克伦威尔在争取围
382 观人群的同情，他们中有很多人都是从较低微的阶层被提拔起来的。

这个被定罪的人接着谈到了宗教问题。

> 我乞求在场的你们为我做证，我是带着我对天主教的信仰死去的，不要在任何一点上质疑我的信仰，也不要质疑教会的任何圣礼。很多人污蔑我，说我是一个持

> 有邪恶念头的人，这不是真的。但是我必须承认就像上帝借着圣灵教导我们他的真理，魔鬼也同样预备好要引诱我们，而我就被引诱了；但是请为我做证，我死的时候信奉的是神圣教会的天主教……我再一次盼望你们为我祈祷，只要我的肉体还活着，我的信仰必不动摇。[8]

克伦威尔在死前公开表示自己信奉“天主教的信仰”，这被看作他对宗教改革的彻底否认。据推测这份演讲稿是由他人写好，“强迫即将赴死的克伦威尔读出来的”。[9]还有一种可能是，该演讲的印刷版（收录于霍尔的《编年史》）没有忠实地记录克伦威尔的话语。9 月 11 日，波尔主教对一名意大利熟人坦言，他担心自己“不应该写克伦威尔恢复了理智，因为印刷出来的克伦威尔最后说的话与那些讲述他临终情景以及死前遗言的人所说的不一致”。波尔总结道：“对人们的审判应归于基督，因为他知道隐藏在人们内心的东西。”[10]事实上，霍林赫德、霍尔和福克斯所分别记载（且彼此之间的内容高度相关）的这篇讲稿完全体现了克伦威尔的逻辑能力与口才，我们因此没有什么理由怀疑其准确性。这是一份非常含糊的声明，让克伦威尔能在表面上遵从传统的（也是他的君主此时信奉的）天主教信仰，同时也能保持自己的改革主义立场。需要注意的是，克伦威尔要取代的不是天主教教义而是罗马天主教。为了促成亨利八世和凯瑟琳的离婚，让英格兰脱离教宗权威是必需的，这也让克伦威 383
尔的政治生涯更进了一步。同时，解散修道院的目的是充实王室金库，同样也是为了根除腐败，恢复宗教团体的纯洁。

克伦威尔本人或许持有改革派观点，计划将福音派的思想引入英格兰，但是直到被捕前，他所做的也只不过是奠定基础罢了。在临死前的演说里，他重申了一个事实，即自己是一名虔诚的天主教徒，和他的君主一样。他也否认了对手试图安在他身上的一项指控，即他是一个圣礼形式论者——这是一个天主教徒和改革宗信徒都憎恶的教派。他坚称自己不怀疑“教会的任何圣礼”，直接回击这一指控。同时，在演说的最后加入“不要在任何一点上质疑我的信仰”，以及更有说服力的“我的信仰必不动摇”，表明了克伦威尔在人生的最后时刻没有放弃个人信仰。总之，这是一场与英格兰最成功律师之名相称的演说。他没有说什么能够招致国王责难的话，也没有通过破坏过去10年所奋斗的一切让自己变成一个伪君子。

他接受命运的审判，给予了君主最后的恭维。克伦威尔和他已故的对手安妮·博林4年前的表现一模一样。在面对同样命运的时候，他有没有想起她，还有托马斯·莫尔，以及其他在他的运作之下被推上断头台的人？现在，他面临着和他们同样的命运。不过，当他跪地祈祷时，他可能更多的是为了自己的灵魂而不是为了他们。

编年史家爱德华·霍尔描述克伦威尔“在将自己的灵魂交到上帝的手中之后”如何“进行了一场耗时较长的祈祷，但这与他的虔诚和博学相比并不显冗长；之后，他将灵魂交予上帝”。[11]殉道史传记作者约翰·福克斯提供了一份完整的祈祷词记录稿。倘若这份记录的内容准确，那么这位被定罪的改革者临终的言语中充满了对自己罪恶与邪恶的一生的懊悔。然而，这种虔诚是可疑的，因为其措辞跟克伦威尔最后的演说不一致。它仅仅被记录在福克斯的作品中，意味着其真实性更加值得怀疑。对编者来说，让读者相信克伦威 384
尔作为一名真正的殉道者死去有其好处。

“我这个可怜的罪人现在把自己完全交到您最圣洁的旨意当中，”福克斯的记述如此开始，“现在，我愿意舍下这脆弱而罪恶的肉体，确信当义人在末日被复活时，您会再恢复我的肉体……在您面前，我没有美德也没有善行可以夸耀。我在自己的身上看到了很多（唉）罪孽和恶行……愿您的圣血洗净我罪恶的污点并冲刷我所有的罪行，愿您的公义遮盖我的不义。”据福克斯记载，克伦威尔在祈祷的结语——也是他人生的结语——中这样说：“我肉体的脆弱终究没有克服对死亡的恐惧。仁慈的救世主，在死亡闭上了我肉体的眼睛的时候，请让我灵魂的双眼依旧定睛仰望您，在死亡让我的舌头无法再动的时候，请让我的心流泪并对您述说，上帝啊，我将我的灵魂交在您的手中，耶稣基督，请接收我的灵魂，阿门。”[12]

“就这样，”福克斯说，“他的祈祷结束了，在他虔诚而悲悯地告诫那些在行刑台上围绕在他身边的人之后，他平静地把自己的灵魂交到了上帝的手中。”他转身向行刑人说：“恳请你如果可能的话一刀砍下我的头，这样我可以少受一点痛苦。”[13]然后，克伦威尔把头放在了断头台上。他或许盼望国王陛下能赐予他和安妮·博林同样的特权。他的行刑人，一个叫古雷亚的人，不是从法国来的熟练的剑手，而是“一个衣衫褴褛的、笨手笨脚的可怜人，他极其笨拙地履行了自己的职责”。人们惊悚地看着这位国王的前首席大臣“如此坚忍地忍受斧斫”。[14]一则不太可能属实的记载称两个行刑人在克伦威尔的脖子和头上砍了“近半小时”。[15]是不是诺福克公爵故意为自己的这位宿敌安排了一个不熟练的刽子手，或者事先把刽子手灌醉，以对他施加最后一次残忍的折
385 磨？鉴于很多高级别叛国者曾被国王下令处死，训练有素、可以胜任这一任务的刽子手本应为数不少。克伦威尔的处决进行得如此拙劣，肯定不只是运气差的缘故。

至少砍了三斧之后，克伦威尔的头才终于与他的身体分离开来，并且被高举着给那些有胆量直视的人看。头颅剩下的部分被钉在伦敦桥的长钉上，这在传统上是一种针对潜在叛国者的警告。在桥上按规定展示了一段时间后，克伦威尔的头颅连同他的遗体一起被埋葬在伦敦塔的圣彼得被囚礼拜堂地下。在1529年的遗嘱中，克伦威尔谦和地声明“当我离开的时候，我的遗愿是把我的身体埋在上帝愿我逝去的地方”，还说他的葬礼不要有“任何世俗的奢华”。有点讽刺的是，他的这些愿望都实现了——但绝对不是以他十多年前所设想的形式。[16]

即使对处决的方式感到震惊，但很少有人对克伦威尔的离去表示遗憾。《西班牙编年史》记载：“这位克伦威尔落得如此下场，还不如当初不要出生。”欧洲的罗马天主教势力因他的死亡而欢喜。在克伦威尔被处决短短两天之后，查理五世在马德里的首席秘书就汇报说他听闻“英格兰传来消息，国王命令将克伦威尔，他自己的宠臣被斩首；据了解，原因是他劝说国王成为一个路德宗信徒。希望这能唤起

国王的责任感”。在一片嘲笑声中，弗朗切斯科·孔塔里尼加入了自己的声音，称克伦威尔“比恶魔的下场要好，他在很大程度上是罪有应得”。[17]

同时代的编年史作者、克伦威尔的老朋友爱德华·霍尔提供了大众对克伦威尔的死最中肯的反应：

> 很多人哀叹，更多人狂喜，尤其是那些宗教人士，或那些支持宗教人士的人，因为他们在那天晚上聚在一
> 起宴饮、欢庆，许多人希望这天7年前就到来……而那 386
> 些在他身边知道真相的人既为他悲叹，又真心地为他祈祷：不过这是真的，一些神职人员，尤其是那些与生俱来的特权因他的手段而被剥夺的人，厌恶憎恨他，因为他确实是一个在各项事务上都不会偏袒任何形式的罗马天主教的人，也不会忍受一些高级教士嗤之以鼻的傲慢。这无疑是他死亡的促因，缩短了他的寿命，促成了他被人设计的结局。[18]

在他死后不久，一首“托马斯·克伦威尔民谣”就刊行于世，宣告了这位“虚伪的叛国者”的死亡。但对这一民谣的反驳也接踵而至，比如“反对恶意诽谤的民谣”，大多数都采取同情这位倒台权臣的立场。最初的民谣有可能是由官方执笔或赞助的，但其余的都是普通民众的作品。据说只有伦敦的“平民”才如此“热爱”克伦威尔，为他的死亡而感伤。[19]毫无疑问，在整个职业生涯中，克伦威尔一直是穷人的挚友，也一直留心倾听国王普通臣民的疾苦。

但是也有其他人对克伦威尔的离世表达了真实的、持久的悲伤。记录没有显示格雷戈里·克伦威尔在父亲被处决时是否在场，或者他是否像托马斯·莫尔的家人一样向国王请求将他父亲葬在伦敦塔的圣彼得被囚礼拜堂地下。尽管失去挚爱的父亲无疑让他忧心如焚，但格雷戈里在行刑后的数日内一直保持沉默。相比之下，他的表兄理查德难遏悲痛之情，进行了公开的哀悼。对一位被判叛国罪的人表达如此的尊敬，不仅表明理查德有多么爱戴和敬重他的舅舅，更能表现出他有多么勇敢。亨利八世甚至不能容忍有
387 人在宫廷之上低语那些倒台的人的名字。在安妮·博林失势后，他甚至不愿看到自己的女儿伊丽莎白，因为她会让他想起她的母亲。

克伦威尔的前任秘书拉尔夫·萨德勒仍然忠于他。他从孩提时代起就是克伦威尔府邸的一员，一直忠心耿耿地服侍他。有许多迹象表明萨德勒高度敬重他的主人，例如他曾请克伦威尔做自己长子和次子的教父。在克伦威尔死后，萨德勒弄到了荷尔拜因给他的主人所画的那幅著名的肖像，并在接下来亨利在位几年里将其妥善保存。如若不是他思维敏捷，这幅画肯定已经被毁了，我们如今也就无法看到这个曾是英格兰最有权势的人的精准画像。

哀悼克伦威尔的还有这么一群人——诚然在他死去的时候为数不多——这些年他在宫廷上结交的朋友。他们当中主要有诗人托马斯·怀亚特，在安妮·博林倒台的时候，得益于克伦威尔的帮助，他侥幸逃脱定罪和处决。怀亚特写了一首诗哀叹他的保护人和朋友：

我所倚仗的柱石崩塌了；
在我心神不安时那是最可靠的缆绳，
无人可找到类似的替代，
无论从东找到西，
这令我神伤。这伤感夺走了
我所有的愉悦，从根干到表层：
呜呼，而我因此变故
注定每日哀悼，至死方休。
但既是命运注定，
除了心怀悲痛，我又为之奈何；
我笔为之喟叹，我声为之哽咽，
我心为之哀伤，我身痛苦遍体；
我只能憎恨自己，
直到可怕的死亡平息我的心境。

相比之下，没有人比那位将他提拔到高位的人更不受克伦威 388
尔的死困扰了。亨利国王非但没有为纪念这位前大臣兼心腹的死亡保持礼节性的低调，反而选择在克伦威尔被处决当天迎娶凯瑟琳·霍华德。此时，他的目光坚定地看向将来，而不是过去。

尾声
“一个出身低微但品格高尚的人”

389 克伦威尔本人曾说“在这世上他最渴求的莫过于留下一个好名声”。在这点上，他至少在一定程度上不会感到失望。即便在生前，克伦威尔就让当时评述者们的看法有了分歧。枢机主教雷金纳德·波尔痛斥他是“魔鬼派来的撒旦的代理人，要诱使亨利国王下地狱”。根据他的评述，国王的首席大臣从未真心支持福音派信仰，他唯一的动机是贪婪和不择手段的权术。他的观点影响了两名16世纪后半叶的天主教作者尼古拉斯·桑德尔（Nicholas Sander）和罗伯特·珀森斯（Robert Persons）。尽管他们勉强承认克伦威尔的福音派信仰是真实的，但他们和波尔一样攻击他在政治斗争中的残酷与伪善。同时，在一份写于1551年的英格兰时事评述中，威尼斯大使丹尼尔·巴尔巴罗（Daniel Barbaro）将亨利的离婚以及后来的宗教骚乱全部归咎于“当时非常得宠的克伦威尔大人邪恶的劝说”。[1]

与此相对，约翰·福克斯——他的《伟绩与丰碑》（*Acts and Monuments*）在克伦威尔被处决23年后问世——

将克伦威尔称为英格兰宗教改革的先驱，并说他整个人生“没有别的，只是持续关注并致力于推动和促进对福音的正确理解，以及改革上帝的居所”。福克斯的描绘或许影响了戏剧《关于托马斯·克伦威尔生平和逝世的真实的编年史》(*The True Chronicle Historie of the Whole Life and Death of Thomas Crowell*)，这部剧于1602年第一次发表。作者的名字被引述为“W. S.”，一些学者说这指的是威廉·莎士比亚。演绎的戏剧描绘了一个野心勃勃的克伦威尔早年的崛起 390
历程，他忠于一直以来帮助自己的恩人，之后因修道院的解散遭到加德纳的报复而被打败。教会历史学家约翰·斯特莱普同样对这位失势的大臣持正面看法。“他是一个靠着自身才干从极低的阶层中崛起的人，”他评论说，“他非常热情、非常忠诚地为国王亦即他的君主工作，有时他的苦差事……给他带来了很多敌人，他最后因他们而覆灭。”同样，16世纪编年史家霍林斯赫德回顾道：“试考虑他如此的飞黄腾达是他自己争取来的，那么我们就可以怀疑这到底是因为他本人的好运，还是因为他可敬且勤勉的行为。”[2]

这种对克伦威尔的正面看法又持续了两个世纪。一个自律、白手起家、为英格兰新教奠定基础的人被保守的贵族势力打倒，这种观点对清教和启蒙运动时期的历史学者都有吸引力。正如17世纪历史学家和神学家吉尔伯特·伯内特简明地表述的那样，克伦威尔是“一个出身低微但品格高尚的人”。[3]但是一切都在19世纪发生了变化，当时一个整体上对克伦威尔更消极的刻画开始形成。一场为天主教徒争取更大自由的运动加上新兴的浪漫主义运动引发了一场对宗教改革前的英格兰的回忆。作为其中的一部分，隐修制度也得到了正面的、怀旧的评价，那么曾主导其毁灭的人此时受到激烈的批评也就不足为怪了。其中一位最直言不讳且最有影响力的批评者是威廉·科贝特（William Cobbett），他痛斥亨利八世是一个“专制的”国王，他的首席大臣是一个“无情的铁匠”。科贝特的著作《英格兰和爱尔兰的新教改革史》（*History of the Protestant Reformation in England and Ireland*）让其读者毫无疑虑地相信克伦威尔是历史上最大的恶棍。“或许在所有已死的卑鄙、邪恶的无耻之徒中，这位是最卑鄙、最邪恶的一个”，科贝特总结道。[4]就连费力为克伦威尔大量书信进行编目的罗杰·梅里曼也把他描绘成不择手段的阴谋家，并称他是“阴诡的天才”。[5]

391 进入20世纪，有一些人开始为克伦威尔平反，其中最著名的是杰弗里·埃尔顿，他称克伦威尔是“16世纪英格兰最杰出的政客之一”，并说他“发起并在一定程度上实现了对国家公共生活几乎每个方面重大且持续的变革”。[6]但认为亨利的首席大臣是一个腐败、不道德的恶人的观点仍很难消除。这种观点在流行文化中得到宣扬，其中的代表作包括电影《四季之人》（*A Man For Au Seasons*），在这部电影中，高尚的托马斯·莫尔因为克伦威尔邪恶的阴谋被打倒。完全改变了这种认识的是希拉里·曼特尔的《狼厅》——一部描写克伦威尔生平的小说，它于2009年征服了整个出版界。《狼厅》连同其续集《提堂》呈现了一个更人性化、更有同情心——甚至英勇的克伦威尔。这一种克伦威尔的形象虽然有虚构成分，但也建立在对历史细节翔实的考察之上，因此总体上更令人信服。

在对亨利八世时期首席大臣各式各样的描绘中，哪一种更接近真相呢？克伦威尔无疑是一个拥有旺盛精力、出众能力和极大野心的人。他的决心让他从默默无闻中挣扎出来，并推动他登上都铎政治的最高峰。荷尔拜因肖像画里坚定、勤勉的大臣形象即便只有一个维度，但也是准确的。克伦威尔能够维持极度的忠诚，他早期对沃尔西的服侍和之后对国王的服侍都优先于他最珍视的个人抱负。他的福音派信仰从一种合宜的态度发展为强烈的确信，在宗教改革期间，他常常在理性要求他谨慎行事的时候满怀热情地推动后续的改革措施，这表明他在这些改革背后所怀的个人信仰是真诚的。虽然毫无疑问克伦威尔对自己的政治生涯倾注了大量的精力，但他也因自己的机智、慷慨和对艺术的爱好而闻名。从当时关于他个人生活的少数记载来看，克伦威尔也是一个富有爱心的丈夫、父亲和朋友。

但是让克伦威尔毕生及死后500年间广受批评的残酷、腐败和不择手段的倾向，是不可能完全得到辩护的。鼓励他
解散修道院的是（至少起初是）充盈国王金库的殷切希望 392
以及对国王臣民们宗教福祉的真实关切。同样地，他为了摆脱诸如安妮·博林之类的政敌所使用的阴险计策揭示了他性格中狡诈、无情的一面。不过没有人可以在亨利八世的宫廷攀升至此而不表现出一定程度的无情和残忍，那里是一座充斥着阴谋、辜负、背叛和欺骗的竞技场。进攻不仅是最好的，甚至是唯一的防守方式。此外，在推行他的新秩序时，克伦威尔总是谨慎地遵循法律条文，且只有在有政治必要性

时才会让人赴死。因此关于他是一个残暴之人的断言是没有事实根据的。同理，对于他那日益善变的君主也不能如此评价。

至于克伦威尔的个人特点让他成了一个英雄还是一个恶棍，这个问题在一定意义上因他无可否认的成就之大而变得不那么重要了。他是当时最杰出的法务人士之一，承担了很多业务——且在每一项上都特别成功。甚至当他的政务变得如此繁重以至于一天中几乎没有一刻是属于自己的时候，他的这些私人业务依旧有所发展。在快速攀升得权的同时，克伦威尔策划了都铎时代一些最重要的发展：从国王的“大事”到王权至尊原则，从政府中的“革新”到宗教生活的改革。他的举措永久性地改变了英格兰的面貌。修道院消亡了，并迅速被一个新的、更有活力的改革主义信仰所取代，它强调个人与上帝的关系，并通过确保每个教会都有一本英语《圣经》将上帝的话语带给民众——这大概是克伦威尔最伟大的成就之一。克伦威尔的社会改革提高了亨利治下很多最穷困的百姓的生活水平。到他的任期终止时，克伦威尔已经为君主创造了一个更统一的、方便管理的王国，以及相当雄厚的财政储备，这得益于修道院的财富。正如福克斯所总结的：“这样，通过克伦威尔的努力……整个英格兰都有了一些变革。”[7]

393 议会也转变成了一个更稳定且更强大的机构。在沃尔西主政时，议会只是不定期地召开集会，因此效能有限。但是他的门徒克伦威尔为了推动自己的改革，将议会确立为一个定期的固定设置。尽管克伦威尔确保它顺从王权，但当国王缺少控制力的时候，它逐渐变成了一个宪政权力机构——并因此成为王权的一个威胁。而颇具讽刺意味的是，正是克伦威尔自己的后代奥利弗意识到了它的终极潜力，即作为让这个国家摆脱君主统治的手段。他和他的追随者在17世纪中叶英格兰内战时期以“议会派”之名著称，因为他们相信议会而非国王应该拥有最高的权力。

作为一个当之无愧的全才，克伦威尔很快就变成了君主不可或缺的人。在亨利的所有大臣当中，克伦威尔大概是最高效且一定是最勤奋的一位。但他也成了自己成就的受害者。他主导变革的节奏最终超过了国王自己的追求，这带来了致命的后果。只要他执行亨利的意旨，亨利就对这位首席大臣百般宠信，但如果亨利因克伦威尔较激进的想法而感到不安，不好的事情就会发生。至于君主和首席大臣之间微妙的权力平衡是何时开始变化的，目前还很难确定。无疑，早在1538年克伦威尔就开始让国王越来越不安了。不过，如果宫廷中的保守派不对克伦威尔步步紧逼的话，他们还可以恢复关系的微妙平衡。当克伦威尔对保守派主动出手，并敦促亨利采取对后者而言显然太过激进的改革措施时，他就在事实上将自己推上了死路。亨利或许让这个铁匠的儿子崛起成为伟大的人物，但最终也是他将克伦威尔葬送。

国王希望克伦威尔的死能够为他所寻求的国内宗教统一铺路。亨利逐渐意识到，只要克伦威尔还是他的首席大臣，这样的统一就不可能实现。掌玺大臣是如此坚定的福音派信 394

徒，他在面对来自诺福克、加德纳和宫廷中其他保守派人士的反对时反而会变得更加强硬。仿佛是为了表明自己从此之后不会再偏向任何一方，而是倾向于一个中间的道路，亨利在克伦威尔被处决两天后就下令将罗伯特·巴恩斯和其他两名在3月与他一起被逮捕的福音派信徒连同三个已知的效忠于罗马的保守派人士处以火刑。巴恩斯在准备赴死时问行刑官是否“有任何于他不利的、使他被定罪的条款”，而行刑官一条也找不出来，这一事实表明这场处刑是一个象征性的表示，而不是基于真实的定罪所做出的处罚。[8]

尽管他们的死被三位天主教徒的处决所抵消，但是巴恩斯及其福音派信徒同伴在克伦威尔本人死后如此快地被处死，表明克伦威尔在维持他们的生命上起了作用。福克斯也十分确信，如果不是因为克伦威尔的影响力，会有更多被视为“异端”的人被烧死。“有多少好人因这个人的帮助和辩护而被释放并脱离危险，因他的死，很多人失去了他们的庇护者并在不久之后死去。要在这里一一列举这些事例不免显得冗长而乏味。”[9]

克伦威尔大多数的所谓盟友在他失势之后都急于和他保持距离，其中一些人从他曾拥有的资产和职位的突然空缺中获利，其中包括托马斯·赖奥思利。他在克伦威尔被捕后被拖来询问，但是他利用巧言善辩摆脱了麻烦。1540年年末，国王对他的宠信已充分恢复，并将克伦威尔在奥斯丁会新修的“大宅”赐给了他。即便他因为如此轻易地替代一个死人而感到了任何的不安，那他也没有表现出来。在接管克伦威尔的房产的同时，他还恢复了与后者的对手斯蒂芬·加德纳曾经的紧密联系。据说在克伦威尔失势后几个月内，赖奥思利“获得了相当大的权力”。同时，克伦威尔在奥斯丁会的大批家具被搬走并送给了克里维斯的安妮，作为婚姻废除和解协议的一部分——她形同陌路的丈夫无疑觉得这个举动 395
恰当得令人满意。[10]

马里亚克汇报说，克伦威尔被处决之后的分赃异常仓促。“掌玺大臣的职位给了海军大臣菲茨威廉，而罗素大人取代他成了英格兰海军大臣。杜伦主教（卡思伯特·滕斯托尔）被任命为首席秘书或者代理总教监……而司法事务则被委派给大法官奥德利。”不过，他承认“在宗教事务上，什么都还没确定”。[11]

接下来的几周乃至几个月里，宫廷的气氛一直是紧张的。亨利依旧相信他的前大臣犯了叛国罪，利用每个机会进一步破坏克伦威尔的名声。传说他每次拿到纸牌里的杰克都会说：“克伦威尔在我手里。”国王现在怀疑所有与克伦威尔关系密切的人，并且下令对其中一些人进行监视。1541年1月，当拉尔夫·萨德勒、托马斯·怀亚特和其他几位被认为一直与克伦威尔有联系的人突然被捕的时候，事情到了紧急关头。他们被绑住了手，从汉普顿宫带到伦敦塔，随行有至少24名弓箭手，以防他们逃跑。马里亚克很快将这起引人注目的事件报告给蒙莫朗西，告诉他怀亚特被“绑着带去了伦敦塔，肯定让人觉得不恰当，因为惯例是让他们在不受束缚的状态下被带去囚禁之处”。他还说：“这是怀亚特第三次去那里了，显然也是最后一次，因为这次肯定出了大事，他是克伦威尔的下属，他的敌人是那些伙同起来对付克伦威尔的人。”马里亚克讽刺地说：“没有比英格兰人彼此对抗更糟糕的战争了，因为在克伦威尔打倒了王国内最显赫的一些人物，从侯爵到伟大的骑士卡鲁之后，现在其他人崛起了，他们直到打倒克伦威尔的所有追随者为止不会罢休，天知道在他们之后会不会有别人重演这场盛事。我从未见过他们比此时更不安的样子。只要一刻不停止内讧，他们就无心对付法国。”[12]

396 怀亚特在塔里备受折磨，直到 3 月才在王后凯瑟琳·霍华德的要求下被释放。她显然为这位诗人出名的魅力着迷。萨德勒没有这样的偏爱可以依靠，但他从旧主那里学到了很多，因而有效地就审问者的指控进行争辩，让他们不得不在几天后就释放了他。此外，他的证词是如此令人信服，以至于似乎引起了国王对克伦威尔定罪和处决的质疑。

不过，那时亨利已经开始后悔处死克伦威尔了。从那之后，他好像诸事不顺。他与凯瑟琳的婚姻始于强烈的希望和热情，但很快就被发现是一场骗局。新王后——“他所有妻子中最漂亮的，也是最轻浮的”——因被发现犯了通奸罪而在婚礼举行 18 个月之后被斩首。[13]与安妮·博林不同，对她的指控是有据可依的：这位轻浮而乐于调情，比国王年轻三十多岁的年轻王后，与国王寝宫的一个侍从托马斯·卡尔佩珀发生了不正当关系。曾用证言将安妮·博林推上绝路的罗奇福德夫人坦白自己帮助了这一对情人私会。这位年轻王后的一封亲笔信为他们的关系提供了无可辩驳的证据。当卡尔佩珀因病缺席宫廷时，她写到自己“渴望”见到他并让他相信自己的感情，还在信末落款“一生属你的凯瑟琳”。克兰默主教注意到她的轻率之举，并进行了秘密的调查。他发现了凯瑟琳的信以及除此以外的更多信息。王后年少时与她的音乐老师的韵事以及她和弗朗西斯·德雷汉姆的私通都被揭露了出来。她行事鲁莽且轻率，在成为王后之后还任命德雷汉姆为自己的私人秘书。

只要国王不知情，凯瑟琳的家族就把持着他的宫邸和枢密院——其中为首的就是诺福克公爵。但当亨利发现真相的时候，一切都改变了。克伦威尔忠诚的仆人拉尔夫·萨德勒在这位王后迎来毁灭宿命的过程中发挥了作用。1541 年年末，当克兰默发现凯瑟琳的不忠迹象时，萨德勒孜孜不倦地 397
收集了足够的证据，确保她被判叛国罪。但他同时也更进一步认识到，这是一个既能扳倒王后，也能让那些合谋搞垮克伦威尔的人（尤其是诺福克和加德纳）倒台的机会。他和盟友一起（其中最突出的是克兰默）不知疲倦地努力为他的前侍主报仇，但是没有立即成功。对法国和苏格兰开战的风险正在迫近，亨利离不开诺福克和加德纳的外交和军事本领。尽管如此，他们在宫廷的影响力因凯瑟琳失宠的丑闻而削弱，而萨德勒的地位在之后亨利在位时期继续攀升。在亨利的子女相继即位后，萨德勒继续辅佐他们。在于 1587 年去世的时候，他已是英格兰最富有的人之一：这个成就一定会让他最初的、对他影响最深的侍主印象深刻。

早在 1540 年 12 月，国王就对克伦威尔的儿子格雷戈里表现出了偏爱，封他为奥克汉的克伦威尔男爵，并把他作为王国贵族的一员召到议会。次年 2 月，亨利将格雷戈里已故父亲在莱斯特郡曾拥有的一些地产赐给了他。这些地产以兰德修道院为核心，这是老克伦威尔在一座奥斯丁会修道院旧址上修建的豪华庄园住宅。格雷戈里在那里与他的家人一起度过了余生，在这期间他被封为巴斯骑士并成为宫廷中备受尊敬的一员。1540 年当他最小的孩子出生时，他选择叫他托马斯，这暗示了他对父亲的怀念。和母亲和姐姐们一样，格雷戈里在 1551 年 7 月 4 日死于汗热病。他的遗孀伊丽莎白仅在三天后就嫁给了约翰·波利特，即后来的第二代温彻斯特侯爵。

克伦威尔的外甥理查德在舅舅倒台一段时间后也官运亨通。1541 年，他被任命为剑桥郡和亨廷顿郡郡长，并在次年成为一名代表亨廷顿郡的议会议员。1542 年国王将位于
398 亨廷顿和圣尼茨的几所圣玛丽修道院赐给了他。这让他每年享有 488 英镑（约合现在的 1.5 万英镑）的收入，外加上从其他各种馈赠和职务中获得的收益，他在这 10 年里成了一名富人。理查德从舅舅那里学会了房产和地产收购的业务，并在逝世时凭借多处资产的收益成为王国境内最富有的贵族之一。亨利还于 1543 年任命理查德为国王寝宫的侍从，这进一步体现出他对后者的宠信。国王一直欣赏理查德在竞技场上的英勇，在当年晚些时候英国与法国之间的战争爆发时，他毫不犹豫地派理查德去法国战场上指挥步兵。理查德于 1546 年去世，留下两个儿子。其中，长子亨利·克伦威尔追随父亲的脚步，成为剑桥郡和亨廷顿郡的郡长并颇受伊丽莎白一世宠信。他的第一任妻子琼·沃勒姆是伦敦市市长的女儿，她给亨利生了两个儿子和五个女儿。理查德的次子罗伯特是奥利弗·克伦威尔的父亲，而奥利弗·克伦威尔是

英格兰内战中议会派的统帅，他打败并处决了国王查理一世，并成为英格兰、苏格兰和爱尔兰的护国主。

克伦威尔的盟友在他失势后飞黄腾达，但他主要的对手们则不然。诺福克公爵在侄女凯瑟琳·霍华德失宠后也失去了宠信。1543 年他加入了对法国的作战，但是因没有取得任何重大胜利就退兵而受到国王的严厉斥责。在亨利在位的最后几年里，诺福克又输给了爱德华·西摩尔和新王后凯瑟琳·帕尔（Katherine Parr），后者是亨利的第六位也是最后一位妻子，他们都支持改革主义信仰。他与加德纳一起设计让主教克兰默被捕，但是失败了。他和与他一样的宗教保守派此时处于弱势。接下来更糟糕。他的儿子兼继承人萨里伯爵亨利·霍华德越来越傲慢、古怪的行为让他们双双陷入困境。当萨里展示他盾徽上的王室纹章时，这种行为被理解成觊觎王位的一个表现。1546 年 12 月，他和他的父亲被逮捕
并被送进伦敦塔。诺福克向国王申辩自己的清白，但是国王 399
充耳不闻。他自己家族的成员，包括多年前寻求克伦威尔帮助的形同陌路的妻子，提供于他不利的证据，指出他犯有“包庇严重叛国行为，对我儿子的错误行为默而不语”的罪。和克伦威尔一样，他根据法案被宣告剥夺财产权和民事权利，未经审讯被判处死刑。亨利的逝世让他得到了缓刑，但是在已故国王的儿子爱德华六世在位期间，他一直被关在伦敦塔里。最后，亨利的女儿玛丽在 1553 年成为女王之后赦免了他，他重新宣誓成为枢密院的大臣。第二年他在肯宁霍尔去世。

诺福克的老盟友斯蒂芬·加德纳在亨利在位的最后几年

经历了相似的失宠。他把克伦威尔的处决作为一个信号，加紧他重申保守信仰的活动，并主持了著名的对安妮·艾斯丘（Anne Askew）的审讯，随后她被作为异端遭到处决。还有流言称他密谋对王后凯瑟琳·帕尔不利，并试图把她当作异端逮捕。加德纳越来越极端的宗教立场令他迅速与国王疏远，国王在临终之际下令将他的名字从遗嘱执行者和枢密大臣的名单中移除，名单上的这些人将在爱德华未成年时摄政。当加德纳的盟友试图说服将死的国王三思时，亨利拒绝了，坚持主教"太固执己见而且太倾向于天主教一派"，并且"不适合在他儿子身边"。加德纳注定不会在新的政权中飞黄腾达，因为它是由新教国王和枢密院大臣主导的，他还因布道反对改革主义信仰两次入狱。和诺福克一样，当信仰罗马天主教的玛丽即位的时候他得到释放，并且被再次任命为枢密院成员。几天后他被提拔为大法官，并担任此职直到1555年去世。

尽管诺福克和加德纳从亨利八世在位后期的失宠中坚持了下来，但是他们得罪了国王，这一事实暗示了后者对克伦威尔的感情。亨利很快痛苦地表示他因首席大臣的死而悲
400 痛。克伦威尔在倒台后一直未被取代。或许是这位逐渐衰老、日益偏执的国王决定不再给任何一个廷臣这样大的权力，又或许是他意识到克伦威尔的卓越本领和能力无可替代。有说法称，克伦威尔被处决一年后，国王下令对那些没能购买科弗代尔《大圣经》的教区处以罚金。正如福克斯所说："最肯定的一点是，国王在他死后的确深深地、真心地感到懊悔，但是为时已晚了，经常有人听到他说，现在他

失去了他的克伦威尔。”[14]

亨利没有将这个损失归咎于自己，而是痛斥枢密院。1541 年 3 月 3 日，前任首席大臣被处决约七个多月后，马里亚克汇报说国王“有时甚至因克伦威尔的死而责备（他的大臣们），说他们凭着微不足道的借口，借着虚假的指控，让他处死了自己最忠诚的仆人”。[15]

致 谢

401 这是我第一本与霍德 & 斯托顿出版公司合作的书。我向他们致以最大的感谢。他们从始至终对我的温暖、热情和投入让我受宠若惊。我尤其感激我的编辑马迪·普赖斯（Maddy Price），感谢她的远见、鼓励和对细节的关注，感谢她最先产生传记的想法。同样，感谢鲁珀特·兰卡斯特（Rupert Lancaster）对我这个作者的信心，感谢他无穷尽的智慧和乐观。埃米莉·弗格森（Emilie Ferguson）、埃玛·戴利（Emma Daley）、贝亚·朗（Bea Long）在宣传、营销和组织活动上是极出色的，而朱丽叶·布赖特莫尔（Juliet Brightmore）则是我见过的最勤奋、最卓越的图片研究员。

我很幸运，除了霍德优秀的新团队之外，还得到了更多熟人的再一次支持。我的经纪人朱利安·亚历山大（Julian Alexander）始终有着低调但上佳的表现，在我陷于兴奋或焦虑的时候，他始终保持冷静。艾莉森·韦尔（Alison Weir）好心地从严苛而繁忙的日程中抽出时间读这本书的初稿并提出了极为有用的反馈。琼·麦金泰尔（Jean MacIntyre），我的朋友兼我在林肯格罗斯泰特主教大学的同事，提供了孜孜不倦的支持以及与之同等重要的乐趣。我还要感激王室宫殿历史遗迹管理组织（Historic Royal Palaces）的同事们，尤其是艾拉·沙利文（Ella Sullivan）、萨姆·库森斯（Sam Cousens）、露西·沃斯利（Lucy Worsley）以及首席执行官迈克尔·戴（Michael Day）。

我有幸与希拉里·曼特尔（Hilary Mantel）开始了生动且使人受教的邮件往来，她无私地分享了她对克伦威尔生活和性格的理解，而且她的书对我而言当然是一个启发。伦敦 402
摄政大学的英国历史讲师尼克·霍尔德博士（Nick Holder）十分大方地分享他对克伦威尔在奥斯丁会的宅邸的研究，并且允许我从他的论文中复制设计图和草图。巴克勒奇公爵非常仁慈地免除了我复制阿拉贡的凯瑟琳那幅绝美肖像画的费用，而且我还要感谢鲍顿庄园加雷思·菲茨帕特里克（Gareth Fitzpatrick）安排这一切。本书的图片部分因加入了英国国家档案馆赠送的图片而得到极大提升，感谢赫斯特·韦泽伊（Hester Vaizey）和保罗·约翰逊（Paul Johnson），感谢王室宫殿历史遗迹管理组织，感谢安妮·赫伦（Annie Heron）和克莱尔·墨菲（Clare Murphy）。

我非常幸运得到了美好的家庭和朋友们一如既往的鼓励。我的父母以各种可能的方式继续支持我，我的母亲尤为体贴地在照料孩子上给我提供了如此多的帮助。杰恩、里克、利维和妮芙·爱丽丝继续关注我的写作事业，并且想方设法地陪我的女儿埃莉诺玩耍。斯蒂芬·库特（Stephen Kuhrt）从最初开始就一直是这本书忠实、热情的追随者，我十分感谢他的所有建议，从福音派到克伦威尔的电影刻画。我还要感谢朱利安·汉弗莱斯（Julian Humphrys）对克伦威尔军事生涯的见解，感谢尼古拉·塔利斯（Nicola Tallis）分享她对克伦威尔担任珠宝大臣时期的研究，感谢史蒂夫·厄尔斯（Steve Earles）分享与爱尔兰有关的专业知识（更别提他经常送我的巧克力了）。其他朋友，比如索菲·格兰特（Sophie Grant）、乔吉·威尔金斯（Georgie Wilkins）在关键时刻给予了我实质性的帮助，我希望这本书能够让我忠诚的朋友和评论家霍诺尔·盖伊（Honor Gay）相信克伦威尔并没有那么坏。

最后感谢汤姆·阿什沃思（Tom Ashworth），谢谢他的慷慨支持，容忍我经常缺席大英图书馆并确信——像梅丽曼说克伦威尔的那样——我将我的“眼睛坚定地定在目标上”了。

参考文献

部分档案资料

BL Additional MS 25114 fos.160–1 Cromwell to Gardiner and Wallop regarding Anne Boleyn's fall, 14 May [1536]

BL Additional MS 25114 fos.175–7 Cromwell to Gardiner, upbraiding him for accusing him of acting against his interests, July [1536]

BL Additional MS 48028 fos.160–5 Act of Attainder of Thomas Cromwell, 29 June 1540

BL Cotton MS Otho C x fo.241 Questions written in Henry VIII's own hand to be put to Cromwell, June 1540

BL Cotton MS Otho C x fo.242 Cromwell's last letter to Henry VIII, regarding Anne of Cleves marriage

BL Cotton MS Titus B i fos.257–69 Cromwell's letters to Henry VIII

BL Harley MS 282 fos.211–12 Cromwell to Wyatt, 12 October 1537, announcing Edward VI's birth

BL Harley MS 3362 fo.17 Cromwell's last words on scaffold

TNA SP1/57 fos.92–3 and 294–7 Cromwell to Wolsey, 5 May and 18 August [1530]

TNA SP1/78 fos.26–7, SP1/80 fos.51–2 and SP1/82 fo.98 Cromwell to Henry VIII

TNA SP1/83 fos.98–9 Cromwell to Cranmer regarding Fisher and More's refusal to swear to the Act of Succession, April 1534

TNA SP1/120 fos.165–6 Cromwell to Norfolk regarding the suppression of the Pilgrimage of Grace, 22 May [1537]

TNA SP1/161 fos.173–4 Cromwell to the Privy Council, 24 July [1540]

出版的一手史料文献

Amyot, T., 'Transcript of an Original Manuscript, Containing a Memorial from George Constantyne to Thomas, Lord Cromwell', *Archaeologia*, 23 (London, 1830), pp.50–78

Anon., 'The Life and Death of Thomas Lord Cromwell', in *The Ancient British Drama*, Vol. I (London, 1810)

Baker, J.H. (ed.), *Reports of Sir John Spelman*, Vols. I and II (London, 1977)

Bray, G. (ed.), *Documents of the English Reformation* (Cambridge, 1994)

Brown, R. (trans. and ed.), *Four Years at the Court of Henry VIII: Selection of despatches written by the Venetian Ambassador, Sebastian Giustinian, and addressed to the Signory of Venice, January 12th 1515, to July 26th 1519*, 2 vols. (London, 1854)

Bruce, J. and Perowne, T. (eds.), *Correspondence of Matthew Parker* (Cambridge, 1853)

Byrne, M.S.C. (ed.), *The Lisle Letters*, 6 vols. (Chicago and London, 1981)

Calendar of the Carew Manuscripts, Preserved in the Archiepiscopal Library at Lambeth, 1515–1574 (London, 1867)

Calendar of the Close Rolls Preserved in the Public Record Office ... Henry VII, Vol. II, 1500–1509 (London, 1963)

Calendar of Letters, Despatches, and State Papers, relating to the negotiations between England and Spain, preserved in the archives at Simancas and elsewhere, Vols. II–VI, Part I (London, 1866–90)

Calendar of State Papers, Foreign Series, of the Reign of Elizabeth, Vol. I 1558–9 (London, 1863)

Calendar of State Papers, Venice, Vols. I-V (London, 1864-1873)

Cavendish, G., *Metrical Visions*, in Singer, S.W. (ed.), *The Life of Cardinal Wolsey*, 2 vols. (London, 1825)

Cavendish, G., *The Life and Death of Cardinal Wolsey*, ed. Sylvester, R.S., Early English Text Society, orig. l ser., 243 (London and New York, 1959)

Cox, J.E. (ed.), *Miscellaneous Writings and Letters of Thomas Cranmer* (Cambridge, 1846)

Cranmer, T., *Works of Archbishop Cranmer*, ed. Cox, J.E. (Cambridge, 1844)

Dickens, A.G., *Clifford Letters of the Sixteenth Century*, Publications of the Surtees Society, Vol. 172 (Durham and London, 1962)

Dowling, M. (ed.), *William Latymer's Chronicle of Anne Boleyn*, Camden Miscellany XXX, Camden Society, 4th ser. Vol. 39 (London, 1990), pp.23–66

Drayton, M., *The Legend of Great Cromwell* (London, 1607)

Drayton, M., *The Historie of the Life and Death of the Lord Cromwell, sometime Earl of Essex and Lord Chancellor of England* (London, 1609)

Ellis, H. (ed.), *Original Letters Illustrative of English History*, 2nd and 3rd series (London, 1827, 1846)

Fisher, J., *The English Works of John Fisher. Bishop of Rochester, 1469–1535*, ed. Hatt, C.A. (Oxford, 2002)

Foxe, J., *Actes and Monuments* (London, 1563)

Froude, J.A. (ed.), *The Pilgrim: A Dialogue of the Life and Actions of King Henry VIII, by William Thomas, Clerk of the Council to Edward VI* (London, 1861)

Hall, E., *A Chronicle; Containing The History of England, During the Reign of Henry the Fourth, and the Succeeding Monarchs, to the End of the Reign of Henry the Eighth* (London, 1809)

Harpsfield, N., *The Life and Death of Sr Thomas Moore, Knight*, ed. Hitchcock, E.V., Early English Text Society, orig. ser., Vol. 186 (Oxford, 1932)

Historical Manuscripts Commission, *The Manuscripts of His Grace The Duke of Rutland, KG, Preserved at Belvoir Castle*, Vols. I and IV (London, 1905)

Holinshed, R., *Chronicles of England, Scotland and Ireland*, Vol. VI (London, 1587)

Hughes, P.L. and Larkin, J.F. (eds.), *Tudor Royal Proclamations*, Vol.1 (New Haven and London, 1964)

Hume, M.A. (ed. and trans.), *Chronicle of King Henry VIII of England ... written in Spanish by an unknown hand* (London, 1889)

Kaulek, J. (ed.), *Correspondance Politique de MM. de Castillon et de Marillac, Ambassadeurs de France en Angleterre (1537–1542)* (Paris, 1885)

Letters and Papers, Foreign and Domestic, of the Reign of Henry VIII, 1509–47, ed. Brewer, J.S., et al., 21 vols. and 2 vols. addenda (London, 1862–1932)

Loades, D.M. (ed.), *The Papers of George Wyatt Esquire ... son and heir of Sir Thomas Wyatt the Younger*, Camden Society, 4th ser., Vol. V (London, 1968)

Machiavelli, N., *The Prince*, trans. Bull, G. (London, 1999)

Mayer, T. (ed.), *Correspondence of Reginald Pole, Volume 1: A Calendar, 1518–1546* (Aldershot, 2002)

Merriman, R.B. (ed.), *Life and Letters of Thomas Cromwell*, 2 vols. (London, 1902)

More, T., *A Dyaloge of Syr Thomas More* (London, 1529)

Muir, K., *Life and Letters of Sir Thomas Wyatt* (Liverpool, 1963)

Muller, J.A. (ed.), *The Letters of Stephen Gardiner* (Cambridge, 1933)

Nichols, J.G., *Narratives of the Reformation*, Camden Society, 1st ser., Vol. LXXVII (London, 1859)

Norton, E., *The Anne Boleyn Papers* (Stroud, 2013)

Payne, J. (ed. and trans.), *The Novels of Matteo Bandello Bishop of Agen*, Vol. IV (London, 1890)

Pocock, N. (ed.), *Records of the Reformation: The Divorce, 1527–1533* (Oxford, 1870)

Pole, Cardinal R., *De Unitate* (1536)
Pratt, J. (ed.), *Actes and Monuments of John Foxe*, 8 vols. (London, 1877)
Robinson, H. (ed.), *Zürich Letters*, 2 vols. (Cambridge, 1842, 1845)
Robinson, H. (ed.), *Original Letters Relative to the English Reformation*, 2 vols. (Cambridge, 1846–7)
Rogers, E.F., *Correspondence of Sir Thomas More* (Princeton, 1947)
Roper, W., *The Lyfe of Sir Thomas Moore, Knighte*, ed. Hitchcock, E.V., Early English Text Society, 197 (Oxford, 1935)
Sampson, G. (ed.), *The Utopia of Sir Thomas More ... with Roper's Life of More and some of his letters* (London, 1910)
Shakespeare, W., *Henry VIII* (London, 1623)
State Papers of the Reign of Henry VIII, Record Commission, 11 vols. (London, 1830–52)
Statutes of the Realm, 11 vols. (London, 1963)
Stow, J., *A Survey of London Written in the Year 1598*, ed. Morley, H. (Stroud, 1994)
Strype, J., *Ecclesiastical Memorials, Relating Chiefly to Religion, and the Reformation of it ... under King Henry VIII, King Edward VI and Queen Mary I*, 3 vols. (Oxford, 1822)
Strype, J., *Memorials of Thomas Cranmer*, 3 vols. (London, 1840)
Turnbull, W.B., *Calendar of State Papers, Foreign Series, of the Reign of Edward VI*, (London, 1861)
Tyndale, W., *The Practice of Prelates* (London, 1530)
Vergil, Polydore, *Anglica Historia* (London, 1534)
Williams, C.H. (ed.), *English Historical Documents*, Vol. V, 1485–1558 (London, 1967)
Wood, M.A.E., *Letters of Royal and Illustrious Ladies of Great Britain*, 3 vols. (London, 1846)
Wright, T. (ed.), *Three Chapters of Letters relating to the Suppression of the Monasteries*, Camden Society, Vol. 26 (London, 1843)
Wriothesley, C., *A Chronicle of England During the Reigns of the Tudors, From A.D.1485 to 1559*, ed. Hamilton, W.D., 2 vols., Camden Society, 2nd ser. (London, 1875)
Wyatt, T., *Collected Poems*, ed. Daalder, J. (Oxford, 1975)

二手文献资料

Ackroyd, P., *The Life of Thomas More* (London, 1998)
Anglo, S., *Spectacle and Pageantry and Early Tudor Policy* (Oxford, 1997)

参考文献

Anon., *The Life of Thomas Lord Cromwell, A Black-Smith's Son, born at Putney in Surry* (London, 1715)

Bean, J.M.W., *The Decline of English Feudalism, 1215–1540* (Manchester, 1968)

Beckingsale, B.W., *Thomas Cromwell: Tudor Minister* (London and Basingstoke, 1978)

Bernard, G.W., 'The Fall of Anne Boleyn', *English Historical Review,* 106 (1991), pp.584–610

Bernard, G.W., 'The Making of Religious Policy, 1533–1546: Henry VIII and the Search for the Middle Way', *Historical Journal*, 41 (1998), pp.321–49

Bernard, G.W., *Power and Politics in Tudor England* (Aldershot, 2000)

Bernard, G.W., *The King's Reformation: Henry VIII and the Re-making of the English Church* (New Haven and London, 2005)

Bevan, A.S., 'The Role of the Judiciary in Tudor Government, 1509–1547', Ph.D. diss., University of Cambridge, 1985

Bindoff, S.T., *The History of Parliament: The House of Commons 1509–58*, Vols. I and III (London, 1982)

Black, M. et al., *A Taste of History: 10,000 Years of Food in Britain* (London, 1993)

Bobbitt, P., *The Garments of Court and Palace: Machiavelli and the World that he Made* (London, 2013)

Bowker, M., 'The Supremacy and the Episcopate: The Struggle for Control, 1534–40', *Historical Journal*, 18 (1975), pp.227–43

Bradshaw, B., 'Cromwellian Reform and the Origins of the Kildare Rebellion, 1533–34', *Transactions of the Royal Historical Society*, 5th ser., 27 (1977), pp.69–94

Brecht, M., *Martin Luther*, trans. Schaff, J.L., 3 vols. (Philadelphia and Minneapolis, 1985, 1990, 1993)

Brigden, S., 'Thomas Cromwell and the Brethren', in *Law and Government under the Tudors: Essays presented to Sir Geoffrey Elton*, ed. Cross, C., Loades, D. and Scarisbrick, J.J. (Cambridge, 1988), pp.31–49

Brigden, S., *London and the Reformation* (Oxford, 1989)

Brigden, S., *New Worlds, Lost Worlds* (London, 2001)

Burnet, G., *History of the Reformation of the Church of England*, 4 vols. (London, 1865)

Cameron, E., *The European Reformation* (Oxford, 1991)

Cobbett, W., *History of the Protestant Reformation in England and Ireland* (New York, 1824–7)

Coby, J.P., *Thomas Cromwell: Henry VIII's Henchman* (Stroud, 2012)

Coleman, C. and Starkey, D. (eds.), *Revolution Reassessed: Revisions in the History of Tudor Government and Administration* (Oxford, 1986)

Cross, C., Loades, D. and Scarisbrick, J.J. (eds.), *Law and Government under the Tudors: Essays presented to Sir Geoffrey Elton* (Cambridge, 1988)

D'Alton, C., 'William Warham and English Heresy Policy after the Fall of Wolsey', *Historical Review*, 77/197 (2004), pp.337–57

Daniell, D., *William Tyndale: A Biography* (New Haven and London, 1994)

Davies, C.S.L., 'A New Life of Henry VIII', *History*, LVII (1969)

Dickens, A.G., *Thomas Cromwell and the English Reformation* (London, 1959)

Dickens, A.G., *The English Reformation* (London, 1989)

Dowling, M., 'Anne Boleyn and Reform', *Journal of Ecclesiastical History*, Vol. 35 (Cambridge, 1984), pp.30–45

Duffy, E., *The Stripping of the Altars: Traditional Religion in England, c.1400–c.1580* (New Haven and London, 1992)

Ellis, J.J., *Thomas Cromwell* (London, 1891)

Ellis, S., *Tudor Frontiers and Noble Power* (Oxford, 1995)

Ellis, S.G., *Ireland in the Age of the Tudors* (London, 1998)

Elton, G.R., 'Thomas Cromwell's Decline and Fall', *Cambridge Historical Journal*, 10 (1951), pp.150–85

Elton, G.R., *The Tudor Revolution in Government* (Cambridge, 1953)

Elton, G.R., *Star Chamber Stories* (Cambridge, 1958)

Elton, G.R., *Policy and Police: The Enforcement of the Reformation in the Age of Thomas Cromwell* (Cambridge, 1972)

Elton, G.R., *Reform and Renewal: Thomas Cromwell and the Common Weal* (Cambridge, 1973)

Elton, G.R., *Studies in Tudor and Stuart Politics and Government*, 4 vols. (Cambridge, 1974–92)

Elton, G.R., 'Tudor Government: The Points of Contact: I. Parliament', *Transactions of the Royal Historical Society*, 5th ser., XXIV (1974)

Elton, G.R., 'Tudor Government: The Points of Contact: II. The Council', *Transactions of the Royal Historical Society*, 5th ser., XXV (1975)

Elton, G.R., 'Tudor Government: The Points of Contact: III. The Court', *Transactions of the Royal Historical Society*, 5th ser., XXVI (1976)

Elton, G.R., *Reform and Reformation: England, 1509–1558* (London, 1981)

Elton, G.R., *The Tudor Constitution: Documents and Commentary*, 2nd edn (Cambridge, 1982)

Elton, G.R., 'A New Age of Reform?', *Historical Journal*, 30 (1987), pp.709–16

Elton, G.R., *Thomas Cromwell: Secretary, Minister and Lord Privy Seal* (Cambridge, 1991)

Elton, G.R., 'How Corrupt was Thomas Cromwell?', *Historical Journal*, 36 (1993), pp.905–8

Elton, G.R., *England under the Tudors* (London and New York, 2005)
Eppley, D., *Defending Royal Supremacy and Discerning God's Will in Tudor England* (Aldershot, 2007)
Erler, M.C., *Reading and Writing during the Dissolution: Monks, Friars, and Nuns 1530–1558* (Cambridge, 2013)
Foister, S., *Holbein and England* (New Haven and London, 2004)
Fox, A.G. and Guy, J.A. (eds.), *Reassessing the Henrician Age: Humanism, Politics and Reform 1500–1550* (Oxford, 1986)
Fraser, A., *The Six Wives of Henry VIII* (London, 1993)
Friedmann, P., *Anne Boleyn: A Chapter of English History*, 2 vols. (London, 1884)
Fuller, T., *Church History of Britain* (London, 1655)
Galton, A., *The Character and Times of Thomas Cromwell* (Birmingham, 1887)
GEC, *The Complete Peerage of England Scotland Ireland Great Britain and the United Kingdom*, Vol. III (London, 1913)
Grummitt, D., 'Calais 1485–1547: A Study in Early Tudor Government and Politics', Ph.D. diss., University of London (1997)
Gunn, S.J. (ed.), *Early Tudor Government* (1995)
Gunn, S.J. and Lindley, P. (eds.), *Cardinal Wolsey: Church, State and Art* (Cambridge, 1991)
Guy, J.A., 'Communications – The Tudor Commonwealth: Revising Thomas Cromwell', *Historical Journal*, 23/3 (1980), pp.681–7
Guy, J.A., 'Henry VIII and the Praemunire Manoeuvres of 1530–1', *English Historical Review*, 97 (1982), pp.481–501
Guy, J.A., *Tudor England* (Oxford, 1988)
Guy, J.A. (ed.), *The Tudor Monarchy* (London, 1997)
Guy, J.A., *Thomas More* (London, 2000)
Gwyn, P., *The King's Cardinal: The Rise and Fall of Thomas Wolsey* (London, 1990)
Haigh, C., *English Reformations: Religion, Politics and Society under the Tudors* (Oxford, 1993)
Head, D., *Ebbs and Flows of Fortune: Life of Thomas Howard, Third Duke of Norfolk* (Athens, 1995)
Holder, N., 'The Medieval Friaries of London', Ph.D. diss., University of London (2011)
Hornsey, I., *A History of Beer and Brewing* (Cambridge, *c.*2003)
Hoyle, R.W., *The Pilgrimage of Grace and the Politics of the 1530s* (Oxford, 2001)

Hurstfield, J., 'Was There a Tudor Despotism After All?', *Transactions of the Royal Historical Society*, 5th ser., LII (1967)
Hutchinson, R., *Thomas Cromwell: The Rise and Fall of Henry VIII's Most Notorious Minister* (London, 2008)
Hutchinson, R., *Young Henry: The Rise to Power of Henry VIII* (London, 2011)
Ives, E.W., 'Faction at the Court of Henry VIII: The Fall of Anne Boleyn', *History*, LVII (1972), pp.169–88
Ives, E.W., *Anne Boleyn* (1986)
Ives, E.W., 'The Fall of Anne Boleyn Re-considered', *English Historical Review*, 107 (1992), pp.651–64
Ives, E.W., 'Anne Boleyn and the Early Reformation in England: The Contemporary Evidence', *Historical Journal*, 37 (1994), pp.389–400
Ives, E.W., *The Life and Death of Anne Boleyn* (Oxford, 2004)
Jones, J.G., *Early Modern Wales, c.1512–1640* (1994)
Lehmberg, S.E., *The Reformation Parliament, 1529–1536* (Cambridge, 1970)
Lehmberg, S.E., 'Sir Thomas Audley: A Soul as Black as Marble?', in Slavin, A.J. (ed.), *Tudor Men and Institutions* (Louisiana, 1972)
Lehmberg, S.E., *The Later Parliaments of Henry VIII 1536–1547* (Cambridge, 1977)
Lehmberg, S.E., 'The Religious Beliefs of Thomas Cromwell', in *Leaders of the Reformation*, DeMolen, R.L. (ed.) (London and Toronto, 1984)
Loades, D., *Power in Tudor England* (London, 1997)
Loades, D., *Tudor Government: Structures of Authority in the Sixteenth Century* (Oxford, 1997)
Loades, D., *Henry VIII: Court, Church and Conflict* (Kew, 2007)
Loades, D., *Thomas Cromwell: Servant to Henry VIII* (Stroud, 2013)
MacCulloch, D. (ed.), *The Reign of Henry VIII: Politics, Policy and Piety* (Basingstoke, 1995)
MacCulloch, D., *Thomas Cranmer: A Life* (New Haven and London, 1996)
MacCulloch, D., *Reformation: Europe's House Divided* (London, 2003)
McEntegart, R., *Henry VIII, The League of Schmalkalden, and the English Reformation* (Woodbridge, 2002)
Mantel, H., *Wolf Hall* (London, 2009)
Mantel, H., *Bring up the Bodies* (London, 2012)
Marius, R., *Thomas More* (New York, 1984)
Mathew, D., *The Courtiers of Henry VIII* (London, 1970)
Mattingly, G., *Catherine of Aragon* (London, 1942)
Neame, A.,*The Holy Maid of Kent* (London, 1971)
Noble, M., *Memoirs of the Protectorate House of Cromwell*, 2 vols. (Birmingham, 1784)

O'Day, R., *The Debate on the English Reformation* (Cambridge, 1986)
O'Day, R., *The Longman Companion to the Tudor Age* (Cambridge, 1995)
Ormerod, G., *History of the County Palatine and City of Chester*, 3 vols. (London, 1819)
Parmiter, G. de C., *The King's Great Matter: A Study of Anglo-Papal Relations 1527–1534* (London, 1967)
Pettegree, A. (ed.), *The Reformation World* (London, 2000)
Phillips, J., 'The Cromwells of Putney', *Antiquarian Magazine and Bibliographer*, Vol. II (London, 1882), pp.56–62
Plowden, A., *Tudor Women: Queens and Commoners* (Sutton, 2002)
Redworth, G., *In Defence of the Church Catholic: The Life of Stephen Gardiner* (Oxford, 1990)
Rex, R.A.W., *Henry VIII and the English Reformation* (Basingstoke, 1993)
Rex, R.A.W., *The Tudors* (Stroud, 2002)
Richardson, W.C., *Stephen Vaughan, Financial Agent of Henry VIII: A Study of Financial Relations with the Low Countries* (Louisiana, 1953)
Ridley, J.G., *Henry VIII* (London, 1984)
Ridley, J., *Thomas Cranmer* (Oxford, 1948)
Robertson, M.L., 'Thomas Cromwell's Servants: The Ministerial Household in Early Tudor Government and Society', Ph.D. diss., University of California, Los Angeles (1975)
Robertson, M.L., 'The Art of the Possible: Thomas Cromwell's Management of West Country Government', *Historical Journal*, 32/4 (1989), pp.793–816
Robertson, M.L., 'Profit and Purpose in the Development of Thomas Cromwell's Landed Estates', *The Journal of British Studies*, Vol. 29, no. 4 (Cambridge, 1990)
Robinson, J.M., *The Dukes of Norfolk* (Chichester, 1995)
Ryrie, A., *The Gospel and Henry VIII: Evangelicals in the Early English Reformation* (Cambridge, 2003)
Scarisbrick, J.J., *Henry VIII* (London, 1968)
Scarisbrick, J.J., *The Reformation and the English People* (Oxford, 1984)
Schofield, J., *The Rise and Fall of Thomas Cromwell: Henry VIII's Most Faithful Servant* (Stroud, 2011)
Slack, P., *The English Poor Law, 1531–1782* (Cambridge, 1990)
Slavin, A.J., *Politics and Profit* (Cambridge, 1966)
Slavin, A.J., *Thomas Cromwell on Church and Commonwealth: Selected Letters, 1523–1540* (New York, 1969)
Slavin, A.J., 'Thomas Cromwell and the Printers: The Boston Pardons',

Proceedings of the Center for the History of British Political Thought (Washington, 1984)

Starkey, D., 'A Reply: Tudor Government: The Facts?', *Historical Journal*, 31 (1988), pp.921–31

Starkey, D. (ed.), *A European Court in London* (London, 1991)

Starkey, D., *The Reign of Henry VIII: Personalities and Politics* (London, 2002)

Starkey, D., *Six Wives: The Queens of Henry VIII* (London, 2003)

Starkey, D., and others (eds.), *The English Court: From the Wars of the Roses to the Civil War* (London and New York, 1987)

Strong, R., *Holbein and Henry VIII* (London, 1967)

Strong, R., *Tudor and Jacobean Portraits*, 2 vols. (London, 1969)

Underwood, W., 'Thomas Cromwell and William Marshall's Protestant Books', *Historical Journal*, 47, (2004), pp.517–39

Walker, G., 'Rethinking the Fall of Anne Boleyn', *Historical Journal*, 45/1 (2000), pp.1-29

Ward, P.J., 'The Origins of Thomas Cromwell's Public Career: Service under Cardinal Wolsey and Henry VIII, 1524–30', Ph.D. diss., London School of Economics and Political Science (1999)

Warnicke, R.M., *The Rise and Fall of Anne Boleyn* (Cambridge, 1989)

Warnicke, R.M., *The Marrying of Anne of Cleves: Royal Protocol in Early Modern England* (Cambridge, 2000)

Weir, A., *Henry VIII: King and Court* (London, 2001)

Weir, A., *The Six Wives of Henry VIII* (London, 2007)

Weir, A., *The Lady in the Tower* (London, 2009)

Weir, A., *Mary Boleyn* (London, 2011)

Wilding, P., *Thomas Cromwell* (London and Toronto, 1935)

Williams, G., *Renewal and Reformation: Wales, c.1415–1642* (Oxford, 1993)

Williams, N., *The Cardinal and the Secretary* (London, 1975)

Williams, P. and Harriss, G.L., 'A Revolution in Tudor History?', *Past and Present*, XXV (1963), pp.3–58

Wilson, D., *In the Lion's Court: Power, Ambition and Sudden Death in the Reign of Henry VIII* (London, 2002)

Youings, J., *The Dissolution of the Monasteries* (London, 1971)

注 释

对克伦威尔的盾形纹章的注解

在一朵都铎玫瑰的周围是英格兰的雄狮，两侧是康沃尔红嘴山鸦——一种与众不同的鸟，羽毛是黑色的，但拥有颜色明亮的腿、爪和喙。中央的长条来源于克伦威尔的首位侍主——枢机主教沃尔西。

前 言

1. Foxe, Book III, p. 645.

2. Merriman, Vol. I, pp. 313 - 314.

3. *Letters and Papers*, Vol. XIV, no. 399.

4. Merriman, Vol. I, p. 87.

第一章 “一位伟大的旅行者”

1. Foxe, Book III, p. 645.

2. Ibid., pp. 645ff.

3. 1618 年对温布尔顿庄园的一项调查支持这一观点，因为它描述在那个地方的“一座古老的房舍叫史密斯的商店，位于从里士满到旺兹沃思的大路西侧”。Walford, E., ‘Putney’, *Old and New London*, Vol. 6 (1878), pp. 489 - 503.

4. 漂洗指清洗布料或羊毛，除去油脂、尘土和其他杂质，让其变得更厚重。该过程包括将羊毛浸泡在大桶大桶的人的尿液里。

5. 这是帝国大使夏普伊所说的。目前不清楚他是如何得知的，因为同时代的其他资料中没有提及此事。*Letters and Papers*, Vol. IX, no. 862.

6. *Calendar of Letters, Despatches, and State Papers, Spain*, Vol. V, Part I, p. 468. 他在争论时就亨利的“大事”以及阿拉贡的凯瑟琳是否还能生下一个儿子进行发言。

7. *Calendar of the Close Rolls... Henry VII*, p. 18.

8. Williams, C. H., pp. 188 – 190.

9. 为了预防出售劣质啤酒，啤酒品鉴人受命评估教区内所有的酿造厂，判定其是否合格。

10. Hornsey, pp. 321 – 322.

11. Merriman, Vol. I, pp. 3 – 4.

12. Ibid., pp. 2 – 4.

13. Foxe, Book III, pp. 645ff.

14. *Letters and Papers*, Vol. IX, no. 862

15. Anon., *Life of Thomas Lord Cromwell*, p. 3; Williams, C. H. pp. 190, 196; Holinshed, p. 951.

16. Payne, p. 107.

17. Foxe, Book III, pp. 645ff; Merriman, Vol. I, p. 23.

18. Anon., 'Life and Death of Thomas Lord Cromwell' p. 351.

19. Williams, C. H., p. 189.

20. Foxe, Book III, pp. 645ff; Merriman, Vol. I, p. 23.

21. Payne, pp. 106 – 107.

22. Foxe, *Actes and Monuments*, Book II, pp. 419 – 434. This is repeated in Holinshed, p. 951.

23. Payne, p. 107.

24. Merriman, Vol. I, pp. 18 – 19.

25. *Letters and Papers*, Vol. X, no. 1218; Merriman, Vol. I, p. 11. 辛松市场是尼德兰最重要的市场之一。

26. *Letters and Papers*, Vol. I, Part i, no. 1473.

27. Ibid., Vol. IX, no. 862.

28. Muller, p. 399.

29. *Letters and Papers*, Vol. I, no. 3195.

30. Merriman, Vol. I, p. 303.

31. Foxe, Book III, pp. 645ff; Merriman, Vol. I, p. 23.

32. Holinshed, p. 951.

33. *Letters and Papers*, Vol. IV, no. 6346.

34. 1538 年波尔的记述回忆了 16 世纪 20 年代发生的一场对话。这个时间让人质疑它的真实性，因为《君主论》直到 1532 年才刊印。但是考虑到克伦威尔的人脉，认为他获得了一本早期手稿的理论是可信的。的确，波尔说克伦威尔提出要借给他，前提是他承诺会阅读。

35. Williams, C. H., p. 190.

36. Ibid., p. 196.

37. Holinshed, p. 951.

38. 安妮在当时的文献中又被称为爱丽丝。

39. 此前一直认为格雷戈里于 1528 年进入了剑桥彭布罗克学院，这是不准确的。这导致一些历史学家声称格雷戈里可能早在 1514 年就已出生。事实上，格雷戈里于 1528 年被安排了一位来自彭布罗克学院的老师，他本人并没有去那里。见下，p. 73.

40. Pratt, Vol. V, pp. 363 – 365.

41. 有一些证据暗示克伦威尔曾两次代表波士顿公会去罗马，一次是在 1510 年，另一次是在 1517 年或 1518 年。波士顿账簿中有两笔支出。但是福克斯只记录了 1510 年的那次，至少同样有可能是因为关于克伦威尔早期事业的信息不明确，所以旁人推测他去了两次而不是一次。

42. Pratt, Vol. V, p. 364.

43. Hall, pp. 838 – 839.

44. Pratt, Vol. V, p. 365.

第二章　枢机主教

1. Cavendish, *Life and Death of Cardinal Wolsey*, p. 7.

2. Tyndale, p. 307.

3. Weir, *Henry VIII*, pp. 1 – 2, 19.

4. Ibid., p. 2.

5. Williams, C. H., p. 389; Weir, *Henry VIII*, p. 3.

6. Hall, p. 712.

7. Starkey, *Reign of Henry VIII*, p. 3.

8. Cavendish, *Life and Death of Cardinal Wolsey*, pp. 11 – 12.

9. Strype, *Ecclesiastical Memorials*, Vol. I, Part i, p. 6.

10. Hume, p. 1.

11. Cavendish, *Life and Death of Cardinal Wolsey*, pp. 11 – 12; Tyndale,

p. 307.

12. Brown, Vol. I, pp. 139, 155; *Letters and Papers*, Vol. II, Part ii, Appendix, no. 12.

13. Williams, C. H. , p. 402.

14. *Letters and Papers*, Vol. II, Part i, no. 1959.

15. Cavendish, *Life and Death of Cardinal Wolsey*, p. 12.

16. Ward, pp. 23 – 24. 该处提供了对这个争论的一个实用的总结。

17. *Letters and Papers*, Vol. IX, no. 862.

18. Foxe, Book III, p. 648.

19. Merriman, Vol. I, pp. 14 – 15.

20. Williams, C. H. pp. 388 – 389.

21. Payne, p. 108.

22. *Letters and Papers*, Vol. III, no. 2441.

23. 例如，可参见 *Letters and Papers*, Vol. III, no. 2624。

24. *Calendar of Letters, Despatches, and State Papers, Spain*, Vol. V, Part II, p. 145.

25. 他的选区尚未得到确认。

26. Merriman, Vol. I, pp. 30 – 44.

27. Ibid. , pp. 313 – 314.

28. *Letters and Papers*, Vol. IV, no. 6262.

29. *Calendar of Letters, Despatches, and State Papers, Spain*, Vol. IV, Part II. ii, p. 752.

30. *Letters and Papers*, Vol. III, no. 2394. 克雷克（又写为克里克）可能是文案处的一个文员。这是大法官法庭的一个职位。文员，也称为文案管理者，通过为特许状、公有土地转让证书和令状等盖章而获得工资和其他收入。

31. Merriman, Vol. I, pp. 313 – 314.

32. Ibid. , p. 314.

33. BL Cotton MS Galba B x fo. 9r.

34. *Letters and Papers*, Vol. V, no. 247.

35. 例如可参见 *Letters and Papers*, Vol. IV, no. 6429。

36. *Letters and Papers*, Vol. V, no. 247.

37. Richardson, p. 18.

38. 例如可参见 *Letters and Papers*, Vol. IV, no. 6429。

39. *Letters and Papers*, Vol. IV, no. 6429.

40. Ibid., no. 6744.

41. Ibid., no. 4107.

42. Ibid., Vol. V, no. 247.

43. *Calendar of State Papers*, *Venice*, Vol. V, p. 93.

44. Foxe, Book III, p. 650.

45. Sampson, p. 203.

46. Roper, pp. 11 – 12.

47. Foxe, Book III, p. 648.

48. Stow, p. 190.

49. 感谢尼克·霍尔德（Nick Holder）博士分享他关于奥斯丁会的极佳而细致的研究，这些研究集中体现在他的论文《伦敦的中世纪修道院》（The Medieval Friaries of London）中。

50. *Letters and Papers*, Vol. V, no. 1509.

51. Ellis, H. p. 125; Merriman, Vol. I, p. 314; *Letters and Papers*, Vol. IV, Appendix, no. 57.

52. *Letters and Papers*, Vol. IV, no. 1768.

53. Knox, J., *First Blast of the Trumpet Against the Monstrous Regiment of Women*, first published 1558 (New York, 1972), pp. 9 – 10.

54. Merriman, Vol. I, pp. 56 – 63.

55. See below, pp. 284 – 287.

56. Black, p. 140.

57. Ibid., p. 156.

58. *Calendar of Letters*, *Despatches*, *and State Papers*, *Spain*, Vol. V, Part I, p. 590; Vol. VI, Part I, p. 17.

59. *Letters and Papers*, Vol. V, no. 1509; Vol. IX, no. 862; Weir, *Henry VIII*, p. 307.

60. *Letters and Papers*, Vol. IV, no. 3197. See also Holder.

61. Holder, p. 161.

62. Ibid.

63. *Letters and Papers*, Vol. X, nos. 819, 840, 855; Vol. XIV, Part ii, no. 782.

64. Robertson, 'Thomas Cromwell's Servants', pp. 101 – 102.

65. *Calendar of Letters*, *Despatches*, *and State Papers*, *Spain*, Vol. V, Part I,

p. 569.

66. *Letters and Papers*, Vol. IV, no. 1732.

第三章 “并非没有懊悔”

1. Ashdown, D. M., *Ladies in Waiting* (London, 1976), pp. 23 – 24.

2. Strickland, A., *Lives of the Queens of England* (London, 1851), Vol. II, p. 572.

3. Turnbull, no. 491.

4. Hume, p. 105.

5. 枢机主教的学院后来被亨利八世重建成基督教教堂。

6. Hume, p. 25.

7. Merriman, Vol. I, p. 318.

8. Ibid., pp. 323 – 324.

9. Foxe, Book III, p. 585.

10. Williams, C. H., p. 422.

11. Ibid., p. 423.

12. Ibid., p. 422.

13. Merriman, Vol. I, p. 319.

14. Foxe, Book III, pp. 645ff.

15. *Letters and Papers*, Vol. IV, no. 3334.

16. Merriman, Vol. I, p. 19.

17. Hume, pp. 25 – 26.

18. Cavendish, *Life and Death of Cardinal Wolsey*, p. 126.

19. Merriman, Vol. I, p. 47.

20. 安妮的出生日期没有确切记载，据推测约在 1500 或 1501 年。伊丽莎白 17 世纪的传记者威廉·卡姆登（William Camden）称安妮出生于 1507 年，这时期的其他文献也这么说。但是这样她在 1513 年服侍奥地利的玛格丽特时只有 6 岁，年幼得令人难以置信。

21. *Calendar of State Papers*, *Venice*, Vol. IV, p. 365.

22. 事实上，不过是她一个手指的一侧长了第二个指甲而已。安妮如此难为情以至于她开始穿垂得长长的衣袖，这立刻在宫廷女眷中流行起来。

23. Wyatt, in Cavendish, *Life and Death of Cardinal Wolsey*, pp. 424, 441.

24. Foxe, J., *Actes and Monuments*, edited by Clarke, A (London, 1888), p. 209.

25. *Letters and Papers*, Vol. IV, Part II i, no. 1467.

注　释

26. Ibid., p. 1468.

27. 亨利八世寻求通过废除而不是离婚来结束他跟凯瑟琳的婚姻。不过，我大部分时候用后者来表达，部分是因为易于理解，部分是因为很多当时和后来的历史学者都是这样表述的。

28. *State Papers*, Vol. I, p. 194.

29. Leviticus, chapter 20, verse 21.

30. *Letters and Papers*, Vol. II, p. ccvii.

31. Norton, pp. 105 – 106.

32. Ibid., p. 106.

33. *Letters and Papers*, Vol. IV, Part ii, no. 4468.

34. 很多较晚的文献说她在帕特尼去世，不过同时代的文献中没有可以佐证的证据。

35. *Letters and Papers*, Vol. IV, no. 5772; Merriman, Vol. I, pp. 56 – 63. 琼后来嫁给了约翰·威廉姆森，他是克伦威尔的一个老朋友，后来在自己的职位上干得很出色。

36. *Letters and Papers*, Vol. XII, Part ii, nos. 35, 100 – 101.

37. Foxe, Book III, p. 648.

38. *Letters and Papers*, Vol. V, no. 19.

39. Ibid., no. 17. For Margaret's correspondence with Cromwell, see Erler, pp. 88 – 106.

40. Ibid., Vol. IV, no. 4560. 格雷戈里暂时从剑桥搬到了乡下，因为瘟疫开始在城里蔓延。

41. Ibid., no. 4561.

42. Ibid., no. 6457.

43. Ibid., nos. 4916, 6219, 6722.

44. Ibid., Vol. VI, no. 696.

45. Ibid., Vol. IV, no. 6722.

46. Ibid., no. 4916.

47. Ibid., nos. 4433, 5757, 6219.

48. Norton, p. 65.

49. Merriman, Vol. I, pp. 56 – 63 提供了完整的抄本。

50. 1532 年 11 月的时候他们还跟他生活在一起，当时托马斯·阿尔瓦尔德去奥斯丁会拜访之后，向不在家的克伦威尔汇报说他们都安好。*Letters and Papers*, Vol. V, no. 1509; Vol. VI, no. 696.

51. Merriman, Vol. I, p. 61.

52. Ibid., p. 325.

53. Hall, p. 772; *Calendar of Letters, Despatches, and State Papers, Spain*, Vol. IV, Part I, p. 189.

54. Hall, p. 759.

55. *Letters and Papers*, Vol. IV, no. 6019.

56. *Cavendish, Life and Death of Cardinal Wolsey*, p. 102.

57. *Letters and Papers*, Vol. IV, no. 6030.

第四章 “孤注一掷”

1. Shakespeare, W., *Henry VIII*, Act III, scene ii.

2. Cavendish, *Life and Death of Cardinal Wolsey*, pp. 169, 170.

3. Ibid., p. 105.

4. Ibid., p. 112.

5. Norton, p. 277.

6. Mathew, p. 70.

7. Hall, p. 764.

8. *Letters and Papers*, Vol. IV, no. 6112.

9. Ibid., no. 6447.

10. Cavendish, *Life and Death of Cardinal Wolsey*, p. 119.

11. *Letters and Papers*, Vol. IV, no. 6036.

12. Ibid., no. 6058.

13. Ibid., nos. 6080, 6098.

14. Ibid., nos. 6114, 6076.

15. Ibid., no. 6114.

16. 尽管他充分利用了自己的病痛，但病痛是真的。稍后不到一个月，他的医师奥古斯丁博士惊慌地写信给克伦威尔，请他找水蛭并从国王的医生那里找来“催吐的药剂”。Ibid., no. 6151.

17. Ibid., nos. 6115, 6181.

18. Ibid., nos. 6076, 6199.

19. Ibid., Vol. X, no. 601.

20. *Calendar of Letters, Despatches, and State Papers, Spain*, Vol. IV, Part II. ii, p. 819.

21. Cavendish, *Life and Death of Cardinal Wolsey*, p. 126.

22. *Letters and Papers*, Vol. IV, no. 6112.

23. Elton, *Tudor Revolution in Government*, p. 88.

24. *Calendar of Letters, Despatches, and State Papers, Spain*, Vol. V, Part II, p. 56.

25. Ibid., Part I, p. 298.

26. Merriman, Vol. I, p. 373.

27. *Calendar of Letters, Despatches, and State Papers, Spain*, Vol. IV, Part II. ii, p. 759.

28. *Letters and Papers*, Vol. IV, no. 6554.

29. Ibid., no. 6196.

30. Ibid., nos. 66, 5034.

31. Wood, Vol. II, p. 66.

32. *Letters and Papers*, Vol. IV, no. 6420; Elton, *Tudor Revolution*, p. 85.

第五章 “人事的弱点”

1. Weir, *Henry VIII*, p. 27; Starkey, *Reign of Henry VIII*, p. 17.

2. *Letters and Papers*, Vol. X, no. 601; *Calendar of Letters, Despatches, and State Papers, Spain*, Vol. V, Part II, pp. 81 – 82.

3. *Letters and Papers*, Vol. IV, nos. 6076, 6181, 6203.

4. Ibid., no. 6203.

5. Ibid., nos. 6213, 6214.

6. Ibid., no. 6076.

7. Ibid., no. 6226.

8. Ibid., no. 6076.

9. Ibid., nos. 6199, 6344, 6335.

10. 可参见 ibid., no. 6262。

11. Ibid., nos. 6076, 6571.

12. Ibid., no. 6076; Merriman, Vol. I, p. 327.

13. Cavendish, *Life and Death of Cardinal Wolsey*, p. 126.

14. *State Papers*, Vol. I, no. 362; *Letters and Papers*, Vol. IV, nos. 6076, 6524.

15. *Letters and Papers*, Vol. IV, no. 6076.

16. Ibid., nos. 6076, 6554.

17. Ibid., nos. 6076, 6571; Merriman, Vol. I, p. 331.

18. *Letters and Papers*, Vol. IV, no. 6110.

19. Ibid., nos. 6100, 6699.

20. Ibid., no. 6720; Cavendish, *Life and Death of Cardinal Wolsey*, pp. 174, 178 – 179; Holinshed, p. 951.

21. *State Papers*, Vol. VII, no. 213; Norton, p. 149.

22. Foxe, Book III, pp. 645 – 655.

23. Merriman, Vol. I, pp. 17 – 18; Hume, pp. 31, 87.

24. Foxe, Book III, p. 645.

25. Hume, p. 95; *Calendar of Letters, Despatches, and State Papers, Spain*, Vol. V, Part II, pp. 207, 239.

26. Cavendish, *Metrical Visions*, Vol. II, p. 52.

27. Holinshed, p. 951.

28. *Calendar of State Papers, Venice*, Vol. IV, pp. 294 – 295.

29. Merriman, Vol. II, pp. 20, 23.

30. *Letters and Papers*, Vol. IV, no. 2387.

31. Merriman, Vol. I, pp. 357 – 358.

32. 所谓的改革议会于 1529 年第一次召集并在 1536 年解散，其间有几次休会。

33. *Letters and Papers*, Vol. V, no. 628.

34. Merriman, Vol. I, p. 92.

35. Ibid., pp. 90 – 91.

36. Strype, *Ecclesiastical Memorials*, Vol. I, Part i, p. 316.

37. *Letters and Papers*, Vol. V, nos. 15, 18.

38. Ibid., no. 17.

39. *State Papers*, Vol. I, p. 380.

第六章　国王的“大事”

1. *Calendar of State Papers, Venice*, Vol. IV, p. 287.

2. *Letters and Papers*, Vol. V, Part i, no. 24.

3. *Calendar of State Papers, Venice*, Vol. IV, p. 288.

4. Ibid., pp. 57, 288.

5. *Letters and Papers*, Vol. IX, no. 861.

6. Ibid., Vol. VI, Part i, no. 324.

7. Ibid., no. 805.

8. *Calendar of Letters, Despatches, and State Papers, Spain*, Vol. V, Part I, p. 484.

9. Merriman, Vol. I, p. 343.

10. Ibid., pp. 134 – 135; *Letters and Papers*, Vol. IX, no. 725 (1).

11. Merriman, Vol. I, p. 135; *Letters and Papers*, Vol. VII, no. 1554; Calendar of State Papers, Venice, Vol. V, p. 26.

12. Merriman, Vol. I, p. 135.

13. Ibid.; *Letters and Papers*, Vol. VII, no. 1554.

14. Bray, p. 59.

15. Ibid.

16. Lehmberg, *Reformation Parliament*, p. 146.

17. Hall, p. 788.

18. Sampson, p. 240.

19. *Calendar of Letters, Despatches, and State Papers, Spain*, Vol. V, Part II, p. 257.

20. Merriman, Vol. I, p. 62.

21. *Letters and Papers*, Vol. IV, nos. 6076, 6391.

22. Ibid., no. 3197.

23. Cavendish, *Life and Death of Cardinal Wolsey*, p. 106.

24. *State Papers*, Vol. I, p. 384.

25. Brigden, 'Thomas Cromwell and the Brethren', p. 41.

26. Foxe, Book III, p. 654.

27. *Letters and Papers*, Vol. V, no. 153.

28. Merriman, Vol. I, pp. 335 – 339; *Letters and Papers*, Vol. V, no. 248.

29. *Letters and Papers*, Vol. V, no. 533.

第七章 "某些人的突然崛起"

1. *Letters and Papers*, Vol. V, no. 1452.

2. Ibid., Vol. IV, no. 6146; Vol. XIV, Part ii, no. 782.

3. 夏普伊估计克伦威尔的新住宅离这儿有"半法里"远。Ibid., Vol. X, no. 351. 尽管很难准确地将法里转化成现代的测量，但约等于现在的三英里。

4. Holder, p. 162.

5. Stow, pp. 191 – 192.

6. *Letters and Papers*, Vol. IX, no. 340.

7. 1536 年 10 月，克伦威尔的外甥理查德带了 80 位工人去约克郡协助镇压求恩巡礼，这样一来缓慢的进展就解释得通了。Holder, pp. 163 – 164.

8. *Letters and Papers*, Vol. X, no. 351.

9. Stow, p. 191.

10. SP 1/85, fo. 56.

11. *Letters and Papers*, Vol. VII, no. 1135.

12. Ellis, Vol. I, pp. 343 – 345.

13. *Letters and Papers*, Vol. VII, no. 1135.

14. Ibid., Vol. VIII, no. 618..

15. Merriman, Vol. I, p. 343; Vol. II, p. 137.

16. *Letters and Papers*, Vol. XIV, Part ii, no. 290; Ellis, H., Vol. I, p. 340; Noble, Vol. I, p. 18.

17. Bindoff, Vol. III, p. 251.

18. Ibid., Vol. I, p. 369.

19. Strype, *Ecclesiastical Memorials*, Vol. I, Part i, pp. 561 – 562; Norton, pp. 260 – 261; *Letters and Papers*, Vol. IX, no. 964.

20. Robertson: 'Thomas Cromwell's Servants' 提供了对克伦威尔府邸人员的极好的评估。

21. Stow, p. 34.

22. Merriman, Vol. II, p. 267.

23. Stow, p. 34, and Foxe, Book III, p. 645; *Letters and Papers*, Vol. IX, no. 651; Robertson, 'Thomas Cromwell's Servants', p. 375. 这个男孩之后没有在关于克伦威尔府邸人员的记录中出现，所以看起来他的大胆尝试没有成功。

24. *Letters and Papers*, Vol. VI, nos. 696, 698.

25. Strype, *Ecclesiastical Memorials*, Vol. I, Part I, p. 221.

26. Merriman, Vol. I, p. 348.

27. Ibid., pp. 353 – 354.

28. Fuller, p. 231.

29. Nichols, pp. 244 – 245.

30. Stow, p. 34.

31. *Letters and Papers*, Vol. VI, no. 1365; Vol. XII, Part ii, no. 952.

32. Elton, *England under the Tudors*, p. 133.

33. *Letters and Papers*, Vol. VI, Part i, no. 653.

34. Ibid., Vol. VI, no. 465; *Calendar of Letters, Despatches, and State Papers, Spain*, Vol. IV, Part II. ii, pp. 669, 677.

35. Norton, p. 325.

36. *Letters and Papers*, Vol. VI, no. 1510.

第八章 “严词和骇人的威胁”

1. *Letters and Papers*, Vol. VI, Part ii, no. 1089.

2. Ibid., Vol. VII, Part i, no. 1112; Weir, *Six Wives of Henry VIII*, p. 258.

3. *Letters and Papers*, Vol. VII, Part i, no. 809; Vol. VI, Part ii, no. 1125.

4. *Calendar of Letters, Despatches, and State Papers, Spain*, Vol. V, Part I, p. 295.

5. Wyatt, Collected Poems.

6. *Calendar of Letters, Despatches, and State Papers, Spain*, Vol. V, Part I, p. 438.

7. Ibid., Vol. II, p. 451.

8. Ibid., Vol. V, Part I, pp. 219 – 220; Part II, p. 95.

9. Ibid., Vol. IV, Part II. ii, p. 752.

10. Ibid., p. 760.

11. Ibid., Vol. V, Part I, p. 126.

12. Merriman, Vol. I, pp. 360 – 361, 371.

13. Ibid., p. 374.

14. Ibid., pp. 373 – 379.

15. *Letters and Papers*, Vol. VII, no. 287.

16. Ibid., no. 575.

17. Merriman, Vol. I, p. 381.

18. *Letters and Papers*, Vol. VII, nos. 1149, 496.

19. Ibid., no. 1025.

20. Bray, pp. 113 – 114.

21. Merriman, Vol. I, p. 389.

22. *Letters and Papers*, Vol. VIII, no. 196.

23. Merriman, Vol. I, p. 154.

24. 例如可参见 Merriman, Vol. II, pp. 80 – 82。

25. *State Papers*, Vol. II, p. 553n.

26. Ibid., p. 551n.

27. Merriman, Vol. I, pp. 155 – 6; *Letters and Papers*, Vol. VII, no. 1554.

28. Elton, *Reform and Renewal*, p. 45.

29. Merriman, Vol. II, pp. 43 – 44.

第九章 “良善的秘书大人”

1. *Calendar of Letters, Despatches, and State Papers, Spain*, Vol. V, Part I, p. 294.

2. Ibid., Vol. IV, Part II. ii, p. 841; Vol. V, Part I, pp. 465 – 466.

3. Stow, p. 34; *Calendar of Letters, Despatches, and State Papers, Spain*, Vol. V, Part I, p. 569; Wood, Vol. II, p. 268.

4. Elton, *Studies in Tudor and Stuart Politics and Government*, Vol. II, p. 225.

5. Norton, pp. 203 – 205.

6. 安妮最终原谅了玛丽，后者在1536年安妮最后一次不幸的妊娠期间照料她。

7. Anon., *Life of Thomas Lord Cromwell*, p. 18. Bandello: Payne, p. 111 提供了类似的描述。

8. Payne, pp. 113 – 114.

9. *Calendar of State Papers, Venice*, Vol. V, p. 82.

10. Payne, p. 114.

11. Merriman, Vol. I, p. 362.

12. 在 *Letters and Papers*, Vol. VIII, no. 108. NB 中，这封信的日期被误引为1535年1月26日，但后来已被证实是1536年7月1日。Erler, p. 99n.

13. Cavendish, *Metrical Visions*, Vol. II, p. 52.

14. 甚至在1536年7月克伦威尔珠宝大臣的职位被克里斯托弗·黑尔斯取代之后，他们中的一些人仍然留在那里。Robertson, 'Thomas Cromwell's Servants'.

15. *Letters and Papers*, Vol. IX, nos. 272, 339, 340.

16. Ibid., no. 340.

17. 罗伯森提供了对克伦威尔所拥有的地产和房产的出色分析，见 'Proft and Purpose in the Development of Thomas Cromwell's Landed Estates', pp. 317 – 346。

18. 例如，1538年8月，他帮助安排将温布尔顿、帕特尼和罗汉普顿的一大片地产授予沃尔特·威廉斯。后者被认为是克伦威尔的外甥，但也可能是他姐姐凯瑟琳的小叔子。*History of Parliament online*.

19. Foxe, Book III, p. 654.

20. Williams, N., p. 150.

21. *Letters and Papers*, Vol. XIV, Part ii, no. 782.

22. Ibid., Vol. XIII, Part i, no. 1450; Vol. XIV, Part ii, nos. 85, 782; Robertson, 'Thomas Cromwell's Servants', pp. 102 - 103.

23. *Letters and Papers*, Vol. XIV, Part ii, no. 782.

24. Ibid.

25. Ibid.

26. Ibid., Vol. VII, no. 1554.

27. Merriman, Vol. I, pp. 402 - 405.

第十章 解散

1. 平均寿命这么短在很大程度上是因为婴儿的死亡率高。那些活下来的婴儿有望活到 50 岁或者 60 岁出头。

2. Payne, p. 107.

3. *Calendar of Letters, Despatches, and State Papers, Spain*, Vol. V, Part I, pp. 411, 428, 436, 452.

4. *Letters and Papers*, Vol. VIII, no. 121.

5. Norton, p. 288. 后来克伦威尔被迫将其中一间房让给简·西摩尔以促进她跟君主的恋情。

6. Muller, pp. 60 - 61.

7. Foxe, Book III, p. 646.

8. Muller, p. 399.

9. *Letters and Papers*, Vol. XI, no. 29; BL Add MS 25114 fos. 175 - 177.

10. Foxe, Book III, p. 646.

11. Elton, *England under the Tudors*, p. 141.

12. Foxe, Book III, p. 649.

13. *Letters and Papers*, Vol. X, no. 45.

14. *Calendar of State Papers, Venice*, Vol. V, p. 26. 后来的一位大使，乔瓦尼·索兰佐（Giovanni Soranzo），认同克伦威尔是“英格兰最高的统治者”。Ibid., p. 550; Cavendish, *Metrical Visions*, Vol. II, p. 51.

15. *Letters and Papers*, Vol. VIII, nos. 609, 661.

16. Merriman, Vol. I, p. 410; Pratt, Vol. V, pp. 391, 394 - 396; Anon., *Life of Thomas Lord Cromwell*, pp. 23 - 24.

17. Sampson, p. 258.

18. Rogers, p. 533.

19. Ibid.

20. Harpsfeld, p. 185.

21. Ibid., pp. 193, 196.

22. Ibid., p. 103.

23. Ibid., p. 104.

24. Merriman, Vol. I, pp. 417 – 419.

25. 1935 年 5 月，在莫尔和费舍去世 400 年后，教宗庇护十一世封二人为圣徒。

26. *Letters and Papers*, Vol. VIII, no. 475.

27. Hume, p. 27.

28. *Calendar of Letters, Despatches, and State Papers, Spain*, Vol. V, Part I, p. 542.

29. Bodleian Library MS Don. C42 fos. 21 – 33.

30. *Letters and Papers*, Vol. VII, Part ii, p. 251.

31. Norton, pp. 197 – 198.

32. *Letters and Papers*, Vol. X, no. 901.

33. Ibid.

34. Starkey, *Six Wives*, p. 584.

35. *Letters and Papers*, Vol. VII, Part ii, no. 1257.

36. Norton, p. 297.

37. Weir, *Six Wives*, p. 345; *Letters and Papers*, Vol. X, no. 1069.

38. SP 3/7, fo. 28r.

39. Wright, p. 156; Merriman, Vol. I, pp. 167, 169; *Letters and Papers*, Vol. IX, nos. 509, 632.

40. Wright, p. 156.

41. Foxe, Book III, pp. 646, 649.

42. *Letters and Papers*, Vol. 10, no. 254.

43. *Statutes of the Realm*, Vol. III, pp. 575 – 578.

44. Hume, p. 26.

45. Wright, pp. 180 – 181.

46. Ellis, Vol. III, pp. 33, 34; Merriman, Vol. I, p. 172.

47. Hume, p. 26.

48. *Calendar of State Papers, Venice*, Vol. V, p. 543.

第十一章　“一位更仁慈的情妇”

1. Merriman, Vol. I, p. 439.

2. Ibid., Vol. II, p. 1; *Letters and Papers*, Vol. VII, no. 1095.

3. *Calendar of Letters, Despatches, and State Papers, Spain*, Vol. V, Part II, p. 59; Letters and Papers, Vol. X, nos. 59, 351.

4. *Letters and Papers*, Vol. X, no. 141.

5. Merriman, Vol. I, pp. 228 – 229.

6. Ibid., Vol. II, pp. 1 – 2; *Letters and Papers*, Vol. X, no. 141.

7. *Letters and Papers*, Vol. X, no. 141.

8. Merriman, Vol. II, p. 3; *Letters and Papers*, Vol. X, no. 141.

9. *Letters and Papers*, Vol. X, p. 102.

10. Ibid., no. 351; Weir, *Six Wives*, p. 293.

11. Norton, p. 286.

12. *Calendar of Letters, Despatches, and State Papers, Spain*, Vol. V, Part II, p. 81.

13. *Letters and Papers*, Vol. X, no. 601.

14. *Calendar of Letters, Despatches, and State Papers, Spain*, Vol. V, Part I, p. 484; Part II, p. 81.

15. *Letters and Papers*, Vol. X, no. 601; *Calendar of Letters, Despatches, and State Papers, Spain*, Vol. V, Part II, p. 81.

16. *Calendar of Letters, Despatches, and State Papers, Spain*, Vol. V, Part I, p. 484.

17. Norton, p. 325.

18. *Calendar of Letters, Despatches, and State Papers, Spain*, Vol. V, Part I, p. 484.

19. *Letters and Papers*, Vol. X, no. 699.

20. *Calendar of Letters, Despatches, and State Papers, Spain*, Vol. V, Part I, p. 573.

21. *Letters and Papers*, Vol. X, no. 752.

22. Merriman, Vol. I, p. 414.

23. 例如，可参见 BL Cotton MS Titus B i fos. 261r, 264。

24. *Calendar of State Papers, Venice*, Vol. V, p. 47.

25. Starkey, *Reign of Henry VIII*, p. 101.

26. Merriman, Vol. II, p. 36.

27. Ibid., pp. 5 – 6.

28. *Letters and Papers*, Vol. X, no. 351.

29. Ibid.

30. Ibid.

31. *Calendar of Letters, Despatches, and State Papers, Spain*, Vol. V, Part 1, p. 125.

32. *Letters and Papers*, Vol. VIII, no. 1105.

33. Ibid., Vol. X, no. 699; *Calendar of Letters, Despatches, and State Papers, Spain*, Vol. V, Part II, pp. 91 – 93.

34. *Letters and Papers*, Vol. X, no. 699.

35. Ibid., no. 700.

36. Elton, *Reform and Reformation*, p. 172.

37. *Letters and Papers*, Vol. X, no. 699.

38. Merriman, Vol. II, p. 196.

39. *Calendar of Letters, Despatches, and State Papers, Spain*, Vol. V, Part I, p. 466.

40. *State Papers*, Vol. II, pp. 551 – 553n.

41. Ibid., p. 552n.

42. *Calendar of Letters, Despatches, and State Papers, Spain*, Vol. II, pp. 453 – 454.

43. *Letters and Papers*, Vol. VIII, no. 938.

44. Cavendish, *Metrical Visions*, Vol. II, p. 51.

45. Starkey, *Reign of Henry VIII*, p. 83.

46. *Letters and Papers*, Vol. X, no. 351.

47. *Calendar of Letters, Despatches, and State Papers, Spain*, Vol. V, Part II, p. 84.

第十二章　“塔里的女人”

1. *Calendar of Letters, Despatches, and State Papers, Spain*, Vol. V, Part II, p. 137.

2. *Letters and Papers*, Vol. X, no. 575.

3. *Calendar of Letters, Despatches, and State Papers, Spain*, Vol. V, Part II, p. 137.

4. *Letters and Papers*, Vol. X, no. 700.

5. Cavendish, *Life and Death of Cardinal Wolsey*, p. 30.

6. Ibid., p. 452.

7. Hume, p. 66.

8. Weir, *Lady in the Tower*, p. 63.

9. Ibid., p. 89.

10. *Calendar of State Papers, Foreign Series, of the Reign of Elizabeth*; Weir, Lady in the Tower, p. 99.

11. Weir, *Six Wives of Henry VIII*, p. 312.

12. BL, Cotton MS Otho C x fo. 225.

13. Hume, p. 61.

14. Ibid., p. 62.

15. Weir, *Lady in the Tower*, p. 5.

16. Byrne, Vol. III, no. 648; *Letters and Papers*, Vol. X, no. 909.

17. Wriothesley, Vol. I, p. 36.

18. Hume, p. 65.

19. Wyatt, *Collected Poems*, p. cxlix.

20. Hume, p. 66.

21. Muir, p. 201.

22. Hume, pp. 63 – 64.

23. 根据法国大使所言，克伦威尔在接下来几年仍是怀亚特的保护人，至少有一次平息了君主对这位廷臣的怒火。Kaulek, p. 157.

24. Merriman, Vol. II, pp. 12, 21.

25. Norton, p. 333.

26. Ibid., p. 346.

27. *Calendar of Letters, Despatches, and State Papers, Spain*, Vol. V, Part II, p. 137.

28. Ibid., p. 196.

29. Merriman, Vol. II, p. 12.

30. Ibid., pp. 12, 21.

31. Amyot, p. 65.

32. Merriman, Vol. II, p. 12.

33. Ibid.

34. *Letters and Papers*, Vol. X, pp. 361 – 362.

35. Wriothesley, Vol. I, pp. 37 – 38.

36. *Letters and Papers*, Vol. X, p. 330.

37. Ibid., nos. 910, 1070.

38. Ibid., no. 792.

第十三章 叛乱

1. 他们并没有国王希望的那样仔细。汉普顿宫大厅依然可以看到一些旧的"HA"标志。

2. Merriman, Vol. II, p. 21; *Letters and Papers*, Vol. XI, no. 29.

3. Norton, p. 329.

4. *Calendar of Letters, Despatches, and State Papers, Spain*, Vol. V, Part I, p. 420.

5. *Letters and Papers*, Vol. X, no. 973.

6. Wood, Vol. II, pp. 246 – 247; Vol. III, p. 13.

7. *Letters and Papers*, Vol. X, no. 1110; Merriman, Vol. II, pp. 17 – 18.

8. Letters and Papers, Vol. X, no. 24.

9. Ibid., no. 1186; Wood, Vol. II, pp. 250 – 259.

10. Merriman, Vol. II, p. 21.

11. *Calendar of Letters, Despatches, and State Papers, Spain, Vol. V, Part II*, p. 198.

12. *Letters and Papers*, Vol. XI, no. 148.

13. Wood, Vol. II, p. 261.

14. Perry, M., *The Word of a Prince* (London, 1990), p. 23.

15. *Letters and Papers*, Vol. X, no. 351.

16. *Calendar of Letters, Despatches, and State Papers, Spain*, Vol. V, Part II, pp. 183 – 186.

17. *Letters and Papers*, Vol. XIV, Part ii, no. 782.

18. Merriman, Vol. II, p. 21.

19. Historical Manuscripts Commission, *Rutland I*, p. 310.

20. *Letters and Papers*, Vol. XI, p. 190, no. 479.

21. Ibid.

22. BL Cotton MS Nero B vi, fo. 135r.

23. Starkey, *Reign of Henry VIII*, pp. 97 – 98.

24. Mayer, p. 98.

25. 这指的是夏普伊 1536 年 4 月 21 日写给查理五世的一封信。*Letters and Papers*, Vol. X, no. 699.

26. Ibid.; *Calendar of Letters, Despatches, and State Papers, Spain*, Vol. V, Part II, p. 198.

27. *Letters and Papers*, Vol. XI, no. 147.

28. Hume, p. 36.

29. Anon., 'Life and Death of Thomas Lord Cromwell', p. 368.

30. 法案支持的三大圣事是洗礼、圣餐和忏悔。

31. Merriman, Vol. I, p. 142.

32. Ibid., Vol. II, pp. 25 – 29.

33. *Calendar of Letters, Despatches, and State Papers, Spain*, Vol. V, Part I, p. 500.

34. Ibid., p. 427.

35. Merriman, Vol. II, p. 30.

36. Ibid., p. 35.

37. *Letters and Papers*, Vol. XI, no. 42.

38. Merriman, Vol. II, pp. 31 – 32, 49.

39. Ibid., pp. 131 – 132.

40. *Letters and Papers*, Vol. XI, no. 786 (3).

41. Ibid., Vol. XII, Part i, no. 163.

42. Ibid., Vol. XI, no. 576.

43. Ibid., no. 576; *Calendar of Letters, Despatches, and State Papers, Spain*, Vol. V, Part II, p. 268.

44. *Letters and Papers*, Vol. XI, no. 601.

45. *LP Henry VIII* Vol. XI no. 714.

46. Merriman, Vol. II, pp. 36, 40 – 41.

47. Hume, p. 35.

48. Ibid., Vol. I, p. 137; *Letters and Papers*, Vol. VIII, no. 892.

49. *Letters and Papers*, Vol. XII, Part i, no. 976.

50. *Calendar of Letters, Despatches, and State Papers, Spain*, Vol. V, Part II, no. 268.

51. Hume, p. 36; *Calendar of Letters, Despatches, and State Papers, Spain*, Vol. V, Part II, p. 313.

第十四章 "一些适当的处罚"

1. Merriman, Vol. II, p. 60.

2. Ibid., p. 57.

3. *Letters and Papers*, Vol. XIV, Part ii, no. 782.

4. Ibid., Vol. XII, Part i, nos. 594, 636.

5. Ibid., no. 118.

6. 这或许是为了给国王的新生儿子——威尔士王子爱德华以更大的权力。

7. 格雷子爵最终被召回伦敦并因叛国罪被剥夺公民和财产权。1541 年 7 月他被处死。

8. *Letters and Papers*, Vol. XII, Part ii, no. 870.

9. Merriman, Vol. II, p. 58.

10. 简后来跟丈夫一同信奉天主教。加上她的女儿爱丽丝与丈夫威廉·惠特莫尔及他们的孩子们，这一家人在伊丽莎白一世在位时期作为不服英国国教的天主教徒引起了当权者的注意。Wark, K. R., *Elizabethan Recusansy in Cheshire* (Manchester, 1971), pp. 153, 168.

11. *Letters and Papers*, Vol. X, no. 129.

12. Ibid., Vol. XI, no. 233.

13. Ibid., Vol. XVI, no. 578.

14. Merriman, Vol. II, p. 53.

15. Starkey, *Reign of Henry VIII*, p. 83.

16. *Letters and Papers*, Vol. XII, Part i, no. 678.

17. Merriman, Vol. II, p. 60.

18. *Letters and Papers*, Vol. XII, Part ii, no. 97.

19. 没有确定的关于伊丽莎白·克伦威尔的画像。不过最近有说法（有一些合理性）提出，由荷尔拜因绘制、被认为描绘了凯瑟琳·霍华德的《一幅无名女士的肖像》(*Portrait of an Unknown Woman*) 事实上描绘了格雷戈里·克伦威尔的妻子。Wilson, D., *Hans Holbein: Portrait of an Unknown Man* (London, 2006), p. 215.

20. *Letters and Papers*, Vol. XII, Part ii, no. 629.

21. Wood, Vol. II, pp. 355 - 356.

22. Schofeld, pp. 277 - 279; *Letters and Papers*, Vol. XIV, Part ii, no. 556; Wood, Vol. II, pp. 267 - 271.

23. Erler, pp. 99 - 105.

24. Wood, Vol. II, pp. 271 - 275.

25. *Letters and Papers*, Vol. XII, Part ii, nos. 143, 1049; Wood, Vol. II, pp. 218 - 226; Vol. III, pp. 96 - 100.

26. Wood, Vol. II, pp. 373 - 378.

27. Marshall, R. K., *Queen Mary's Women* (Edinburgh, 2006), p. 108.

28. *Letters and Papers*, Vol. VII, p. 7.

29. Wood, Vol. II, pp. 292 – 293.

30. See Wood, Vols. II and III.

31. Hume, p. 73.

32. BL Harley MS 282 fos. 211 – 212; Merriman, Vol. II, p. 94.

33. Merriman, Vol. II, p. 96.

34. *Letters and Papers*, Vol. XII, Part ii, no. 972.

35. Merriman, Vol. II, pp. 96 – 97.

36. 例如，可参见 Merriman, Vol. II, p. 122。

第十五章　“那些操纵国王的奸人”

1. Merriman, Vol. II, p. 98; Hume, p. 95.

2. Froude, p. 11.

3. *Calendar of Letters, Despatches, and State Papers, Spain*, Vol. II, p. 457.

4. Merriman, Vol. I, pp. 235 – 236; *Calendar of State Papers, France*, Vol. XIII, Part I (London, 1899), pp. 995, 1147, 1355.

5. Merriman, Vol. II, p. 193.

6. Mayer, p. 78.

7. Merriman, Vol. II, pp. 84 – 86.

8. Ibid., p. 88.

9. Ibid., pp. 86 – 90; Mayer, p. 136.

10. Ellis, H., Vol. III, pp. 192 – 194.

11. *Letters and Papers*, Vol. XIII, Part i, no. 1059.

12. Ibid., no. 1281; Ellis, H., Vol. III, pp. 208 – 209.

13. Wood, Vol. II, p. 358; Letters and Papers, Vol. XIV, Part ii, no. 782.

14. *Letters and Papers*, Vol. XIII, Part i, no. 231; Wriothesley, Vol. I, p. 83.

15. *State Papers*, Vol. II, p. 551n.

16. Merriman, Vol. II, pp. 151 – 154.

17. Ibid., p. 145.

18. Ibid., pp. 146 – 147.

19. Williams, pp. 811 – 814.

20. Strype, *Memorials of Thomas Cranmer*, Vol. I, p. 83.

21. *State Papers*, Vol. I, p. 540.

22. Wriothesley, Vol. I, p. 31.

23. *Letters and Papers*, Vol. XIV, Part ii, no. 399.

24. Norton, p. 278.

25. Elton, *Thomas Cromwell*, p. 19.

26. *Calendar of Letters, Despatches, and State Papers, Spain*, Vol. VI, Part I, pp. 40, 53.

27. Strype, *Ecclesiastical Memorials*, Vol. I, Part i, p. 530.

28. Merriman, Vol. II, p. 162.

29. Ibid., p. 214.

30. TNA KB 8/11/2.

31. Hall, p. 827.

32. Wood, Vol. III, pp. 67 – 69; Vol. III, p. 112.

33. Ibid., Vol. III, p. 112.

34. *Letters and Papers*, Vol. IV, Part i, no. 655.

35. *Calendar of Letters, Despatches, and State Papers, Spain*, Vol. V, Part I, p. 442.

36. Merriman, Vol. II, p. 167.

37. Elton, *Tudor Revolution in Government*, p. 312.

38. Foxe, Book III, p. 589.

39. MacCulloch, *Reign of Henry VIII*, p. 43.

40. Merriman, Vol. II, p. 307.

41. Ibid., pp. 216 – 219.

42. Ibid., pp. 216 – 222.

43. Ibid., p. 65.

44. 1533 年 9 月，莱尔子爵试图采取关于谷物的新举措引发了一场最激烈的争论。克伦威尔斥责他让国王动怒，斥责他因他人的建议，尤其是他妻子的建议而动摇：“尽管尊夫人值得尊敬且有智慧，但是在与你权力有关的这类事上，她的建议和决断并不通用。”接下来一年，他因他所谓的“无节制的生活”而责骂这位总督。Merriman, Vol. I, pp. 364, 391.

45. Bray, pp. 222 – 223.

46. Merriman, Vol. II, pp. 128 – 131.

47. 沙克斯顿当年余下的时间里都处于监禁中，1540 年春他和拉蒂默被赦免，唯一的条件是他们不再布道，不再靠近伦敦或任何一座大学。

48. *Letters and Papers*, Vol. XIV, Part ii, no. 782.

49. Ibid., Vol. XIV, Part i, no. 1260.

第十六章　佛兰德斯的梦魇

1. 早在 1530 年就有关于英格兰和克里维斯之间婚姻联盟的提议了，当时公爵写信给亨利八世，承诺如果结成这样的联盟就给予军事援助。他急于证明自己家族血统，向亨利保证他跟“英格兰国王源于同一个血脉”。这个提议没有任何结果。*Letters and Papers*, Vol. IV, no. 6364.

2. Merriman, Vol. I, p. 244n.
3. Ibid., Vol. II, pp. 174 - 175.
4. Ibid.
5. Froude, p. 12.
6. Merriman, Vol. I, p. 253.
7. Ibid., Vol. II, pp. 175, 200.
8. Ibid., Vol. I, p. 262; Hume, p. 88.
9. Hume, p. 89.
10. Merriman, Vol. II, p. 238; Hume, p. 90.
11. Merriman, Vol. II, p. 241.
12. *Letters and Papers*, Vol. XIV, Part ii, nos. 622, 630.
13. Ibid., Vol. XV, no. 14.
14. Ibid., Vol. XIV, Part ii, no. 707.
15. Merriman, Vol. II, pp. 268 - 276; *Letters and Papers*, Vol. XV, nos. 823, 824.
16. Merriman, Vol. II, pp. 268 - 269.
17. Hume, p. 108.
18. Merriman, Vol. II, p. 270.
19. Ibid.; *Letters and Papers*, Vol. XV, no. 823.
20. Hume, pp. 92 - 93.
21. Ibid., p. 94.
22. Ibid., pp. 91 - 92.
23. Merriman, Vol. II, pp. 269 - 270.
24. Ibid., pp. 270 - 271.
25. Ibid., p. 271; Strype, *Ecclesiastical Memorials*, Vol. I, pp. 555 - 556.
26. Strype, *Ecclesiastical Memorials*, Vol. I, Part ii, p. 462.
27. Starkey, *Reign of Henry VIII*, pp. 101 - 102.
28. BL Cotton MS Titus B i.
29. Starkey, *Reign of Henry VIII*, pp. 98 - 99.
30. Hall, p. 837.
31. Merriman, Vol. I, pp. 261 - 262.

32. Hume, pp. 94 - 95.

33. Merriman, Vol. I, p. 284.

34. Hume, pp. 100 - 101.

35. *Letters and Papers*, Vol. XIV, no. 414; Ellis, H., Vol. III, pp. 258 - 265.

36. *Letters and Papers*, Vol. XV, no. 737.

第十七章 “克伦威尔摇摇欲坠”

1. *Letters and Papers*, Vol. XV, no. 486.

2. Ibid., no. 429.

3. Merriman, Vol. I, p. 290.

4. *Letters and Papers*, Vol. XV, no. 611.

5. Ibid., Vol. VII, no. 1554; Vol. XVI, no. 590; Hume, p. 105; Merriman, Vol. II, p. 60.

6. Merriman, Vol. I, p. 290.

7. Plowden, p. 101.

8. Weir, *Six Wives*, p. 413.

9. Merriman, Vol. II, pp. 256 - 259, 260 - 261.

10. Wriothesley, Vol. I, p. 117.

11. Noble, Vol. I, p. 11.

12. Hume, pp. 96 - 97, 99.

13. Ibid., p. 97.

14. *Letters and Papers*, Vol. XV, no. 737.

15. Ibid.

16. Merriman, Vol. II, pp. 263 - 264.

17. Strype, *Ecclesiastical Memorials*, Vol. I, Part II, pp. 459 - 460.

第十八章 “饶命 饶命 饶命”

1. *Letters and Papers*, Vol. XV, no. 804. 所谓依照的“法律”大概指的是1534年的《叛国法案》。《西班牙编年史》对这一争论给出了不同的叙述，声称克伦威尔的软帽是在他和其他枢密院成员共赴那场致命会议前的晚宴的时候被刮掉的。按照惯例，如果一个绅士丢掉了软帽，在场的其他绅士也要脱帽，而这次没有人这么做，这引起了克伦威尔的怀疑。Hume, p. 98.

2. *Letters and Papers*, Vol. XV, no. 804.

3. Anon., ‘The Life and Death of Thomas Lord Cromwell’, p. 368.

4. 它包括在拉特兰郡奥克汉和兰格汉，北安普敦郡克拉普索恩、哈卡尔顿和佩丁顿，莱斯特郡布雷斯顿的庄园和领地，以及北埃尔姆汉和诺福克郡贝特雷的多处庄园。*Letters and Papers*, Vol. XIII, Part i, no. 1519 (2); Part ii, no. 967 (54); Vol. XVI, no. 744.

5. Ibid., Vol. XVI, no. 578.

6. Ibid., Vol. XV, no. 804.

7. Ibid.

8. Wriothesley, Vol. I, p. 119.

9. *Letters and Papers*, Vol. XV, no. 804; *Calendar of State Papers*, *Venice*, Vol. V, pp. 86 – 87.

10. *Letters and Papers*, Vol. XV, no. 804.

11. Foxe, Book III, pp. 645, 654.

12. *Letters and Papers*, Vol. XV, no. 766.

13. *Calendar of State Papers*, *Venice*, Vol. V, p. 84.

14. *Letters and Papers*, Vol. XV, no. 766; *Calendar of Letters*, *Despatches*, *and State Papers*, *Spain*, Vol. VI, Part I, pp. 537 – 539.

15. Merriman, Vol. I, p. 294n.

16. Hume, p. 36.

17. Ibid., p. 99. 罗伯特森描述了克伦威尔倒台后其仆人们各种各样的命运。Robertson: 'Thomas Cromwell's Servants', pp. 400 – 408.

18. BL Cotton MS Otho C x fo. 242.

19. 这个故事来自《但以理书》的经外章节，讲述了一个名叫苏珊娜的貌美的希伯来妇人被两个看到她在花园沐浴的好色的年长者指控，他们威胁要质疑她的贞洁，除非她同意与他们发生性关系，她拒绝被要挟，因此被逮捕并以乱交的罪名被判处死刑。但是但以理要求审问这两个男人进而阻止了行刑，当发现这两个男人所讲述的互不一致的时候，他们被处决而苏珊娜被释放。

20. BL Cotton MS Titus B i fos. 267 – 269.

21. *Letters and Papers*, Vol. XV, no. 803.

22. Ibid., nos. 785, 786, 794.

23. Merriman, Vol. I, p. 300.

24. *Letters and Papers*, Vol. XV, no. 842.

25. Ibid., no. 767.

26. Ibid., no. 770.

27. Ibid., nos. 792, 801, 842.

28. Hume, pp. 99 – 100.

29. Burnet, Vol. III, p. 296. 诺福克在6年后自己被逮捕时要求同样的特权。他“请求诸位大人向国王代求，让指控者们跟他面对面，说出他们对他的指控；他相信人们会发现自己是被诬陷的”。Ibid.

30. Hume, p. 100.

31. BL Cotton MS Otho C x fo. 241; Hume, p. 100.

32. Hume, pp. 100 – 101.

33. *Letters and Papers*, Vol. XVI, no. 578. 在位于布鲁日的查理五世宫廷的威尼斯大使还汇报说“克伦威尔会跟其他两名异端一起被烧死”。*Calendar of State Papers*, *Venice*, Vol. V, p. 85.

34. BL Additional MS 48028 fos. 160 – 165; *Letters and Papers*, Vol. XV, no. 498. 控诉状的复本刊印在 Burnet, Vol. IV, pp. 416 – 421。

35. BL Additional MS 48028 fos. 160 – 165; *Letters and Papers*, Vol. XV, no. 498.

36. *Letters and Papers*, Vol. XV, no. 804.

37. Ibid., no. 847.

38. 福克斯说关于这个“暴力的法案”，克伦威尔的意图是“为了某个隐秘的使温彻斯特主教（加德纳）被卷入的目的”，但这纯粹是揣测，法案的时机暗示了它是针对玛格丽特·波尔的权宜之计。

39. Cavendish, *Metrical Visions*, Vol. II, p. 54.

40. *Letters and Papers*, Vol. XV, no. 825.

41. Norton, p. 332.

42. BL Cotton MS Otho C x fo. 242; Merriman, Vol. II, pp. 268 – 276; *Letters and Papers*, Vol. XV, no. 824. 在 no. 823. 提供了另一个（编辑）版本。

第十九章　“很多人哀叹，更多人狂喜”

1. Wood, Vol. III, p. 161. 安妮因她的顺从得到了丰厚的回报。她获得了里士满宫和布莱奇利庄园的终身所有权，还有一份高额的年金。她稍后被赏赐了其他庄园，包括希佛城堡，那里也成为她的主要居住地。安妮可以保留她的所有王室珠宝、金银餐具以及物品，用来装饰她的新居。她还能被称作国王的“妹妹”，除国王的孩子们和他未来可能的妻子外，其地位高于他所有的臣民。

2. *Letters and Papers*, Vol. XV, no. 898.

3. Wood, Vol. III, p. 159.

4. Merriman, Vol. II, pp. 277 – 278.

5. Hume, p. 103; *Letters and Papers*, Vol. XV, no. 926; Harrison, W. J., 'Hungerford, Walter (1503 – 1540)' *Dictionary of National Biography*, Vol. XXVIII (Oxford, 1891), pp. 259 – 261.

6. Hume, pp. 103 – 104.

7. Ibid.

8. Hall, p. 839; Foxe, Book III, p. 654.

9. Merriman, Vol. I, p. 301.

10. *Letters and Papers*, Vol. XVI, no. 40; Mayer, p. 254.

11. Hall, p. 839.

12. Merriman, Vol. I, pp. 303 – 304.

13. Hume, p. 104.

14. Foxe, Book III, p. 654; Hall, p. 839.《西班牙编年史》给出了一个不同的描述，说“行刑人只一斧便成功地砍下了他的头”。Hume, p. 104.

15. Galton, p. 156.

16. Merriman, Vol. I, p. 56. 19世纪70年代，克伦威尔的遗骸被发掘并被重新葬在教堂的墓穴里。

17. *Calendar of Letters, Despatches, and State Papers, Spain*, Vol. VI, Part I, p. 243; *Calendar of State Papers, Venice*, Vol. V, p. 87.

18. Hall, pp. 838 – 839.

19. Hume, pp. 103 – 104.

尾声　“一个出身低微但品格高尚的人”

1. *Calendar of Letters, Despatches, and State Papers, Spain*, Vol. V, Part I, p. 436; *Calendar of State Papers, Venice*, Vol. V, p. 346.

2. Foxe, Book III, pp. 363 – 365; Strype, *Ecclesiastical Memorials*, Vol. I, Part i, p. 561; Holinshed, p. 951.

3. Burnet, G. and Burnet, T., *Bishop Burnet's History of his Own Time*, 2 vols. (London, 1724 – 1734), Vol. I, pp. 281 – 282, 454.

4. Cobbett, Vol. I, pp. 157, 189.

5. Merriman, Vol. I, p. 165.

6. Elton, *Studies in Tudor and Stuart Politics*, Vol. III, p. 373.

7. Foxe, Book III, p. 654.

8. Ibid., pp. 363 – 365.

9. Ibid., p. 646.

10. Hume, p. 105; Holder, p. 169.

11. *Calendar of Letters, Despatches, and State Papers, Spain*, Vol. VI, Part I, p. 541.

12. *Letters and Papers*, Vol. XVI, no. 467.

13. Hume, p. 77.

14. Foxe, Book III, p. 654.

15. *Letters and Papers*, Vol. XVI, no. 590; Kaulek, p. 274.

索　引

（索引页码为本书页边码）

索 引

索 引

索 引

图书在版编目(CIP)数据

托马斯·克伦威尔：亨利八世最忠诚的仆人鲜为人知的故事 / （英）特蕾西·博尔曼（Tracy Borman）著；郭玉红译. -- 北京：社会科学文献出版社，2019.9

书名原文：Thomas Cromwell：The untold story of Henry VIII's most faithful servant

ISBN 978 -7 -5201 -4338 -7

Ⅰ.①托… Ⅱ.①特… ②郭… Ⅲ.①托马斯·克伦威尔（1485 -1540）-传记 Ⅳ.①K835.617 =331

中国版本图书馆 CIP 数据核字（2019）第 028351 号

托马斯·克伦威尔
——亨利八世最忠诚的仆人鲜为人知的故事

著　　者 / ［英］特蕾西·博尔曼（Tracy Borman）
译　　者 / 郭玉红
审　　校 / 徐一彤

出 版 人 / 谢寿光
责任编辑 / 沈　艺　朱露茜

出　　版 / 社会科学文献出版社·甲骨文工作室（分社）（010）59366527
地址：北京市北三环中路甲 29 号院华龙大厦　邮编：100029
网址：www.ssap.com.cn
发　　行 / 市场营销中心（010）59367081　59367083
印　　装 / 三河市东方印刷有限公司

规　　格 / 开　本：889mm × 1194mm　1/32
印　张：16.75　插　页：0.75　字　数：350 千字
版　　次 / 2019 年 9 月第 1 版　2019 年 9 月第 1 次印刷
书　　号 / ISBN 978 -7 -5201 -4338 -7
著作权合同登记号 / 图字 01 -2017 -2367 号
定　　价 / 88.00 元

本书如有印装质量问题，请与读者服务中心（010 -59367028）联系